旅游企业人力资源开发与管理
（第二版）

Human Resources Development and Management of Tourism Enterprises

李志刚 编著

图书在版编目(CIP)数据

旅游企业人力资源开发与管理/李志刚编著. —2版. —北京:北京大学出版社,2019.3
21世纪经济与管理规划教材·旅游管理系列
ISBN 978-7-301-30277-4

Ⅰ.①旅… Ⅱ.①李… Ⅲ.①旅游企业—人力资源开发—高等学校—教材 ②旅游企业—人力资源管理—高等学校—教材 Ⅳ.①F590.6

中国版本图书馆CIP数据核字(2019)第033996号

书　　　名	旅游企业人力资源开发与管理（第二版） LÜYOU QIYE RENLI ZIYUAN KAIFA YU GUANLI（DI-ER BAN）
著作责任者	李志刚　编著
责 任 编 辑	赵学秀
标 准 书 号	ISBN 978-7-301-30277-4
出 版 发 行	北京大学出版社
地　　　址	北京市海淀区成府路205号　100871
网　　　址	http://www.pup.cn
微信公众号	北京大学经管书苑（pupembook）
电 子 信 箱	编辑部：em@pup.cn　总编室：zpup@pup.cn
电　　　话	邮购部 010-62752015　发行部 010-62750672　编辑部 010-62752926
印 刷 者	大厂回族自治县彩虹印刷有限公司
经 销 者	新华书店
	787毫米×1092毫米　16开本　23.25印张　537千字 2011年8月第1版 2019年3月第2版　2023年7月第3次印刷
印　　　数	6001—7500册
定　　　价	48.00元

未经许可，不得以任何方式复制或抄袭本书之部分或全部内容。
版权所有，侵权必究
举报电话：010-62752024　电子信箱：fd@pup.cn
图书如有印装质量问题，请与出版部联系，电话：010-62756370

第二版前言

21世纪经济与管理规划教材
旅游管理系列

自本书 2011 年 8 月出版发行第一版以来，已经印刷数次，销售超过 1 万册，不仅被许多院校的旅游管理专业、酒店管理专业和会展经济与管理专业选为教材，还得到来自旅游行业从业者的好评。本书主要以习近平新时代中国特色社会主义思想关于人才观的重要精神为指南，以"人才资源作为经济社会发展第一资源的特征和作用更加明显，人才竞争已经成为综合国力竞争的核心"这一准确判断为出发点，运用马克思主义人才理论对人力资源开发与管理的实践活动和研究成果进行梳理，结合现代旅游业开放性和国际化发展的趋势，介绍和分析旅游企业人力资源开发与管理的基本原理和方法，体现了把"立德树人"作为教育根本任务的编著理念。同时，书中强调以中国国情作为人力资源研究、人才开发和人力资源管理创新的立足点，绝大多数案例来自中国旅游行业，且以正面案例为主；在系统介绍西方管理学有关人力资源管理理论发展动态的同时，"取其精华，去其糟粕"，正确把握并加以运用，体现了增强"四个意识"、坚定"四个自信"、做到"两个维护"，有利于在教材使用中进一步挖掘思政元素，与思想政治理论课同向同行。

随着中国旅游业的快速发展，旅游企业人力资源开发与管理的原理与方法、任务与实践发生了深刻的变化，为了使本书保持"与时俱进"的特点，本次再版主要从以下七个方面予以完善与补充：

1. 除"第三章旅游企业职位分析"的"引例"以外，对全书其他各章的"引例"和"案例学习"进行了更新，案例选择的视角重点放在 OTA（Online Travel Agent，在线旅游机构）、会展业和民宿业等近年来发展比较快的旅游领域，以及《中华人民共和国旅游法》颁布实施后旅游企业人力资源开发与管理出现的新情况。

2. 随着"一带一路"倡议的提出和实施，越来越多的中国旅游企业走出国门参与国际旅游市场开发，由此跨文化管理备受重视。对此，将第一版的第一章中有关"国际化旅游人才的标准"进行了删改，新增"第十一章旅游企业跨文化人力资源开发"，比较系统地介绍了跨文化人力资源开发的理论与方法。

3. 在"第一章旅游企业人力资源开发与管理导论"增加了"第四节旅游企业人力资源开发与管理的组织"。

4. 为了使教学环节更加流畅，调整了个别章节的顺序，将第一版中"第二章旅游企业职位分析"，调整为"第三章旅游企业职位分析"；同时将第一版中"第三章旅游企业人力资源规划与计划"，调整为"第二章旅游企业人力资源规划与计划"。

5. 第六章旅游企业薪酬管理，"第一节薪酬概述"增加了"旅游行业中导游薪酬的特殊性"；"第三节工资和奖金"详细地介绍了近年来一些大中型旅游企业开始普遍采用的"年薪制"。

6. "第七章旅游企业劳动关系管理"增加了"第五节劳务派遣、劳务承揽与人力资源外包"，对旅游企业在劳动关系管理过程中的创新用工形式进行了必要的阐述。

7. 第九章旅游企业员工激励，"第三节旅游企业员工激励管理的实践"增加了"互联网时代的员工激励"。

此外，本次修订还采纳了一些院校老师提出的宝贵意见，增加了部分与各章节相关联的新研究成果，在此不一一赘述。

本次再版仍然由李志刚担任主编及总策划，并负责完成全书的审稿、定稿和绝大部分的修订工作。具体编写分工为李志刚承担第一、二、三、五、七、九、十章的编写，张珊珊编写第四、八章，周圩编写第六、十一章。

本次修订过程中，参考和引用了大量国内外学者的学术文献和案例资料，限于篇幅，未能一一注明，在此向这些著作者表示真诚的感谢和敬意。本书第二版顺利付梓，得益于北京大学出版社赵学秀老师的鼎力支持和帮助，在此谨致谢忱。

由于编者专业知识的局限性，疏漏和不当之处在所难免，恳请各位专家、学者和广大读者批评指正。

李志刚

2023 年 7 月

21世纪经济与管理规划教材

旅游管理系列

目 录

基 础 篇

第一章 旅游企业人力资源开发与管理导论 …………………………… 3
 引　例　中国酒店行业的人才本土化 …………………………………… 3
 第一节　人力资源开发与管理的形成 …………………………………… 4
 第二节　旅游企业人力资源开发与管理的含义和特点 ………………… 15
 第三节　旅游企业人力资源开发与管理的职能和原则 ………………… 21
 第四节　旅游企业人力资源开发与管理的组织 ………………………… 26
 案例学习　携程旅行网基于知识管理的人力资源开发 ………………… 36

第二章 旅游企业人力资源规划与计划 ………………………………… 38
 引　例　国际酒店管理集团开始更加重视女性员工 …………………… 38
 第一节　旅游企业人力资源规划与计划概述 …………………………… 40
 第二节　旅游企业人力资源计划与供需预测 …………………………… 45
 第三节　人力资源计划的制订 …………………………………………… 59
 案例学习　人力资源成为华侨城集团的第一资源 ……………………… 66

第三章 旅游企业职位分析 ……………………………………………… 69
 引　例　Y高尔夫球俱乐部的工作调整从职位分析开始 ……………… 69
 第一节　职位分析概述 …………………………………………………… 70
 第二节　职位分析的内容 ………………………………………………… 75
 第三节　职位分析的过程 ………………………………………………… 78
 案例学习　吉瑶旅游纪念品公司的人力资源管理从哪里
     入手 …………………………………………………………… 89

管 理 篇

第四章　旅游企业员工招聘 …… 95
引　例　澳门旅游博彩业的招聘策略 …… 95
第一节　招聘的概念 …… 97
第二节　员工招聘的途径 …… 103
第三节　招聘工作的准备 …… 108
第四节　招聘选择 …… 111
第五节　录用与就职 …… 123
第六节　评估招聘工作 …… 126
案例学习　Airbnb公司在中国的人才招聘 …… 130

第五章　旅游企业员工绩效管理 …… 133
引　例　武汉金盾酒店的绩效管理创新 …… 133
第一节　员工绩效管理概述 …… 135
第二节　员工绩效目标管理 …… 140
第三节　员工绩效考核 …… 149
案例学习　北斗旅游网注重过程性考核 …… 164

第六章　旅游企业薪酬管理 …… 167
引　例　困扰导游员的薪酬 …… 167
第一节　薪酬概述 …… 169
第二节　薪酬设计的一般步骤 …… 177
第三节　工资和奖金 …… 186
第四节　福利待遇 …… 198
案例学习　宋城演艺股权激励方案的确定与实施 …… 205

第七章　旅游企业劳动关系管理 …… 208
引　例　似是而非的劳动关系纠纷 …… 208
第一节　劳动关系 …… 210
第二节　劳动合同 …… 212
第三节　劳动争议的处理 …… 223
第四节　劳动安全与劳动保护 …… 229
第五节　劳务派遣、劳务承揽与人力资源外包 …… 235
案例学习　由培训引发的劳动争议 …… 242

开 发 篇

第八章　旅游企业员工培训 247
　　引　例　东京迪士尼乐园的普通员工培训 247
　　第一节　员工培训概述 249
　　第二节　旅游企业员工培训的特点和规律 257
　　第三节　员工培训的过程 263
　　第四节　员工培训方法 271
　　案例学习　T国际会展公司的员工培训模式 279

第九章　旅游企业员工激励 282
　　引　例　广之旅特色的员工激励机制 282
　　第一节　需求、动机与积极性 284
　　第二节　激励的概念与激励理论 288
　　第三节　旅游企业员工激励管理的实践 300
　　案例学习　中青旅推出"导游激励计划" 311

第十章　员工职业生涯发展 313
　　引　例　机器人来啦 313
　　第一节　职业的选择 314
　　第二节　职业生涯 321
　　第三节　职业生涯设计与管理 327
　　案例学习　在线旅游行业对人力资源的需求 333

第十一章　旅游企业跨文化人力资源开发 337
　　引　例　伙伴计划助外籍员工融入团队 337
　　第一节　旅游企业跨文化人力资源开发概述 339
　　第二节　旅游企业跨文化人力资源开发实务 347
　　案例学习　锦江国际集团跨国并购后的跨文化管理策略 359

参考文献 362

21世纪经济与管理规划教材

旅游管理系列

基 础 篇

第一章　旅游企业人力资源开发与管理导论
第二章　旅游企业人力资源规划与计划
第三章　旅游企业职位分析

第一章 旅游企业人力资源开发与管理导论

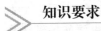 **知识要求**

通过本章学习,学生应该掌握五项基础知识:
- 人力资源的含义、特征和质量内涵
- 人力资源开发与管理的概念和发展趋势
- 旅游企业人力资源开发与管理的概念和职能
- 现代旅游企业对人力资源队伍的总体要求
- 旅游企业人力资源开发与管理的原则

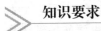 **技能要求**

通过本章学习,学生应该掌握三项管理技能:
- 根据人力资源数量与质量的关系原理,结合旅游企业的生命周期,能够提出控制人力资源数量与质量的措施
- 根据旅游企业的工作性质和人力资源结构的特点,能够提出旅游企业人力资源开发与管理的具体目标
- 根据旅游企业人力资源开发与管理的工作职责划分,能够清楚地找准企业内部各级管理者在人力资源工作方面的定位

 引 例

中国酒店行业的人才本土化

前不久,希尔顿酒店集团任命钱进为大中华及蒙古区总裁,而此前已有多位中国本土人士加入希尔顿酒店集团大中华区的领导团队。与希尔顿酒店集团一样,万豪、洲际、雅高等知名国际品牌酒店集团也在大量吸纳中国优秀的管理人才进入高管层。

凯宾斯基亚洲首席运营总监 Michael Hensler 表示:"二十多年前外资酒店品牌刚刚进驻中国的时候,酒店的总经理、财务总监、市场总监及公关总监都是外籍人士,但是这个现象现在已经发生了根本改变。"

中国旅游市场的潜力为世界瞩目,国际品牌酒店集团在中国不断扩张,人才缺口不断扩大,其人力资源策略正在改变。"一是中国本土专业人才更了解中国市场和中国客人的

需求,可以帮助国际品牌更好地'接地气';二是随着旗下酒店品牌不断签约,大量酒店落户中国各个城市,短时期内对管理人才的需求量激增,从国外调配总经理也不太现实,而且相较外籍总经理,聘请中国本土管理人才的各方面成本也更合适,可以很好地压缩运营成本,实现利益最大化。"一位酒店业界资深人士表示,重要的是,中国的酒店业经过多年的发展,已经培育出很多优秀的管理人才,他们完全可以胜任,有些表现还相当出色。

瑞士索梅教育旗下拥有全球著名的酒店管理学院瑞士格里昂酒店管理学院和瑞士理诺士酒店管理学院,其首席执行官边维添(Benoit-Etienne Domenget)认为,中国激烈的酒店行业竞争对于外资酒店品牌来说充满了各种不确定因素。比如,文化差异、中国各地区的经济发展差异,以及一些独特的客户偏好消费方式等,都影响其品牌在中国能否运营成功。本土管理人才对此更加了解,有利于外资品牌在中国市场的开发、发展、运营。因此,人才本土化对外资品牌酒店集团在中国的发展至关重要。

另外,"本土人才可以帮助国际酒店品牌缩小它们与中国客人之间在文化和情感上的差异,对其在中国建立强有力的运营及营销网络也具有重要作用"。边维添表示,外资酒店品牌都已经意识到人才本土化的重要性。比如,洲际酒店集团已在大中华区推出了"锦鲤还乡"计划,吸引更多的本土优秀酒店人才从国外"回流",让员工获得更多地域间流动、自我提升的机会。凯宾斯基酒店集团的人才本土化战略也已深入其业务的各个方面。

但是,各大酒店集团在实施人才"本土化"战略中也遇到了一些困难。比如,很多本土人才的专业水平还有待进一步提高,他们需要具备更好的语言水平、沟通技巧以及更广泛深入的国际工作经验。"那些了解中国市场,同时又具有国际化背景、优秀的语言能力以及对行业拥有深刻的洞察和理解的人才,最受国际品牌酒店集团欢迎。"

资料来源:陈静. 国际品牌酒店人才趋向"本土化"[N].中国旅游报,2017-08-31(A01).

国际品牌酒店人才趋向"本土化",折射出在消费升级、旅游业转型及业态创新背景下,旅游企业对人才需求的变化,这对于旅游企业人力资源开发与管理而言既是机遇也是挑战。

第一节 人力资源开发与管理的形成

一、对人力资源的认识

按照逻辑从属关系,人力资源属于"资源"这一大的概念范畴,是资源的一种具体表现形式。《辞海》把资源解释为"资财的来源"。资源是人类赖以生存的物质基础,对资源从不同的角度有不同的解释。从经济学的角度来看,资源是指能给人们带来新的使用价值和价值的客观存在物,泛指社会财富的源泉;从财富创造的角度来看,资源是指为了创造物质财富而投入生产过程的一切要素。

"人力资源"（human resource）这一概念曾先后于 1919 年和 1921 年在约翰·R. 康芒斯（John R. Commons）的两本著作《产业信誉》和《产业政府》中使用，康芒斯也被认为是西方第一个使用"人力资源"术语的人；但当时他所指的人力资源和现在管理领域所使用的人力资源在含义上有着很大的差异，只不过是字面上相同而已。

（一）人力资源与人力资本

现代管理学研究的人力资源概念，是由美国管理大师彼得·F. 德鲁克（Peter F. Drucker）于 1954 年在著名的《管理实践》一书中首先正式提出，并加以明确解释的。德鲁克认为，在企业经营管理活动中，人力资源和其他资源相比，唯一的区别就是"它"是人，并且是管理者必须考虑的具有"转用性资产"价值的资源；人力资源拥有其他资源所不具备的素质，即"协调能力、融合能力、判断力和想象力"。他认为，与其他资源相比，人力资源是一种特殊的资源，必须通过有效的激励机制才能开发利用，并为企业带来可观的经济价值。

20 世纪 60 年代以后，美国经济学家西奥多·W. 舒尔茨（Theodore W. Schultz）等人提出了人力资本理论。他们认为，人力资本是体现在具有劳动能力（现实或潜在）的人身上的、以劳动者的数量和质量（知识、技能、经验、体质与健康）所表示的资本，它是通过投资而形成的。

人力资源和人力资本都是以人为基础而产生的概念，都是在研究人力作为生产要素在经济增长和经济发展中的重要作用时产生的，研究的对象都是人所具有的脑力和体力，现代人力资源理论大都是以人力资本理论为基础的；人力资本理论是人力资源理论的重点内容和基础部分。

虽然人力资源和人力资本有着紧密的联系，但它们之间还是存在一定的区别。

首先，在与社会财富和社会价值的关系上，两者是不同的。人力资本是由投资而形成的，强调以某种代价获得的能力或技能的价值，投资的代价可以在提高生产力的过程中以更大的收益收回。因此，劳动者将自己拥有的脑力和体力投入到生产过程中，参与价值创造，就要据此来获取相应的劳动报酬和经济利益。而人力资源则不同，作为一种资源，劳动者拥有的脑力和体力对价值的创造起了重要的贡献作用。人力资源强调人力作为生产要素在生产过程中的生产、创造能力，它在生产过程中可以创造产品、创造财富，促进经济发展。

其次，两者研究问题的角度和关注的重点不同。人力资本是通过投资形成的、存在于人体中的资本形式，是形成人的脑力和体力的物质资本在人身上的价值凝结，是从成本收益的角度来研究人在经济增长中的作用。它强调投资付出的代价及其收益，考虑投资成本带来多少价值，研究的是价值增值的速度和幅度，关注的重点是收益问题。人力资源则不同，它将人作为财富的来源看待，是从投入—产出的角度研究人对经济发展的作用，关注的重点是产出问题，即人力资源对经济发展的贡献有多大，对经济发展的推动力有多强。

最后，人力资源和人力资本的计量形式不同。人力资源是存量的概念，是指一定时间、一定空间内，人所具有的对价值创造起贡献作用并能够为组织所利用的体力和脑力的总和。而人力资本则兼有存量和流量的概念，从生产活动的角度看，是与流量核算相联系的,表现为经验的不断积累、技能的不断增进、产出量的不断变化和体能的不断损耗;从投资活动的角度看,则与存量核算相联系,表现为投入到教育培训、迁移和健康等方面的资本在人身上的凝结。

(二) 人力资源的定义

由于对人力资源认识的角度不同,对人力资源的定义也不尽相同,基本可以分为两大类。

第一类主要是从能力的角度出发解释人力资源的含义,持这种观点的人占多数。

吴国存和李新建(2001)指出,人力资源作为经济资源,实质就是人所具有的运用和推动生产资料(物质资料)进行物质生产或社会经济活动的能力,即社会劳动能力。[①]

董克用(2007)认为,所谓人力资源,就是指人所具有的对价值创造起贡献作用,并且能够被组织利用的体力和脑力的总和。[②]

侯光明(2009)强调,人力资源有广义和狭义之分,广义的人力资源是人类社会所拥有的一切可以利用的人们劳动能力(体力、智力)的总和,狭义的人力资源是指特定组织所拥有的(与组织目标相关的其他人)的各种能力的总和。[③]

张德(2016)认为,所谓人力资源,是指能够推动整个经济和社会发展的劳动者的能力,即处在劳动年龄的、已直接投入建设和尚未投入建设的人口的能力。[④]

第二类主要是从人的角度出发解释人力资源的含义。

郑绍濂等(1995)提出,人力资源是指企业组织内外具有劳动能力的人的总和。[⑤]

陆国泰(2000)指出,人力资源是指一定社会区域内所有具有劳动能力的适龄劳动人口和超过劳动年龄的人口的总和。[⑥]

于桂兰和魏海燕(2005)表述,人力资源是指人拥有的知识、技能、经验、健康等"共性化"要素和个性、兴趣、价值观、团队意识等"个性化"要素以及态度、努力、情感等"情绪化"要素的有机结合。[⑦]

赵曙明等(2009)认为,人力资源是指一定范围内的人口中具有劳动力的人的总和,是能够推动社会与经济发展的具有智力和体力劳动能力的人的总和。它是包括在人体内的一种生产能力,一种表现在劳动者身上并以劳动者的数量和质量来表示的资源。[⑧]

本书认为,从能力的角度出发理解人力资源的含义更接近其本质。人是通过运用自身的知识、经验、技能和体能等能力来为社会创造财富、体现其资源价值的。因此,人力资源是指人凭借在某一领域积累的知识和经验,支配体能和智能创造价值的能力之总和。

人力资源作为一种经济资源,实质就是人所具有的运用和推动生产资料进行物质生产的能力。它包括体能和智能两个基本方面。体能即人的身体素质,包括力量、速度、耐

[①] 吴国存,李新建.人力资源开发与管理概论[M].天津:南开大学出版社,2001.
[②] 董克用.人力资源管理概论(第四版)[M].北京:中国人民大学出版社,2015.
[③] 侯光明.人力资源管理[M].北京:高等教育出版社,2009.
[④] 张德.人力资源开发与管理(第五版)[M].北京:清华大学出版社,2016.
[⑤] 郑绍濂等.人力资源开发与管理[M].上海:复旦大学出版社,1995.
[⑥] 陆国泰.人力资源管理[M].北京:高等教育出版社,2000.
[⑦] 于桂兰,魏海燕.人力资源管理[M].北京:清华大学出版社,2005.
[⑧] 赵曙明,张正堂,程德俊.人力资源管理与开发[M].北京:高等教育出版社,2009.

力、反应力和心理承受能力等,即对劳动负荷的承载力和消除疲劳的能力。智能包含三个方面:首先是人认识事物、运用知识、解决问题的能力,即智力,包括观察力、理解力、思维判断力、记忆力、想象力和创造力等;其次是知识,指人类所具备的从事社会生产与生活实践活动的经验和理论;最后是技能,是人们在智力、知识的支配与指导下实际操作、运用和推动生产资料的能力。体能、智力、知识和技能是人力资源的现实应用形态,也是其作为经济资源的基本内容。

(三)人力资源的特征

人力资源是一种特殊的经济资源,与物质资源相比,具有自身的特征。

1. 人力资源具有生物属性

人力资源是一种融于人体内的有生命的活的资源,与人的自然特征相关联,具有天然生理构成的方面和出生、成长、死亡的自然生理发展过程。

2. 人力资源具有社会属性

人力资源的形成是人类生活和生产活动的必然结果,也是社会生产和生活的主体,从其产生伊始,便存在于一定的人类社会形态之中。因此,它总是反映一定的社会关系,并随社会进步和社会生产方式的发展而发展,离开人类社会也就没有人力资源。

3. 人力资源具有能动性

人力资源的能动性表现在人力资源有思想、有社会意识,能够自觉地、有意识、有目的地从事社会生产活动,在社会生产和生活中居于主体地位,可以按照自己的意愿、目的和要求能动地发展生产、安排生活;在与自然界的关系上,人力资源不是被动地服从于自然,而总是主动地去认识、利用和改造自然,使之为人类服务,同时有意识地不断开发、提高和发展自己。

4. 人力资源具有时效性

人力资源的形成、开发有一个过程,需要时间。每个人的生命周期中,一般只有15—60岁(国际上一般到65岁)期间可以作为劳动力资源发挥作用,而在这几十年里,每个人在不同年龄段上的劳动能力又不相同。人力资源的使用要特别注意到这一特征。

5. 人力资源具有可增值性

对人力资源个体而言,其体力不会因使用而消失,只会因使用而不断增强,当然这种增强是有一定限度的;其知识、技能和经验也不会因使用而耗尽,相反会因不断的运用而更有价值。在一定的范围内,人力资源是不断增值的,其创造价值的机会会越来越多。当然,人力资源的增值离不开必要的教育、培训和有意识的自我总结经验。

(四)人力资源的质量

人力资源的质量包含三方面内容,即思想道德素质、文化技术素质和生理心理素质。

1. 思想道德素质

思想道德素质包括政治觉悟、思想水平、道德品质等。从企业管理角度讲,思想道德素质主要是指员工工作的责任心、事业心、职业道德、敬业精神和思想状态,例如员工是积极进取还是安于现状,是勇于改革创新还是保守恋旧,等等。

2. 文化技术素质

文化技术素质主要是指智力、知识和技能,这是人力作为资源而具有的质的规定性的主要方面。

3. 生理心理素质

简单地讲,生理心理素质就是上文所述的体能和心理状态。

(五) 人力资源数量与质量的关系

人力资源的数量与质量是紧密联系的。一定的人力资源数量,必然具有质的规定性;而一定的人力资源质量,也必须通过一定的数量体现出来。但是,从现实的企业经营管理活动来看,在某一个具体的企业中,不同质量的员工之间应当有什么样的数量比例关系,则是一个具有相当技术难度和极大实用价值的研究课题。

1. 人力资源一般呈金字塔形分布,即质量越高,人才数量越少

如果企业中充斥的只是低素质的碌碌之辈,缺乏高素质的员工,势必很难在技术、财务和营销等方面具有优势,在市场竞争中就会处于落后地位。而企业中出现的人才低就现象——招聘高水准人才来从事低要求的工作,则是人力资源的浪费,不仅对人才的使用和发展不利,还会使企业的人力资源成本增加。

2. 不同质量内涵的员工之间是不容易互相替代的

人力资源个体教育背景的差异、工作经历的不同,以及岗位分工的专业化,使得不同工作岗位的人力资源个体所具备的专业技能存在比较大的差异,在 A 岗位上是高质量的人才,换到 B 岗位则有可能完全不适用。例如,财务部门的管理人员和计算机部门的经理就不能互换职位,更不用说用低素质的电脑操作人员取代高素质的程序维护和开发人员了。

3. 人力资源数量与质量的比例关系要保证一定的弹性

人力资源数量与质量的比例关系应当与企业的经营战略结合起来考虑,并保持一定的弹性,以避免企业经营业务战略发生转变时,出现人才结构比例僵化、失调的问题,影响企业的发展。

4. 人力资源数量与质量的关系,是可以通过人员配置进行优化的

员工队伍的配置是影响企业人力资源作用的重要因素。在实际工作中,人和事这两方面都是动态发展的。有的员工工作能力提高了、经验丰富了,个人需求也会提高,对现有的工作容易不满足,甚至产生厌倦的情绪;有的员工则随着工作内容的复杂化和设备的更新,其能力越来越不适应岗位,工作越来越困难。对于这些问题,必须采取相应的措施,从调整数量和提高质量两个方面考虑,及时优化人力资源队伍。

二、对人力资源开发与管理的认识

(一) 人力资源开发与管理的概念

所谓人力资源开发与管理,是指组织为了获取、保持、发展和有效利用在生产与经营过程中必需的人力资源,运用科学、系统的技术和方法协调人与工作的关系,处理工作中人与人的矛盾,充分调动人的积极性,以实现组织目标的过程。准确把握人力资源开发与

管理的定义,应该注意以下几个方面:

1. 人力资源开发与管理首先需要确定主体和客体

所谓主体即谁进行开发与管理,在现代企业里,人力资源开发与管理的主体是代表企业利益进行管理的个人或部门;所谓客体即开发与管理谁——开发与管理的对象,通常指所有被开发与管理者。

2. 人力资源开发与管理是组织行为

一方面,人力资源开发与管理是组织启动的;另一方面,人力资源开发与管理是组织所进行的有计划、有目的的行为和活动。另外,人力资源开发与管理的目的是组织目标的实现,其一切活动必须服从于组织目标。

3. 人力资源开发与管理的实质是在推动工作、完成组织目标和使命的过程中,进行人与事、人与人关系的调整

人力资源作为企业的第一资源,在企业生产活动中发挥了能动的主导作用,其一切经济行为或活动,均体现了人与生产资料、人与人的生产关系。所以,对人力资源的开发与管理,实质是安排、调整、协调处理人与事、人与人的关系。

4. 人力资源开发与管理是一项系统工程

现代人力资源开发与管理是由对员工的聘任、使用、配置、培训、调整和保护等一系列活动构成的,诸项活动并非无序、无关联的,而是立体交叉、有机联系在一起的,这就构成了人力资源开发与管理体系。

(二) 人力资源开发与管理的目标

1. 终极目标

企业价值最大化是所有现代企业追求的目标。企业价值的产生与构成要素包括企业的运作管理和经营资源,以及股东价值、顾客价值和员工价值。因此,人力资源开发与管理的终极目标,是通过不断优化人力资源结构,提高员工价值,进而强化企业整体价值的持续创造能力。

2. 具体目标

在终极目标之下,人力资源开发与管理还要达成以下具体目标:

(1) 保证适时地雇用到组织所需的员工;

(2) 最大限度地挖掘每个员工的潜质,既服务于组织目标,也确保员工个人的发展;

(3) 留住那些通过努力工作有效地帮助组织实现目标的员工,同时排除那些无法为组织创造足够价值的员工;

(4) 确保组织遵守政府有关人力资源开发与管理方面的法律、法规和政策。

三、人力资源开发与管理的形成和发展

人力资源开发与管理较为系统的理论,是随着整个管理理论的发展而逐步形成的,它起源于19世纪中叶的工业革命,在20世纪初美国的科学管理兴起时期,人力资源开发与管理逐渐形成一门独立的学科;随后,在早期工业心理学和人际关系研究基础上诞生的行为科学,对这门学科产生了重大的影响,并使之趋于成熟。

（一）人力资源开发与管理的功能演进

人力资源开发与管理从最初的人事管理实践,发展到目前对企业战略目标的实现发挥重要支撑作用,其功能的演进可以划分为五个阶段,即人事档案管理阶段、政府职责阶段、组织职责阶段、战略管理阶段和虚拟管理阶段。

1. 人事档案管理阶段

人事档案管理阶段从人事管理出现一直到20世纪60年代。在这一时期,人事管理的主要工作内容就是招聘录用、培训员工和管理人事档案。随着雇主对员工的关心程度的增大,新员工的录用、岗前培训、个人资料的管理等工作逐渐由专职的人事部门或专门的人员负责。在这一时期,企业普遍缺乏对人力资源工作性质、目标的明确认识,也缺少系统性的工作流程和制度。

2. 政府职责阶段

政府职责阶段最先出现在20世纪60年代的西方国家。这一时期的特点是政府介入和法律规定开始在许多方面影响雇佣活动,但企业的高层管理者仍将人力资源开发与管理的成本视为非生产性消耗。

以美国为例,继1964年通过《民权法案》之后,政府相继通过了《种族歧视法》、《退休法》等涉及公民就业的多部法律,企业如果违反这些法律就会导致巨大的经济损失。这就迫使企业领导者对人事管理工作给予足够的重视,要求日趋严格,不允许任何环节有丝毫的疏忽,力求避免和缓解劳资纠纷,在出现劳资纠纷时能争取主动。在这种法律背景下,企业人事管理工作不得不强调规范化、系统化和科学化,工作内容逐渐形成了主要包括吸引、录用、维持、开发、评价和调整的工作流程,完成这些任务所需要的各类人事专家也纷纷进入企业;而为此所支出的一切费用,仍然被许多企业的高层管理者视为整个组织的非生产性消耗,企业不过是为了应付政府不得已而为之。所以,这个阶段称为政府职责阶段。

3. 组织职责阶段

进入20世纪80年代以后,发达国家的企业管理者认识到人事管理不应该是政府的职责,而把它真正视为企业自己组织的职责。

这种认识的转变是有其历史背景的。首先,心理学、社会学和行为科学日益渗透到企业管理领域,在这种学科交融的基础上形成的人力资源开发与管理理论日益受到企业的重视,并被广泛接受;其次,劳动生产率增长趋缓,管理水平的平庸使企业高层领导日益忧虑;再次,劳资关系日趋紧张;最后,政府对企业进行了越来越多的干预,再加上劳动力的多样化、教育水平的提高,使得企业对员工的管理更加困难。因此,企业高层管理者被迫从企业内部寻找原因和出路,进而发现人力资源开发与管理是重要的突破口。

许多企业的高层管理者开始相信:调动员工工作的积极性和掌握处理人际关系的技能非常重要,它既是保证企业排除当前困难的有效方法,也是保证企业未来成功的关键因素。为此,企业开始吸收人事经理进入企业高级领导层,共同参与企业的经营决策,并认为人力资源是一种最重要的战略资源,是企业成败兴衰的关键。20世纪80年代初期,发达国家的企业纷纷将人事部门改名为人力资源部,企业从强调对物的管理转向强调对人的管理。

4. 战略管理阶段

把人力资源战略作为公司重要的竞争战略，或者从战略的角度考虑人力资源问题，把人力资源开发与管理和企业的总体经营战略联系在一起，是 20 世纪 90 年代后人力资源开发与管理的重要发展。

在这一阶段，人力资源开发与管理成为整个企业管理的核心。在国际范围的市场竞争中，无论企业从事何种业务、规模如何，要想获得和维持竞争优势，核心资源都是人力资源。20 世纪 80 年代以来，世界经济发展过程中一个突出的现象就是企业兼并与重组，为了适应兼并与重组的需要，企业必须制定明确的发展战略，战略管理逐渐成为企业管理的重点，而人力资源开发与管理对企业战略的实现有着重要的支撑作用，所以从战略的角度思考人力资源开发与管理的问题，将其纳入企业战略的范畴已经成为人力资源开发与管理的主要特点和发展趋势。

5. 虚拟管理阶段

虚拟人力资源管理是人力资源管理发展的一个新趋势，综合国内外文献研究，有两种不同的关于虚拟人力资源管理的认识。一种观点认为虚拟人力资源管理是企业在知识经济时代，为了适应虚拟组织结构并采用现代信息技术，对企业的智力资本进行获取、考绩、奖酬和培训开发的战略性人力资源管理。这种论断的研究重点是人力资源管理职能的虚拟化管理。另一种具有代表性的观点则提出，虚拟人力资源管理是指运用信息技术在战略伙伴之间架设网络关系，借此帮助组织获取、开发和配备智力，从而抓住市场机遇，提高企业的核心竞争力。此种定义的重点是对"虚拟人力资源"的管理，其重心在人力资源而非人力资源管理的职能。

上述第二种观点所体现的"企业不追求拥有外部人力资源的所有权或归属权，但可以通过虚拟人力资源管理为企业所用"这一指导思想，对旅游企业人力资源管理实践具有很强的现实意义。以邮轮业为例，由于目前邮轮到港远不像飞机航班那样定期密集，到港也是间歇式的，有时一天好几艘，有时好多天没一艘；特别是由于我国的海洋季风气候，造成邮轮到港淡旺季十分明显，暑期航班密集，秋季开始直到入冬只有零星小型远程欧美邮轮到访。在这种情况下，无论是邮轮码头还是旅行社，全年常备大量的邮轮接待工作人员都是不现实的。此外，除了个别旅游资源特别丰富的港口，邮轮一般不在停靠港过夜，甚至经常停靠时间只有半天，接待方要随机而动，在短短的几小时内集中调配上百训练有素的服务人员按要求完成接待任务，同时还要解决通关、交通、客人发病、事故等各种突发状况带来的各种问题。这种无规律、非常态、供短时间使用的超大量人力资源不可能是旅游企业的常态化配置。在语言方面，邮轮接待方因各条到港邮轮始发地不同而需要大量多语种人员，例如近洋线以中国香港为登轮口岸的邮轮就需要大量粤语导游服务人员，而远洋线从欧美出发的邮轮就需要英法德等外语导游服务人员。在观光活动方面，出于客人多样化需求和分流的原因，除了需要提供许多不同的常规岸上观光旅游项目，还会有许多特殊项目。例如，外国客人想体验中国功夫，希望不仅是观看还可以学习；有的想体验正宗的中医针灸等。这些活动都需要大量有专业技能并有接待经验的人员。这种临时性的专业化、多样化人力资源需求也是负责大型邮轮服务的企业日常无法配备的。

虚拟人力资源管理可以将企业外部人力资源扩展为跨边界员工、外部经验员工、外部非经验员工三个层次。跨边界员工是指与企业有长期劳动合同,但并不从事具体业务,临时从企业各非业务部门抽调的员工,如本企业人力资源、财务和办公室等职能部门员工;外部经验员工是指与企业之间为临时雇佣关系,有过多次合作的人员;外部非经验员工是指与企业之间为临时雇佣关系,第一次合作的人员,如大专院校学生和自由职业者等。虚拟人力资源架构与职能如图1-1所示。

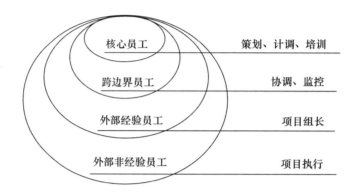

图1-1　虚拟人力资源架构与职能

资料来源:陈婧婧.国际邮轮接待的虚拟人力资源应用与管理[J].四川旅游学院学报,2017(02).

虚拟人力资源的配置可以使旅游企业在最大限度上扩充人员,同时进行有效管理,控制接待完成质量;并且,这一配置方式能够保证相对较为紧缺的外围经验员工的培养,使这一虚拟员工体系维持一种良性循环,保证可持续发展。

(二)现代人力资源开发与管理的发展趋势

现代人力资源开发与管理的发展趋势主要表现在以下九个方面:

1. 人力资源开发与管理理念的变化

美国假日酒店管理集团的创始人凯蒙·威尔逊先生曾经说过:没有满意的员工,就没有满意的顾客;没有令员工满意的工作环境,就没有令顾客满意的享受环境。考察国内外成功企业的文化体系不难发现,这些企业无论采用何种语言或表达方式,均将员工视作企业最宝贵的财富,将"以人为本"奉为企业核心的管理理念;考察这些企业的人力资源开发与管理模式也不难发现,这些企业已经抛弃以监督与控制为主的模式,转向以领导与激励为主的模式。

这些变化归根结底源自人力资源开发与管理理念的变化,即不再将员工视作"逃避工作、喜欢偷懒的人",而将其视为"愿意承担责任、能够自我指导与控制的人"。人力资源开发与管理理念的变化,实际上是对传统人性假设的反思,既是行为科学进步、社会环境变迁的结果,也是知识员工和顾客导向型企业大量涌现的结果。毫无疑问,尊重、理解、信任和关心员工,将成为未来企业成功的重要"基因"。

2. 人力资源开发与管理认识的变化

随着知识对企业贡献率的不断增大,人力资源开发与管理受到越来越多的重视,已经开始从维持辅助的事务性层面,上升到获取竞争优势的战略性层面,"战略性人力资源开发与管理"在更大范围和更大程度上从理论走向现实。人力资源开发与管理正在日益成为与企业各个层面的管理人员(包括各级直线经理乃至CEO)均息息相关的事,而不再只是人力资源部门的职能;人力资源部门也从后台走向了前台,不再只是企业发展战略的一个执行者,而是在参与甚至主导企业战略的决策过程中发挥作用。

3. 人力资源开发与管理导向的变化

如何才能使战略性人力资源开发与管理真正落到实处？受全面质量管理和流程再造理论的影响,美国企业界提出了"人力资源开发与管理的内部客户导向"的新理念。在一些管理水平先进的企业中,高层人力资源管理者已经开始把人力资源部门看作一个战略业务单位,并且试图根据客户基础、客户需要以及满足客户需要的技术等条件界定业务内容。

一般认为,人力资源部门有直线管理人员、企业决策层和内部员工三类内部客户,他们所需要的产品或服务是不同的。直线管理人员,希望在人力资源部门的协助下,获得具有奉献精神的高素质员工;企业决策层,需要在战略决策的制定过程中获得人力资源方面的信息与建议,在战略决策的执行过程中获得人力资源开发与管理制度和实践方面的支持;而内部员工,则希望人力资源部门能创造出良好的人才发展环境,为其职业发展提供专家式的指导和咨询,不断提高自身的人力资本价值。

针对不同的内部客户及其差异化的需求,人力资源部门应当从专业角度出发,确定运用哪些技术、通过哪些途径来满足他们的需求。这种以内部客户为导向的人力资源开发与管理,实际上改变了人力资源部门传统的"企业宪兵"形象,使人力资源部门的权威基础从原来的来自职位的"强制型权力"变成了依靠专业知识服务的"专家型权力"。这种改变使人力资源部门真正从成本中心走向了利润中心。

4. 人力资源开发与管理思路的变化

目前,国内外的成功企业都是将人力资源开发与管理作为一个长期性的系统工程来考虑,从员工的招聘、筛选、录用到离职的各个环节,都重视相互的衔接与配套;在出台每一个政策或采用每一个策略之前,都要考虑是不是有利于企业战略目标的实现和员工工作效能的提高。

例如,员工选择不当是导致员工流失的首要原因,并直接导致企业人力资源开发与管理成本的上升。因此,在选拔员工时,应首先对空缺的职位进行细分,按照岗位的不同特点选拔符合要求的员工。丽思卡尔顿酒店认为,任用那些充满激情、快乐、友善的员工总是正确的选择,他们通过"性格特征聘用法"精心选拔后,每一个岗位上的员工都是高效率的,员工不仅不遗余力地使顾客满意,并可以参与自己工作区域内的计划制订。在过去的几年中,丽思卡尔顿酒店的人员流动率下降了近50%。

5. 人力资源开发与管理重点的变化

技术和服务日新月异的变化,知识员工队伍的扩大,使人力资源开发与管理的重心从原来对可用性的重视转向了对发展性的强调,建立以核心能力为中心的人力资源开发与管理体系成为一种趋势。越来越多的企业意识到组织学习是不断提高并持续保持环境适应能力的主要途径,开始致力于学习型组织的建设和加强对知识的管理,组织学习的有效性和知识的贡献率成为衡量人力资源工作绩效的重要标准。同时,职业生涯设计和继任者计划也成为企业留住核心员工的不可或缺的管理工具。

6. 人力资源开发与管理手段的变化

20世纪80年代以来,面对员工忠诚度普遍下降但是对企业发展贡献率却不断上升的现实,人力资源的开发与管理也从常规向创新转变。仅以激励手段而言,不仅出现了以岗位和职务为基础向以业绩、技能和胜任力为基础的薪酬体系的转变,而且为了企业的持续发展和满足员工的发展需求,还衍生出了像延期奖励、股票期权、利润共享等长期激励措施,以及工作内容丰富化、参与式管理、弹性工时制等更加个性化的精神激励模式。在旅游业,丽思卡尔顿酒店推出"自我导向工作团队"措施,授权员工行使其上一级管理人员的权力,为员工营造自由空间,激励并释放他们的潜质,使他们能够快速成长。员工的参与增强了其责任心和使命感,极大地提高了整个酒店的服务质量。

同时,信息技术的发展与战略性人力资源开发与管理的需求,推动了人力资源开发与管理信息化的进程,信息技术被广泛地应用于人力资源开发与管理的各个环节。网上招聘系统、远程网络培训系统、人力资源开发与管理信息系统、人事政策自助服务系统等的建立与使用,不仅使员工的个性化需求得到了更好的满足,还提高了人力资源开发与管理的效率,为人力资源管理者将更多的精力集中到对企业价值贡献更大的管理活动中创造了条件。

7. 人力资源开发与管理范围的变化

传统的人事管理,主要局限于员工在企业上班时间内的行为控制与管理;而现代人力资源开发与管理,开始将影响员工工作绩效的一切因素均考虑在内,大大拓展了人力资源开发与管理的范围。注重员工家庭生活的质量、关注家庭与事业的平衡,被认为是一种更加符合人性且利于激发员工奉献精神的现代管理理念,在员工激励方案和职业生涯设计中得到了充分的体现。

当企业工作场所的管理日臻完善之后,员工的家庭生活便成为企业让员工满意进而提高员工工作绩效的一个重要切入点。越来越多的企业认识到了"工作狂"的弊端,不再将加班加点、透支性劳动作为一种工作精神加以提倡,而是普遍缩短了每周工作时间、引入了带薪休假制度。此外,一些企业在外派人员的管理、员工集体活动和员工的表彰奖励等方面也都不同程度地考虑家属因素,其最终目的是获得家人对员工工作的理解和支持,进而赢得员工的归属。

8. 人力资源开发与管理领域的变化

经济的全球化使全球市场的联系越来越紧密,一方面使跨国企业成为世界经济的主宰力量,另一方面也使战略联盟、虚拟型组织成为新的重要的组织形式。相应的,人力资源开发与管理的边界也从清晰到模糊、从封闭走向开放;人力资源开发与管理的国际化及组织的柔性化成为人力资源开发与管理的新的特点。突破传统意识中的企业边界与地理边界、培养全球观念和团队协作精神、实施有效的跨文化培训与管理,是21世纪企业人力资源开发与管理必须认真对待的。

9. 从事人力资源开发与管理所需能力的变化

人力资源价值的显现和地位的提升,使人力资源开发与管理成为企业管理方面具有决定意义的内容,对人力资源管理者也提出了更高的能力要求。在现代企业中,从事人力资源开发与管理的群体,应当同时承担四种角色,即战略规划的参与者和执行的管理者、人事与行政管理专家、员工发展的指导者与支持者、组织发展变革的倡导者与代言人。

国外人力资源专家认为,现代企业的人力资源开发与管理人员要想真正发挥作用,应该具备以下四个条件:第一,熟悉企业的业务流程;第二,掌握和运用现代人力资源开发与管理的手段;第三,在企业中具有良好的个人信誉;第四,懂得如何推动和领导企业的变革与重组。也就是说,一个称职的人力资源开发与管理人员,必须能够同时胜任职能性角色与战略性角色,需要同时具备战略意识与综合服务的"通才"能力。

第二节 旅游企业人力资源开发与管理的含义和特点

一、人力资源在现代旅游业链中的价值

旅游业不是一个界限分明的独立产业,因为它的产品是由住宿业、旅行业、餐饮业、交通运输业、零售业等多项产业共同提供的,所以,许多国家和地区的国民经济统计中没有将"旅游业"作为统计口径指标,在我国的《国家统计年鉴》中也仅有"国际旅游"这一项要素的统计,而没有将"旅游业"作为一个产业进行统计。2000年3月联合国批准了由世界旅游组织(WTO)、经济合作与发展组织(OECD)和欧盟统计委员会(EUROSTAT)联合编制的《旅游卫星账户:建议的方法框架》(*Tourism Satellite Account: Recommended Methodological Framework*)。卫星账户是用于测量那些在现有国家核算体系中尚未或不能被当作一个产业的经济部门的规模的一个核算方法。在旅游卫星账户(tourism satellite account,TSA)中,与旅游需求关系密切的旅游特征产业有12个:(1)旅馆和类似的住宿设施;(2)第二处住房所有权,如分时度假旅馆;(3)餐馆和类似的餐饮设施;(4)铁路客运交通服务;(5)公路客运交通服务;(6)水路客运交通服务;(7)航空客运交通服务;(8)交通支持性服务;(9)交通设备租赁;(10)旅行社和类似的机构;(11)文化服务;(12)体育和其他娱乐设施。虽然这些产业或行业的主要业务和产品有所不同,但是在涉及旅游的方面,它们都有一个共同之处,就是便利旅游活动,提供各自的产品和服务以满足旅游消费者的需要。

一般认为现代旅游业是以旅游资源为凭借,以旅游设施为基础,通过提供旅游服务以满足旅游消费者各种需要的综合性产业。旅游资源、旅游设施和旅游服务是现代旅游业经营管理的三大要素。在我国,原国家旅游局在旅游卫星账户分类基础上结合中国实际,提出了旅游核心产业的概念。旅游核心产业包括饭店业、旅行社业、景区点及旅游车船公司。

分析现代旅游业的性质和产业构成,可以看出服务贯穿于现代旅游产业链的全过程,而服务的实施、传递离不开员工,从一定程度上讲,员工是旅游服务的主要承载者。当今社会,科学技术越来越发达,并迅速渗透到包括旅游业在内的社会各个领域,影响人们的生活,但是机器或技术始终无法完全替代旅游业的服务工作,而且客户越来越需要高接触、体贴入微、富有人情味的个性化服务。人力资源成为现代旅游业最值得重视和开发的"第一资源"。

二、现代旅游企业对人力资源队伍的总体要求

人力资源队伍的建设是各类旅游企业最重要的战略性工作之一，也关系到一个国家或地区的旅游业能否可持续发展。一个行业的人力资源优势主要体现在两个方面：一是人力资源的总体素质，体现为潜在的生产力；二是对已经投入的人力资源的开发与管理水平，体现为对人力资源的利用程度。现代旅游企业对人力资源队伍的总体要求集中反映在以下六个方面：

（一）可竞争性

以人力资源作为核心竞争力的旅游企业，视员工为最重要的财富，强调集中全体员工的智慧和力量不断创新产品、创新服务，并通过他们的智慧、技能和创造性的活动使企业获得抵御外来风险的力量。人力资源队伍要敢于并有能力迎接挑战，成为组织可持续获取利润的驱动力。

（二）可学习性

旅游业作为极具活力的"朝阳行业"，发展速度十分惊人。人力资源队伍要适应并跟上现代旅游业发展的步伐，一方面需要不断补充那些乐于接受新鲜事物、具有良好可塑性的年轻人，另一方面要建立一整套系统的人力资源开发机制，使员工的知识和技能素质可拓展和可延伸。而这两方面的实现，都要求人力资源队伍自身具备自我学习、自我提高、获取新知识和新技能的愿望与能力。

（三）可激励性

美国哈佛大学威廉·詹姆士等人研究发现，在缺乏有效激励的情况下，人的潜能只能发挥出20%—30%，有效的激励机制能让员工潜能发挥80%—90%，其中约60%的差距是激励作用所致。旅游企业人力资源队伍的年轻化所表现出来的个性需求，与企业可承受的激励机制存在一定的矛盾，要想破解这一问题，不仅要求企业认真研究、分析员工的需求，建立合理的激励机制，更要求员工能够调整自我，乐于接受激励。实践证明，任何行业都不存在普遍适用于所有人的激励措施。因此，能适应旅游企业的激励机制，认同其价值导向，是旅游企业人力资源积聚的前提条件之一。

（四）可变革性

在行业特征方面，旅游业表现出比较明显的脆弱性，主要表现在受自然因素、政治因素和经济因素的影响比较大，这就要求旅游企业的人力资源能及时觉察、适应外界环境的变化和组织内部随之发生的各种改变，并能根据企业内外环境变化的需要，不断调整自己的思想观念、知识结构、思维方式和行为模式，始终跟上行业和组织发展的步伐。

（五）可凝聚性

在今后相当长的时期里，现代旅游业将依然保持劳动密集型的行业特征。这就特别要求旅游企业的人力资源队伍能够在组织共同的价值观念下，形成一个统一的、和谐的整体，具有顾全大局、服从组织、团结协作、强调沟通、支持配合的文化氛围和组织心理，使员工具有集体荣誉感和归属感。

（六）可延续性

现代旅游业是一个人员流动性很强的行业，这是无法回避的现实。旅游企业的人力资源总是处于不断的流动、调整和再配置的过程中。人力资源的快速流动，一方面要求旅游企业对不同层次的岗位及时进行补缺，以保持工作的连续性和正常秩序；另一方面也要求旅游企业的员工具备适时补位的素质，随时准备接受来自更高职位的挑战。人力资源的储备和适时补位，已经成为现代旅游企业人力资源队伍建设必须重点考虑的问题之一。

三、人力资源开发与管理在旅游企业经营管理中的地位

从管理的领域来看，旅游企业管理是在人员、资金、物资、市场和时间五大资源中进行的。在此相互联系、相互依存、相互交错的五大领域之中，旅游企业的管理活动对人力资源领域的驾驭，是决定其他各个领域管理好坏的关键。

从管理的职责来看，旅游企业管理总是通过管理人员，运用管理功能分别对接待服务工作和企业员工这两个主要方面实施管理。也就是说，旅游企业对人与事两个方面的管理，贯穿于业务经营活动的始终，体现在经营活动的各个环节。将人与事两者的管理有机结合，才能使旅游企业取得服务工作的成效和良好的经济效益。

由此可见，人力资源开发与管理在旅游企业经营管理中居于十分重要的地位。首先，员工是旅游企业生产经营活动中最积极、最活跃的因素，健全的管理机制、正确的领导方法和各项业务活动的开展，都涉及对旅游企业人力资源的开发与管理；其次，成功的人力资源开发与管理是调动员工积极性、提高劳动者素质、保持旅游企业生机和活力的重要条件；最后，旅游企业的服务工作，具有手工操作比重大、对人员素质依赖性强、服务程度高和强调细节等特点，员工服务态度如何、服务意识强弱、服务技能高低，都会对顾客体验价值的感知具有重要影响。因此，对旅游企业而言，人力资源开发与管理既是成功的关键因素之一，又是经营管理的难点和薄弱点。

四、旅游企业人力资源开发与管理的含义

在旅游企业中，所有的管理者都是人力资源的管理者，或者更确切地说，所有的管理者都有责任对自己所辖的员工进行工作能力的培养与开发，并实施有效的管理。因为，旅游企业在为顾客提供服务的过程中，最基本的资源就是人员——管理者及一线员工。

旅游企业人力资源开发与管理，是旅游企业为了实现对人力资源充分、有效的利用，根据行业特点，运用现代科学技术和管理理论，依靠组织机构和组织手段，针对人力资源的获得、整合、保持和发展所进行的一系列活动。进一步细分，旅游企业人力资源开发与管理的基础工作主要是职位分析、人力资源规划与计划；旅游企业人力资源管理的范畴主要是员工招聘、绩效管理、薪酬管理和劳动关系管理；而旅游企业人力资源开发的范畴则主要包括员工培训、激励管理和员工职业生涯管理。

在旅游企业人力资源开发与管理活动中扮演重要角色的是人力资源经理。他的基本职责是协调旅游企业管理活动中涉及人力资源的诸多环节，帮助组织实现人力资源战略

目标,他通常以顾问或参谋的身份与其他管理者一起工作,帮助这些管理者处理一系列有关人力资源方面的问题。

通过有效的人力资源开发与管理实践来提高旅游企业的服务质量,其前提是必须清楚地认识到:

(一)员工代表着旅游企业的社会形象

员工特别是一线员工作为连接旅游企业与外部客户和环境的人,他们代表旅游企业与外部顾客和环境沟通,是旅游企业的公众形象代表,即使许多员工并不是自始至终地承担全部服务,但是在顾客眼中他们依然是旅游企业的代表——他们的每一句话、每一件事、每一个态度都会影响顾客对旅游企业的形象感知,他们的行为也使旅游企业的产品具体化。如果员工表现专业或对顾客态度诚恳热情,顾客就会大大提升对旅游企业的形象感知;反之,则会大打折扣。

(二)员工为旅游企业创造利润

1994年詹姆斯·赫斯克特等五位哈佛商学院教授组成的服务管理课题组提出服务利润链(service profit chain)模型(见图1-2)。该理论认为:服务企业的利润是由客户的忠诚度决定的,忠诚的客户(也是老客户)能够给服务企业带来超常的利润空间;客户忠诚度是靠客户满意度取得的,服务企业提供的服务价值(服务内容和过程)决定了客户满意度;企业内部员工满意度和忠诚度决定了服务价值。简而言之,客户满意度最终是由员工满意度决定的。服务利润链可以形象地理解为一条将盈利能力、客户忠诚度、员工满意度和忠诚度与生产力之间联系起来的纽带,它是一条循环作用的闭合链,其中每一个环节的实施质量都将直接影响其后的环节,最终目标是使企业实现盈利。

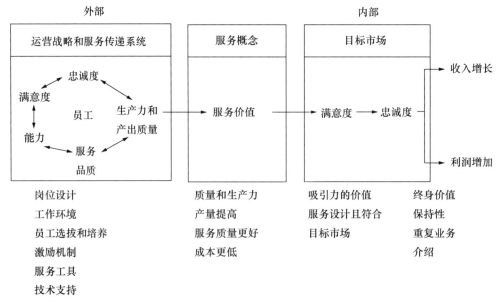

图1-2 服务利润链模型

因此,旅游企业若要更好地为外部顾客服务,首先应该将员工看作"内部顾客",明确

"内部顾客"服务的重要性,尽可能地满足"内部顾客"的需求,提供优质内部服务。员工的满意度是由岗位设计、工作环境、员工选拔和培养、激励机制以及服务工具和技术支持等多方面决定的,员工对自身服务能力的评价会影响自身的满意度。员工满意能有效地提高员工工作效率,降低员工流失率,提高员工忠诚度。在旅游企业中,员工因不满意而流失造成的损失不只是重新招聘和培训所产生的费用,还包括因服务效率的下降和顾客满意度的降低而导致顾客流失的损失,由此产生的不良影响是难以估量的。培养员工的忠诚度,最重要的是要让员工有归属感、事业成就感,可以通过向员工提供发展的机会,建立员工自我管理团队,让员工享有一定的股权,提供挑战性的工作,给予员工无微不至的关怀等措施来实现。

对于任何旅游企业而言,顾客满意是至关重要的,只有满意的顾客才会持续产生购买行为,最终成为忠诚顾客。由此可见,旅游企业的利润来自顾客的忠诚,而顾客的忠诚必然受到员工忠诚的影响,员工的忠诚是旅游企业利润链上不可或缺的一环。

(三) 员工是旅游服务差异化的重要来源

旅游服务技术含量相对比较低,服务产品不具备专利性,很容易被模仿。旅游企业经常面临如何使自己提供的服务产品区别于其他旅游企业的挑战。例如,许多旅行社提供相同的旅游线路,采用同一种交通方式、同样的食宿条件,旅行社获得竞争优势的唯一途径就是为顾客提供细致、周到的服务,而这归根结底还是需要员工的技能、态度和情感做保证。

(四) 对人力资源进行开发与管理不仅是人力资源部门的任务,还是所有管理者的责任

所有与部门员工一起工作的管理者,都有责任在日常工作中为下属提供一个较宽领域的成长空间,并给予他们工作和生活上的关怀。

充分开发、利用员工的潜能,并把它作为竞争的重要武器,是摆在每位旅游企业管理者面前的艰巨任务,而要做到这一点,管理者就必须首先具备识人、育人、用人及留人的能力,并在制定和实施组织计划和目标时,把人力资源作为重点考虑的问题之一。

五、旅游企业战略性人力资源开发与管理

(一) 战略性人力资源开发与管理产生的必然性

在现代企业经营管理活动中,人力资源的战略作用越来越显著。首先,任何战略均需要相应的员工的态度和行为的支持;其次,特定的人力资源开发与管理的政策和手段会导致员工相应的反应、态度和行为;最后,日益频繁的企业重组,一是在给定战略的情况下重组资源,二是在给定资源的条件下重组战略,后者相比前者要容易得多。因此,有必要将人力资源开发与管理提到战略性高度来认识,必须建立战略性人力资源开发与管理思维。

旅游企业的战略目标和战略意图,必须借助人力资源开发与管理渠道被服务主体认知,只有这样才能保证服务行为不脱离企业战略发展的需要。为此,旅游企业人力资源战略必须与旅游企业组织战略相配适,才能有助于旅游企业利用市场机会提升内部组织优

势,有助于旅游企业围绕核心竞争力的保持与发展开展卓有成效的工作。这种配适的观点,已逐渐为理论界和实业界所认知,被称为战略性人力资源开发与管理的核心。

(二)旅游企业战略性人力资源开发与管理的含义

战略性人力资源开发与管理,是以较为宏观的视角看待组织中人力资源开发与管理的角色和功能。所谓旅游企业战略性人力资源开发与管理,是指从旅游企业的组织全局、长远目标和根本利益出发,将员工视为战略性资源和竞争优势的主要来源,通过周密的科学论证,设计出具有指导性的人力资源开发与管理原则、方针、行动计划与策略的过程。

六、旅游企业人力资源开发与管理的特点

(一)程序化

现代旅游企业人力资源开发与管理是动态的,在这一动态活动中形成了比较成熟的工作流程,主要内容包括计划、招聘、培训、考核、激励、调整等重点作业环节。

(二)全员化

人力资源开发与管理的全员化不但指要对旅游企业各类人员进行全员培训与考核,而且包括各级管理人员对下属的有效督导和科学管理。因此,现代旅游企业人力资源开发与管理决不仅仅是人力资源部门的专项工作,也是全体管理人员的日常工作之一。

(三)系统化

人力资源开发与管理工作作为一个管理系统,是由录用系统、培训系统、使用系统、考核系统、奖惩系统、离职退休系统等子系统组成的,每个子系统中都包含非常具体的工作内容。

(四)科学化

标准化、制度化和定量化是旅游企业人力资源开发与管理科学化的具体表现。标准化是指招聘录用员工要有素质条件标准,岗位培训要有合格条件,服务工作要有质量标准。制度化是指人力资源开发与管理必须有严密的规章制度作为保障,使招聘、录用、考核、选拔等工作顺利进行。定量化是指岗位有合格的定员,工作有具体可行的定额,业绩考核有科学的数量依据等。

(五)战略化

基于对人力资源战略性作用的高度认识,越来越多的旅游企业开始以长期的战略视角规划人力资源开发与管理活动,并通过不断的整合与调适来落实以下三项活动:

- 人力资源开发与管理必须与旅游企业其他战略和战略性需求相结合;
- 人力资源政策应该与旅游企业的功能性政策和组织结构保持一致;
- 人力资源开发与管理实务必须遵循旅游企业人力资源战略规划,直线管理者和员工视之为日常工作的一部分,并共同参与。

第三节　旅游企业人力资源开发与管理的职能和原则

一、旅游企业人力资源开发与管理的职能

（一）职位分析

职位分析是旅游企业人力资源开发与管理的基础性工作。旅游企业在组织架构确立之后，实施人力资源开发与管理的第一项工作，就是对每个职位的工作职责和所需的技能，以及从业者的生理和心理素质要求进行分析研究，并做文字记录，作为下一步人力资源开发与管理的依据。通过职位分析，根据不同职位的工作内容，旅游企业规定每个职位应承担的职责和工作条件等，以吸引和保留合格的员工，实现事得其人、人尽其才。

（二）人力资源规划、招聘和录用

旅游企业为了实现经营目标，必须有能胜任所设工作岗位的员工。聘用到合适的员工离不开人力资源规划、招聘和录用。

人力资源规划是为了保证旅游企业在任何发展时期都能有充裕的、符合岗位工作要求的、劳动力成本比较经济的人力资源，这也是战略性人力资源开发与管理的基本要求。旅游企业人力资源规划建立在可靠的职位说明资料和人力资源信息基础上，通过系统地分析、检查企业的人力资源需求，确保人力资源规划对企业的经营和发展起到促进作用。

招聘工作的具体内容包括：确认旅游企业中有人力资源需求的职位的具体工作要求；对人力资源需求数量和详细用工条件做出准确的判断；选择适当的媒体，在一定范围内发布旅游企业当前人力资源的需求情况，吸引符合条件的人士提出申请；对有资格的工作申请人提供均等的雇用机会。

录用是从旅游企业角度出发，从被吸引来的工作申请人中选择那些最适合旅游企业及其招聘职位的人员的过程。这里需要注意的是，录用人才要根据其将来工作的具体内容和旅游企业所能支付的报酬水平做出判断，切忌不加分析地一味要求有高学历和高级工作经历，这样不仅违背人力资源开发与管理的"最适"高于"最优"原则，甚至有时还会对旅游企业的社会形象造成不良影响。

（三）员工培训

旅游企业的员工培训不同于学校教育，旅游企业的许多岗位如导游、餐饮服务、客房服务和园艺养护等，要求员工不仅要掌握标准的操作流程，还要有与之相适应的熟练技能。因此，旅游企业培训更强调实用性，特别是动手能力和应变能力的培养，有时不一定要系统地介绍许多理论知识，但一定要与实践紧密地联系起来，使员工能真正感受到培训使其工作效率和服务效果明显提高。同时，旅游企业培训还应该注意有针对性，即针对每位员工的基本素质、工作经历、工作表现和能力水平安排适当的培训内容、形式和时间，既要保证收到实效，又要避免让不思进取、已无培养价值的人混在培训中。

(四)绩效管理

所谓旅游企业的绩效,就是各类旅游企业要实现或已经实现的特定目标,可以一般地理解为在一定时期内旅游企业员工个人工作成绩表现、团队运作效率或总体业绩效益以及外部社会效果的总称。旅游企业绩效管理的实质,从技术层面讲,就是要处理好"效率"问题,即旅游企业内部如何组织、分工和协作以把服务工作做到顾客满意;从经济层面讲,就是要解决好"效益"问题,即怎样为旅游企业的所有者和其他利益相关者带来良好的收益;从社会层面讲,就是要把握好"效果"问题,即怎样保证旅游企业的所有经营活动符合法律法规要求和社会道德标准。

旅游企业的员工绩效,作为一个多因变量,除了取决于员工个人主观努力程度或激励机制的有效性,还与员工所拥有的知识和技能、机遇或工作条件以及其他外部因素相关。因此,旅游企业的绩效管理应该是一种"人本管理"的过程,即需要所有管理者共同努力、全体员工集体参与,在互动沟通中进行知识共享和系统学习,敏锐察觉并紧紧抓住那些决定旅游企业绩效的关键成功要素,并围绕核心价值观共同努力,最终齐心协力实现目标。

(五)薪酬和福利管理

在当今的社会中,工资收入不仅可以衡量一个人的劳动价值,往往也会折射一个人事业的成功与否。在同行业中,薪酬和福利水平低的企业的人才流向薪酬和福利水平高的企业是一种趋势,这种趋势在短时期内不会改变;而在不同行业中,如果存在比较大的薪酬和福利差异,那么对于薪酬和福利水平低的行业,"人才的储备"问题会越来越突出。从20世纪90年代以来,中国的旅游行业在薪酬和福利方面几乎没有优势可言,这也是中国旅游企业人力资源开发与管理所面临的重大挑战之一。

旅游业是劳动密集型行业,薪酬和福利开支占企业总成本的比重很大,无论是薪酬和福利开支的绝对额,还是占总收入的百分比,都有不断增长的趋势。为了提高经济效益水平,增强旅游企业的活力和行业竞争力,不仅要建立适应本企业发展的薪酬和福利体系,还要采取比较灵活的用工制度,目的是既控制人力资源的总体成本,又保证薪酬和福利的有效激励作用。

(六)员工安全和健康管理

员工在安全的环境中工作并享有良好的健康,能够使其全身心地投入服务工作中,对提高旅游企业服务质量和劳动生产率有积极的影响,进而能够为旅游企业带来长期、稳定的效益,所以保证员工安全和健康地工作是十分重要的。为此,成功的旅游企业一直提倡并加大力度实施必要的安全生产和保健措施。

对那些处于工作危险系数比较大的岗位的员工,如从事酒店室外高空清洁的员工、驾驶长途旅游交通工具的员工和长期从事户外导游工作的员工等,要采取十分可靠的安全保护措施和必要的工伤救护措施。旅游企业工作的随机性特点,使实行"以八小时为标准的工作日制度"存在一定的困难。因此,在保护员工的身体健康、保障员工的休息权利的前提下,旅游企业人力资源部门要科学地安排各工作岗位的班次,保证国家目前每周40小时法定工作制的执行。

此外,结合旅游行业女性员工所占比重比较大的特点,人力资源部门要认真研究、贯彻国家对女工的劳动保护政策相关规定,确保企业合法经营。

(七)调整劳动关系

当前,旅游业的市场竞争十分激烈,劳动力的供求双方由于权利和义务的不同,对市场竞争环境的认同也很难一致,管理层考虑经济效益为多,而普通员工则更多地关心自己的切身利益,两者出现争议和纠纷的情形在所难免。

调整劳动关系,要求旅游企业的人力资源开发与管理既要从维护企业的根本利益出发,又要严格遵守国家有关的劳动法律、法规,同时认真考虑旅游业整体劳动关系水平以及本企业员工的真实情况,通过合作、协商与仲裁等形式来稳定、发展和约束劳动关系。

(八)员工职业生涯管理

当今社会既是一个充满竞争的、迅速变化的社会,又是一个强调个性、尊重个人的社会。许多旅游企业已经清楚地意识到要在竞争中保持优势,一方面,需要运用科学的、有效的方法开发员工的潜能,提升人力资源的质量,在促进员工全面发展的同时,还要防止人力资源的流失,以满足企业发展的需要;另一方面,也要尊重员工的个人发展,根据员工个人性格、气质、能力、兴趣和价值观等特点,为其提供不断发展的机会,帮助其实现自我发展的人生目标。职业生涯管理为解决这一问题提供了良好的思路和方法。

企业和员工是一个利益共同体:企业的生存与发展,离不开员工的努力工作;员工的发展,也不能离开企业所提供的职业机会。旅游企业加强员工的职业生涯管理,能够体现企业对员工的关心,可以不断吸引并留住人才。

(九)人力资源研究

人力资源研究是人力资源开发与管理的高级阶段。人力资源研究的实验室是企业整个的工作环境,研究对象涉及人力资源开发与管理的每一个职能。例如,通过对旅行社某一优秀导游的行为分析,总结出其性格、气质、学历和工作经历等特点,可以应用到今后该职位的员工招聘选拔中;而对工作安全方面的研究,则有助于判别某些工作事故发生的原因。

人力资源研究是一项企业管理的系统工程,每一个人力资源开发与管理案例都是人力资源研究的对象,归纳起来主要有公平就业问题、选才与授权问题、员工合理流动问题、综合利用人力资源问题等。人力资源研究的成果不仅会对旅游企业人力资源开发与管理的实践具有指导意义,还应该是企业经营管理决策的依据。

以上是就旅游企业人力资源开发与管理的一般效能和作用而言的九项主要职能。从旅游企业经营管理的全局来讲,人力资源开发与管理的职能主要包括以下两大类:

一是常规经营性职能,它侧重于短期目标的行政事务工作,以日常工作的顺利开展为直接目的,主要涉及:招聘或选拔人员填补当前空缺;向新员工介绍企业概况;审核安全和事故报告;处理员工抱怨和投诉;实施员工薪酬福利计划方案;经办员工流动手续;考核与评价员工工作;等等。

二是战略支持性职能,这是将旅游企业人力资源开发与管理置于国际和国内的大环境、大背景之中,从战略角度出发,侧重于全球视野、全国和所在地区任务,着眼于旅游企业的长期性目标及创新,以旅游企业经营目标实现和持续发展为目的,主要涉及:制订人力资源规划;跟踪政府的就业政策;跟踪有关劳动保护的法律、法规与政策;分析劳动力供给与需求的变化趋势和有关问题、劳动力市场发育与运行;协助旅游企业进行重组和人员优化;为企业并购提供人力资源方面的决策;制订企业人力资本投资、员工教育培训计划与实施策略;制订报酬计划和实施政策等。

二、旅游企业人力资源开发与管理的原则

(一) 以真才实干为标准选拔、重用人才

从纵向考察,旅游企业不仅需要操作型的服务人员,更需要大量智慧型的决策管理人才。从横向考察,旅游企业人力资源存在严重的专业缺口问题。以酒店为例,各种岗位所需要的基层员工涉及前厅服务、客房服务、餐饮服务、烹饪、娱乐服务、市场营销、财务管理、计算机网络管理、空调机组控制和电气工程维修等诸多领域,而旅游职校毕业生所掌握的技能则主要集中在前厅服务、客房服务、餐厅服务和烹饪等方面,酒店在工程维修、物业管理和市场营销方面所需要的人才奇缺。专业缺口大的另外一个表现是既具有实践经验又具有较高理论水平的旅游人才难觅——年轻的旅游院校毕业生仅仅具备一定的外语水平和专业知识,而没有经过比较多的实践锻炼,不可能成为一名合格的旅游企业管理人员。

因此,对于有真才实干的员工,旅游企业的管理者要努力发现、挖掘其工作能力的闪光点,在实践中重点培养、锻炼,为其充分发挥才华和积极性创造条件、机会,以一系列行之有效的激励手段促进其成长。

(二) 考核与奖惩相结合

通过对员工的工作表现和结果进行考核,企业可以调动员工的积极性,提高劳动效率,并从中选拔管理人才。员工经历了公正的定期考核,如果晋升有望,工作热情就会更高。另外,考核结果通常被企业用作奖励先进、刺激平庸、警告(惩罚)后进的重要指标之一。一套好的考核制度能够比较准确地对员工工作表现做出符合实际的评定。与好的考核制度相配套的是公正、严明的奖惩制度。在同一标准下考核同一层面的员工所得到的不同考核结果,如果没有任何说法,不仅有损于人事考核制度的严肃性,也不利于人力资源管理的权威性,因此奖惩制度同样需要具体地细分和科学地制定。

(三) 优化组织结构,调动和发挥人力资源潜能

优化组织结构就是依照旅游企业工作岗位分工与协作的要求,结合新技术和新工艺的应用推广水平,把人、物、事有机地配置、组合,并确立相应的、高效率的组织机构。优化组织结构是保持企业活力和有效管理的经常性工作。通过确立和分清工作任务,明确每个职位的分工和职责,确定管理层各级人员之间以及同级人员之间的相互关系,能够使人力资源工作的各种联系更加紧密、沟通更加迅捷。

人力资源的潜能是在经过优化的组织结构中发挥出来的。职责分明、信息流畅、管理有序等诸多外因,对人力资源的内在潜能起着诱导、调动和激发的作用,是人力资源开发与管理成功的保证。优化组织结构不仅要处理、协调好各种关系,努力消除矛盾,更重要的是把企业组织的内耗力减至最低限度,最大限度地增强组织的内聚力,使人力资源的潜

能集中地爆发出来。

（四）完善福利保障体系，调控合理流动

当前，旅游企业人力资源的流动存在两个极端——既存在基层操作服务型员工流动过于频繁的问题，又存在中高层技术人才及管理人才不正常流动的问题。据统计，大多数旅游企业的员工年流动率超过20%，有的甚至高达40%。跳槽的员工，大部分属于一线操作服务型员工。这些基层员工刚进入旅游企业时大部分没有实践经验，企业投入了大量的人力、物力将其培养为熟练员工，但由于旅游行业对这部分员工的需求量很大，加之经济待遇比较低且劳动强度又很高等，基层员工往往跳槽频繁。而另一方面，出于种种原因，旅游企业中高级管理人才的合理流动始终是一个难点，一部分处于旅游企业中高阶层的管理人才竞争意识不足，不能充分发挥能动性和创造力；另有一部分中高级管理人才则为其他行业所吸引，彻底脱离了旅游业。

随着经济社会的发展及劳动力市场的变化，完善的福利保障体系在吸引人才、留住人才方面发挥着越来越重要的作用。福利是组织整体报酬体系中免费赠送的部分，与奖励和工资不同，它的提供与员工的工作成绩及贡献无关。所以就其本质而言，企业福利的根本目的是促进经营目标的实现，即通过丰厚、优越的福利待遇来吸引并留住员工，使组织形成稳定的员工队伍。当前，同类旅游企业的利润率趋于接近，再加上个人收入所得税的调控，同类旅游企业之间的工资水平相差不大，福利待遇便成为旅游企业之间竞争人才的一个重要手段，也成为人们选择就业单位的一个重要参数。

（五）分析需求，有效激励

一般来说，每一位员工总是由某一种需要、欲望或期望而激发自己的内在动力，这种动力驱使他为这种需要、欲望或期望的实现而努力工作。员工的工作动机决定他在工作中的行为表现，直接影响他的工作积极性和工作效率。因此，旅游企业的管理者必须十分重视激发员工的工作动机的问题，即如何进行激励。

员工的需要、欲望或期望存在个体差异，这导致员工对各种激励措施会有不同的反应，管理者应该注意避免根据主观意识不加分析地对员工的需求做出判断。有专家曾对美国接待服务与饭店业的部分从业人员进行了有关激励态度方面的调查，调查结果显示：大多数员工认为"对他们所做的工作进行充分肯定和感激"对他们来说是最重要的，此后的排列因素依次是"有趣的工作""丰厚的薪水""工作安全"以及"在组织内部的提升和发展"。但是，这一行业的大多数管理者并没有真正认识到这些需求在员工心目中的地位，当问及管理者如何看待员工的需求时，大多数管理者对员工需求的排列顺序是"丰厚的薪水""工作安全""良好的工作环境""在组织内部的提升和发展""对他们所做的工作进行充分肯定和感激"。由此可以看出，许多旅游企业的管理者感到激励员工很困难就不足为奇了。事实上，不同文化层次、不同年龄、不同性别的员工既有共同需求又有特殊需求，成功的管理者总是在充分了解员工特点的前提下，经常性地调查分析员工的需求，制定个性化的激励政策，有针对性地实施形式多样的激励措施。

第四节　旅游企业人力资源开发与管理的组织

一、人力资源开发与管理的工作职责划分

旅游企业的人力资源开发与管理几乎与每一位员工息息相关，不论是高级管理层、中级管理层还是最基层，都承担着一定的人力资源开发与管理的职责，这其中有的工作对象是下属，有的工作对象则是自我。例如，每位管理者都希望自己所领导的团队在业务方面是专业的，在责任心方面是敬业的，在业绩方面是增长的，在人才结构方面是有竞争力的，因此从招聘、培训开始，直至绩效考核、薪酬福利、激励管理，以及员工职业生涯发展，都是管理者必须考虑的；而每位员工也都希望自己能够在旅游企业中找到适合自己的职位、掌握必要的工作技能、取得良好的绩效、获得合理的收入以及伴随企业的成长发展自己的职业，这些都必须融入旅游企业的人力资源开发与管理中才能够实现。

因此，在旅游企业中，承担人力资源开发与管理职责的主体可以划分为四类：企业的高级管理层、非人力资源部的部门内部管理者、人力资源部和企业的每一位员工。

（一）旅游企业高级管理层在人力资源开发与管理方面的职责

在当今商业竞争日益激烈的时代，为了获得竞争优势，旅游企业高级管理层的所有成员都可谓殚精竭虑。例如，成功整合了互联网产业与传统旅游业的携程旅行网，一方面向超过 9 000 万会员提供集酒店预订、机票预订、度假预订、商旅管理、特惠商户及旅游咨询在内的全方位旅行服务；另一方面基于大数据和商务智能理念，架构自己的云框架，设立虚拟桌面提高服务效率。但是，在今天全球化经营的环境下，要想拥有竞争对手不具备的产品、设备、技术或服务流程是非常困难的。为此，携程旅行网的高级管理层启动了"全球领导力计划"（global leadership program），旨在从全美顶级商学院中招募一批具有国际化视野、多元文化背景、高领导潜力的华人 MBA 加入携程，为公司的可持续创新、全球化战略发掘和培养新生代的管理者。

具体地讲，旅游企业高级管理层在人力资源开发与管理方面所要考虑的重点是企业的人力资源战略。首先，要确立人力资源开发与管理的基本理念，应该是基于整体或部分员工建立企业的竞争优势；其次，明确提高员工团队的绩效是企业绩效提升计划的目标，员工团队的绩效应该能够被公正、客观地加以测评；再次，人力资源战略的制定是旅游企业高级管理层必须亲自参与的，并且应该成为企业总体战略不可或缺的部分；最后，通过组织建设和制度建设，为人力资源开发与管理的实践活动提供强有力的支持。

（二）非人力资源部的部门内部管理者在人力资源开发与管理方面的职责

在旅游企业非人力资源部的部门内部，管理者有关人力资源方面的日常评价，会暴露出他们在人力资源开发与管理方面存在的偏差，常见的言辞包括：

"如果人力资源部给我们找到更好的应聘者，我们的工作就会容易得多。"

"这样差的男生（或者女生）到底是怎么通过的招聘选拔？"

"我们正忙于服务顾客和解决问题，培训员工是人力资源部应该承担的工作。"

"人力资源部的人员以为他们是谁,他们认为他们可以训练我的员工? 他们对我们所负责的工作知道多少?"

"我希望人力资源部能采取点措施来激励我的员工!"

"我们没有足够的人手,为什么人力资源部不赶紧给我们补充更多的员工?"

"这里所有的事情都是我们做的。人力资源部做了什么? 他们所做的就是给我们更多的文件。"

上述言辞表明,在旅游企业内部人力资源部和其他部门之间存在不和谐的关系,这对于人力资源部是不公平的。事实上,具体用人部门的内部管理者应该是人力资源开发与管理实践活动的主要承担者,他们要在旅游企业人力资源政策的框架内,在人力资源部的指导和支持下,完成对下属员工的选拔、使用、激励和职业发展等方面的工作,具体职责包括员工的岗位调配、新员工的培训、改进员工的工作绩效、营建和谐的工作关系、解释企业的服务政策与工作程序、控制劳动成本、激发下属的工作积极性、保护员工的健康和改善工作环境等。人力资源开发与管理工作应该成为所有部门内部管理者最重要的工作内容。

(三) 人力资源部在人力资源开发与管理方面的职责

随着人力资源成为企业竞争的最主要的资源,人力资源部的角色和地位也在悄然发生着变化,人力资源部在许多旅游企业中已经上升为战略部门。例如,希尔顿全球酒店集团(Hilton Worldwide Holdings Inc.)在总部层面设立了"人力资源运营与发展副总裁"(Vice President, HR Operations and Development)一职,负责统筹希尔顿酒店人力资源战略的制定和在全球的执行。未来的人力资源部将成为企业高级管理层的战略合作伙伴、企业文化的诠释者和贯彻者、企业管理系统的建构者和完善者、企业选才用人的建言者以及企业核心人才的培养者。随着旅游企业的发展壮大,人力资源部将逐渐调整以短期导向为主的行政事务性工作内容,重点关注事关企业中长期发展的、范围更为广泛的战略性人力资源开发与管理。

旅游企业人力资源部在人力资源开发与管理方面的职责,可以总结为以下三个主要方面:

1. 人力资源战略性和变革性的活动

人力资源战略性和变革性的活动涉及旅游企业的各个层面,包括人力资源战略的制定和调整、组织变革的推动等内容。虽然这些活动主要是企业高级管理层的职责,但是人力资源部必须参与其中,根据人力资源开发与管理的一般规律、基本原理、及相关的政策及法律规定等,为这些活动提供专业化的支持和参谋。

2. 人力资源业务性的职能活动

人力资源业务性的职能活动主要包括职位分析、人力资源规划、招聘与甄选、培训与开发、绩效管理、薪酬管理、职业生涯规划与管理,以及劳动关系管理等。

3. 人力资源行政性的事务活动

人力资源行政性的事务活动相对比较简单,主要包括员工工作纪律的监督、员工档案的管理、各种工作手续的办理、人力资源信息的保存、员工服务、慰问家属及福利发放等活动。

近年来,伴随着一批专门从事人事招聘代理、绩效管理咨询、员工培训与开发等专业服务机构的出现,一些旅游企业开始考虑将人力资源部的部分行政性的事务活动和业务性的职能活动外包给这些机构,从而让人力资源部把更多的时间和精力投入到关系企业全局发展的战略性和变革性的活动中。此外,由于计算机和互联网技术的普及,采用专门的人力资源管理软件和互联网技术,可以使过去需要耗费大量时间才能处理的工作更加简捷、快速地完成,如员工考勤统计、薪酬工资的核算、人力资源信息的收集和统计、各种手续的办理、档案管理、绩效考核的实施等,这些工作都可以借助计算机和网络信息技术迅速完成。

(四)员工个人在人力资源开发与管理方面的责任

对于旅游企业的管理者来说,员工自我管理是管理的最高境界,是最经济、最有效的管理方法。在新经济环境下,旅游企业中的知识型员工越来越多,员工的知识更加丰富、思维更加活跃、活动空间更加广泛、自主意识不断增强,管理者难以完全靠制度来管理员工;同时,知识型员工具有关注个体成长、要求工作自主、注重业务成就、需求层次较高等特点。这些特点使他们的主体意识回归,愿意主动参与到管理过程中,承担起应有的责任。知识型员工在人力资源开发与管理过程中可以充当自身变革的代理人、职业倡导者,以及职业规划者的角色。在这些角色定位下,员工应该承担配合与协作、自我管理、适应变革、学习与发展、沟通与反馈的责任,即员工负有自我开发与管理的责任,具体包括员工对组织的心理期望要与组织对员工的期望达成"默契"、参与团队管理、成为学习型人才、对自己的职业生涯进行设计与管理、适应跨团队和跨职能的合作。

二、非人力资源部管理者的人力资源开发与管理活动

旅游企业的工作特点决定了许多部门的管理者是因自己有良好的绩效或较长的工龄而得以晋升,当他们走上管理岗位,容易出现重管事、轻管人,重业务、轻人才,重招人、轻育人、留人和激励,特别是面对一些比较复杂的人力资源管理问题时,往往因为缺乏必要的方法和技巧,造成部门效率低下甚至人才流失。因此,让非人力资源部的管理者学习人力资源开发与管理的原理和方法,有助于规范各部门的员工管理,从而提升旅游企业的整体效益。美国惠普公司的经验值得借鉴,这家高科技企业的基层管理者,至少要做到30%的时间在管人,70%的时间在做事;中层干部应当50%的时间在管人,50%的时间在做事;而高层管理者应当80%的时间在管人,20%的时间在做事。

(一)人力资源开发与管理工作的定位

旅游企业非人力资源部管理者要想管理好自己的下属,必须了解企业人力资源管理的规章制度,遵守企业现行的人事作业流程,清楚人力资源部的职能和功能,确定人力资源部能提供的资源,充分认识到在人力资源开发与管理方面自身与人力资源部的定位(见图1-3)。

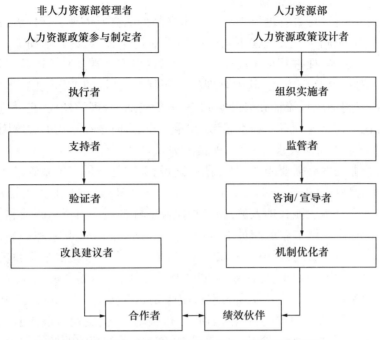

图 1-3 非人力资源部管理者与人力资源部的定位

(二) 人力资源开发与管理工作的关注点

在日常的人力资源开发与管理活动中,旅游企业非人力资源部管理者应该将工作重点聚焦于以下五个方面:

1. 做好新员工的选拔

在招聘选择员工的过程中,旅游企业非人力资源部管理者首先应当提出合理的用人需求、明确岗位职责、明确任职资格,而并非仅仅认为招聘是人力资源部的事。其次在面试过程中,非人力资源部管理者除协助人力资源部做好应聘材料审核等一般性基础工作外,还应当主导对应聘者业务能力的考察,并对符合要求的候选人做出适当的评价,向人力资源部提出录用意见和建议,同时虚心听取人力资源部的建议,做好新员工入职的培训和其他准备工作等。

2. 搞好人才的培育工作

对员工的培育包括新入职员工培训和在职培训,可是很多管理者常常因为工作繁忙,总是感觉到没有时间去培训下属,还有的错误地认为:自己去做反而更快;教会徒弟,饿死师父;教不会或者教会了万一流失了怎么办;培训是人力资源部的事;等等。其实,作为一个管理者,培育员工是重要职责之一,所谓的培育并不是一定要像学校教育那样找个教室去讲授工作流程,在日常工作中乃至生活中对下属的教育可以无所不在,管理者在工作中的言行举止、做人做事的方式、方法乃至气度等,分配和指导工作、开会、沟通、聊天等都可能产生培育人才的效果,关键是管理者要有培育人才的意识,并允许下属去实践,给予其提高和进步的机会。只有培育好接班人,管理者才有进一步晋升的可能;即使没有晋升,甘当绿叶、甘为人梯也是一种境界。

3. 懂得并认真做好员工激励工作

如何激励下属是管理者管理能力与技巧水平高低的重要体现。管理者首先要了解所管辖的每位员工乃至同一个员工在不同阶段的需求是什么，对具有不同需求的员工采取不同的激励方法，引导、促进其尽快成长，与企业共同发展。在激励手段的运用中，通常采用经济、事业、情感、文化等方式，其中合理的薪酬制度、愉悦的工作氛围、适度的压力、良好的事业平台、完善的成长流程和晋升空间、充分的沟通、合理的授权、充满进取精神和凝聚力的企业文化等都是管理者要经常思考、注重建设、适时选择运用的关键因素。

4. 认真做好员工团队建设，注重开展员工关系管理

现代旅游企业的发展需要团队，搞好团队建设，关键是从员工关系管理入手。从广义上讲，员工关系管理（employee relations management，ERM）是在企业人力资源体系中，各级管理人员和人力资源职能管理人员，通过拟定和实施各项人力资源政策和管理策略，以及其他的管理沟通手段调节企业与员工、员工与员工之间的相互联系和影响，从而实现企业的目标并确保为员工、社会增值。从狭义上讲，员工关系管理就是企业和员工的沟通管理，这种沟通更多采用柔性的、激励性的、非强制的手段，从而提高员工满意度，支持企业其他管理目标的实现。员工关系管理的重点应当是相互沟通，具体可以细分为入职前的沟通、岗前培训沟通、试用期沟通、转正沟通、工作调动沟通、定期考核沟通、离职面谈、离职后沟通管理等八个方面，每一个管理者都应注重这八个方面中的任一方面，以改善和提升员工关系管理水平。

5. 积极合理地授权，确保团队取得优良的绩效

知人善任在管理者工作中占有特别重要的位置，恰当的授权是知人善任的具体表现，主要包括授权留责、视能授权、明确权责、适度授权、监督控制、逐级授权、防止反向授权等。成功的管理者应该是通过别人去实现目标，而自己承担责任。如果管理者不能恰当授权，一方面不利于下属成长，难以凝聚人心，无法充分发挥团队的集体智慧和力量；另一方面会使管理者无暇站在更高层次去思考更多、更重要的问题。

三、专业人力资源管理者的定位

所谓专业人力资源管理者是以人力资源开发与管理的全部职能或某一专项职能为本职工作的全部，并主要集中在企业人力资源部门或岗位的工作群体。在新形势下，专业人力资源管理者的定位应该是人力资源专家、业务合作伙伴、战略规划成员、变革推动者、知识管理者和员工服务者。专业人力资源管理者的这种定位，不但有助于提高人力资源开发与管理在企业中的战略地位，而且有利于人力资源开发与管理同企业经营活动的全面对接，进而有助于企业在激烈的竞争中获得竞争优势。

（一）人力资源专家

作为人力资源专家，应该掌握和运用人力资源开发与管理的系统知识和专业技能，为企业有效建立和推动实施包括人力资源规划、招聘选拔、培训开发、绩效管理、薪酬管理、职业生涯管理及员工关系管理等在内的人力资源管理专业功能模块、制度和方法，提高人力资源开发与管理的专业性和有效性。

(二) 业务合作伙伴

人力资源部的专业人力资源管理者将自身定位为业务合作伙伴,就要了解各部门的主要职能,以业务需求为导向,参与业务计划的制订,并推动企业业务流程的规范与优化,为业务部门提供合适、有效的人力资源管理工具和解决方案,建立与业务部门有机协同、长效互动的人力资源管理工作机制,开发与提升非人力资源部管理者的领导力和员工管理能力,推动建设高效、和谐的业务团队。

(三) 战略规划成员

人力资源战略是旅游企业发展战略的重要组成部分,因此专业人力资源管理者不仅应该参与到企业发展战略的规划中,还必须对组织中人力资源的来源、结构、储备和发展等,从战略高度加以分析和决策;基于企业发展战略制定人力资源战略规划,保证人力资源管理机制与企业发展战略的纵向一体化对接、人力资源管理各功能模块的横向系统化匹配,并致力于从战略角度进行各类人才队伍的开发与建设,追求企业发展战略达成与员工职业成功的双赢。

(四) 变革推动者

旅游企业的组织变革或流程变革,从深层次来讲就是员工的思维方式、价值观及行为理念的变革,它需要通过人力资源管理制度的创新来推动变革的实施。因此,专业人力资源管理者要参与和推动组织变革,帮助管理层、同事及其他相关人员理解变革的必要性,建立和推广变革文化与变革理念,参与建设组织的变革流程与方式,并主动进行有效的变革沟通,妥善处理组织变革过程中的各种人力资源问题,强化和提高员工对组织变革的认同感与适应能力。

(五) 知识管理者

知识管理是以知识为核心要素的管理,借助组织架构、计算机技术和网络技术,使员工能够从企业内外部获取、创新和传播知识,并通过知识共享提高员工专业素质和操作技能,进而提高企业的创新能力和价值创造能力,从而获得核心竞争优势的过程。将专业人力资源管理者定位为知识管理者,是因为专业人力资源管理者可以凭借职位优势,承担起培育学习型组织和共享文化的责任,推动组织内部管理信息系统的建设、优化和维护,积累、转移和整合组织内外的各类知识和智力资源,促进个体知识的组织化、隐性知识的显性化(标准化)、外部知识的内化及组织知识的共享化,提升组织的学习与创新创造能力。

(六) 员工服务者

旅游企业的员工特别是一线员工既是服务者,也应该是被服务的对象。例如,丽思卡尔顿酒店就将员工视为"内部顾客",其座右铭是"我们以绅士淑女的态度为绅士淑女服务。作为服务行业的专业团队,我们敬重每一位顾客和员工的同时,维护自己的尊严"。为员工提供周到、全面的服务,是专业人力资源管理者的工作目标之一。因此,专业人力资源管理者要注意建立并维护和谐的员工关系,设计并实施员工利益的保障机制,维护员工的各项合法权益;帮助员工进行职业生涯规划,提供有益的职业发展指导;关注员工的身体与心理健康,采取有效举措维护员工工作与生活的平衡,提高员工满意度,增强员工忠诚度。

四、旅游企业人力资源部门的设置

在实践中，不是所有的旅游企业都设有专门的人力资源部，一些旅游企业虽然并未独立设置人力资源部门，但也依然能保证各项人力资源开发与管理职能的实现。一个旅游企业是否独立设置人力资源部门主要受企业员工规模和专业人力资源管理者人数的影响，其中后者的影响更大一些。

人力资源部门的设置及其组织结构在一定程度上反映了其在旅游企业中的地位，体现了人力资源开发与管理的工作方式，也决定了企业对专业人力资源管理者的需求。

（一）小型旅游企业人力资源部门的设置

在旅游行业，存在一大批员工人数比较少、业务内容比较简单的小型企业，如普通旅行社、单体酒店、非连锁餐饮企业和区域性会展公司等。这些企业一般不配备专业人力资源管理者，有的甚至没有正式的人力资源部门，而是和其他部门（如行政部门、办公室）合并办公来处理日常的人力资源事务。小型旅游企业人力资源部门的工作重心一般更多地放在招聘和培训员工，以及档案和薪酬管理等事务。小型企业人力资源管理部门的组织机构如图1-4所示。

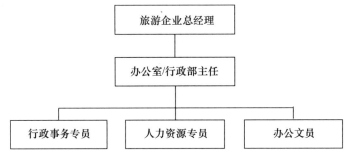

图1-4　小型旅游企业人力资源部门的组织结构

小型旅游企业人力资源部门的设置虽然比较简单，但其职能的重要性却不容忽视。例如，如果一家小型旅行社在导游招聘和考勤管理方面出现严重的失误，就很可能会导致整个旅行社的失败；而在大型旅游企业中，这类失误的危害就要相对小得多。此外，面对大中型旅游企业的强大竞争，小型旅游企业往往需要付出更大的成本才能获得适用的优秀人才，以维系自己的生存和发展。

（二）中型旅游企业人力资源部门的设置

中型旅游企业一般会单独设置人力资源部，而且会在某些人力资源开发与管理的职能方面出现专业化的分工；不过，这种分工是比较粗略的，拥有的专业人力资源管理者也是非常有限的。在中型旅游企业中，人力资源部经理的角色是十分重要的，他（她）通常会由企业中负责行政事务的高级管理者直接领导。中型旅游企业人力资源管理部门的组织机构如图1-5所示。

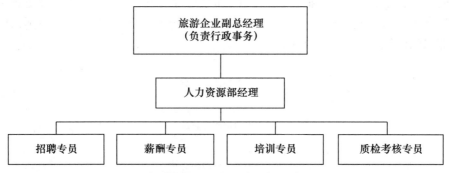

图 1-5 中型旅游企业人力资源部门的组织结构

(三) 大型旅游企业人力资源部门的设置

对于大型旅游企业而言,人力资源部门的设置首先表现在人力资源开发与管理的职能分工进一步细化,例如通常会设置招聘、培训和开发、薪酬和福利、安全与健康等多个下属部门。

大型旅游企业人力资源部门拥有的专业人力资源管理者比较多,这些人员往往会负责人力资源部的一个或几个下属部门,并向企业人力资源总监汇报。在大型旅游企业中,人力资源总监与企业最高管理层的联系更为密切,甚至有些大型旅游企业中的人力资源部总监是由最高管理层领导兼任的,也有一些大型旅游企业会安排专门负责人力资源开发与管理的高层领导,如专门负责人力资源事务的副总裁。有些大型旅游企业在人力资源部内部设置二级经理甚至三级经理,但也有只在人力资源部内部设置主管和专员两个层级的,而且由于业务范围的不同,各类大型旅游企业的人力资源二级部门或专业职能模块的划分也不尽相同。大型企业人力资源管理部门的组织机构如图1-6所示。

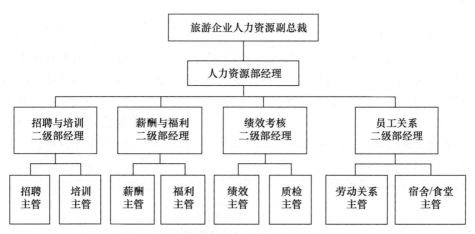

图 1-6 大型旅游企业人力资源部门的组织结构

(四) 跨国旅游企业人力资源部门的设置

随着经济全球化的推进,旅游业出现了在一些跨国经营的企业,如国际连锁酒店管理集团和国际邮轮旅游服务公司等,这些企业人力资源部门的设置更为复杂,而且体现出非常明显的行业特征,不但有专业职能的分工,而且有地域的区分;在管理层级也更为复杂,拥有各种高级人力资源管理人员和专家。以国际连锁酒店管理集团总部为例,其人力资源管理部门的组织机构如图 1-7 所示。

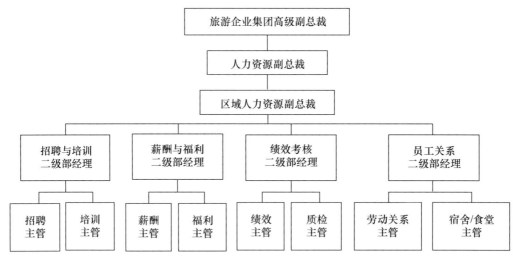

图 1-7　某大型跨国旅游企业人力资源部门的组织结构

近年来,越来越多的跨国旅游企业将某些人力资源开发与管理的非核心职能外包出去,如洲际酒店集团把员工满意度调查工作外包给了 TNS(Taylor Nelson Sofres)市场研究公司。采用人力资源开发与管理外包的企业,其人力资源部门的设置会发生变化,即人力资源部的工作职能趋于集中,那些外包出去的职能将不在人力资源部的工作范围之内,只是需要对这些职能进行跟踪和监督,这使得组织人力资源部门的设置将更多地与企业的战略目标相联系。

(五) 人力资源部门设置的创新

随着流程再造思想的推广以及计算机、网络技术的发展,旅游企业人力资源部门的组织结构发生了根本性的改变,产生了一种以客户为导向、以流程为主线的新的组织结构形式。例如,携程旅行网的人力资源部门把自己定义为支持部门而不是管理部门,认为自己的角色是支持服务伙伴,是战略合作伙伴,人力资源工作的主要职责是为企业建章立制规范管理,为业务部门提供支持和建议,为员工营造良好的工作环境和工作氛围。在这种新的结构中,人力资源部以一种服务提供者的面目出现,并被冠以"人力资源中心",内部员工划分为三类,分属于服务中心、业务中心和开发中心三个分中心(见图 1-8)。

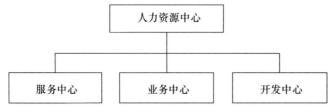

图 1-8　人力资源部门设置的创新组织结构

服务中心主要负责完成一些常规性的人事工作,如办理各类人事手续、政策解答、接受员工申诉等,对服务中心的员工素质要求相对较低。业务中心主要负责完成人力资源开发与管理的各种职能工作,如招聘、培训、培训和薪酬等;业务中心的员工一般要求具备人力资源管理专业的学历背景。开发中心相当于人力资源部的研发中心,主要负责企业人力资源战略的制定,出台与企业发展相匹配的人力资源管理制度政策,向其他部门提供有关咨询等;开发中心的人员素质要求最高,必须是精通人力资源开发与管理专业知识的专家。

这种人力资源部门设置的创新可以使得人力资源管理工作层次更加清晰,业务中心和开发中心的工作人员能够摆脱日常事务性工作的纷扰,集中精力进行高附加值的工作,有助于更好地发挥人力资源部门的重要性,提升人力资源开发与管理工作的专业化程度及效率和质量。

【关键术语】

人力资源(human resource)

人力资源开发与管理(human resource development and management)

人力资源经理(human resource manager)

战略性人力资源开发与管理(strategic human resource development and management)

人力资本(human capital)

虚拟人力资源管理(virtual human resource management)

旅游企业人力资源开发与管理(human resource development and management of tourism enterprise)

【复习思考题】

1. 什么是人力资源?
2. 如何理解人力资源的数量与质量的关系?
3. 什么是旅游企业人力资源开发与管理?旅游企业人力资源开发与管理的特点主要体现在哪些方面?
4. 旅游企业人力资源开发与管理应遵循哪些原则?
5. 旅游企业非人力资源部管理者与专业人力资源管理者,在人力资源工作方面的定位有什么不同?
6. 旅游企业部门设置的创新主要有哪些特点?

【课后作业】

选择一家旅游企业,分别请该企业的高层管理者、中层管理者、基层管理者和普通员工,就是否同意"员工第一,顾客第二"和"没有快乐的员工,就不会有满意的顾客"这两个命题进行访谈,然后统计调查结果,完成一份有结论性的调查报告。

【案例学习】

携程旅行网基于知识管理的人力资源开发

你在不同日子致电携程旅行网呼叫中心,电话的那头几乎都是同一个声音、同一个语调在为你亲切服务;隔了许久再去预订,只要报出姓名和电话,她就立马知道您喜欢的是哪一类旅游产品。这一切,要依靠先进的IT技术,更在于携程旅行网采用了一套行之有效的人力资源开发模式。

携程旅行网号称我国首家"无门店"网上旅行社,也是国家旅游局确定的全国首批旅游人才开发示范试点企业。

2015年携程的业务量约占全国在线旅行社市场份额的25%,是我国旅游电子商务的老大,员工达30 000多名。携程从起步到在美国纳斯达克上市,从2000年收购国内第一家酒店订房中心"现代运通"到2016年以14亿英镑收购欧洲最大的机票搜索引擎"天巡(Skyscanner)",携程成长的每一步都制造出业内外关注的话题,但甚少有人关注:激励携程不断成长壮大的内部"荷尔蒙"是什么?支撑企业的人力资源机制又是什么?

携程的管理层深刻认识到企业竞争的实质是人才竞争,对人力资源的开发是企业制胜的密匙。携程在创业初期就立下规矩,要成为一流公司,就要有一流的人力资源。公司起步之初只有几十人的规模,即以交流方式进行培训;2003年,公司规模发展壮大后,培训部随即成立;2007年9月5日,按照企业内部大学形式设立携程大学,时任CEO的范敏亲任校长,教学地点设在公司大楼最高层,寓意着人才战略是公司最高战略。

范敏表示,携程要打造百年老店,要与世界级的旅游企业比肩而立,确实需要携程大学为公司打造一批又一批德才兼备、素养全面的干部与员工,携程大学将是一个不计眼前产出、着力长期投入的项目,这可能是对公司人力资源最为重要的一项投入。

"人家是教会徒弟,饿死师傅;我们携程是教会徒弟,师傅才能晋升。"携程大学副校长许桂丽说,"而要做到这一点,要仰仗良好的制度和文化。"

携程的人力资源政策是以内部提升为主、外部招聘为辅,这样就为优秀员工提供了不断进步的机会,而热爱学习、积极参与和参加培训则成为晋升的基石。携程采用了BSC(平衡计分卡)管理,个人和部门的学习成长是列入整体考核的,除了鼓励员工积极参加培训,更鼓励员工在内部分享。举例来说,每做一次分享,其学习成长的分数是参加学习的10倍。

此外,携程还有KM平台作为良好的工具保障。KM理论就是知识管理(knowledge management)理论,是目前流行的知识应用管理学说。KM理论中包含显性知识和隐性知识两个概念。显性知识是指人们可以通过口头传授、教科书、参考资料、期刊、专利文献、视听媒体、软件和数据库等方式获取,通过语言、书籍、文字、数据库等编码方式传播,较容易被人们学习的知识;相对于显性知识的隐性知识,是指人们难以清晰表述与有效转移的经验积累类知识。

世界500强企业大都实施KM管理,这在国内也掀起了一股学习热潮,但国内一些企业往往"雷声大雨点小",推行成功率较低。究其原因,主要为两个方面:一是专家对分享自己多年积累经验的 KM 方式心存顾虑,怕"教会徒弟,饿死师傅";二是提炼和总结经验要花成本,需要明显的收益刺激才能促使追逐利润的企业拍板大力推进。

但是,在携程,出于制度和文化的原因,不存在以上问题。携程的 KM 平台搭建主要围绕三方面开展:第一,隐性知识显性化,即将存在于专家和熟手头脑中的经验等隐性知识显现出来,方便学习;第二,显性知识结构化,将虽已显现但无规律的知识条理化、结构化,形成成文知识,方便掌握;第三,结构知识应用化,将梳理后的经验模式加以推广,方便应用,使其产生经济效益。

以成果为导向的"非典型化学习"是携程人力资源开发中的另一亮点。这是一种主要以解决实践需要、提升经济效益为导向的培训学习方式。

"我们过去培训也沿用传统的讲课方式,但学员反映说,培训就是教室上课,听听激动、想想感动、回去不动。因此,培训的投入与产出不成比例。为此,我们实施了学习项目制,即学员带着问题来参加培训,边培训边完成项目,培训结束后对项目成果进行验证和研讨。该种学习方式,不仅要求理论高度,还要求解决实际问题。因此,我们的 CMBA 的通过率才 50%,远远低于一般 MBA 的通过率。而且这种项目化的学习,不仅让管理人员在实践和学习中提升了能力,同时也给企业带来了直接的经济效益。"这是许桂丽总结的携程"非典型学习"模式与课堂授课式传统学习的区别。

携程的 CMBA 已经形成特色鲜明的四大模块:核心的领导管理、侧重统计的财务管理、实战案例的旅游服务营销和采用"6 西格玛"管理标准的服务运营。CMBA 学员提交了许多优秀的毕业论文。例如,有一篇是通过建立数学模型来分析度假新产品的上线价值,作者将客流预测、价格等与收益关联的变量全部输进去,验证其可行性。模型建立后,还用以前已被实践证明的项目修正参数值,新项目实施 3 个月后再次验证模型的精准性。"与其说是一篇论文,不如说是一个企业产品的 CT 报告。"有关专家如是评价。

案例思考题:

1. 携程旅行网的人力资源开发有哪些特点?
2. 携程旅行网的人力资源开发模式适用于旅游企业各种层次的员工吗?如果不适用,还有哪些方面需要改进?

第二章 旅游企业人力资源规划与计划

> **知识要求**

通过本章学习,学生应该掌握六项基础知识:
- 旅游企业人力资源规划的含义、内容和能够解决的问题
- 旅游企业人力资源计划的含义、要素和构成
- 人力资源规划与人力资源计划之间的关系
- 基于旅游企业生命周期的人力资源战略选择
- 影响旅游企业人力资源供给的因素
- 制订旅游企业人力资源计划的一般过程

> **技能要求**

通过本章学习,学生应该掌握五项管理技能:
- 旅游企业人力资源配置的方法
- 旅游企业人力资源需求预测的方法
- 人力资源短缺情况下的人力资源计划策略与措施
- 人力资源剩余情况下的人力资源计划策略与措施
- 监控与评估旅游企业人力资源计划

引 例

国际酒店管理集团开始更加重视女性员工

2015年2月,希尔顿全球控股有限公司大中华及蒙古区女性领导力委员会邀请了独立第三方机构欧第管理顾问公司(Shibisset & Associates),面向中国区54家酒店的女性员工进行调查,共有5 700位受访者完成了此项调查。

"调研的目的是更好地了解女性员工,主要是了解为什么会出现从总监到总经理级别的人才流失,现在我们还没有做什么,我们可以做哪些具体措施去除这些挡在女性走向高管的大石头,让她们的道路更顺畅一些,包括经理转岗和在各地区的流动、保持生活和工作的平衡、弹性的工作时间等。"希尔顿全球亚太区总裁马霆锐(Martin Rinck)表示。

以下是此次调查的主要结果:

64%的受访者表示,"对管理层而言,公平相待是影响其个人发展的重要因素"。
60%受访者表示,"为员工提供专业的职业规划对实现其职业理想至关重要"。
50%受访者表示,"公司提供晋升及转岗的支持体系非常重要"。

在了解到员工对培训及职业发展相关需求后,希尔顿调整了其人力资源战略,针对管理层级别的女性员工,推出希尔顿全球高管委员会女性领导力发展项目,为女性人才提供并组织与公司高管沟通的机会,获得高管们的言传身教。

无独有偶,2015年3月8日,在欢庆国际妇女节之际,喜达屋酒店及度假酒店集团(Starwood Hotels & Resorts Worldwide)亚太区宣布,在原有的人力资源规划基础上,再通过一系列新举措增加女性职员的权利。另外,喜达屋亚太区已签署了联合国的"赋权予妇女原则"(Women's Empowerment Principles),承诺在职场和企业组织中,为女性赋予更多的权利和提供晋升的机会。

喜达屋酒店及度假酒店集团亚太区总裁何国祥(Stephan Ho)先生着重指出:"多元化和包容性是喜达屋经营策略的核心要素。值此一年一度的国际妇女节之际,其重要性也进一步凸显。我们签署联合国'赋权予妇女原则',进一步证明喜达屋是对所有员工一视同仁的优质雇主。我们将继续努力,为女性人才及管理者的发展打造良好的平台。"

联合国"赋权予妇女原则"包含七项原则,指导企业如何在职场环境和组织构架中保障女性的权利。其中包括建立高层次的企业领导机制,以便促进性别平等;加强对女性员工的教育和培训,促进其职业发展等。

在全球范围内进行了广泛的内部调研之后,喜达屋决定着力培养更多的女性领导人,部署全方位战略路线,努力增加在全球范围内的女性总经理数量。这一战略路线包含多个举措、项目和培训计划,旨在培养和储备女性高级职位人员。喜达屋酒店及度假酒店集团亚太区人力资源高级副总裁Claudia Al-Bala'a女士说:"喜达屋的迅速发展和在全球范围内所取得的成功,根本在于我们卓越的员工。此次我们签署了联合国'赋权予妇女原则',不仅与我们聚焦于女性人才发展的方针相符,更为她们提供了一个晋升的跳板,让喜达屋的领导层面出现更多的女性。"作为亚太地区发展最为迅速的酒店企业之一,喜达屋在亚太区目前有超过74 500名员工,其中42%为女性,她们中担任高级职位的人数比例达到38%。

资料来源:李志刚.酒店人力资源管理[M].重庆:重庆大学出版社,2016.

通过广泛、深入的调查,了解女性员工的工作诉求及潜力,希尔顿和喜达屋及时调整针对女性员工的人力资源战略,反映了旅游企业的人力资源管理规划与计划必须强调前瞻性、方向性和预见性。

第一节　旅游企业人力资源规划与计划概述

一、人力资源规划

（一）人力资源规划的含义

人力资源规划的实质是战略问题，又称人力资源战略规划。人力资源规划的战略性表现在：一方面，它既具有自身的战略性目标，同时还要服从于组织的总体战略；另一方面，人力资源规划的重点是为管理者确定新的人力资源开发与管理方向，阐明企业未来通过人力资源开发与管理获得并保持竞争优势的方略。

旅游企业人力资源规划，是指以人力资源可持续发展并保持竞争优势为目标，将人力资源开发与管理与企业总体战略相结合，通过分析、确定人力资源需求以及满足这些需求的可能性，制定相应的人力资源获取、利用、保持和开发策略，确保旅游企业在未来发展中有充裕、合格的人力资源，并使旅游企业和员工获得长远利益的一项管理活动。

旅游企业人力资源规划的过程，一般是从企业的最高管理层开始，结合企业经营战略的制定，对未来3—10年的企业人力资源进行中长期规划，然后要求各下级单位的管理者制订相应的执行计划。

（二）旅游企业人力资源规划的内容

1. 人力资源规划的切入点

以评价旅游企业外部环境与竞争产生的威胁和机遇为基础，评估旅游企业组织结构的发展趋势、未来某时期旅游企业对员工的需要和人力资源的供给水平。

2. 人力资源规划的地位

人力资源规划是战略性人力资源管理与企业经营战略结合、互动的整体系统的一部分。人力资源规划与旅游企业整体规划密切相关（见图2-1）。

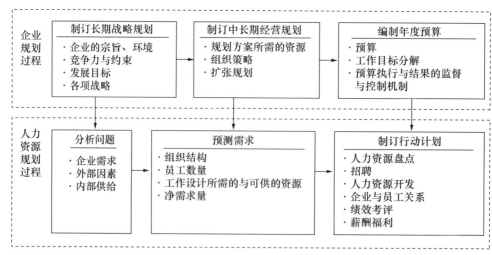

图2-1　人力资源规划与旅游企业总体规划的关系

3. 人力资源规划的总体框架

具体包括:预测人力资源中长期(3—10年)需求;如何从获得整体竞争优势出发,以最低成本、最高效率的方式利用人力资源;解决人力资源的中长期供给(包括内部和外部两方面)问题。

4. 人力资源规划的目标

(1)使旅游企业可以预见其未来人力资源开发与管理的工作重点,以及对人力资源的数量和质量需求;

(2)为满足旅游企业获得并保持竞争优势的需要,寻求可以支持人力资源开发与管理的其他实践活动,如各项人力资本投资活动等;

(3)保证旅游企业其他经营管理目标的实现。

5. 人力资源规划的相关因素及其相互关系

人力资源规划的相关因素及其相互关系如图2-2所示。其中,社会环境要素具体包括劳动力构成与工作模式、政府影响力、经济状况、地理环境、市场竞争激烈程度等。

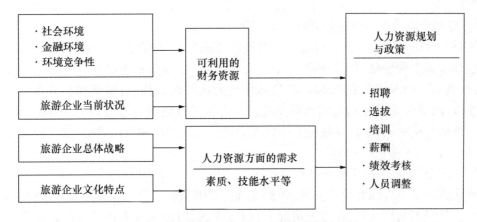

图2-2 旅游企业人力资源规划的影响因素

(三)人力资源规划所解决的问题

制定旅游企业人力资源规划必须解决以下五个方面的问题:

(1)旅游企业要建立什么样的企业文化?

(2)旅游企业管理员工的指导思想是什么?是控制、激励还是兼而有之?

(3)旅游企业对人力资源的需求是什么水平?旅游企业各岗位需要什么样的员工?如何提供?

(4)旅游企业的薪酬福利策略是什么?最高、中间还是中偏上?是鼓励长期服务还是用短期高现金收入吸引员工?

(5)旅游企业采取何种方式为内部各级组织提供管理接班人?是外部招聘还是自己培养?

二、旅游企业人力资源计划

（一）旅游企业人力资源计划的含义

旅游企业人力资源计划是指为实现旅游企业战略目标和战术目标，根据人力资源战略规划和目前人力资源状况，以及对未来组织任务、环境要求和人力资源状况的预测，为满足旅游企业未来短期内(1—2年)对人力资源质量与数量的需要，针对吸引、保持、提高和流出人力资源等措施做出的决策性安排。

旅游企业人力资源计划的实质是具体落实人力资源战略规划，其质量和精确性取决于旅游企业高层决策者的战略管理能力、战略目标明确程度和组织结构、财务预算、经营计划等的有效性，也有赖于人力资源信息的准确性和有效性。

（二）制订人力资源计划的意义

制订人力资源计划不仅是实现旅游企业人力资源规范化管理的需要，其重要意义还体现在：

1. 有利于旅游企业适应经营环境的变化

旅游企业的经营活动总是处在一定的外部环境之中，政治、经济、法律、文化和技术等一系列外部因素的变化都要求旅游企业在竞争战略、市场营销策略和服务理念等方面做出反应，进而影响旅游企业内部环境，使旅游企业在组织结构、管理架构和管理体制等方面发生改变，导致人员结构与需求的变化。人力资源计划可以通过科学、准确的预测，及时洞察外部环境的变化，指导旅游企业在人力资源方面采取相应的策略，以积极的态度应对挑战。

2. 为旅游企业组织管理提供重要依据

现代旅游企业为顾客提供交通、饮食、住宿、娱乐、健身、购物和观光等多项服务，不仅部门繁多且组织结构复杂，在这种情况下，制订详细、周密的人力资源计划具有非常重要的作用。它能够为旅游企业的员工录用、晋升、培训、人员调整及编制控制等活动提供准确的信息和依据。

3. 确保旅游企业有充足、合格的人力资源

旅游业作为劳动密集型行业，其人力资源保障问题是人力资源计划必须解决的核心问题。这其中包括人员的流入预测、流出预测、人员的内部流动预测、社会人力资源供给状况分析、人员流动的损益分析等。一个成功的旅游企业，只有在人力资源"量"和"质"两方面都有效地保证供给，才有可能进行更深层次的人力资源开发与管理。

4. 合理控制人工成本

在旅游企业管理中，人工成本方面最大的支出是工资，而工资总额在很大程度上取决于各部门员工分布状况。人员分布状况是指组织中的人员在不同工种、不同职务上的数量状况。当一个旅游企业刚成立的时候，低职务的员工会比较多，人工成本相对便宜；随着时间的推移、组织机构的完善、人员职务等级水平的上升，工资成本也会增加。在没有人力资源计划的情况下，未来的人工成本是未知的，难免会发生成本上升、效益下降的趋势。因此，在预测未来旅游企业发展规模的同时，必须有计划地调整人员的职位分布，把

人工成本控制在合理的支付范围内。

5. 使旅游企业和员工都能获得利益

旅游企业人力资源计划不仅是面向本组织的计划,也是面向员工的计划。企业的发展和员工的发展应该是互相依托、互相促进的关系。科学的人力资源计划可以成为员工职业生涯设计的基础,也有利于旅游企业最大限度地开发员工的潜力。如果管理者只考虑旅游企业发展的需要,而忽视如何同时促进员工的发展,就会使企业发展目标的实现受到来自内部的阻力。

(三) 人力资源计划的要素

旅游企业人力资源计划的要素主要包括计划的时间区段(从何时开始到何时结束)、计划目标(数字化的人力资源供需目标)、情境分析(目前状况、未来状况)、计划内容(执行时间、责任人、检查人、检查日期和预算等)、计划制订者(如董事会、人力资源经理等)、计划制订的时间(如董事会正式通过或总经理批准的时间)。

人力资源计划的基本因子有四个:人员、工作、时间和资金。

(四) 人力资源计划的构成

旅游企业人力资源计划是在人力资源规划所确定的人力资源管理总原则、总方针和总目标的基础上,制定更加详细的内容(见表2-1)。

表2-1 旅游企业人力资源计划的基本构成

类别	目标	政策	实施步骤	预算
总体规划	总目标:人力资源总量、素质、绩效、员工满意度	政策趋势:扩张、紧缩、变革、稳定	主要步骤:分年度制定	总预算:____万元 第一年:____万元 第二年:____万元
人力资源补充计划	满足旅游企业对人力资源总量、素质和专业结构的需要	招聘标准、来源和起始待遇等	年度实施步骤: ____月确定招聘标准 ____月广告宣传 ____月招聘 ____月签约	招聘费用: ____元
人力资源晋升计划	提高人力资源结构和人力资源使用效益	人力资源选拔标准、资格、晋升比例、未晋升人员安排	确认晋升方案、考核晋升对象、晋升对象试用、晋升方案确认	晋升材料处理费用、晋升人员工资变化导致人工成本增加金额
人力资源开发培训计划	提高人力资源的素质、提供后备人力资源、转变员工工作态度	培训时间的保证、培训效果的保证(待遇、考核、使用)培训计划拟订、培训场所和培训讲师安排、接受培训员工条件确定、员工自我申请、部门批准、主管部门批准、高层领导批准	培训场所和讲师费用、员工脱产培训对业务处理造成的损失	

(续表)

类别	目标	政策	实施步骤	预算
人力资源配置使用计划	优化旅游企业组织结构、部门人力资源配置优化、提高业务处理效率、后备人力资源岗位轮换	上岗条件、岗位轮换规定、任职时间	各部门提交岗位需求计划、根据总体规划审核计划并选择合适人选、部门审核人选、与候选人交流意见、完成配置	人员岗位变动以后的工资福利待遇变化等
人力资源缩减计划	降低人工成本、提高生产率	退休政策、解聘政策和程序、压缩工时的规定	部门提交降低解聘计划、审核解聘计划、确定解聘人员、与解聘人员交流意见	人员解聘安置费用
人力资源薪酬福利计划	保持关键人力资源、提高员工士气、提高员工绩效	工资政策、奖励政策、福利政策	核算人力资源成本总额、评估效果、拟订薪酬福利方案、实施薪酬福利方案	工资、奖金和福利增加额
人力资源职业生涯规划	开发人力资源、保留人力资源	员工晋升政策、员工培训政策	公布各部门人力资源需求目标、员工考核与潜能评估、员工职业生涯研讨、员工职位安排预测	研讨会费用、员工评估费用、职业辅导补贴

三、旅游企业人力资源规划与人力资源计划的关系

企业总体竞争战略是制定人力资源规划的基础。人力资源规划是企业总体发展战略规划的一个组成部分,人力资源规划中被进一步细化的部分即人力资源计划(见图 2-3)。在制定过程中,一般是从旅游企业的最高管理层开始,在制定总体战略的同时,规划人力资源战略,然后要求人力资源部门制订相应的实施计划,其他部门则在人力资源部门的指导下制订更加具体的员工需求计划、培训计划和绩效考评计划等。

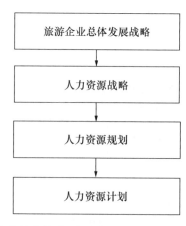

图 2-3 旅游企业总体战略、人力资源规划和人力资源计划的关系

从时间跨度和制定过程中的侧重点来讲,旅游企业人力资源规划的时效偏于中长期,一般在3年以上,重点关注旅游企业的长远发展,更多地考虑宏观因素,重视研究社会、法律环境的可能变量对旅游企业人力资源开发与管理的影响,追求旅游企业战略目标的实现和竞争优势的形成与保持。旅游企业人力资源计划的时效偏于短期,一般在3年以内,更多地考虑旅游企业内部的微观因素,主要是通过对旅游企业未来的员工需求量、内外部人力资源供给状况的预测,制定具体行动(招聘、培训、薪酬、福利、晋升、调动和辞退等)方案,重在实现旅游企业的战术目标。

第二节 旅游企业人力资源计划与供需预测

一、旅游企业人力资源计划研究的主要内容

旅游企业人力资源计划有两项非常重要的研究内容:人力资源需求和供给。预测则是研究人力资源需求与供给的主要手段。预测是在分析已有资料的基础上,考虑各种内外部环境因素的影响,对未来的发展做出合乎逻辑的推理过程。人力资源需求预测就是根据职位说明书和员工技能水平确定所需员工的数量和工种。服务标准和劳动生产率的改变是影响旅游企业人力资源需求预测的主要因素。

人力资源供给预测是研究旅游企业内部人力资源(现有员工)存量情况、外部人力资源(劳动力市场)提供水平及其就业趋势,确保旅游企业在经营的各个时期都有充足、合格的人力资源。旅游企业人力资源计划离不开科学的预测,只有通过科学的预测,制订人力资源计划才有可靠的依据。

二、旅游企业人力资源配置

旅游企业对各部门、各岗位所需的员工数量进行配置测算,是制订人力资源计划的基础性工作。通过员工配置测算,可以帮助管理者计划与控制要保证服务运营所需的工时和员工数量,进一步还可以计算出人工成本,这也是人力资源计划的一个重要内容。

(一)影响旅游企业人力资源配置的因素

1. 旅游企业的规模与档次

通常情况下,旅游企业规模越大,档次越高,经营面积和服务项目则越大和越多;旅游企业的服务专业化程度越高,分工越细致,服务质量要求也会越高;因而必然多用人。反之,则人员需求量越少。因此,旅游企业规模和档次是影响其人力资源配置的主要因素。

2. 班次安排和季节波动程度

班次的多少是影响用人多少的重要因素。以酒店为例,前厅部和客房部要求24小时提供服务,而每天的具体班次编排和人员安排必然影响这两个部门的人员配置。此外,一些旅游企业的经营存在比较大的季节波动性,淡季客流量比较低,旺季客流量猛增,客观上要求旅游企业实行弹性用人制,因而造成人力资源配置是动态的。

3. 旅游市场的供求状况

旅游市场繁荣，旅游产品需求大于供给，供求关系以卖方市场为主，则一线服务部门所需的员工会相对较多。反之，供大于求，以买方市场为主，竞争激烈，则一线服务部门的员工需求量会被压缩。

4. 服务项目和管理模式的选择

以酒店为例，我国的经济型酒店大多是不提供餐饮服务的，因此就不会有餐厅和厨房的员工编制。此外，有的酒店客房部实行"楼层服务台模式"，有的则是"客房服务中心模式"。前者在每个客房楼层设服务台，值台服务和客房清洁整理服务分开，24小时值班；后者是集中设置客房服务中心，不设24小时值台的楼层服务。这两种模式对酒店客房部的岗位设置和用工量都会有较大的影响。

（二）旅游企业人力资源配置的方法

1. 岗职人数定员法

岗职人数定员法主要根据旅游企业各部门的组织结构设计，确定编制岗位名称和各岗人员数量，最后形成人员编制。它主要适用于各部门主管以上级别的人员编制，包括总经理、副总经理、总监、部门经理、部门副经理和部门主管等。

采用这种方法确定人员编制必须做到"三个确定"，即确定岗位名称、确定职级人数、确定用人期限；且一经确定，不能随意增减定编人员，必须将它作为旅游企业组织管理规章来遵守。

2. 上岗人数定员法

上岗人数定员法根据旅游企业组织结构设计，事先分析各部门需要设置的工种和岗位，分析不同工种和岗位需要完成的工作量，确定岗位设置和上岗人数。例如，一家经济型酒店的客房预订岗，根据客房数量和预订设备每班需要设置1名预订人员；一家有800间客房的大型酒店的前厅接待岗，根据客房周转和服务工作需要，每班需要设置4名接待人员等。在此基础上，再根据不同工种和岗位的班次安排与倒休确定岗位定编人数。这种方法主要适用于那些需要倒班作业的岗位，如酒店前厅部总机人员、行李员、商务中心人员和餐饮部厨师等。

上岗人数定员法的计算公式为：

$$Q = \frac{7nX}{5e}$$

其中，Q 为各岗位定编人数，n 为每天班次，X 为每班上岗人数，e 为计划出勤率。

3. 劳动标准定员法

劳动标准定员法是根据旅游企业有关工种和岗位的工作总量，通过动作研究和工时消耗分析，确定员工劳动标准（劳动定额），并在此基础上核定上岗人数和定员人数。以酒店客房清洁服务员为例，其定员编制方法如下：

（1）工作动作研究。将员工根据性别、年龄和在岗工龄等进行分类，分别抽样测定他们在客房清扫服务中各项动作所消耗的时间。

（2）劳动消耗时间分析。根据动作研究记录，对各项劳动消耗时间进行归类与统计，将劳动时间分为四类，即准备作业时间（t_1）、标准间基本作业时间（a）、结束交接班时间

(t_2)和间房随机服务时间(b)。

(3) 根据8小时工作制和服务质量要求，确定客房清扫服务员的劳动标准。计算公式为：

$$X = \frac{T - (t_1 + t_2)}{(a + b)(1 + f)}$$

其中，X为劳动标准，T为法定劳动时间8小时/天，f为休息系数。

(4) 根据客房预测和计划出租率、出勤率和员工休息安排，确定不同季节的客房清洁服务员定员，体现弹性用人原则。计算公式为：

$$Q = \frac{Dr}{Xe} \times \frac{7}{5}$$

其中，Q为定员人数，r为计划出租率，D为客房总数，e为计划出勤数。

4. 生产作业劳效定员法

在旅游企业中，有些岗位和工种的工作与客流量有密切的关系，很难设定统一的劳动定额，因此需要根据生产作业的历史记录确定定员，这就是生产作业劳效定员法。以酒店餐饮部为例，采用生产作业劳效定员法的实施步骤如下：

(1) 设定生产作业标准。首先，管理者要为每个岗位制定生产作业量标准。在酒店餐饮部，生产作业量标准一般以工时量计算，其优点是计算比较精确。由于每个班次的劳动生产率受很多因素影响，因此应每隔一段时间填写一份"生产作业劳效评价表"（见表2-2），以准确估计运营需求的员工数量。

表2-2 生产作业劳效评价表（样表部分）

部门	餐饮部							
班次	晚餐							
统计日期	2018年2月5—11日							
周工作日	周一	周二	周三	周四	周五	周六	周日	日均
客流量	375	410	425	455	535	510	405	445
岗位	计划工作时数							
服务员	28	28	28	32	39	39	32	32.3
迎宾员	9	9	9	9	12	12	9	9.9
领班	9	9	9	9	12	12	9	9.9
收银员	6	6	6	6	9	9	6	6.9
厨师	28	28	28	32	39	39	32	32.3
厨工	9	9	9	9	12	12	9	9.9
洗碗工	9	9	9	9	12	12	9	9.9
备注								

然后，用实际工时量对比标准生产作业量水平并进行修正。表2-3给出了一个标准工时对照表的例子，表中最后一栏的备注是用于填写影响人工成本的特殊事件（如天气、促销活动等）。通过这张表，管理者可以比较清楚地知道实际工时和预计工时的差距有多

大,是超过了还是不足。从表 2-3 可以看出,该酒店餐饮部统计的 7 个岗位中有 5 个超过了计划工时,只要用小时工资值乘以超出的时数,管理者就可以知道该班次实际人工成本比预算超出了多少。假设一个服务员的平均工资是 10 元/小时,则可以推算出每天晚餐服务员的人工成本超支 30 元。

表 2-3　员工配备统计比较表(样表部分)

部门	餐饮部							
班次	晚餐							
统计日期:	2018 年 2 月 5—11 日							
岗位		周一	周二	周三	周四	周五	周六	周日	平均
服务员	计划工时	28	28	29	32	38	39	32	32.3
	实际工时	26	30	30	35	46	44	36	35.3
迎宾员	计划工时	9	9	9	9	12	12	9	9.9
	实际工时	8	8	9	9	13	13	8	9.7
领班	计划工时	9	9	9	9	12	12	9	9.9
	实际工时	8	8	10	10	14	13	9	10.3
收银员	计划工时	6	6	6	6	9	9	6	6.9
	实际工时	5	5	6	7	10	10	6	7.0
厨师	计划工时	28	28	28	32	39	39	32	32.3
	实际工时	26	28	28	30	36	34	30	30.3
厨工	计划工时	9	9	9	9	12	12	9	9.9
	实际工时	8	9	10	11	14	14	9	10.7
洗碗工	计划工时	9	9	9	9	12	12	9	9.9
	实际工时	9	10	11	12	14	14	11	11.6

建立生产作业量标准,可以使管理者在制订用工计划时至少有了一半的把握,另一半就看每个班次的客流量了。

(2) 预估销售总量及客流量。要准确地完成员工配备测算,必须先预测每天的业务量。这种预测最好的依据就是根据销售历史记录。一般来讲,酒店每天都会记录餐饮部的销售额,这个记录积累起来就是可以用于预测的历史数据——管理者可以用这个数除以平均每人的用餐消费金额得出用餐人数。

例如,某酒店周五晚餐的平均销售额是 6 万元,平均每个客人的用餐消费是 120 元,那么可以推算出周五晚餐的平均用餐人数是 500 人。

(3) 确定所需的员工数量。预估销售总量及客流量以后,管理者就要确定需要多少员工为这些预计的客人服务,这时就要用上服务工作标准了。继续讨论上面的例子,假设服务工作标准是平均每个服务员 1 小时服务 15 个客人,如果餐饮部周五晚上营业 3.5 个小时,这天的晚班就需要大约 10 名服务员(500 名客人/3.5 小时营业时间/每小时服务的

15名客人)。但是,这样简单推算,管理者还无法知道周五具体哪一个时段最忙,表2-4给出的是以往周五每小时的客流情况。

表2-4　单位时间员工需求统计表(服务员部分)

营业时间	时段客流量	员工需求量
18:00—19:00	160	11
19:00—20:00	190	13
20:00—21:00	120	8
21:00—21:30	30	2

如表2-4所示,由于客流量的变化,周五晚上该酒店餐饮部所需上岗的服务员数量,在各时段变化较大,因此餐饮部经理可以细分班次,不必整个晚上都安排10名服务员。但是要注意,通常应安排一部分员工提前做营业准备,另一部分做收尾工作。如果让所有的员工在同一时间开始、同一时间结束,是最不经济的用工方法。

(4) 确定工时及排班。管理者利用排班表(见表2-5),根据表2-4各工作时段所需的员工数量,安排每位员工的具体工作时间,并统计计划总工时数。

(5) 完成人工成本预算。该酒店餐饮部周五晚上的人工成本可以用平均小时工资乘以计划总工时数计算出来,假设服务员的小时工资是10元,则预计人工成本是380元(38×10)。最后,管理者以同样的方法测算出全部门所有职位的人工成本,完成员工配备测算。

三、旅游企业人力资源需求预测的方法

人力资源的需求有许多种预测方法,旅游企业常用的方法有经验预测法、零基预测法、回归预测法、德尔菲法、人力资源成本分析预测法和自下而上法。这些方法适用于不同的人力资源需求预测类型。

(一) 经验预测法

经验预测法是人力资源需求预测中最简单的方法,它适用于经营比较稳定的小型旅游企业或经营业务比较单一的餐厅、酒楼及歌舞厅、健身房等娱乐企业,通常的预测期为中短期。经验预测法,顾名思义就是用一定经营时期内积累的人力资源管理经验推测企业未来的人员需求。例如,某酒店根据以往的经验以及本酒店餐饮部服务的规格水平,认为每一位传菜员可以承担6桌标准餐台的传菜工作,那么在未来扩大餐厅规模时,就可以按增加的标准餐台数预测出所需的传菜员人数。

由于每一位管理者的阅历、学识、本行业从业时间及工作风格都不尽相同,不同管理者的预测可能有所偏差,因此可以通过多人综合预测或查阅人力资源历史记录等方法提高预测的准确度。要注意的是,经验预测法只适用于一定时期内旅游企业的经营没有发生重大结构性或方向性变化的情况,而对于新增的职位,或者工作的内容、方式发生了比较大变化的职位,不适合使用经验预测法进行人力资源需求预测。

(二) 零基预测法

零基预测法又称现状规划法,其基础是假设当前的旅游企业职务设置和人员配置是

表 2-5　酒店员工排班样表

部门：餐饮部　　岗位：服务员

时间：2017年11月10日星期五　　营业时间：18:00—21:30

晚餐

班次 姓名/工号	6:00—7:00	7:00—8:00	8:00—9:00	9:00—10:00	10:00—11:00	11:00—12:00	12:00—13:00	13:00—14:00	14:00—15:00	15:00—16:00	16:00—17:00	17:00—18:00	18:00—19:00	19:00—20:00	20:00—21:00	21:00—21:30	计划总工时
张 薇												■	■	■			3.0
林 红												■	■	■			3.0
赵 盈												■	■	■			3.0
王 艳												■	■	■			3.0
孙 海													■	■	■		3.0
陈 蒙													■	■	■		3.0
王 莉													■	■	■		3.0
于 慧													■	■	■		3.0
魏 悦													■	■	■		3.0
李 亮													■	■	■		3.0
韩 璐													■	■	■		3.0
李 园														■	■	■	2.5
张 欣														■	■	■	2.5
总 计																	38

恰当的,并且没有职位空缺,因此不存在人员总数的扩充,人员的需求完全取决于未来员工的退休、劳动合同到期、产假、离职等情况的发生。所以,这种人力资源预测实质上就是对员工退休、产假、离职等情况的预测,其中员工离职是比较难以准确预测的。

旅游企业一般是通过对人力资源变动的历史资料统计和比例分析来提高零基预测的准确度。例如,根据行业特点以及从业人员的年龄结构和知识结构特点,许多旅游企业发现每年春节过后和9月份是员工离职的两个高峰期,分析原因有两个:一是旅游企业的年终奖金大都集中在春节前发放,对奖金水平不满意的员工通常会在春节过后采取离职行动;二是旅游企业的年轻员工在工作一段时间后有了一定的经济积累,同时发现自己的知识结构不能适应个人职业生涯发展的需要,他们会选择高一级的学校进修提高,这样大专院校开学的9月份就可能会出现年轻员工比较集中离职的情况。旅游企业可以根据这些特点,提前做好预测,规划人力资源补充方案,保证经营业务的正常运行。零基预测适合于旅游企业中期、短期的人力资源预测。

(三) 回归预测法

回归预测法是通过对一个或几个变量(自变量)的了解来预测另一变量(因变量)的定量分析方法。具体地讲,回归预测法就是通过建立一定的数学回归方程,对旅游企业人力资源的真实情况进行实验的一种方法。回归预测法首先要根据旅游企业自身和同行业其他企业的相关历史数据,建立表示员工水平与其他经营变量间相互关系的数学模型,然后管理者可以设置一些"条件"问题。例如,如果旅游企业销售额计划增长10%,旅游企业员工需求数量可能发生怎样的变化;如果酒店客房部从现在的两班制改成三班制,人力资源可能会产生什么样的需求。以下是某酒店客房部应用一元线性回归预测的例子。

某五星级酒店扩大规模后,需要对各部门员工重新进行配置,采用回归预测法预测客房部服务员数量时,在比对分析相关数据后,发现客房数与客房服务员需求量之间的相关程度比较高,因此可以考虑建立两者之间的线性关系。管理者可以参考本酒店的历史数据和其他同星级酒店的有关数据(见表2-6)。

表2-6 客房数和客房部员工数统计表

客房数(x)	360	390	440	480	500	530	580
服务员数(R)	63	65	68	72	74	80	83

将客房数设为自变量x,客房部服务员数设为因变量R,假设客房部需要的服务员数量与客房数的线性相关趋势成立,就可以建立预测人力资源的一元线性回归预测模型:

$$R = a + bx$$

其中,R为人力资源预测对象;x为自变量,即相关因素数据;a、b为模型参数。

根据R和x的已知样本数,可以利用最小二乘法求得参数a、b的估计值$\hat{a}$、$\hat{b}$。

$$\hat{b} = \frac{n\sum x_i R_i - \sum x_i \sum R_i}{n\sum x_i^2 - \left(\sum x_i\right)^2}$$

$$\hat{a} = \frac{\sum R_i - \hat{b}\sum x_i}{n}$$

将表 2-6 中的数据代入上述公式中,可计算出 $\hat{a}=8.186$,$\hat{b}=0.095$,回归方程即为:

$$R = 27.63 + 0.095x$$

该饭店客房部扩大规模后,客房数将由原来的 580 间增加到 700 间,因此需要配备的普通员工数为:

$$R = 27.63 + 0.095 \times 700 = 94.13 \approx 95(人)$$

通常,决定旅游企业员工数量的相关因素通常不止一个,销售额、劳动力成本趋势、法定工作时间、服务标准等都可能对员工数量有所影响,因此必须建立多元回归方程来预测。为了确保预测的准确性,一般应先做相关性检验,然后再根据自变量的未来值预测因变量的未来值。回归预测法的目的是使人力资源管理者在做出实际决策之前,能对相关联的特定问题有深入的了解。随着计算机技术在人力资源管理领域的普及,已经有许多大、中型旅游企业采用回归预测法,借助有关的统计分析软件进行中期、长期人力资源预测。

(四) 德尔菲法

德尔菲法又称专家讨论法,是指企业邀请本行业的一些专家或有经验的管理人员(20人左右),对经营管理中的某一项目进行多轮(3-4 轮)预测,并最终达成基本一致意见的结构化的方法(见图 2-4)。

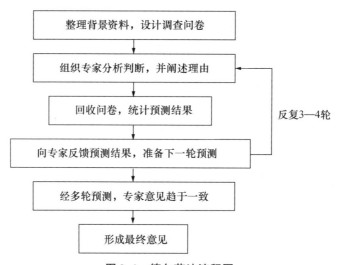

图 2-4 德尔菲法流程图

德尔菲法的特点是:第一,资源利用的充分性。由于吸收众多的专家参与预测,充分利用了专家的经验和学识。第二,最终结论的可靠性。由于采用匿名或背靠背的方式,能使每一位专家独立地做出自己的判断,不会受到其他繁杂因素的影响。第三,最终结论的统一性。预测过程必须经过几轮的反馈,使专家的意见逐渐趋同。德尔菲法的主要缺点是过程比较复杂,花费时间较长。德尔菲法适用于旅游企业中长期人力资源预测(见表 2-7)。

表 2-7　德尔菲法预测调查表

上轮结果	主要理由
预测项目:某旅行社导游外语专业人才与非外语专业人才合理结构比例(第 n 轮)	
1. 非外语专业人才:不需要	
2. 外语专业人才:非外语专业人才 = 1: 0.5	
3. 外语专业人才:非外语专业人才 = 1: 1	
4. 外语专业人才:非外语专业人才 = 1: 1.5	
5. 外语专业人才:非外语专业人才 = 1: 2	
上轮预测中位值:1: 1;四分区间值[1: 0.5,1: 1.5]	
您的新预测是,外语专业人才:非外语专业人才 =	
您的理由是:	

(五) 人力资源成本分析预测法

人力资源成本分析预测法是指在一定的预算条件下,根据人力资源成本构成对人力资源需求进行预测,其公式为:

$$NHR = \frac{TB}{(S + BN + W + O) \times (1 + f \times T)}$$

其中, NHR 为未来期段需要的人力资源数量, TB 为未来期段人力资源预算总额, S 为当期人均工资, BN 为当期人均奖金, W 为当期人均福利(保险、住房公积金等), O 为当期人均其他开支, f 为企业人力资源预算变动率, T 为期限。

例如,某度假村 3 年后人力资源成本预算为每月 90 万元,目前每月平均工资是 2 500 元/人,平均奖金是 600 元/人,保险开支是 760 元/人,其他支出为 100 元/人。度假村制定的财务预算允许人力资源成本平均每年增加 7%。求该企业 3 年后的人力资源需求。

$$NHR = \frac{TB}{(S + BN + W + O) \times (1 + f \times T)}$$
$$= \frac{900\ 000}{(2\ 500 + 600 + 760 + 100) \times (1 + 7\% \times 3)} \approx 188(人)$$

(六) 自下而上预测法

自下而上预测法又称分合性预测法,它是基于这样的推理,即每个部门的管理者最了解该部门的人员需求。因此,人力资源需求预测应该是从旅游企业组织结构的基层开始逐步进行预测。具体方法是,旅游企业各部门根据本部门的工作内容、技术水平等变化情况先对本部门未来各岗位员工的数量进行预测,然后各个部门将所做出的预测层层向上汇总,最后由旅游企业人力资源管理部门对所有预测进行综合平衡,确定旅游企业人力资源总体需求预测。这种方法能比较充分地发挥各级管理人员在人力资源预测工作中的作用,但是由于组织结构最基层的管理者很难理解与把握企业的发展战略和经营规划等,无法制定出中长期的人力资源预测。这种自下而上的方法适用于短期人力资源预测。

除上述方法外,旅游企业人力资源需求预测要考虑在一定时期内影响人力资源需求变化的多种因素的发展趋势。例如，根据某一客源国货币汇率呈持续走强的趋势，可以判断未来该客源国的旅游输出人数可能也会呈现增长的趋势，则相关的涉外旅游企业就应该积极考虑增加熟悉这一客源国习俗的接待人员，或在这方面注意加强培训；同时还应该注意总结和发现人力资源需求与供给的周期性规律。对于度假型旅游企业，经营业务的季节性变化也是人力资源需求预测工作所必须考虑的。

四、旅游企业人力资源供给预测

人力资源供给预测是指旅游企业为实现未来的战略发展目标，对未来一段时间内企业内部和外部各类人力资源的补充情况进行的预先估计。人力资源供给预测的主要目的是解决企业内部人力资源变动与企业发展造成的人力资源短缺问题，其流程如图 2-5 所示。

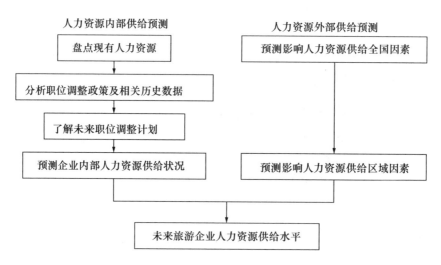

图 2-5　旅游企业人力资源供给预测流程

（一）内部人力资源供给预测

1. 盘点员工基本技能

旅游企业人力资源规划不仅要保证为空缺的职位提供相应数量的员工，还要保证每个空缺都有合适的人员来补充，因此建立员工基本技能与职业发展动向的记录是十分必要的。技能清单是盘点员工基本技能的一份重要工具，它是将员工现在所掌握的技能、工作经历、教育培训背景、专业领域、工作特长、学习新技术的能力、预计退休时间、职业发展目标和追求等内容以列表的形式加以记录（见表 2-8）。目前，许多旅游企业采用人力资源管理信息系统（HRIS）储存这些清单内容，不但易于保存，而且调取查阅也非常简便。技能清单除了可以用于人力资源规划，还可以应用于确定晋升人选、部署岗位调整、分配特殊工作、员工培训和职业生涯规划等方面。需要注意的是，技能清单必须得到员工的确认，并及时更新，以保证信息的有效性和时效性。

表 2-8　员工技能清单调查表

姓　名		部　门		职务/工种	
出生日期		到职日期		工　号	
教育背景	层次	学校		主修专业	毕(结)业时间
	高中/中专				
	大学				
	研究生				
培训背景	培训科目	培训机构		培训起止时间	
技能	技能种类	证书		发证机构	发证时间
工作经历	单位/部门	起止时间		主要工作任务	
志向	是否愿意到其他部门工作	否	是	愿去部门	1.　　2.　　3.
	是否愿意承担其他类型工作	否	是	愿承担工作	1.　　2.　　3.
	是否愿意接受工作轮换	否	是	愿轮换工作	1.　　2.　　3.
	自认为需要接受的培训	改变现有技能好绩效		1.　　2.　　3.	
		晋升所需的经验和能力		1.　　2.　　3.	
主管意见:				主管签字	

填表时间:　　年　月　日

2. 员工流动分析

预测未来的人力资源供给不但要结合目前供给的状态,而且必须考虑员工在旅游企业内外部的流动状况。旅游企业员工流动通常有以下几种形式:离职、内部调动、退休、死亡和伤残等。制定人力资源规划,需要知道员工流动模式和变动率。旅游企业人员变动率是指一定时期(通常以年度为期)内某种人力资源变动(离职和新进)与员工累计总数的比率,公式为:

$$人员变动率 = \frac{年度岗位发生变化的员工总数}{年度在职员工累计数} \times 100\%$$

旅游企业人员变动率是考查旅游企业组织与员工队伍是否稳定的重要指标,具体又可以分为员工离职率、员工新进率、员工净流动率等。

(1) 员工离职率。员工离职率是某一单位时间内的离职人数占工资册当期累计人数的比率,为公式表示:

$$当期离职率 = \frac{当期离职人数}{工资册当期员工累计人数} \times 100\%$$

在计算离职率时,将分子定义为在某一时期内的离职人数,分母定义为该时期的累计在册人数——该时期内的在职员工最多时的数量,这样求出的离职率比较科学。一方面,使用这样的方法可以更加容易理解离职率的含义;另一方面,不论员工什么时候辞职(包括当月入职并当月辞职的情况),都可以从离职率上反映出来,特别是新员工的流动往往对企业分析员工流动原因有重要的作用。

离职率可用来测量人力资源的稳定程度。离职率通常以月为单位。这是由于如果以年度为单位,就要考虑季节与旅游企业经营周期变化等因素,因此较少采用。

(2)员工新进率。员工新进率是某一单位时间内旅游企业新招聘的员工人数占工资册累计人数的比率,公式表示为:

$$当期员工新进率 = \frac{当期新进员工人数}{工资册当期员工累计人数} \times 100\%$$

(3)员工净流动率。员工净流动率是某一单位时间内旅游企业补充员工人数占工资册当期累计人数的比率。所谓补充人数是指为补充离职人员而新雇用的员工人数。用公式表示为:

$$当期净流动率 = \frac{当期补充员工人数}{工资册当期员工累计人数} \times 100\%$$

例如,某旅行社2017年前六个月中每个月的期初人数、期末人数、录用人数、离职人数如表2-9所示。

表2-9 某旅行社2017年上半年人力资源变动统计表

	1月	2月	3月	4月	5月	6月	合计
期初人数	50	18	33	47	55	52	—
录用人数	3	35	20	13	0	3	74
离职人数	35	20	6	5	3	1	70
期末人数	18	33	47	55	52	54	—

1月员工离职率 = 35/(50+3) × 100% = 35/(35+18) × 100% = 66.0%

1月员工新进率 = 3/(50+3) × 100% = 3/(35+18) × 100% = 5.7%

1月员工净流动率 = (18-50)/(50+3) × 100% = (3-35)/(35+18) × 100% = -60.4%

继续应用上述公式,可以计算出该旅行社2017年前六个月的员工离职率、员工新进率、员工净流动率,如表2-10所示。

表2-10 某旅行社2017年上半年人力资源变动指标分析表   单位:%

	1月	2月	3月	4月	5月	6月
员工离职率	66.0	37.7	11.3	8.3	5.5	1.8
员工新进率	5.7	66.0	37.7	21.7	0	5.5
员工净流动率	-60.4	28.3	26.4	13.3	-5.5	3.6

分析净员工净流动率时,可与离职率和新进率相比较。对于一个成长发展的旅游企业,一般净人力资源流动率应该等于离职率;对于一个处于紧缩时期的旅游企业,其净流

动率等于新进率;而处于常态下的旅游企业,其净人力资源流动率、新进率、离职率三者基本相同。

3. 员工职位接替

员工职位接替是在评价企业现有人力资源状况的基础上,对员工未来晋升或调动的可行性做出判断,从而预测企业潜在的内部人力资源供给能力。为了使一些职位出现的空缺能够及时得到补充,或者能够有意识地为不同的职位准备接替人员,旅游企业可以对一些重要的职位设计职位接替模型(见图2-6)。职位接替模型表明了每个不同职位的可接替状况,记录了每个接替人员的能力、工作经验、工作绩效和需要改进之处。

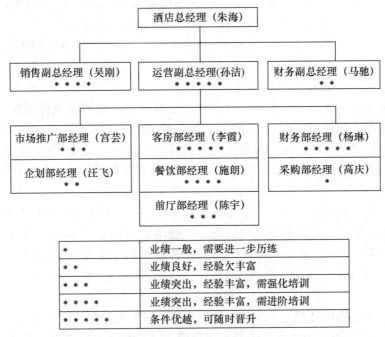

图 2-6　职位接替模型示例

企业职位接替模型主要用于确认特定职位的内部候选人。建立职位接替模型的关键,首先根据职位分析的信息,明确不同职位的任职资格和条件;然后确定一位或几位比较容易达到任职条件的候选人,或者确定哪位员工具有潜力,经过锻炼和培训可以胜任这一工作;最后应该把各职位的候补人员情况与员工的职业发展计划综合起来考虑,协调好员工职业生涯发展计划与不同职位接替之间的关系。

(二) 外部人力资源供给预测

外部人力资源供给预测主要是预估未来外部可能提供的人力资源数量、质量和结构,以确定企业在今后一段时间内能够获得的人力资源供给水平。

1. 影响旅游企业人力资源供给的全国性因素

影响旅游企业人力资源供给的全国性因素主要包括预期经济增长、预期失业率和全国范围的劳动力市场状况等。

(1) 预期经济增长。在这里,预期经济增长主要考虑的是旅游行业的经济增长情况。

旅游业是全球公认的朝阳行业,因此旅游业将长期保持比较高的经济增长率。从宏观角度讲,旅游业对相关人力资源的需求将是持续增加的态势;从微观的角度讲,这将导致旅游企业面临人力资源供给紧张的局面。

(2) 预期失业率。主要通过预期失业率来了解旅游企业可以从劳动力市场获取人力资源补充的情况,一般情况下,失业率越低,人力资源供给越少。预期失业率与全社会经济增长率紧密相关,这些信息可以参考各类统计资料和专家对经济形势的预测。旅游业中的传统行业大都属于劳动密集型行业,且绝大多数岗位的职业准入门槛比较低,因此比较高的失业率有利于其他行业的人力资源向旅游业转移。

(3) 全国范围的劳动力市场状况。包括旅游业全国范围内的人力资源供需状况;全国范围内旅游业从业人员的薪酬水平和差异;全国旅游专业的大中专学生毕业人数及就业情况等。这些因素直接影响旅游企业可以从劳动力市场获取的人力资源数量与质量。

2. 影响人力资源供给的地域性因素

(1) 旅游企业所在地区的人力资源现状。这包括人力资源的整体情况,尤其是有效的人力资源情况。比如:旅游企业需要哪一类型的人力资源?这一类型人力资源的市场供给情况如何?其他行业对这一类型人力资源的需求如何?通过对地区人力资源供给情况的了解,使旅游企业了解本企业所需的人力资源能否从外部获取,以及从外部获取的难易程度如何。

(2) 旅游企业所在地区对人力资源的吸引程度。一个对人力资源具有强大吸引力的地区才能为企业提供充足的外部人力资源。一般主要分析旅游企业所在地对人力资源的各种吸引因素。例如,企业所在地区的居住环境怎样?企业所在地区的地域文化怎样?在企业所在地区工作是否具有安全感?企业所在地区对各类人力资源是否具有包容性?

(3) 人口发展趋势对人力资源供给的影响。人口发展趋势决定了企业外部人力资源供给的可能性,其中影响因素最大的有人口规模、人口年龄、人口素质和劳动力参与率等。企业在分析这些人口因素时,特别要注意对本地区人口状况的分析,只有清楚地了解本地区的人口状况和影响因素,才能对本地区人力资源进行准确的总量供给和结构供给预测。

3. 技术进步

技术进步对旅游企业人力资源供给预测主要有以下影响:

(1) 科学技术的进步使劳动生产率大幅提高,工作的繁重程度也在下降,人们有越来越多的闲暇时间和机会进行旅游,因此旅游业对劳动力的需求总体是增长趋势。

(2) 对员工的技能要求在逐步提高,特别是对计算机的操作使用能力。

(3) 由于办公室自动化和网络的普及,旅游企业中层管理人员可以适当削减,而具备不断创新能力的人才显得更加宝贵。

4. 有关的法律法规和政策

旅游企业在进行人力资源供应预测时,必须重视有关劳动管理的法律法规,以及与本行业有关的政策,如《劳动法》、《劳动合同法》、《工会法》、《旅游法》和《导游人员管理条例》等,并预见这些法律法规对未来人力资源管理的影响。此外,各地政府为了保证本地区经济的发展,保护本地劳动力的就业机会,也会颁布一些地方性的劳动管理和劳动保护政策,旅游企业同样应该密切关注并及时做出反应。

5. 劳动力就业意识和择业心理偏好

旅游企业在预测外部人力资源供给时,不能简单地从数量上进行预测,还要考虑人力资源的就业意识和择业心理偏好。例如,在旅游行业,一方面有大量的比较苦、比较累的职位缺少人手,另一方面城市中却有大批的下岗人员;许多大学毕业生对职业选择的期望值过高,希望毕业后马上谋得一份职业稳定、薪酬待遇好、工作强度不大的工作,而不愿意从服务性行业基层做起。因此,旅游企业在进行人力资源供给预测时,不仅应预测劳动力市场可能供给的人力资源,更重要的是预测企业所需人员在劳动力市场中实际能供给的情况。

第三节 人力资源计划的制订

制订旅游企业人力资源计划的基本理念所强调的应该是将员工视作一种最活跃、最具动力的可开发的资源,旅游企业的所有管理者都应采取积极的态度、科学的方法参与旅游企业人力资源计划的制订。通常,旅游企业人力资源计划的制订需要经过以下步骤来完成,如图2-7所示。

一、旅游企业组织目标对旅游企业人力资源计划的影响

旅游企业人力资源计划过程应该与旅游企业的经营战略目标紧密相连,首先清楚地了解旅游企业发展目标和计划,以及在劳动力数量和质量方面的要求,并把它们作为制订人力资源规划的必备信息,为进一步制订更加具体的人力资源计划奠定基础。此外,旅游企业的外部环境,包括销售预测、市场趋势、竞争态势和顾客满意度等,以及旅游企业的内部环境,包括各种技术的发展水平和劳动生产率的变化等,也是制订旅游企业人力资源计划的基础信息。

二、旅游企业人力资源战略选择

(一) 初创期的人力资源战略

旅游企业处于创业之初,人力资源队伍和制度往往尚未完善,人力资源管理处于起步阶段,各个职位的描述还不清楚,对企业需要的人力资源总量、员工结构缺乏明确概念。在这一时期,旅游企业人力资源战略的重点如下:

1. 形成完整的人力资源队伍和管理体系

旅游企业需要采取积极主动吸纳的、开放性的人力资源管理政策,努力搭建人力资源管理基础平台(如组织体系、激励与报酬体系、培训计划、人员发展规划、增员与裁员制度等),为以后的人力资源发展奠定基础。

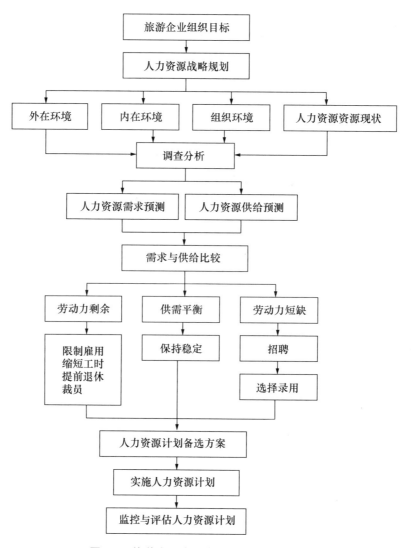

图 2-7 旅游企业人力资源计划的制订过程

2. 吸收关键人力资源

广泛吸纳企业发展所需的各种人力资源，向社会招聘人才，注意吸收应届大学毕业生，尤其注意在本行业和其他服务性行业中吸收关键人才。

3. 注意对企业文化的培养

创立一个新的旅游企业是创业者长期酝酿的成果，创业者有自己的创业目标和管理理念，要努力使员工尤其是招聘来的中高层管理人员与创业者对此达成共识。如果中高层管理人员不能认同创业者的理念和目标，就一定要小心。因为这种人才即使留在企业也是暂时的，当企业发展之后，分歧一旦加大就会与企业分道扬镳。

(二) 发展期的人力资源战略

随着旅游企业的经营规模不断扩大，主营业务不断扩展并走向成熟，企业组织形态逐步走向正规化,管理机构相对完善,企业规章制度逐渐建立健全,企业文化逐渐形成,创业者个人作用开始弱化,企业试图寻找能保障其持续、稳定、健康发展的制度和机制。

在这一时期,扩大人力资源规模仍然是旅游企业人力资源战略的主要内容,但是在员工流入增加的同时,离职率也开始上升。此时的员工流出一般分为两种类型:一类是在企业工作一段时期后,员工发现自己不适应企业的运行,或者想要另谋高就而主动离开企业;另一类是企业发现员工并非企业所需,启动裁员机制,在发展过程中及时地淘汰不合适人员。

旅游企业发展期的人力资源战略的重点是:

1. 创新人力资源招聘技术,根据企业发展的需要多方吸收各种人才

例如,可以鼓励员工介绍人才加入企业,如果员工所介绍人才能被企业雇用,介绍人可获得一定的奖励。

2. 渐进式吸收适用人才,注意人力资源的使用效率

发展期的旅游企业常常会采用"人海战术"应对机遇和挑战,人员激增而使企业应接不暇,无法充分发挥所吸收人力资源的效率。此外,发展期的旅游企业在人力资源使用方面切忌攀比,搞"人才高消费"。"人海战术"和"人才高消费"的后果不仅会增加人力资源成本,还会为以后的人力资源管理埋下隐患,使企业很难吸收到有价值的人力资源。

3. 建立规范、完整的人力资源管理制度

当度过了规模比较小、"生存第一"的初创期后,旅游企业步入正式发展的轨道,人力资源管理就必须告别"人治"状态,通过建立健全招聘、培训、考核、薪酬、激励和劳动关系等方面的规章制度,使旅游企业人力资源管理的各项工作有章可依、有章必依、依章行事。

4. 加强员工的流动管理

处于发展期的旅游企业,一方面,需要定期根据员工业绩的考核结果,选优汰劣;另一方面,对于员工主动离职,人力资源管理部门应该深入了解员工离开的真正原因,是员工个人原因,还是企业某些方面做得不够。若是企业原因,即可从中获得改进工作的有关信息。统计分析员工主动离职的原因,可以作为企业改进人力资源管理、吸引和留住人才的重要依据。

(三)成熟期的人力资源战略

处于成熟期的旅游企业,灵活性、成长性及竞争性达到了均衡状态,企业的管理制度和组织结构逐步成熟,开始充分发挥作用,即使制度或组织结构暂时或局部出现了问题,企业也有部分的自我协调机制。随着人力资源队伍的稳定,在旅游企业内部出现非正式组织的、具有排他性的小团体,使企业对外部人力资源的封闭和排斥倾向大于开放和吸纳倾向。

旅游企业成熟期的人力资源战略的重点是:

1. 建立完善的经营者激励约束机制

旅游企业步入成熟期,规模扩大往往带来股权的分散化,企业所有者与经营者逐渐分离,所有者不直接参与日常的经营管理工作,而由职业经理人负责。所有者与经营者的目标和利益不一致、所有者与经营者之间信息的不对称,会对企业造成一定的损失。因此,

必须建立经营者激励约束机制,建立完善的内部治理结构,约束经营者的行为,更重要的是建立科学的薪酬体系(包括报酬构成、数量,以及与何种业绩指标挂钩)以有效激励经营者。

2. 保持企业人力资源创新能力

旅游企业核心能力的获得和保持依赖于其拥有的优秀员工,成熟期的企业更需要不断地进行创新以保持在业内的领先地位,因此必须不断引进优秀人才,建立完善的培训体系,培养员工的学习热情和创新精神,同时重视非正式组织的影响力,通过合理转化,使之能适应企业创新的要求。

3. 解决发展机会减少带来的员工激励不足问题

随着旅游企业进入成熟期,发展速度放慢导致内部升迁机会减少,因此员工个人发展与企业发展的矛盾开始凸显。晋升机会的减少可能造成员工激励不足、流动性增大等现象,旅游企业可以为每个员工进行职业生涯规划,提供有竞争力的薪酬和系统的培训计划,完善考评和晋升机制,提供管理、技术等多渠道职业发展途径,满足员工个人发展的需要。

4. 人力资源整合

成熟期的旅游企业由于实力增强,更有能力通过购并获得发展。但是企业购并后,不但会面临不同风格的企业文化的冲突,而且要面对组织机构重合带来的裁员和人员调整,这是一个比较长期的过程。在企业整合的初期可以采取"暂不干涉"的战略,在购并企业稳定以后,根据员工的能力和绩效进行职位调整。

(四) 衰退期的人力资源战略

衰退期的旅游企业会出现这样一些特点:管理制度和组织结构逐步僵化,不能适应环境的变化,企业难以应对所面临的困境;人力资源队伍开始不稳定,关键人才、核心人才开始纷纷离职。随着企业人力资源队伍中关键员工的离职,人力资源队伍开始人心涣散。

此时,旅游企业人力资源的主要战略目标是如何在减少人力资源规模的同时,保留关键员工,为企业今后的恢复做好准备。

旅游企业衰退期的人力资源战略的重点是:

1. 保留关键员工

处于衰退期的旅游企业在调整人力资源队伍时,要注意去伪存真,留住关键人才;同时,吸纳一批年轻的优秀专业人员和管理人员,为他们在企业重整和再造过程中发挥潜能创造一切条件。

2. 破除旧有企业文化

在这一阶段,旅游企业人力资源部门要努力将新生力量配置到各个僵化的部门中,不过这需要领导人强有力的支持,否则新增人员可能会遭到排斥和打击。在吸纳新鲜人力资源的过程中,要着力处理好减员与增员的关系以及增员的原则和目标,为企业今后的复兴做好人力资源储备。

三、分析评价旅游企业人力资源的需求与供给

为了使旅游企业人力资源管理者清楚地了解劳动力需求与供给之间的矛盾,准确地判断人力资源配备是否科学、合理,就必须在完成员工需求与供给预测的基础上,对比关于员工数量、组合、技能和技术等方面的供需情况。这种对比分析与评价应该重点研究以下一系列问题:

(1) 所预测的人力资源需求与供给之间是否存在不平衡?
(2) 现有员工的技术素质发展水平和报酬水平对服务质量与劳动力成本有什么影响?
(3) 在哪些工作岗位和年龄层存在比较突出的员工流动问题?
(4) 旅游企业是否有要废除的工作岗位?
(5) 是否有具备足够潜力和素质的管理者以满足旅游企业未来发展的需要?
(6) 旅游企业是否存在缺乏具有关键能力员工的工作岗位?

通过对上述六个方面的分析,旅游企业就可以有针对性地在招聘、录用、培训、选拔和再培训等方面制订出长期的工作计划。

在对人力资源需求和供给进行平衡分析时,不但要确定整个旅游企业的净需求,而且要确定每一岗位的净需求,这是因为在总需求与总供给平衡的情况下,某些岗位的人员有可能短缺,而另一些岗位的人员则有剩余;还要对人员短缺岗位对人员技能的需求与人员剩余岗位的剩余人员所拥有的技能进行比较,以便在进一步制定人力资源计划备选方案时,采取相应的政策和措施解决员工剩余与短缺问题。例如,如果两个工作岗位的技能要求相似,就可以考虑把剩余人员调整到人员短缺的岗位上。

四、制定人力资源计划备选方案

人力资源计划备选方案应该充分体现旅游企业经营的方针和理念,这类方案通常由两部分内容组成:一部分是旅游企业人力资源计划的具体内容,包括员工配备计划、旅游企业组织结构计划、人力资源培训和开发计划、薪酬和福利计划、职业管理计划、退休计划等;另一部分则是保证人力资源计划顺利实施的规定和政策,包括员工招聘和录用政策、绩效考核办法、晋升原则、福利待遇政策、组织原则、激励政策、员工培训管理办法等,其中涉及解决人力资源短缺或过剩的策略与措施是人力资源计划备选方案所必须考虑的。

(一) 人力资源短缺情况下的人力资源计划策略与措施

(1) 比较工作量的饱和程度,将其他工作岗位的员工调到人员短缺严重的工作岗位上。
(2) 根据工作表现对员工进行择优培训,及时将他们提拔到人员短缺的高一级岗位上。
(3) 建立健全奖励机制,鼓励员工加班或主动申请增加工作负荷量。
(4) 通过培训提高员工的工作技能,以便他们能用较少的工作时间承担较多的工作量。
(5) 鼓励员工积极提出建议和措施,重新设计工作流程和方法,提高劳动生产率。

(6) 采用技术先进、操作简单、可以明显提高工效的设备。

(7) 结合旅游企业经营的特点在一些技术含量较少的工作岗位雇用小时工、季节工等临时性人员。

(8) 采取从外部招聘新员工的办法解决人员短缺问题。

(二) 人力资源剩余情况下的人力资源计划政策与措施

1. 重新安置

如果旅游企业内部的剩余人员只限于部分岗位，可以采取重新安置的办法解决剩余人员问题，即当某些工作岗位出现剩余人员而另一些岗位却存在人员短缺现象时，可以考虑把剩余人员安置到需要人员的岗位上。重新安置的一个重要前提是剩余人员必须具有新工作岗位所需的技能和知识。因此，重新安置要求提早计划、培训在先。

2. 永久性裁员

永久性裁员是解决人员过剩的另一种办法。必须注意的是，采取这种方法一定要十分谨慎，因为它不仅涉及员工本人及其家庭的利益，还会对整个社会产生影响。只有在旅游企业经营出现严重亏损或经营不可能恢复的情况下，才能考虑采取这种办法。在裁员之前，旅游企业应该告知员工目前企业的经营困境，并尽力为剩余人员在旅游企业内部寻找新的工作岗位。在旅游企业内部确实无法安置的情况下，方可进行裁员。

3. 降低劳动成本

解决人员过剩的第三种办法是降低劳动成本。近年来，旅游企业通常采用暂时下岗、减少工作时间、提前退休和降低工资等措施降低劳动成本。这些措施值得借鉴之处在于，当预测到旅游企业出现过剩人员时，不是简单地将其裁掉，而是缓和矛盾，让员工和旅游企业共同分担困难。如果员工个人不愿维持工作不饱和、低工资的现状可以自愿另谋高就，这就避免了将其立即推向社会而可能引起的不良反应。

五、人力资源总计划的实施项目

在对人力资源计划备选方案进行优化组合后，要将方案转化成有具体计划、目标达成日期、时间进度安排和资源投入的可操作项目。旅游企业人力资源总计划的实施项目是一项系统工程，它包括招聘录用项目、薪酬福利项目、人力资源开发项目、员工流动控制项目、绩效考核项目、员工激励项目以及员工离职和退休项目等。要保证这些项目的顺利实施，不仅需要有具体的执行时间限制和专人负责，还应该注意项目之间的相互协调与配合。只有这样，人力资源计划才有可能成为解决旅游企业人力资源管理所有问题的指导书。

六、对人力资源计划的监控与评估

制订旅游企业人力资源计划的最后一个步骤是为管理者监控人力资源总体计划的实施结果提供方法，即要求人力资源计划不仅包括计划实施方案，还必须有对计划执行情况的监控与评估方法，通常采用目标对照监控法。这种方法是以既定的目标为标准进行逐项的监控评估，采用广泛收集并分析研究有关的人力资源数据，如管理人员、服务员和服务辅助人员之间的比例关系,在某一时期内员工迟到、旷工、离职、工伤和劳动纠纷等方面的情况,以便客观地评价旅游企业人力资源计划和改进旅游企业人力资源管理工作。这一步骤应该重点关注以下五个方面的问题:

(1) 人力资源计划执行情况如何?

(2) 人力资源计划是否能产生效益?

(3) 对旅游企业其他经营计划的实现产生什么样的影响?

(4) 本期人力资源计划在执行中存在哪些不足?如何修正?

(5) 在下一计划期内人力资源计划需要进行哪些修改?

在对旅游企业人力资源计划进行监控与评估的过程中,还应该注意组织方面的保证。对于大型旅游企业可以由一位分管行政的副总经理、人力资源部经理、财务主管和各级员工代表组成人力资源委员会来完成;中小型旅游企业则可以考虑由总经理办公室牵头,召集人力资源部经理和一定比例的员工代表,重点对旅游企业人力资源计划的有关方针政策进行监控与评估。

【关键术语】

人力资源战略规划(human resources strategic planning)

人力资源计划(human resource planning)

需求预测(forecasting human resource requirements)

供给预测(forecasting human resource availability)

人力资源管理信息系统(HRIS, human resource information system)

员工配置(staff establishment)

经验预测法(experience forecasting)

零基预测法(zero-base forecasting)

回归预测法(regression forecasting)

德尔菲法(Delphi method)

人力资源成本分析预测法(labor cost analysis and forecasts)

自下而上预测法(top-down forecasting)

技能清单(skill inventory)

职位接替模型(succession planning model)

人力资源战略(human resources strategy)

【复习思考题】

1. 什么是人力资源规划?旅游企业人力资源规划主要包括哪些内容?
2. 旅游企业人力资源规划要重点解决哪些方面的问题?
3. 什么是旅游企业人力资源计划?它与旅游企业人力资源规划是何种关系?
4. 完整的旅游企业人力资源计划应该包括哪些内容?
5. 影响旅游企业人力资源配置的因素有哪些?
6. 海南某高尔夫球场2017年度每个季度的期初人数、期末人数、录用人数和离职人数如表2-11所示。

表 2-11　海南某高尔夫球场 2017 年度人力资源变动统计表　　　　　　　单位:人

	第一季度	第二季度	第三季度	第四季度
期初人数	328	300	285	320
录用人数	32	25	55	10
离职人数	60	20	20	55
期末人数	300	285	320	275

试计算 2017 年各季度员工离职率、员工新进率和员工净流动率,并分析该高尔夫球场人力资源规模的变化。结合海南高尔夫球场的经营淡旺季,推测其经营发生了什么样的变化。

7. 某游乐场 2010—2017 年员工人数如表 2-12 所示,根据这些数据利用回归预测法,试预测企业在 2018 年所需员工数量。

表 2-12　某游乐场 2010—2017 年员工人数统计表

年度(x)	2010	2011	2012	2013	2014	2015	2016	2017
员工人数(R)	235	244	256	271	282	290	300	305

8. 旅游企业如何预测人力资源的需求与供给?
9. 如何平衡旅游企业人力资源的需求与供给?
10. 在不同的发展阶段,旅游企业如何选择人力资源战略?

【课后作业】

选择一家旅游企业,围绕其最关心的未来人力资源需求项目,整理出一份必要的背景资料,采用德尔菲法,设计一套"专家预测调查表",分别找两位专业课教师和两位资深的业内人士进行预测,注意专业课教师和业内资深人士在预测中阐述理由的特点,然后完成一份人力资源需求预测报告。

【案例学习】

人力资源成为华侨城集团的第一资源

深圳华侨城控股股份有限公司作为控股型集团公司,主要从事旅游及相关文化产业经营及酒店开发经营、包装和印刷等产业的投资经营。目前公司旗下拥有华侨城有限公司、香港华侨城、欢乐谷事业部、旅游事业部和酒店物业事业部五大运营中心,拥有国内数量最多、规模最大、效益最好的主题公园群,是品牌卓著的综合性上市公司。随着北京、上海欢乐谷主题乐园项目的展开,华侨城集团跨区域发展旅游产业给人才培养和管理带来了新的课题。"这是我们之前没有遇到过的,除了家电产业的康佳项目,华侨城的其他事业之前基本上没有跨区域的发展。过去我们在园区里建设工厂、搞旅游开发地产,周边分别有专门的公司打理,跨区域综合项目的发展给我们的人力资源提出了量的需求、综合素质的需求,也提出了规划、管理、培养和发展方面的新要求。"华侨城集团党委副书记、首席文化官郑凡这样介绍。

为此,华侨城集团从2007年起,与著名的管理咨询机构合益集团(Hay Group)合作,启动关键人才规划项目;并且,该集团也成为率先实施大规模高管人才测评、引入国际化人才管理机制的中央企业。

"人才测评与职位分析给了我们一个新方法,如何把人用到极致;领导力素质模型的建立使高管人员素质评价及提升有了明确标准;关键人才分层管理体系的建立使人才培养的目标和责任更清晰。"时任华侨城集团CEO兼总裁任克雷这样介绍。

职位分析与评估是人力资源管理及优化的基础,它对关键职位的识别、绩效薪酬、培训与发展、人岗匹配都密切相关,郑凡介绍道:"在华侨城集团深圳特区外项目相继成立和开工之后,新建的项目公司的职位与集团现有的职位如何对标,如何与原有企业职位体系衔接,如何实现现有职位体系更加市场化,这些是我们需要认真研究解决的问题。"

对于华侨城集团关键职位的识别模型,郑凡有个非常形象的比喻:"这个项目主要解决华侨城集团在新的发展形势下需要哪些椅子、需要多少椅子、需要多大的椅子、需要什么样材质的椅子、需要怎么摆放这些椅子以及如何搭配这些椅子的问题。"

通过合益集团关键职位的分析工具与方法,华侨城集团建立关键人才地图,并初步总结出"哪些职位是关键职位,哪些职位应该由华侨城集团直接管理,哪些区外项目的职位必须由深圳派出,派出人员的适合比例是多少"。

在明晰关键人才的基础上,华侨城集团与合益集团合作,对关键人才的管理进行了规划,明确了分别由集团、子集团和下属企业重点关注的这样一个三级管理体制,按照整体规划、分类指导、分层实施的原则,确保人才培养的目标和责任更加清晰。

项目组运用LSI(learning style inventory,学习和决策风格测评)、PVQ(personal value questionnaire,个人价值观调查)、OCS(organizational culture survey,组织文化测评)、ECI(emotional competency inventory,情商测评)等多种在线素质测评工具,对华侨城集团41名高管人员及17名后备管理干部进行了人才测评。根据测评结果,项目组深入分析了职位任职者的价值观、学习和决策模式、领导风格、情商等特征,并结合BEI访谈(behavioral event interview,行为事件访谈法),建立了华侨城集团领导力素质模型。

合益集团的中国CEO素质研究显示,中国很多的企业领导人都抱怨人才特别是管理和领导人才短缺的问题,并把这一问题列为第一大挑战,这已经成为企业可持续发展的瓶颈。

合益集团大中华区总裁陈玮表示:"中国经济的可持续发展很大程度上靠企业,企业的可持续成功很大程度上靠企业的各级管理者和领导人。根据大量的研究和观察,我们认为,中国企业高质量的管理和领导人才的短缺问题,严重地阻碍了企业的进一步高速发展,已经成为中国企业可持续成功的第一大挑战。"

在与合益集团的合作中,让任克雷感触最深的不是关键人才合作的测评结果,而是整个集团的高管团队在人力资源管理观念上有了新的认识。"过去一提到资源,我们直接想到的就是土地、资金等,往往忽略了人力资源。"但是现在,华侨城的高管团队普遍认识到"人力资源是企业的第一资源"。

据郑凡介绍，未来华侨城集团每一层级的管理者将名副其实地肩负起培养继任者的职责，培养接班人将纳入现任管理者的考核体系，"如果一个职位后继无人，那么本职位的人就不应得到聘用和提拔，这应该成为华侨城人才培养的制度化举措"。

资料来源：李炯. 华侨城集团关键人才战略取道"椅子哲学"[N]. 第一财经日报，2007-10-15(04).

案例思考题：

1. 华侨城集团的人力资源规划有哪些特点？
2. 华侨城集团的人力资源规划对建立核心竞争力有什么重要意义？

第三章　旅游企业职位分析

知识要求

通过本章学习,学生应该掌握六项基础知识:
- 职位分析的含义
- 开展职位分析应该遵循的原则
- 职位分析、职位说明和职位规范三者之间的区别与联系
- 职位分析对旅游企业人力资源开发与管理的重要性
- 职位分析的主要内容
- 旅游企业职位分析的基本程序

技能要求

通过本章学习,学生应该掌握四项管理技能:
- 根据旅游企业的发展阶段和具体工作的变化情况,能够把握开展职位分析工作的时机
- 综合运用观察法、访谈法、问卷调查法、关键事件分析法、工作日志分析法和工作实践法对各类旅游企业进行职位分析
- 根据旅游企业职位分析的结果,撰写比较标准的职位说明和职位规范
- 以"职位分析是旅游企业人力资源开发与管理的最基础性工作"为理念,将职位说明和职位规范运用到旅游企业人力资源开发与管理的各项工作中

引　例

Y 高尔夫球俱乐部的工作调整从职位分析开始

Y 高尔夫球俱乐部宣布从 2009 年春季开始取消球童服务,为客人提供价格低廉的自助打球方式——这在中国目前是十分罕见的。今后,到 Y 高尔夫球俱乐部打球的顾客,先接受一个简短的培训,包括如何使用 GPS 系统、操作球车、下场后的注意事项等,就可以自己开着配备 GPS 导航的电瓶车进入球道,在没有球童服务的条件下自助打球。

在欧美球场,打高尔夫完全是个人的事情。由于人力成本高昂,除非顾客要求,欧美球场一般不会安排专职球童,所以顾客必须自己搞定一切,在照顾同组球友的同时,还要爱护球场里的一草一木。国内却有所不同,从中国有第一家高尔夫球场开始,下场打球带

球童是"天经地义"的,介绍球场、判断距离、选杆、看线、擦球、耙沙坑、补打痕、找球、插拔旗杆、记成绩等工作几乎都由球童承担。

取消球童服务,最大的好处是能降低打球价格,给球友真正实惠。据Y高尔夫球俱乐部总经理介绍,取消球童费不仅降低打球价格,还能培养顾客自助打球的习惯。例如,以前打18洞要消费420—470元(包括球车费、球童费及小费),现打18洞仅需180元(包括球车费),再打18洞七折收费,即球友打36洞比原来的18洞还要便宜。与之前不同的是,现在顾客下场将带GPS的球车开下球道,通过卫星定位自助判断距离。

考虑到取消球童服务客人可能短时间内无法适应的情况,Y高尔夫球俱乐部推出相关的"球童合作"服务,即球童与俱乐部已不是雇佣关系,而是合作关系。俱乐部负责人表示,"考虑到有些客人会需要球童,我们搭建一个合作平台,推出指导价格,顾客会将球童的劳动所得直接给球童"。

对于Y高尔夫球俱乐部人力资源部经理王颖来讲,"取消球童服务"似乎不是一件轻松的事。原来117名球童中的一部分人可以分配到草坪维修部。为了减少顾客找球的时间,草坪的修剪标准更加严格,球场清除杂草的工作量也明显加大了;此外,有时顾客自助完成的修打痕补沙、修果岭和耙沙坑等工作,效果不一定很理想,还需要专业人员进一步完善;还有一些人可以留在高球运作部转为巡场员,负责引导顾客的打球速度,以及协商打球慢的组别让打球快的组别先打,避免没有球童服务可能引发的打球秩序混乱。即使这样,俱乐部也还要和大约70名球童解除劳动合同。王颖在安排好球童解聘的准备工作后,马上找到了草坪维修部和高尔夫球运作部经理,和他们讨论如何重新修订这两个部门的职位说明。王颖希望能利用一周的时间完成新的职位分析和职位说明的修订,这样她就可以从原有的球童中物色适合新岗位的人员,同时草坪维修部和高尔夫球运作部对他们的培训也会进行得比较顺利。

从上述案例可以看出,当旅游企业的服务内容发生变化、员工被赋予更多的职责,或者有新的技术需要推广应用的时候,人力资源开发与管理的很多方面都需要对此做出反应。首先要考虑的就是对发生变动的职位重新审视,搞清楚工作任务是什么、应承担的职责和责任是什么、任职者应具备怎样的素质等,这就必须要用到本章所介绍的职位分析技术。

第一节 职位分析概述

一、职位分析的定义

在旅游服务工作中,如果导游缺乏必要的地理知识、餐厅服务员缺乏服务技能、酒店客房服务员缺乏必要的训练等,都会引发旅游企业的经营出现问题;同时,员工在工作中不清楚什么是企业的期望以及怎样干好工作,都会直接影响工作的效果。因此,为了真正实现以"工作"为中心,因事设岗、以岗定编,达到人与事的最佳组合,就必须从人与事两方面开展研究和分析。

职位分析又称工作分析、职务分析和岗位分析,是指根据企业工作的实际情况,对企业中的各项工作内容、特征、规范、要求、流程,以及完成此工作所需员工的素质、知识、技能要求进行研究和描述的过程,它是旅游企业人力资源开发与管理的基础性工作。职位分析的主要目的有两个:第一,研究旅游企业中每个职位都在做什么工作,包括工作性质、工作内容、工作责任、完成该项工作所需的知识水平和技术能力,以及工作条件和环境;第二,明确这些职位对员工有什么具体的从业要求,包括对员工的自身素质、员工的技术水平、独立完成工作的能力和员工在工作中的自主权等方面的说明。

职位说明书和职位规范书是职位分析结果的文字表达形式。

二、职位分析的原则

(一) 系统性原则

在对旅游企业的某一具体职位进行职位分析时,不能单独对这个职位进行分析,要注意该职位与组织内其他职位的关系,全面、系统地收集、分析工作信息,这样才能使职位分析具有更高的准确性。遵循这条原则,要求职位分析人员必须熟悉旅游企业的组织结构与业务流程,将组织、流程和职位三者有机地衔接起来。

(二) 动态化原则

职位分析的结果不应该是一成不变的。旅游企业所处的外部环境、自身的战略目标、业务流程以及工作方法都可能经常性地发生变化,如果不能及时地发现这些变化,并在职位分析方面迅速做出反应,就会使人力资源管理工作脱离实际而陷入被动。因此,职位分析要体现一定的前瞻性,从组织战略发展的角度,确定实现组织目标的"事"和胜任"事"的"人",建立起人力资源成本与人力资源效益的一致性,以此实现人力资源价值与旅游企业未来发展的一致性。

(三) 全员参与原则

有效的职位分析,需要旅游企业各级管理人员与员工的广泛参与,尤其离不开高层管理者的支持与重视,以及业务部门的大力配合,仅靠人力资源部是无法完成此项复杂的工作的。

(四) 标准化原则

标准化主要体现为统一性和通用性。职位分析的标准化则体现为职位调查、职位评价和分级在内容、程序、方法、因素和指标等方面的标准化,以及职位分析的结果(如职位说明书、职位规范书等相关文件)的标准化。

(五) 确保应用原则

确保应用原则是指在职位分析结束、已经形成最终的工作说明书和工作规范书等成果之后,应该按照成果文件的要求,在旅游企业内部认真、严格、全面地执行。有些旅游企业尽管通过职位分析取得了一系列的成果文件,但是在执行时却没有照章履行,或者根本不执行,这样将使职位分析成为空谈。

三、职位分析的重要性

通过职位分析,可以系统地对旅游企业所设置的职位从工作性质、任务、责任及工作人员的条件等方面进行梳理,并且做出全面、规范的描述与记录,为旅游企业人力资源开发与管理的各项工作提供依据。

(一)为旅游企业人力资源开发与管理决策奠定坚实的基础

全面而深入的职位分析,可以使旅游企业各级管理者充分了解各职位的具体工作内容,以及对员工的身心素质要求,这样就为正确的人力资源工作决策提供了科学依据。

(二)避免人力资源的浪费

通过职位分析,旅游企业中每个员工的职责分明,可以有效地提高个人和部门的工作效率与和谐性,从而避免了工作重叠、劳动重复等浪费现象。

(三)科学评价员工绩效

通过职位分析,每一种职位的工作内容都被明确界定。员工应该做什么、不应该做什么、应该达到什么要求等都一目了然。这样,以职位分析的结果为根据,对员工绩效进行评价就能够比较合理、公平,从而达到员工绩效管理科学化的目的。

(四)人尽其才

通过职务分析,可以明确哪一工作岗位需要什么样的人才,这样就可以尽量减少"大材小用"或"小材大用"的现象。旅游企业在员工招聘和职位晋升中,就可以使最适当的人选得到最恰当的职位。

(五)有效地激励员工

通过职位分析,可以为员工培训、安全生产管理、薪酬政策制定、组织架构设计和员工职业生涯规划等方面提供建设性意见,对旅游企业有效地激励员工有非常积极的意义。

四、职位分析的用途

职位分析是旅游企业人力资源开发与管理的最基本的工具(见图3-1)。具体地讲,职位分析可以应用于以下几个方面。

(一)人力资源规划与计划

在旅游企业经营活动中,新的工作不断产生,旧的工作需要重新设计。作为旅游企业的管理者,如果仅仅知道未来1年需要补充150名新员工才能满足企业的发展需要,那是绝对不够的。旅游企业每一职位的工作对知识、技术和能力都有不同的要求,而且随着技术进步、竞争加剧和顾客需求的变化,这些要求调整的频率呈加快的趋势,旅游企业在制订人力资源计划时必须对此予以重视。

(二)招聘和选择录用

如果旅游企业的招聘者不知道胜任某项工作所必需的资格条件,那么员工的招聘工作就将是漫无目的的。通过职位分析,一方面可以比较清楚地规划旅游企业各岗位的工

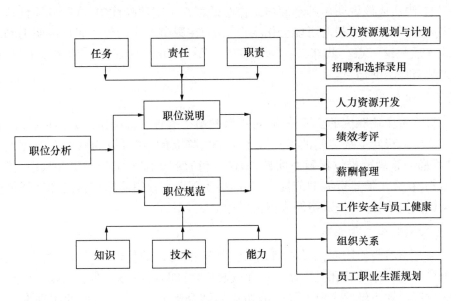

图 3-1 职位分析

作职责、工作内容、工作要求和任职人员的资格要求;另一方面也能够为选拔应聘者提供客观的选择依据,从而提高选择员工的效率和透明度,降低人力资源选择成本。

(三) 人力资源开发

作为职位分析成果之一的职位规范书,所包括的信息在确定人力资源开发需求方面常常是很有价值的。如果职位规范书指出某项服务工作需要特殊的知识、技术或能力,而在该职位上的员工又不具备所要求的条件,那么就意味着必须对其进行培训;此外,比照更高一级职位规范对员工进行工作能力方面的培养,是员工职业生涯发展的必要准备。

(四) 绩效考评

职位说明书是职位分析的另一重要成果,它能使员工清楚地了解旅游企业对其工作的要求,同时也为绩效管理标准的建立和绩效考评工作的实施提供依据,从而减少因绩效考评而引起的员工不满。如果一名管理人员评价员工的工作表现,不是根据职位说明书中所包括的内容,那么这种评价在很大程度上就会带有不公正性。

(五) 薪酬管理

在薪酬管理方面,用货币体现某项工作的价值之前,必须了解其对旅游企业的相对价值。通过职位分析,旅游企业可以比较清晰地掌握各工作岗位的劳动价值,为建立科学的薪酬体系提供依据,从而确保员工薪酬的内部公平性,降低员工因薪酬待遇而引发的不公平感。一般来讲,工作的职责越大,工作就越有价值;要求有更多的知识、技术和能力的工作对旅游企业来说应该更具价值。

(六) 工作安全与员工健康

在对工作安全与员工健康实施管理的过程中,来自职位分析的有关信息也是很有价值的。例如,酒店应该说明厨师在厨房工作时是存在一定危险性的,这种危险性涉及可能会发生火灾、切割烹饪原料时可能会伤及自己等,在厨房工作岗位的职位说明书和职位规范书中应该反映这一点。此外,在某些危险的工作中,员工为了安全地完成工作,也需要了解有关规避危险的信息。

(七)组织关系

通过对旅游企业职位的全面分析,可以清楚地了解各工作岗位是如何衔接和协调的,以及在工作中上级与下级之间的隶属关系是如何确立的,这可以为旅游企业建立组织严谨、信息流畅的管理链提供保障。此外,职位分析有利于细分工作职责和权限,优化组织内管理结构,在充足信息资源的前提下,为高层管理者完善组织结构布局和选择最佳组织设计方案提供决策依据,提高组织发展的效率。

(八)员工职业生涯规划

员工通过学习与使用职位说明书和职位规范书,可以清楚地了解自己的工作前途,便于其根据自身的工作特长和兴趣制订职业发展规划;同时,旅游企业也应该引导员工将自己的职业发展规划与旅游企业的经营战略规划结合起来,使员工的职业生涯发展能够与企业的发展保持同步,这样也有利于旅游企业员工队伍的稳定。

五、职位分析的时机

(一)新成立的旅游企业

对于新成立的旅游企业一定要进行职位分析,这样可以为后续的人力资源开发与管理工作奠定基础。旅游企业新成立时,职位分析最主要的用途是在员工招聘方面。

由于很多职位存在空缺,新成立的旅游企业在进行职位分析时,应该结合旅游企业的组织结构、经营计划等信息进行,首先完成一个粗略的职位分析。在这一阶段,职位分析的结果只要能够为招聘员工提供必要的"工作职责"和"任职资格"即可,更为详细的职位分析可以在旅游企业稳定运营一段时间之后进行。

(二)当新的职位产生时

随着旅游企业经营业务和服务项目的变化,旅游企业会不断出现新的工作岗位。例如,某酒店组建了自己的洗衣房,娱乐部增加了台球项目,这就意味着需要对新增的"洗衣工"和"台球房服务员"等岗位进行职位分析,以保证该酒店职位分析的完整性和准确性。

(三)当工作因新技术、新设备或新流程的引入而发生重要变化时

新技术、新设备或新流程的应用有可能对工作内容产生重大影响,同样也会对承担工作的员工提出更高的要求;只有及时进行职位分析才能重新规范工作职责,确定新的任职资格和条件。例如,旅游企业建立基于计算机网络的管理信息系统,要求管理者改变凭经验和感觉行事的工作习惯,利用现代信息技术对经营管理做出科学的判断和决策,此时,就需要对所有应用该管理信息系统的职位重新进行分析。

第二节 职位分析的内容

一、职位分析七要素

为了能够全面、准确、真实地掌握旅游企业各项工作的具体含义,帮助旅游企业确定各工作岗位所需的工作技能,职位分析必须从以下七个方面入手收集信息。

（一）什么职位

职位分析首先需要确定的是职位名称。这方面的信息可以通过职位分类来获得。所谓工作分类就是以每一位旅游企业员工所承担的工作责任为依据进行实际调查,并根据工作性质、繁简难易程度、责任轻重及任职资格等四个方面,确定职位名称并进行分类。

（二）员工承担什么样的体力和脑力劳动

现代旅游企业的各类工作岗位都需要员工既要付出体力劳动又要付出脑力劳动,但是由于工作性质和内容的不同,体力劳动和脑力劳动在各项工作中的占比不尽相同。因此,职位分析应该从脑力劳动和体力劳动两方面进行。

（三）工作将在什么时间完成

为了确保工作质量和工作效率,职位分析需要对完成工作的具体时间进行调查、统计和计算;同时,这也是执行国家法定工时和保证员工身体健康的需要。具体地讲,就是要详细掌握工时和工作排班情况。

（四）工作将在哪里完成

这是指了解工作地点和物理环境方面的信息。例如,酒店宴会服务的"整鱼除骨"工作是在餐桌上完成,还是在顾客确认菜品后拿到备餐台进行;高尔夫球场的球童在夏季服务是否属于高温作业,是否需要采取防暑措施等。

（五）员工如何完成此项工作

通过研究工作内容和性质,确定员工在完成一项工作时必须掌握的工作方法,以及具体的操作步骤。这方面的信息是决定工作完成效果的关键,也是职位分析最重要的一部分。

（六）为什么要完成此项工作

这是为了了解某项工作的重要性及其如何衔接的问题,也就是要掌握该项工作与上一个环节是如何联系的,对下一步工作有什么意义,为下一步工作如何做提供依据,并明确该项工作的隶属关系、接受监督以及进行监督的性质和内容等。

（七）完成工作需要哪些条件

从职位分析角度讲,完成工作所需要的条件主要包括两个方面的内容:一是承担工作的员工应该具备什么样的素质和技能;二是完成工作所需要的设备和设施,以及其他辅助性工具。

二、职位说明

职位说明是根据职位分析结果编制而成的,它是有关职位的工作范围、目的、任务与责任的广泛说明,也是工作评估、员工招聘、人力资源开发以及工作行为鉴定的基础。一套高质量的职位说明,不但有助于员工清楚地了解旅游企业对其工作的预期是什么,提高员工对工作任务的理解程度,而且有利于旅游企业管理者准确地掌握各项工作的完成进度,及时调整、改善与下属员工的工作关系。

（一）职位说明是职位分析的具体应用

职位分析的使用价值是通过职位说明来具体体现的,职位分析的结论性内容在职位说明中主要有:(1) 员工应履行的主要职责;(2) 员工在完成各项职责时所消耗的时间;(3) 员工应达到的业绩标准;(4) 工作条件和可能产生的危险;(5) 完成工作的员工数量;(6) 员工在工作中使用的设备、设施或工具。

详细的职位说明包括两部分:第一部分是工作条件说明;第二部分是职责与要求,即旅游企业对员工工作绩效的期望。

（二）职位说明的基本内容

1. 职位识别

职位说明中的职位识别部分包括职位名称、部门、汇报关系和工作编号。准确的职位名称应该是真实地反映工作内容的性质,并把一项工作与其他工作区别开。但是在实践中,职位名称常常使人产生误解。例如,"行政秘书"可能只是旅行社计调部一位工资水平比较高的内勤人员,而具有同样工作名称的人在酒店总经理办公室则可能是参与酒店具体经营的人。为了避免职位名称混乱,可以将部门名称放在职位名称的最前面,以限定职位名称的有效范围。另一种更有效的方法是对工作职责不同但名称相同的职位进行工作职位编号,加以详细区分。

2. 职位分析日期

职位分析日期通常放在职位说明里,这样便于及时发现是否存在工作发生变化而职位说明却没有及时修订的情况。有的旅游企业还会在职位说明中注明有效期,从而确保对工作内容进行定期检查,有效地减少职位说明与实际工作脱节的现象。

3. 工作概要

工作概要是对职位的简要描述,它通常用一段简短的文字陈述工作内容,主要包括工作摘要、工作范围、工作条件和物理环境等。

4. 履行职责

履行职责是员工完成"工作概要"所应该表现出的具体行为,主要包括简单的动作描述、行动结果、是独立承担还是与他人合作及工作汇报关系。

表 3-1 是比较规范的职位说明范例。

表 3-1　酒店客房部经理职位说明

职务名称:客房部经理
岗位级别:C 级
隶属部门:客房部
直接上级:酒店运营总监
直接下级:客房服务中心主管 3 人,公共区域主管 1 人,洗衣房主管 1 人
工作条件:
　　95% 以上时间在酒店内工作,一般不受气候影响,温度、湿度适中,很少接触噪声,无个人生命或严重受伤危险,不接触有毒有害物质。计算机和酒店管理信息系统是其主要的辅助管理工具。
主要职责:
　　(1) 根据酒店的经营方针和政策以及总经理室下达的任务和目标,制订客房部的工作计划并负责实施。
　　(2) 负责制定本部门的岗位职责、规章制度和工作程序并适时评估与修改完善。
　　(3) 负责本部门员工的招聘、培训、评估与激励,制订客房部年度培训计划,努力造就和保持一支高素质的员工队伍。
　　(4) 负责本部门经营物资的管理与控制,在保证质量标准的前提下减少消耗、降低费用。
　　(5) 参与客房装饰布置方案的设计和客房更新改造计划的制订。
　　(6) 负责客房部的安全工作,保证客人与员工的人身和财产安全。
　　(7) 合理调配和使用人力,在保证正常运行和服务质量的前提下,努力降低人力消耗。
　　(8) 巡视检查并督导下属的工作。
　　(9) 做好重要客人及特殊客人的接待与服务工作,主要包括看望慰问生病客人、拜访长住客人、处理客人的投诉等。
工作权限:
　　(1) 对本部门员工的聘用、晋升、辞退有建议权。
　　(2) 对本部门员工有工作调配权和奖惩权。
　　(3) 对采购部为本部门购进的物资有一票否决权。

(三) 编写职位说明的基本原则

(1) 以工作内容为核心的原则。职位说明针对的应该是具体工作,而不是研究工作中的人。

(2) 具体化原则。职务说明要具体,尽可能少使用模糊或抽象的术语。例如对酒吧收银工作做出的工作描述,不可以要求为"有扎实的计算机知识,头脑清楚,反应灵敏",而应该叙述为"能够熟练使用 POS 机,能够在光线较暗的情况下借助验钞器准确鉴别伪币"。

(3) 简明扼要原则。职位说明要简明扼要,避免将工作的每一个动作都进行过于详细的描述;而对一些技术性的术语则要附加解释,如"POS"要备注为"point of sells,电子收款机系统"。

(4) 规避奖惩的原则。职位说明作为一种人力资源管理的工具,目的是指导员工更好地致力于旅游企业的工作,而不是作为奖励或惩罚的框架来约束员工的行为,因此其内容中不应该涉及任何奖励或处罚措施。

三、职位规范

职位规范反映的是职位分析结果的另一个方面,即完成工作所要求的资格,包括任职者的教育背景、身体特征、经验、培训经历、个性、技能和职业兴趣等。简单地讲,职位规范

就是对从事某项工作的人所必须具备的最基本的资格条件的具体说明。职位规范使用最频繁的，就是为员工招聘中的测试与面试环节提供技术支持。在一些旅游企业中，职位规范没有独立形成文件，而是作为职位说明的一部分。表3-2是比较规范的职位规范。

编写职位规范要注意的是，所列出的所有任职资格条件必须与旅游企业工作有直接关系，并且不能通过任职资格随意限制受法律保护群体的就业。

表3-2　酒店宴会销售经理职位规范

职位名称：宴会销售经理
所属部门：宴会部
主要职责：
（1）根据宴会部的目标市场及客户的潜在需要，制订本部门的销售工作计划。
（2）负责现有重要客户及潜在重要客户的资料收集、归纳、分析工作，对销售人员进行技术指导。
（3）制订宴会部销售人员的工作计划，并合理调配人员。
（4）每周制订一次出外推销计划并提交宴会部经理，出访宴会客户，填写推销卡片，详细记录每次出访推销情况，并定期向宴会部经理汇报外出推销情况。
（5）在宴席开餐前恭候客户的到来，实地检查接待准备情况，保证所有的安排妥当，与宴会服务经理协调，确保接待服务的落实。
（6）收集宴会活动后客户的各种反映并及时反映给宴会部经理，以便处理或修正。
（7）定期对下属进行绩效评估，按照奖惩制度实施奖惩，组织实施培训，提高销售人员的技术和素质。
业务知识：
（1）了解酒店宴会接待服务工作程序，熟悉酒店餐饮产品特色及其价格政策。
（2）掌握酒店业市场营销理论，并能熟练运用。
技能要求：
（1）熟悉本地区大中型企业餐饮招待的特点和标准，并能够与其保持密切的沟通与联系。
（2）熟练地掌握酒店餐饮产品的推销技巧。
工作经验：
（1）餐饮部累计工作时间不少于2年。
（2）具有管理不少于3人小组的经验。
（3）具有比较丰富的策划和接待大型餐饮活动的经验。
教育及培训背景：
（1）具有酒店管理、旅游管理或市场营销专业大专以上学历。
（2）本岗位专业培训不少于80小时。

第三节　职位分析的过程

一、职位分析的阶段

职位分析的过程实质就是对工作进行全方位评价的过程，一般分为四个阶段，即准备阶段、调查阶段、分析阶段和完成阶段。

（一）准备阶段

在准备阶段所要做的是：

(1) 成立由职位分析人员、现岗在职人员和上级主管参加的工作小组。
(2) 向参加职位分析的岗位代表宣传、解释职位分析的作用和意义;与之建立良好的人际关系,使他们能够充分地配合。
(3) 确定调查和分析对象的样本,同时考虑样本的代表性;编制工作进度表。
(4) 将各项工作分解成若干工作元素和环节,确定工作重点和难点,并进行职位分析方法培训。

(二) 调查阶段

调查阶段的主要任务是对整个工作过程、工作环境和工作内容等多个方面进行调查,完整地获得"职位分析七要素",核心是根据收集到的信息,了解工作行为以及工作相关知识、技巧、能力及其他特质(KSAOs,knowledge、skills、ability and other characteristics),具体工作如下:
(1) 根据旅游企业工作的特点,有针对性地编制调查问卷和提纲。
(2) 根据具体的分析对象,选择行之有效的方法进行调查。例如,到酒店宴会厅现场,观察宴会厅服务员"餐前准备"的工作流程,记录主要工作环节,调查该项工作必需的工具和设备,观测工作的物理环境。
(3) 收集有关工作的特征及需要的各种数据,如相关的规章制度、员工对目标工作的认识等。
(4) 重点收集被调查员工对各职位工作特征和工作人员特征的重要性与发生频率等,并做出的等级评定。例如,可以让所有参加者按个人理解指出胜任旅游服务工作的要素(如年龄、相貌、语言表达水平、服务态度等),然后进行统计,根据提及的频率和先后顺序确定员工的基本素质要求。

(三) 分析阶段

具体的分析工作可以从以下四个方面进行:
(1) 职务名称分析。实现职务名称标准化,以求通过名称就能了解职务的性质和内容。
(2) 职位规范分析。包括工作任务分析、工作关系分析、工作责任分析和劳动强度分析等。
(3) 工作环境分析。包括工作的物理环境分析、工作的安全环境分析和社会环境分析等。
(4) 工作执行人必备条件分析。包括必备知识分析、必备经验分析、必备操作能力分析和必备心理素质分析等。

(四) 完成阶段

完成阶段的主要任务就是根据所收集的信息和分析的结果,综合提出"职位说明"和"职位规范"。具体工作内容如下:
(1) 根据所收集的工作信息和分析的结果,起草"职位说明"和"职位规范"。
(2) 将"职位说明"和"职位规范"的初稿与旅游企业实际工作对比。
(3) 根据对比发现调查和分析的误差,及时修正"职位说明"和"职位规范";对重要岗位应考虑进行多次对比、修正。

(4) 形成正式的"职位说明"和"职位规范"。

(5) 将"职位说明"和"职位规范"应用于实际工作中，并注意收集反馈信息，不断完善。

二、职位调查方法

在职位分析过程中，运用科学的方法收集相关的职位信息是十分重要的。职位信息的收集主要源于职位调查，只有深入旅游企业工作的一线，才能获得真正有价值的职位信息。职位调查主要侧重于工作导向和工作者导向两个方面。前者聚焦于收集任务的信息和员工的工作行为；后者聚焦于员工实现工作绩效所必需的特征，如知识、技能和能力等。在现阶段，旅游企业职位分析主要以定性分析为主，因此一般采用观察法、访谈法、问卷调查法、关键事件分析法、工作日志分析法和工作实践法等。

（一）观察法

观察法是职位分析人员在工作现场运用感觉器官或其他辅助器材（如计数器和摄像机等），观察特定对象的实际工作动作和工作方式，并以文字、图表或图像等形式记录收集工作信息的方法。这种方法主要可以用来收集强调人工技能的工作信息，如酒吧调酒师的工作。观察法还可以帮助职位分析人员确定体力劳动与脑力劳动之间的相互关系。但是在实践中，仅仅采用观察法通常是不够的，特别对那些以脑力劳动为主要内容的工作更是如此。例如，观察一名餐厅成本核算员的工作，很难全面地揭示"餐厅成本核算"的工作要求。

由于不同的观察对象的工作周期和工作突发性有所不同，观察法具体可分为直接观察法、阶段观察法和工作表演法。

1. 直接观察法

职位分析人员直接对员工工作的全过程进行观察。直接观察法适用于工作周期很短的职务。例如酒店前厅部的行李员，他的工作基本上是以一天为一个周期，职位分析人员用一个整天的时间跟随其进行直接工作观察，便可以获得比较全面的职位信息。

2. 阶段观察法

有些岗位的工作具有较长的周期性，为了能完整地观察到员工的所有工作，必须分阶段进行观察。例如五星级酒店总统套房服务员，只有在总统套房有人入住时才能真实地记录其工作信息。有时由于阶段跨度太长，职位分析无法拖延很长时间，这时采用"工作表演法"更为合适。

3. 工作表演法

工作表演法比较适合工作周期长和突发性事件较多的工作。例如旅游景区的保安工作，除有正常的工作程序以外，还有很多突发事件需要处理，如盘问可疑人员、营救遇险旅客等，职位分析人员可以让保安人员表演"盘问"和"营救"的过程，完成对该项工作的观察。

在使用观察法时，职位分析人员首先要取得调查对象的信任，并且事先准备好观察表（见表3-3），以便随时记录体力消耗、噪声和高温等。有条件的旅游企业，可以使用摄像机等设备将调查对象的工作内容记录下来，以便仔细分析。此外，观察工作应注意不要影响到工作的进行,并在观察结束后和该项工作的主管讨论观察的结果。

表 3-3 酒店客房职位分析观察提纲(部分)

被观察者姓名:_____	日期:_____
观察者姓名:_____	观察时间:_____
工作类型:_____	工作部门:_____

观察内容:
1. 什么时间开始正式工作?
2. 上午工作多少小时?
3. 上午休息几次?
4. 第一次休息时间是什么时间点?
5. 第二次休息时间是什么时间点?
6. 上午整理客房多少间?
7. 平均整理一间客房需要多少时间?
8. 与同事交谈几次?
9. 每次交谈多少时间?
10. 工作环境温度?
11. 工作环境噪声是多少分贝?

(二)访谈法

访谈法是职位分析人员与担任相关职位的人员一起讨论工作的特点和要求,从而取得有关职位信息的调查研究方法。在采用访谈法时,可以先查阅和整理有关工作职责的现有资料,在大致了解职位情况的基础上再开展访谈。同时,也可以访问相关职位的上一级管理者和从事相应培训工作的讲师。由于被访问对象是那些最熟悉这一职位的人,因此认真的访谈可以获得很详细的职位分析资料。

访谈法对执行人的语言表达能力和逻辑思维能力有较高的要求。访谈时,职位分析人员要控制谈话的局面,既要防止谈话跑题,又要使谈话对象能无所顾忌地侃侃而谈。为此,职位分析人员应该准备好访谈提纲,并及时准确地做好谈话记录,使访谈能按照预定的计划进行。访谈法适合于脑力工作者,如财务人员、企划人员和旅游企业的高层管理人员等。

访谈时要注意修正偏差。有时被访谈者会有意无意地歪曲职位情况,比如把一件容易的工作说得很难或把一件难的工作说得比较容易——这就需要和多个同职者访谈以对比校正所收集的资料。以下是一些建议访谈的问题:

- 平时需要做哪些工作?
- 主要的职责有哪些?
- 如何去完成它们?
- 在哪些地点工作?
- 工作需要怎样的学历、经验、技能或专业执照?
- 基本的绩效标准是什么?
- 工作有哪些环境和条件?
- 工作有哪些生理要求和情绪及感情方面的要求?

- 工作的安全和卫生状况如何？
- 工作中需要和旅游企业内或旅游企业外哪些部门有定期性的接触？这些接触的原则是什么？

（三）问卷调查法

为了减轻职位分析的工作量，职位分析人员可以把需要调查了解的工作信息提前分类整理，并设计出一些相对独立的分类问卷并分发给任职人员填写，然后根据所填写的资料，对各项工作的性质、繁简难易、责任轻重以及工作承担者的基本素质进行分析。

一般来讲，问卷内容包括工作名称、所属部门、现任人员姓名、工作上受何人监督、需督导何人、完成工作的程序与方法、需要的材料和设备，以及需具备的学识、技能和经验等。在任职人员填写问卷前，有必要对其进行填写要领的辅导，再由任职人员独立填写。调查问卷的内容要简明、扼要，不能过于复杂、烦琐。

用于职位分析的调查问卷可以分为结构化问卷（见表3-4）和非结构化问卷（见表3-5）。前者是在一定的假设前提下，多采用封闭式调查表收集信息，具有较高的信度和效度，便于职位之间相互比较；后者的问题多是开放式的，可以全面地、完整地收集信息，能够对不同的组织进行个性化设计，因此具有适应性强和灵活高效的优势。

表3-4 结构化职位分析调查问卷

姓名		职称		现任职务		工龄	
性别		部门		直接上级		进入旅游企业时间	
年龄		学历		工资等级		从事本岗工作时间	
工作时间要求		1. 正常的工作时间每日由_____时开始至_____时结束。 2. 每日工休时间为_____小时，_____%的时间可以保证。 3. 每周平均加班时间为_____小时。 4. 实际上下班时间是否随业务情况经常变化（总是，有时是，偶尔是，否）。 5. 所从事的工作是否忙闲不均（是，否）。 6. 若工作忙闲不均，最忙时常发生在哪段时间_____。 7. 其他需要补充的问题：					
工作目标		主要目标： 1. 2. 3.			其他目标： 1. 2. 3.		
工作概要		用简练的语言描述您所从事的工作：					
工作活动程序		活动名称		作业流程		依据	管理要求

(续表)

工作活动内容	名称	结果或形成的绩效	占全部工作时间的百分比(%)	权限		
				承办	需报审	全权负责
	1.					
	2.					
	3.					
	4.					
	5.					

失误的影响	若您的工作出现失误,会发生下列哪种情况? 1. 不影响其他人工作的正常进行。□ 2. 只影响本部门内少数人。□ 3. 影响整个部门。□ 4. 影响其他几个部门。□ 5. 影响整个旅游企业。□	说明: 　　如果出现多种情况,请按影响程度由高到低依次把编号填写在下面括号中。 　　(　　　　　　　　　)

内外部工作接触	内部部门: 外部单位:

监　督	1. 直接和间接监督的人员数量。(　　) 2. 被监督的管理人员数量。(　　) 3. 直接监督人员的层次:一般职工、基层管理人员、中层管理人员、高层管理人员。(　　) 1. 只对自己负责。□　　2. 对员工有分配工作、监督指导和考核的责任。□

工作基本特征	1. 不需对自己的工作结果负责。□　　2. 仅对自己的工作结果负责。□ 3. 对整个部门负责。□　　4. 对自己的部门和相关部门负责。□ 5. 对整个旅游企业负责。□
	1. 在工作中时常做些小的决定,一般不影响其他人。□ 2. 在工作中时常做一些决定,对有关人员有些影响。□ 3. 在工作中时常做一些大的决定,对自己部门和相关部门有影响。□ 4. 在工作中要做重大决定,对整个部门有重大影响。□
	1. 工作的程序和方法均由上级规定,遇到问题时可随时请示解决,工作结果须报上级审核。□ 2. 分配工作时上级仅指示要点,上级并不时常指导,但遇困难时仍可直接或间接请示上级,工作结果仅由上级大概审核。□ 3. 分配任务时上级只说明要达成的任务或目标,工作方法和程序均由自己决定,工作结果仅由上级原则审核。□
	1. 完成本职工作的方法和步骤完全相同。□　　2. 完成本职工作的方法和步骤大部分相同。□ 3. 完成本职工作的方法和步骤大部分不同。□　　4. 完成本职工作的方法和步骤完成不同。□
	在工作中,您需要做计划的程度: 1. 在工作中无须做计划。□ 2. 在工作中需要做一些小的计划。□ 3. 在工作中需要做部门计划。□ 4. 在工作中需要做公司整体计划。□	说明: 　　如出现多种情况,请按"做计划"的程度由高到低依次填写在下面括号中。 　　(　　　　　　　　　　)
	您在工作中所使用的资料属于哪几种,使用的比例约为多少? 1. 语言　　(　　)　　　2. 文字　　(　　) 3. 劳动工具或设备(　　);请举例:　　　　　　　　　。

(续表)

任职资格要求	1. 常用的外语 （1）英语□　（2）日语□ （3）韩语□　（4）其他：_____□	频　率 1　　2　　3　　4　　5 极少　偶尔　不太经常　经常　非常经常	
	2. 常用的数学知识 （1）计算机程序语言□　（2）四则运算□ （3）乘方、开方、指数□　（4）其他：_____□	频　率 1　　2　　3　　4　　5 极少　偶尔　不太经常　经常　非常经常	
	3. 学历要求 初中□　高中或中专□　大学专科□　大学本科□　研究生以上□		
	4. 为顺利履行工作职责，应进行哪些方面的培训？需要多少时间？		
	培训科目	培训内容	最少培训时间（天）
	5. 一个刚刚开始从事本职工作的人，要多长时间才能基本胜任您所从事的工作？		
	6. 为顺利履行您所从事的工作，需具备哪些方面的工作经历？约多长时间？		
	工作经历要求	最少时间要求（月）	
	7. 您所从事的工作有何体力方面的要求？ 　　1　　2　　3　　4　　5 　　轻　较轻　一般　较重　重		
	8. 其他能力要求	需要程度	
	（1）组织能力□ （2）激励能力□ （3）授权能力□ （4）创新能力□	说明： 1　　2　　3　　4　　5 低　较低　一般　较高　高	
	（5）计划能力□ （6）人际关系能力□ （7）协调能力□ （8）谈判能力□	说明： 1　　2　　3　　4　　5 低　较低　一般　较高　高	
	（9）公文写作能力□ （10）分析、判断能力□ （11）其他：□	说明： 1　　2　　3　　4　　5 低　较低　一般　较高　高	

表 3-5　非结构化职位分析调查问卷

一、基本信息
　　姓　　名：＿＿＿＿＿＿　　职位名称：＿＿＿＿＿＿　　所属部门：＿＿＿＿＿＿
　　入职时间：＿＿＿＿＿＿　　从事本职位工作时间：＿＿＿＿＿＿
　　您的直接上级职位：＿＿＿＿＿＿＿　　您的直接下属职位：＿＿＿＿＿＿

二、工作情况
　　1. 简单描述目前的主要工作内容和职责。
　　2. 请列举您所拥有的权限；除了这些权限，是否还需要其他权限来支持您的工作？
　　3. 请简要描述您的上级如何指导和监督您的日常工作。
　　4. 简述您直属下级的人数及其主要工作内容。
　　5. 除您的上级和下级之外，您和本企业的其他哪些部门和岗位会有工作联系与沟通？
　　6. 工作中您和本企业外部哪些单位有工作联系和沟通，对方联络人通常是什么岗位？
　　7. 请列举您目前所有的绩效考核项目，并排列出主次顺序。您对这些考核项目有什么看法？
　　8. 按照规定，您正常的工作时间是应该怎样的？会有加班吗？如果加班，通常是在什么时段，什么原因？这种情况多不多？您对此有什么看法？

　　问卷法实施的一般程序包括选取被调查者、发放问卷、回收问卷、分析问卷及处理结果。一般有两种发放和回收方式：一种是现场发放、集中作答，现场回收；另一种则是先发送到各个部门，再另找时间作答。第一种方式的回收和作答效果最好，但操作时由于受时间、场地等诸多条件制约，往往较难实现。第二种方式在旅游企业中最为常用，但操作时应注意，在将问卷发放到各部门时，应首先召集各部门的各级主管进行动员和培训。培训内容包括调查目的、如何消除员工疑虑、常见问题及解答等。建议职位分析人员带着各级主管先浏览整个问卷，然后由部门主管负责组织本部门员工集中填答。员工填完后，交由主管审核签字，以确保信息的准确性。问卷回收后，职位分析人员首先应检查是否填写完整，并仔细查看是否有不清楚、重复或冲突之处。若有，就要考虑是否约此任职者或其主管进一步面谈，以确保信息收集的准确性。

（四）关键事件分析法

　　关键事件分析法是请任职人员回忆、报告，在实际工作中对他们的工作绩效有影响的重要工作特征和事件，从而获得职位分析的信息。

　　关键事件分析法调查的重点是与"职位要求"相适应的工作行为，属于相对动态的分析。这种方法要求如实记录工作行为中的"关键事件"——使工作成功或者失败的行为特征或事件。在大量收集关键事件以后，通过分析，总结出职位的关键特征和行为要求。关键事件分析法既可以获得有关职位的静态信息，也可以了解职位的动态特点。

（五）工作日志法

　　工作日志法是让员工用工作日志的方式记录每天的工作活动，以此作为职位分析的信息。工作日志法首先应该由职位分析人员设计好详细的工作日志，让任职人员按照要求及时填写工作内容（见表3-6）。

表 3-6　导游工作日志

日期		年　月　日		团名		入出境时间	年　月　日至 年　月　日
当日行程							
游览车	司机：		车号：	午餐餐厅		住宿酒店	
06:00					16:00		
07:00					17:00		
08:00					18:00		
09:00					19:00		
10:00					20:00		
11:00					21:00		
12:00					22:00		
13:00					23:00		
14:00					24:00		
15:00							
重要记事： 导游签名：							

需要注意的是，工作日志应该随时填写，比如以 30 分钟或 1 个小时为一个周期，而不应该在下班前一次性填写，这样是为了保证填写内容的真实性和有效性。如果工作日志记录得很详细，那么经常会提示一些其他方法无法获得或者观察不到的细节。

（六）工作实践法

工作实践法是指由职位分析人员亲自从事所需研究的工作，以收集相关职位的信息。这种方法的优点是能获得第一手资料，可以准确地了解工作的实际过程，以及在体力、知识和经验等方面对任职者的要求。从获得职位分析信息的质量方面而言，这种方法比前几种方法效果要好。但是，工作实践法只适用于短期内可以掌握的工作或者工作内容比较简单的职位（如餐厅服务员），不适用于需要进行大量训练和危险的工作。

（七）综合应用

知识经济时代的到来使得知识成为生产力诸要素中最活跃的部分。工作从简单重复型向创新型变化，工作职责和任务允许部分重叠交叉，"项目团队"、"虚拟组织"和"无边界工作"兴盛，团队成为旅游企业组织结构的基本单位。知识型员工的工作任务和工作结果不易被衡量，未来的职位分析更趋向于多种方法的组合使用，方法的混合共融思路一致，但针对性变得更强。职位分析方法呈明显的多样性和专项性。表 3-7 是几种职位调查方法的利弊比较。

表 3-7 职位调查方法比较

职位调查法	优点	缺点
观察法	直观;适用于大量标准化、周期短的体力劳动为主的工作	不适用于以智力劳动为主的工作;不适用于周期长、非标准化的工作;不适用于各种户外工作;不适用于高中级管理人员的工作
访谈法	直接;与任职人员双向交流,了解较深入;可以发现新的、未预料到的重要工作信息	回答问题时可能有随意性、即时性,准确度有待验证;职位分析人员的思维定式或偏见影响判断和提问;对任职人员工作的影响较大;对职位分析人员的素质要求高;不能单独使用
问卷调查法	可以比较全面地收集到尽可能多的工作信息;收集的工作信息准确、规范、含义清晰;可以随时安排调查	问题事先已经设定,调查难以深入;工作信息的采集受问卷设计水平的影响较大;对任职人员的知识水平要求较高
关键事件分析法	直接描述工作中的具体活动,可提示工作的动态性;所研究的工作可观察、衡量,故所需资料适用于大部分工作	归纳事例需耗大量时间;易遗漏一些不显著的工作行为,难以把握整个工作实体
工作日志法	按照时间顺序记录工作信息,信息量大,由任职人员亲自记录不容易漏掉细节问题	获得的信息比较凌乱,难以组织;任职人员在记日志时,有夸大自己工作重要性的倾向;会加重员工的负担
工作实践法	分析者直接亲自体验,获得信息真实	只适用于短期内可掌握的工作,不适用于需进行大量训练或有危险性的工作的分析

三、工作流程的整理

在旅游企业的经营管理活动中,许多内部业务工作从起始到完成是由多个部门、多个职位、经多个环节协调及顺序工作共同完成的,因此在进行职位分析的过程中经常遇到一些职位的工作内容交叉。为了具体了解某一职位所承担工作的详细过程,在采用上述职位调查方法的过程中,有必要对某一工作项目进行工作流程的梳理。所谓工作流程,就是企业为达到特定目标而集合各种资源,由不同职位的人按照一定的顺序,以不同的方式承担具体责任而共同完成的一系列工作活动。

采用图示的方法对工作流程进行梳理是一种形式简单、内容清晰的方法。工作流程图有很多种类型,国际上比较通用的是"矩阵式流程图"。美国国家标准学会(ANSI)为"矩阵式流程图"专门规划了标准设计符号(见图3-2)。实际上,工作流程设计的标准符号远不止这些。工作流程图的绘制越简洁、明了,操作起来越方便,企业越容易接受和落实;符号越多,流程图越复杂,企业越不易接受。对于旅游企业而言,只使用前4种符号就基本可以满足绘制工作流程图的需要。

"矩阵式流程图"分成纵向、横向两个方向,纵向表示工作的先后顺序,横向表示承担该项工作的部门和职位。这样通过纵向、横向两个方向的坐标,就可以比较清楚地解决了一项工作先做什么、后做什么的问题,又解决了具体的工作结点由谁负责的问题(见图3-3)。

图 3-2 矩阵式流程图标准设计符号

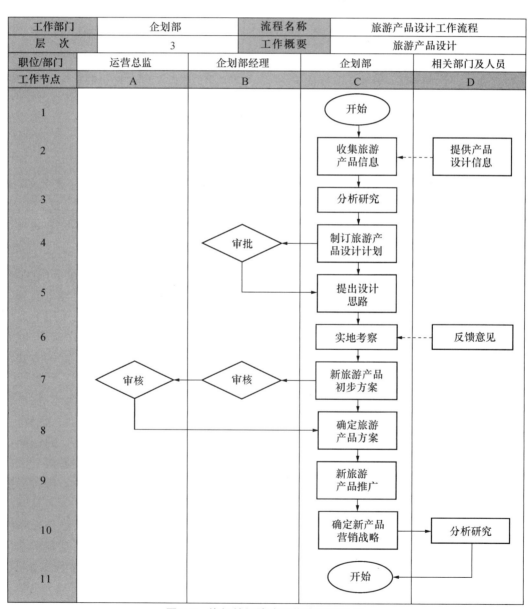

图 3-3 旅行社矩阵式工作流程图示例

资料来源：孙宗虎,肖民书.旅行社管理流程设计与工作设计[M].北京:人民邮电出版社,2008.

【关键术语】

职位分析(job analysis)
工作（job）
任务（task）
职责（responsibility）
责任（duty）
知识（knowledge）
技术（technology）
能力（capacity）
岗位（position）
职位说明（job description）
职位规范（job specification）
工作识别（job identification）

职位分析日期（job analysis date）
工作概要（job summary）
履行职责（duties performed）
访谈法（interview）
观察法（observation）
职位分析问卷调查法（position analysis questionnaire，PAQ）
关键事件分析法（critical incident technique）
工作日志法（employee recording）
工作实践法（job involvement）
工作流程（work process）

【复习思考题】

1. 职位分析的结果对旅游企业人力资源管理有什么重要价值？
2. 开展职位分析应该遵循哪些原则？
3. 职位分析的任务是什么？主要包括哪些方面的内容？
4. 旅游企业职位说明是如何编制的？它应该包括哪些基本内容？
5. 旅游企业在什么情况下最需要进行职位分析？
6. 试比较各种职位调查方法各有什么优缺点。

【课后作业】

现在需要对酒吧调酒师的工作进行职位分析。首先请根据表3-3设计一份有针对性的"调酒师职位分析观察提纲"，然后选择一家四星级酒店的酒吧分别采用观察法、访谈法和问卷调查法(可采用表3-4和表3-5)对调酒师一职进行职位分析，根据收集到的资料完成酒吧调酒师的职位说明和职位规范。最后，设法找到该酒店编制的酒吧调酒师职位说明和职位规范，对比一下，看看有何差异。

【案例学习】

吉瑶旅游纪念品公司的人力资源管理从哪里入手

汪瑶的家乡是一个旅游资源非常丰富的地区，从小她就想在那些景区开一家自己的商店。汪瑶大学时学的是旅游管理专业，毕业后她在家乡的一家旅行社工作了两年，然后决定自己创业,根据在旅行社工作积累的经验,她在当地的一个旅游景区开办了自己的第一家"吉瑶旅游纪念品店"。汪瑶特别重视旅游纪念品的创意设计和当地文化相结合,她会精挑细选自己经营的旅游纪念品,力求精致且富有特色。汪瑶的旅游纪念品店经营得非常成功,仅仅过了5年,已经开了4家分店,并成立了自己的公司,她还考虑将门店经营模式转型为特许经营模式。

尽管汪瑶非常渴望迅速扩张,但是她发现管理好一家店和经营好几家店是不一样的。创业初期的成功,最直接的优势在于她能够自己独立运作整个企业。由于只有一家门店和几个员工,她可以自己做出每个决策,自己收款,自己检查进货,自己监督服务质量。而当扩张到4家门店时,情况开始发生改变。汪瑶为两家新开的门店聘用了两位经理(这两位经理都是在第一家门店中工作多年的员工),她觉得既然他们已经在第一家店工作了那么久,就应该对如何经营一家旅游纪念品店的方方面面都有深入的了解,所以仅为他们安排了必要的"服务管理培训"。但后来,她发现自己遇到了人力资源管理方面的问题——如果没有一套培训系统对新店的管理者进行专业知识和专业技能的培训,从而使每家新店都能完全复制原先门店的工作流程和服务标准,她就根本不可能完成旅游纪念品店的扩张或开展特许经营业务。

还有其他一些人力资源问题让汪瑶感到担忧。"如何发掘和雇用优秀的员工"是所有问题中的头号问题。汪瑶手边有一份所在省份的小企业调研报告,调研发现75%的小企业主认为,要找到优秀的员工非常困难,而且作为内陆省份"地理和教育等因素加大了找到优秀人才的难度"。某天她在网上看到一则报道,据称几乎所有类型的企业都没有雇用到足够的人才,小企业的情况更是不容乐观。大企业可以将许多初级工作外包,还可以提供更好的福利和更多的培训机会,而小企业几乎没有任何资源或经济实力来进行业务外包,也不可能实施大型的培训计划以把新员工培养成熟练的合格员工。

尽管如何找到足够的员工是汪瑶面临的最大问题,但如何能找到诚信的员工却让她更为头痛。汪瑶在美国的一个大学同学告诉她,美国企业每年由于员工偷窃所造成的损失高达4 000亿美元。汪瑶的这种小企业的确也面临这样的风险,一是因为缺少处理这方面问题的经验,但更重要的是小企业往往一个岗位只有一名员工。例如,收款和付货通常是由一个人来完成,这使得管理者无法通过相互制衡的方法约束员工的偷窃行为。而且,如果业务多数是通过现金交易的话,发生偷窃的可能性就更大。但是,汪瑶最担心的还不仅仅是员工偷窃,他们还会偷走自己整个经营理念,而这些理念都是她通过惨痛的教训才总结出来的。有一次,她正考虑在一个新开发的景区选址开一家分店,并准备让一名员工去那里管理。但是这名员工将汪瑶的所有想法都偷走了,他还盗走了汪瑶的客户和供货商资料,掌握了旅游纪念品的进货途径,了解了每个细节的成本,以及如何装修门店和布局。这名员工很快就辞职,并自己开了一家旅游纪念品店,就在汪瑶准备开新店不远的地方。

每到旅游旺季,公司会招聘一些小时工。"我们被小时工的问题搞得非常头痛。"汪瑶说,"应聘者就这么走进来,然后我们雇了他,也不会花很多时间对他进行培训,然后结果往往是优秀的员工离开了,而那些不是很理想的员工却留下来了。"就在最近这两年,汪瑶的两家门店就走了两位门店经理。汪瑶说:"他们离开得很仓促。"部分原因是如果没有好的员工,经理的日子就非常不好过。当小企业主或门店经理不能找到足够的员工(或者员工不来上班),老板或经理就要花费自己80%的时间来完成这些工作。所以在旅游旺季,这些经理通常一周上七天班,一天工作十到十二个小时,许多经理最后都感到精力衰竭。一天下午,汪瑶一个人干了三个人的活,顾客还生气地走了。

汪瑶认为自己需要一个更正规的甄选过程。正如她所说:"要说到教训,那就是要预先将不合适的员工淘汰出去,而不是在工作中容忍这些员工的低素质表现。"她还知道,自己可以识别出所需的员工应该具备的许多特质。她说:"我知道干旅游这行,缺乏魅力或过分内向都不是一个好的服务员所应具备的素质。"

汪瑶到底想雇用什么样的人呢?其中一点是"有礼貌且有服务意识的人"。例如,她曾聘用一个满口粗话的人,这个人有一次甚至当着顾客的面说粗话。在这名员工入职的第三天,汪瑶不得不告诉她:"我想我们企业并不适合你。"然后便解雇了她。正如汪瑶所说:"我感到很难过,但这是为了企业,我不允许任何人把生意搞砸。"汪瑶想找的是可靠的人(至少要按时上班)、诚实的人,可以灵活地按要求调动工作岗位和安排工作时间的人。

汪瑶的公司目前只有一个初级的人力资源管理系统,这是她从网上买来的,不过她觉得不太适用。现在,汪瑶在每月末要亲自计算每名员工的工资,并将员工的工资划入各自的银行卡。汪瑶给员工的工资比市场价稍高一点(根据她从招聘广告上获得的信息),但可能并不足以高到留住她想要留下的优秀员工。对于那些成长为店长的员工,汪瑶认为他们将会用自己培训他们的方法来培训更多的员工(无论这是好是坏,情况也确实是这样的)。如果有人问汪瑶作为一个老板在员工中的声誉如何,员工会说:"她是一个坦率公正的人,是个能够给予员工支持、讲究实际的老板,她公平地对待员工,但由于缺少组织和培训,公司的组织结构比较松散。"

汪瑶为公司今后五年的发展做出了这样的规划:旅游纪念品商店数量达到12家,同时增设专门的旅游纪念品开发部,负责旅游纪念品的采购、创意设计及定制,员工数量达到90人。

案例思考题:

1. 请总结分析吉瑶旅游纪念品公司的人力资源管理面临哪些挑战。
2. 根据吉瑶旅游纪念品公司的发展规划及人力资源管理现状,汪瑶应该首先解决的问题是什么?如何开展?

21世纪经济与管理规划教材

旅游管理系列

管 理 篇

第四章　旅游企业员工招聘
第五章　旅游企业员工绩效管理
第六章　旅游企业薪酬管理
第七章　旅游企业劳动关系管理

第四章　旅游企业员工招聘

知识要求

通过本章学习,学生应该掌握六项基本知识:
- 招聘的含义
- 旅游企业员工招聘的依据
- 旅游企业员工招聘选择的一般过程
- 影响旅游企业员工招聘工作的因素
- 旅游企业员工内部招聘和外部招聘的优势与劣势
- 旅游企业员工招聘工作对实施者的要求

技能要求

通过本章学习,学生应该掌握六项管理技能:
- 拟订招聘计划
- 根据旅游企业的职位说明,撰写招聘广告
- 根据招聘职位的特点,有效选择招聘途径
- 根据旅游企业招聘的特点,确定"选择测试"的类型
- 拟定面试提纲,合理运用面试技巧
- 根据统计数据评估招聘效果

引 例

澳门旅游博彩业的招聘策略

澳门从默默无闻的小城,逐渐成长为闻名海外的国际化都市,其中旅游博彩业功不可没。旅游博彩业是澳门最重要的经济支柱,根据澳门统计暨普查局的数据,澳门GDP由2002年的562亿澳门元大幅增至2014年的4 432亿澳门元,澳门旅游博彩收入占政府财政总收入近八成;2006年澳门的博彩毛收入超过美国内华达州的知名赌城拉斯维加斯,荣升为全球第一大赌城。

澳门博彩业的蓬勃发展吸引了多个上百亿澳门元的大型旅游博彩项目在澳门相继展开,除了为游客提供丰富的旅游体验,还为本地及邻近地区的居民提供了大量的工作岗位。博彩旅游项目必须以优质的服务吸引客户,因此优秀人才是各博彩旅游项目的法宝。

在人才竞争激烈的情况下,尤其是在澳门这种劳动人口严重不足的城市,如何吸引并留住人才对各企业而言至关重要。

1. 新濠博亚

新濠博亚娱乐公司全力打造的综合度假村"新濠影汇"于 2015 年 10 月 27 日开张,这是一个以美国好莱坞电影为主题的项目,总投资约 260 亿澳门元,现有 1 600 间酒店客房。除了传统招聘会及招聘中心,新濠影汇曾在 2015 年 11 月和社区中心合作,于澳门工联筷子基家庭及社区综合服务中心举办招聘活动,以聘请不同阶层的员工。为了吸引更多新员工加入,该企业推出了"金蛋计划"——凡在 2015 年 7 月 31 日前新入职的非管理层员工,可于 2015 年 7 月或 8 月领取额外一个月薪金,以及于 2018 年领取额外五个月薪金。

对于旅游博彩行业,招聘合适的员工并有效地降低流失率至关重要。新濠博亚娱乐公司自设培训学院及培训中心,每年为员工提供超过 200 多项课程,从管理、人力资源、市场学、财务、领导才能到负责任博彩等不同范畴,以提升各阶层员工知识、心态及技能。该企业还推出"重返校园计划""希望奖学金""全人发展"和"追梦计划"等一系列项目。以"重返校园"计划为例,该公司与澳门教青局合作,提供高中文凭课程计划,让员工在公司内部培训学院上课,而公司提供弹性排班,使员工免却工余时间上课及往返校园交通等问题。新濠博亚娱乐公司还提供各种内部晋升机会,并实行内部优先录取政策,所有职位必须先于内部公布,并在同等资历的情况下,内部员工将获优先录取。新濠博亚的内部优先录取策略极大地激励了员工的积极性,鼓舞了员工的士气。

2. 澳门银河综合度假城

澳门银河综合度假城于 2011 年 5 月 15 日开业,是一个以"傲视世界,情系亚洲"为理念的项目,总投资约 160 亿澳门元,现有约 2 200 间酒店客房。2015 年,"澳门银河"第二期盛大开幕,总面积增至 110 万平方米,并增加大约 1 300 间客房,成为世界顶级旅游博彩企业之一。澳门银河推出了为获得"亚洲区人力资源创新大奖"颁发卓越人才管理奖项的明星计划——"银娱飞跃专才发展计划"。该计划目的在于培育本地员工,并协助他们加快晋升至主要监督及管理阶层,增强团队实力及增大本地高管之比例,借以配合企业的扩展及当地政府的发展方向。

3. 澳门巴黎人度假村

澳门巴黎人度假村于 2016 年 9 月 13 日开幕,项目总投资约 1 040 亿澳门币,拥有约 3 000 间酒店客房。早在开幕前半年,"澳门巴黎人"举办了首个大型招聘会,当天的招聘会吸引了数千名澳门居民参加,而"澳门巴黎人"安排了实时面试及签约活动,所有到达现场的应聘者均可参加即场面试。在贴心及有效率的安排下,"澳门巴黎人"招聘会取得令人瞩目的成绩,于当天成功聘用超过 600 名应聘者。

除了招聘新员工,澳门巴黎人度假村还为企业旗下现职成员提供"我·路向"职涯发展计划,提供横向及纵向流动的就业选择。例如公司内已参加计划的博彩赌桌部员工,可以在一定期间内尝试非博彩领域工作,以更好地了解自己的兴趣并找出最合理想的职位。让员工可以尝试公司各部门的岗位,了解不同部门的需求及文化,也是管理上的一个转变。此举除表现企业以员工为本的精神外,还能为企业未来扩张发展做准备,更可考虑在博彩淡旺季策略性地调整人员安排。

资料来源:高玉婷,吴晓红.澳门大型综合度假村人才招聘及培训策略[J].人力资源管理.2017(01).

旅游企业招聘到合适的员工,是正式实施人力资源管理的开始,它会对后续的人力资源开发与管理产生十分重要的影响。正如澳门旅游博彩企业在吸引和留住人才方面所做的努力,具有战略眼光的旅游企业不但要通过招聘填补职位上的空缺,更要为满足企业未来发展做好人力资源的储备。

第一节 招聘的概念

一、招聘的含义

招聘是指旅游企业根据人力资源计划和职位分析的结论,并结合旅游企业的经营状况,及时地、足够多地吸引具备工作资格的个人补充空缺职位的过程。准确理解"招聘"的含义,应该注意以下六个方面:

(1) 合适的时间(right time)。就是要在恰当的时间内完成招聘工作,以保证及时补充旅游企业所需的员工,这是对招聘工作最基本的要求。

(2) 合适的成本(right cost)。就是在保证招聘质量的前提下,以最经济的成本完成招聘工作;在同样的招聘质量下,应当选择那些费用最少的方法。

(3) 适当的范围(right area)。就是要在恰当的区域范围内进行招聘工作,这一区域范围不仅能吸引到足够数量的合格人员,还应考虑未来员工赶赴工作地点的便利性。

(4) 适当的来源(right source)。就是要通过恰当的途径来寻找目标人员,不同的职位对人员的要求是不同的,因此要挑选那些与空缺职位匹配程度较高的目标群体进行招聘。

(5) 正确的信息(right information)。就是在招聘之前要对空缺职位的工作职责内容、任职资格要求以及企业的相关情况做出全面而准确的描述,使应聘者能充分了解有关信息,以便对自己的应聘活动做出判断。

(6) 正确的人选(right people)。就是要把最合适的人员吸引过来应聘企业提供的职位,包括数量和质量两个方面的要求。

二、招聘的原则

(一)守法、公正的原则

一方面,我国《劳动法》明确规定,劳动者就业不因民族、性别、宗教信仰不同而受歧视——"平等就业"是招聘工作必须遵守的。当然,对于一些特殊的工作岗位,旅游企业在招聘时有必要做出解释和说明,例如对于饭店餐饮部,在招聘员工时就有必要指出所接触的食品是否为清真,以免对员工的宗教信仰造成伤害。另一方面,在旅游企业一系列的人力资源管理制度中,岗位规范和岗位职责等都对应聘者的素质提出了具体的要求,在招聘工作中必须以此为准则,对所有应聘者一视同仁,通过考试、测评和面试等手段公正地选拔人才。

（二）效益最优化原则

效益最优化原则是指力争用尽可能少的招聘费用,录用到高素质、满足旅游企业需要的人员。

企业招聘都是要支出费用的,如招聘人员的工资、招聘广告费用、支付就业机构的费用、招聘测试费用、体检费用等。这些支出也被称为招聘的直接成本。有时候,招聘专业人员的直接成本能够达到这些人第一年工资的50%—60%。

当旅游企业出现职位空缺时,也可以采用内部晋升或内部引荐的办法解决。不管采用何种方法,对于应聘的人员都要经过人力资源部门的测试,合格后方能上岗。这样既可以保证任职人员的质量,同时也节约了招聘费用,避免了职位长期空缺造成的损失。

（三）适用优先原则

不同的企业有不同的文化和价值观,形成了各自的"水土"。因此,与企业文化和管理风格不能相融的人,即使很有能力,对企业的发展也有不利之处。此外,由于人的知识、阅历、背景、性格和能力等方面存在差异,旅游企业在选择应聘者时应该量才录用,不一定是最优的,但一定要尽量选到最合适的。要做到人尽其才,用其所长。

（四）宁缺毋滥原则

对待招聘,旅游企业可招可不招时应该尽量不招,可少招可多招时尽量少招。旅游企业是创造效益的人力资源集合体,因此在制定招聘决策时一定要树立宁缺毋滥的观念,一个岗位宁可暂时空缺,也不要让不适合的人占据。

三、员工招聘的依据

（一）人力资源计划

旅游企业的人力资源计划包括了组织结构和岗位编制计划,这些文件从数量和质量两个方面规划、明确了旅游企业人力资源的需求,将这种需求与旅游企业现有的人力资源水平进行比较,可以比较清楚地发现当前旅游企业需要招聘的员工数量和条件。

（二）职位说明

对于旅游企业的招聘者来讲,不清楚自己正在招聘的员工需要完成什么任务、拥有什么样的权利、必须履行何种义务,那么这种招聘注定是要失败的。职位说明则能够在招聘过程中提供这样的帮助:使招聘标准更加客观;指出成功地完成某一职位的工作所要求的教育、培训和经验;为设计录用测试方法提供依据;回答应聘者对所应聘工作的咨询。

（三）用人部门招聘申请

当旅游企业的经营出现向好趋势,一些部门可能会出现人员紧缺,有时这是人力资源计划难以准确预测的。一般来讲,在不突破本企业人力资源总编制或工资预算 10% 的情况下,经旅游企业最高管理层批准,人力资源管理部可以根据用人部门的招聘申请(见表 4-1)实施招聘。

表 4-1 旅游企业招聘申请表示例

申请部门					部门经理(签字)			
申请原因	□ 员工辞退		□ 员工离职		□ 业务增量	□ 新增业务		□ 新设部门
	说明:							
需求计划	使用时间			职位名称与人数			希望到任时间	
	临时使用(少于 30 天)□			职位	1	人数		
	短期使用(少于 90 天)□				2			
	长期使用(少于 180 天)□				3			
聘用标准	利用现有"职位说明"			□ 可以利用; □ 不能利用; □ 局部修改; □ 尚无"职位说明",需编写				
	工作内容	1						
		2						
		3						
	工作经验	1						
		2						
		3						
	专业知识	1						
		2						
	语言表达				性格要求			
	外语水平				计算机技能			
其他条件								
薪酬标准	基本工资			其他津贴			其他收入	
业务直属上级批示						签字: 日期:		
人力资源部意见						签字: 日期:		
总经理批示						签字: 日期:		

四、招聘工作的构成

如图 4-1 所示,旅游企业员工招聘流程包括许多工作环节,是一项系统性工作,其中最为重要的部分是招募、甄选、录用和评估。

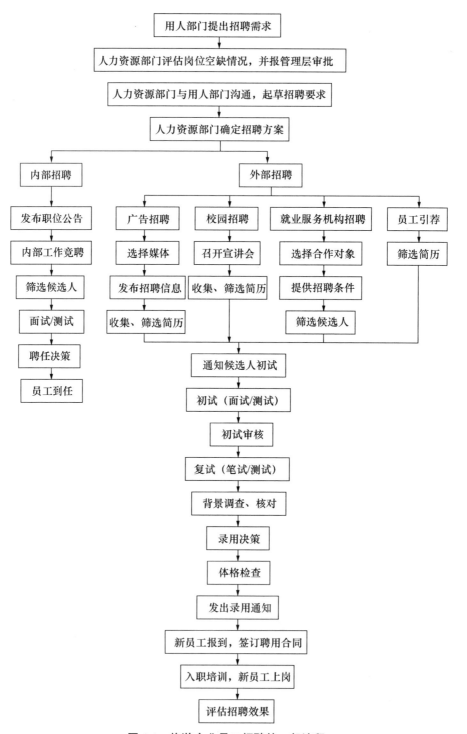

图 4-1 旅游企业员工招聘的一般流程

（一）招募

招募就是使潜在的合格人员对旅游企业的特定职位产生兴趣，并应征该职位的过程。招募的主要工作内容包括招聘计划的制订与审批、招聘信息的发布、接受应聘者的申请等。

（二）甄选

甄选就是从一组求职者中挑选出最适合旅游企业某一特定职位的人员，并使之接受这一工作的过程。甄选的主要工作内容包括评价求职者的申请和工作简历、面试、测试、个人材料的审查与调查、体检等。

（三）录用

录用是旅游企业最终决定雇用应聘者并分配具体工作的过程。录用的主要工作内容包括录用决策、通知被录用人、对落选者的回复等。

（四）评估

评估是对招聘活动的效益与所录用员工的质量进行评价的过程，可以为下一次员工招聘活动提供借鉴和参考。评估的主要工作内容包括新员工流失率统计、新员工投诉（事故）率调查、用人部门反馈分析等。

五、影响招聘工作的因素

旅游企业招聘工作能否获得成功，不仅取决于科学的招聘方法，还受到其他诸多因素的影响。这些因素归纳起来，可以分为外部影响因素和内部影响因素两类。

（一）外部影响因素

1. 国家的政策、法规

国家有关劳动用工的政策、法规，从客观上对旅游企业招聘对象的选择和限制条件做出了制约。例如，《劳动法》第十二条规定："劳动者就业，不因民族、种族、性别、宗教信仰不同而受歧视。"第十三条规定："妇女享有与男子平等的就业权利。在录用职工时，除国家规定的不适合妇女的工种或者岗位外，不得以性别为由拒绝录用妇女或者提高对妇女的录用标准。"第十五条规定："禁止用人单位招用未满十六周岁的未成年人。"

2. 劳动力市场的供求状况

通常，把供给小于需求的劳动力市场称为短缺市场，而把劳动力供给充足的市场称为过剩市场。一般来说，当失业率比较高时，旅游企业从外部招聘新员工比较容易。相反，当某类人员短缺时，不仅可能引起其薪酬水平的上升，还可能迫使旅游企业采取扩大招聘范围、放宽招聘条件等手段，从而使招聘工作变得错综复杂。

3. 竞争对手

在招聘活动中，竞争对手也是非常重要的一个影响因素，此时的竞争对手并非仅限于同类企业，所有招聘条件和旅游企业接近的企业（如奢侈品公司招聘客户代表、企业员工食堂招聘厨师等），相对于有招聘需求的旅游企业而言，都可以算作竞争对手。应聘者往往是对这些招聘单位进行比较之后才做出决策的，如果旅游企业的招聘条件和竞争对手存在较大劣势,就会使旅游企业的招聘吸引力大大降低。因此,在招聘过程中,取得超越竞争对手的比较优势是非常重要的。

(二) 内部影响因素

1. 旅游企业自身的形象

旅游企业是否在应聘者心中树立了良好的形象以及是否具有强大的号召力,将从应聘员工的心理方面影响招聘活动。例如一些知名度高的旅游企业,以它们在社会公众中的声望和档次条件,就能很容易地吸引大批的应聘者。

2. 旅游企业所处的发展阶段

在旅游企业人力资源管理工作中,招聘职能的相对重要性是随着旅游企业所处的发展阶段而变化的。由于旅游企业随着服务范围的扩大需要增设新的岗位和更多的人员,因此,处于初创和发展阶段的旅游企业相比成熟或衰退阶段的旅游企业需要招聘更多的员工。此外,处于发展阶段的旅游企业,可以在招聘信息中强调员工有比较多的发展和晋升机会,从而吸引那些喜欢富有挑战性工作的人员;而处于成熟阶段的旅游企业则可以强调职位的稳定性,以及所提供的高工资和福利。

3. 旅游企业的招聘政策

旅游企业的招聘政策对招聘活动有着直接的影响。旅游企业在进行招聘时一般有内部招聘和外部招聘两个渠道,至于选择哪个渠道来填补空缺职位,往往取决于旅游企业的招聘政策。有些旅游企业可能倾向于外部招聘,而有些旅游企业则倾向于内部招聘。在外部招聘中,旅游企业的招聘政策也会影响到招聘来源的选择。有些旅游企业愿意从学校招聘新手,通过完善的培训和优秀的企业文化建立起员工良好的忠诚度,而有些旅游企业则更愿意从社会上招聘,期望能减少一些技能培训的开支,充分挖掘员工的经验优势。

4. 工资和福利待遇

旅游企业的工资制度是员工劳动报酬是否公正的主要体现,旅游企业的福利措施是旅游企业是否关心员工的反映,它将从物质方面影响招聘活动。

5. 招聘预算和时间要求

充足的招聘预算可以使旅游企业选择更多的招聘方法,扩大招聘的范围,例如可以花大量的费用进行广告宣传,选择的媒体也可以是影响力比较大的;相反,有限的招聘预算会使旅游企业进行招聘时的选择大大减少,从而对招聘效果产生不利的影响。

时间方面的要求也影响招聘途径的选择。如果某一旅游企业正面临增加服务产品所带来的突发性需求,那么它就不会考虑去大专院校招聘,因为大学生毕业时间有一定的季节性,而且完成招聘需要比较多的时间。一般来说,许多招聘途径所涉及的时间,还随着劳动力市场条件的变化而变化的。当劳动力市场短缺时,一方面应聘人员的数目减少,另一方面他们愿意花更多的时间去比较和选择企业,一般需要花比较长的时间才能完成招聘工作。

第二节 员工招聘的途径

当旅游企业出现岗位空缺时,既可以在旅游企业现有的人力资源队伍中选聘,也可以面向全社会招募适用的人才。由此,旅游企业员工招聘的途径可以划分为内部招聘和外部招聘两大类型。

一、旅游企业内部员工招聘

旅游企业内部招聘工作主要有两种形式:一是内部晋升,指当旅游企业管理层出现职位空缺时,鼓励有资格的员工竞聘更高一级的职位;二是调换岗位,指员工的职务等级和待遇不发生比较显著的变化,仅仅根据员工的意愿将其聘用到有职位空缺的岗位。

(一) 内部招聘信息的发布

当一家经营稳定的旅游企业出现某一职位空缺时,应该首先考虑从现有员工中提拔或调动。职位公告(job posting)是旅游企业内部招聘信息发布的主要形式。职位公告,是指以文字的形式公开向旅游企业全体员工,详细通报现有工作岗位空缺,以及任职资格条件、工作时间和相关待遇的文件。

(二) 工作竞聘

工作竞聘(job bidding)是指允许那些自认具备空缺职位任职资格的员工提出新的工作申请的招聘程序。工作竞聘是旅游企业内部招聘工作不可或缺的重要环节,目的是保证内部招聘的公平性和公正性。

(三) 内部招聘的优势与缺点

1. 内部招聘的优势

(1) 树立内部公众形象。采取内部优先选用的政策,不但树立了"企业能够提供长期工作保障"的内部公众形象,有助于旅游企业员工队伍的稳定,而且传达了一个信息"诚信和出色的工作表现会得到晋升的奖励"。这也是一种十分有效的工作激励措施。

(2) 充分了解员工。与来自旅游企业外部的求职者相比,内部员工通常需要较少的任职资格评估,因为有来自本企业的有关资料和工作表现记录,他们是"经过了解的"。

(3) 简化基础性培训。由于内部竞聘者已经熟悉本企业的业务流程和企业文化,"磨合期"会比较短,而且可以不必为他们安排某些基础性的培训,如"《员工手册》培训"等。

(4) 节约招聘成本。由于没有通过公共媒体发布招聘广告,旅游企业可以节约大笔的广告发布费用,使招聘成本下降。

(5) 降低招聘难度。实行内部晋升,能够使旅游企业将对外招聘主要集中在"初级层次"上,而填补初级职位比较容易;同时,也给旅游企业更多的时间去培训和评估那些渴望做到更高层职位的外来人才。

2. 内部招聘的缺点

（1）职位内定。职位"内定"（高一级的管理层实际上已经有了一个候选人）会使内部竞聘者不满，因为并不是所有竞聘职位都是"真正的空位"。这种情况极有可能造成落选的优秀人才辞职，旅游企业将为此付出比较大的代价。

（2）直接上级的误解。一些管理者会认为下属参加工作竞聘是"不忠诚"的表现，因而阻挠他们的晋升或转换岗位，甚至惩罚那些申请内部职位的员工，从而影响职位公告的效果。

（3）"连锁"反应对经营的负面影响。内部晋升或转换岗位会引"连锁"反应。当一个人离任时，他的下属会得到晋升，下属的下属也会得到晋升，从而出现多个空位。事实上，由于如此多的人不得不在相对较短的时间里学习"新工作"，很容易影响旅游企业的服务质量和正常经营。

（4）内耗。在完成内部晋升或转换岗位之前，可能会出现员工之间为谋求职位而欺骗和钩心斗角，从而给旅游企业管理造成混乱。

（5）缺乏创新。如果一家旅游企业的管理者大都是从内部选拔上来的，那么必然会导致人际关系复杂、近亲培植，从而造成经营思想保守、决策雷同，缺乏创新意识。

二、旅游企业外部员工招聘

旅游企业从外部招聘员工，通常是基于以下原因：

- 一线部门初级服务岗位的人力资源出现短缺。
- 现有员工无法通过短期培训掌握某种技术，必须通过招聘专门人才满足工作需要，例如，一家四星级饭店餐饮部新增设日本料理，那么日本料理的厨师就必须考虑从外部招聘。
- 迫切需要具有创新思想或高级职业背景的管理人员。

在实施外部员工招聘时，旅游企业面对的是一个十分广阔的人力资源市场，有多种细分途径可供选择，关键是要针对所招聘的职位特点，选择恰当的招聘途径。

（一）广告招聘

广告招聘是指通过报刊、广播和互联网等媒体向社会公众传递旅游企业的劳动用工信息。广告招聘的目的是，一方面通过广告宣传使社会公众了解旅游企业的基本概况及当前工作职位的诉求，另一方面吸引和鼓励有才干、符合旅游企业招聘职位要求的人士积极应聘。

招聘广告应包括以下内容：旅游企业的基本情况；招聘的职位、用工数量与基本条件；招聘的范围；薪酬与福利待遇；报名时间、地点、方式及所需携带的个人资料；其他有关注意事项。表4-2是一家旅游企业招聘广告的示例。

表 4-2　旅游企业招聘广告示例

古都饭店招聘英才

　　四星级标准的古都饭店成立于 1995 年,位于本市经济技术开发区第五大街,拥有客房 308 间,可容纳 600 人同时进餐的大型餐厅 3 个。现根据经营需要,招聘以下职位的员工:
　　1. 门童(3 人)
　　具体要求:
　　(1) 男性,年龄 18—25 岁,身高 175 厘米以上。
　　(2) 身体健康,相貌端正,形体匀称。
　　(3) 高中以上学历,普通话标准,能使用简单英语交流;懂其他小语种者优先。
　　(4) 能适应夜班工作,具备星级饭店大堂服务工作经验者优先。
　　(5) 试用期工资 1 500 元/月,饭店根据国家法律缴纳全部社会保险和住房公积金。
　　2. 宴会厅主管(1 人)
　　岗位职责:
　　在餐饮部经理的领导下,负责宴会厅的日常管理工作,主持大型宴会菜单的设计,每日负责检查宴会厅设备设施的卫生及员工个人卫生,承担宴会厅员工的技术培训工作,并与厨房保持密切联系,确保宴会厅的服务质量。
　　具体要求:
　　(1) 相貌端正,身体健康,年龄 28—35 岁;身高(男)170 厘米以上,(女)160 厘米以上。
　　(2) 经济学或管理学大专以上学历,普通话标准,可熟练使用英语与客人交流;懂其他小语种者优先。
　　(3) 良好的语言沟通能力和团队领导能力。
　　(4) 至少 3 年三星级以上饭店相同岗位工作经验,熟悉西餐服务流程者优先。
　　(5) 试用期工资 3 000 元/月,饭店根据国家法律缴纳全部社会保险和住房公积金。
　　有意应聘者请于见报 10 日内将个人简历、学历证书和本人身份证复印件,以及一寸免冠近照寄至:本市经济技术开发区第五大街 26 号古都饭店人力资源部收。请在信封上注明"应聘",或发 E-mail 至:hrm@gudu-hotel.com。
　　初审合格参加面试和测试,申请材料将被严格保密,恕不退还。

　　选择恰当的媒体发布广告是广告招聘成功与否的关键。目前,比较适合发布旅游企业招聘广告的媒体主要有以下三种:

　　1. 报纸
　　报纸以传播范围广、速度快、传播信息准确、可信度高、便于留存等特点,一直是旅游企业发布招聘广告的首选媒体。旅游企业选择报纸刊登招聘广告的标准是:发行量大、读者覆盖面以中青年为主、在企业所在地有非常大的影响力。

　　2. 互联网
　　随着互联网在现代生活中不断渗透,网上招聘已经不容忽视,特别是上网人员的年轻化,使旅游企业招聘越来越重视这一新兴的公众媒体。网上招聘的特点是:招聘信息传播范围广、速度快、成本低、信息留存时间可控、供需双方选择余地大,且不受时间、地域的限制。采用互联网发布招聘广告有两种方式:一是旅游企业利用自己的网站,发布招聘信息,由于访问旅游企业网站的人士以消费者居多,这种方式的效果不会很理想;二是委托专业的人力资源招聘网站(如智联招聘网 www.zhaopin.com、中华英才网 www.chinahr.com)发布信息,这类网站可以为旅游企业招聘者提供查询、检索应聘者信息库的条件,使招聘工作中的人员初选工作变得轻松易行,对合适的人选可以打印其简历,有的招聘网站也可以帮助旅游企业筛选电子邮件，将合适的简历转发给招聘旅游企业。

3. 专业杂志

选择专业杂志发布招聘信息，适用于旅游企业招聘中高级管理人员或专业技术人员。专业杂志作为一种工作资料，虽然专业性强、阅读人员有限，但受重视程度高、留存时间长，因此旅游企业在招聘诸如旅游企业高级管理人员、高级厨师、计算机网络管理员等人士时，可以选择这些人员有可能接触的专业杂志。

（二）大中专学校招聘

开设旅游管理、酒店管理和会展管理等专业的大中专学校，每年都可以为旅游业输送有一定专业基础的毕业生，旅游企业可以利用这一机会获取自己所需的人才。具体的做法有：

1. 专项培养

通过定向培养、委托培养等方式直接从学校获得所需的人才。这种做法的优势是人力资源的获取比较稳定且质量有保证，但培养周期比较长，人力资本投入比较大。

2. 奖学金吸引

有实力的旅游企业可以与学校接洽，针对相关专业设立专项奖学金或资助贫困学生，借此吸引学生毕业后去本企业工作。

3. 接纳实习生

充分利用在校学生的实习机会，为其提供实习岗位，在实习过程中试用、观察，以期发现合适的人才；学生则通过实习了解旅游企业，积累工作经验，有利于其做出加盟旅游企业的职业选择。

4. 校园专场招聘

在学生毕业前 10 个月左右，旅游企业与学校联系，争取直接进入校园散发招聘广告、举办招聘宣讲会，并现场接收简历等。

（三）就业服务机构

就业服务机构在旅游企业外部招聘活动中主要发挥中介作用：既为旅游企业择人，也为求职者择业。借助就业服务机构，旅游企业与求职者不仅可以获得大量劳动力市场信息，还可以传播各自的信息。目前，我国的就业服务机构主要有以下三类：

1. 人才市场和劳动力市场

人才市场和劳动力市场属于公共就业机构，主要运作模式是根据招聘时间、招聘对象、招聘单位的不同，策划、组织一系列的主题招聘，将各用人单位召集起来，在一定的时间内形成一定规模的招聘活动。招聘会是这种招聘活动的典型形式。旅游企业参加人才市场和劳动力市场举办的招聘会，不仅可以及时了解当地劳动力市场的动态，还有比较多的机会全面介绍本企业，从而吸引更多的应聘者。

2. 人才交流中心和职业介绍所

人才交流中心和职业介绍所是公共就业机构的常设组织形式，主要运作模式是一方面预先了解、掌握企业的招聘计划、招聘条件，代企业在一定范围内发布招聘信息；另一方面长年接待各类求职人员，为其建立简单的个人资料档案，及时向他们提供用工信息，并指导他们应聘、就业。

由于旅游企业员工的流动性比较大,有些旅游企业的部分岗位经常处于人员缺编状态,因此旅游企业可以考虑与人才交流中心和职业介绍所合作,委托其代理招聘那些员工流动性大的初级岗位。这样做不但招聘费用比较低,而且招聘速度比较理想。

3. 猎头公司

猎头公司又称行政搜寻公司(executive search firms)、高级人才开发公司、高级人才咨询公司,是以盈利为目的,专门为企业物色、招聘高级管理人才和技术人才的人力资源服务机构。猎头公司与需要高级人才的组织沟通并保持经常性的联系,对该组织及其高级人力资源需求有比较详细的了解;同时,猎头公司利用所掌握的某一行业详细的人力资源信息,为有人力资源需求的组织寻找符合要求的候选人,安排双方接触、面试,以及检查核实有关情况。猎头公司作为专业性极强的就业服务机构,其收费也是非常高的,一般收费标准为招聘职位年薪的10%—30%。

需要注意的是,如果旅游企业计划聘请猎头公司代为招聘高级人才,一定要考察猎头公司对旅游行业的熟悉程度,特别是与旅游企业各类高级人才的关系,因为这些是猎头公司能否真正胜任的基本条件。

(四)员工引荐

许多旅游企业在招聘过程中都允许员工介绍自己熟悉的人参加应聘。通常,员工在引荐应聘者时,会自觉或不自觉地根据所了解的企业招聘条件,对将要引荐的人进行一次审视,从而降低了应聘的盲目性。此外,绝大多数的员工会认为,被推荐者的素质及其今后的工作表现与自己有关,只有他们认为所引荐的人不会给自己带来不良影响的情况下才会主动推荐,这些都有利于保证招聘的质量。但需要注意的是,如果被引荐人与员工是直系亲属关系,那么为了便于管理,他们之间不能是直接的上下级关系,同时还应该避免两个人归属同一个管理者直接领导。

通过员工引荐入职的新员工容易很快地融入企业原有的非正式团体,原有员工对企业的成见会影响新员工对企业情况的客观分析和判断,原有员工有些消极的工作方式可能会直接影响新员工的表现。这是员工引荐可能带来的弊端。

表4-3对旅游企业外部员工招聘途径的特点和适用性进行了比较。

表4-3 旅游企业外部员工招聘途径的比较

	招聘方式	职位	区域局限	速度	成本
广告招聘	报纸	所有职位	强	快	高
	互联网	所有职位	弱	适中	适度
	专业杂志	专业技术人士	弱	慢	高
大中专学校招聘	专项培养	普通职位	不明显	慢	高
	奖学金吸引	普通职位	不明显	慢	高
	接纳实习生	普通职位	不明显	慢	低
	校园专场招聘	普通职位	不明显	快	低

（续表）

	招聘方式	职位	区域局限	速度	成本
就业服务机构	人才市场和劳动力市场	所有职位	强	适中	适度
	人才交流中心和职业介绍所	所有职位	强	适中	适度
	猎头公司	高级管理者	弱	慢	高
员工引荐		所有职位	不明显	快	低

三、内部招聘和外部招聘的比较

旅游企业员工招聘，是选择内部招聘作为主要途径，还是选择外部招聘作为主要途径，很大程度上是由旅游企业的企业文化所决定的，更具体地讲是企业用人原则的真实体现。通过表4-4的比较分析，有助于旅游企业客观地选择适用的招聘途径。

表4-4　内部招聘和外部招聘的比较

招聘途径	优势	劣势
内部招聘	• 有利于提高员工的士气和发展期望； • 对组织工作的程序、企业文化、管理方式等比较熟悉，员工能够迅速地展开工作； • 对企业目标认同感强，辞职可能性小，有利于个人和企业的长期发展； • 风险小，企业对员工的工作绩效、能力和人品有基本了解，可靠性较高； • 可以节约时间和费用	• 容易引起同事间的过度竞争，发生内耗； • 竞争失利者感到心理不平衡，难以安抚，容易降低士气； • 新上任者面对的是"老人"，难以建立起领导威信 • 容易近亲繁殖问题，思想、观念因循守旧，思考范围狭窄，缺乏创新与活力
外部招聘	• 为企业注入新鲜的"血液"，能够给企业带来活力； • 避免企业内部员工相互竞争所造成的紧张气氛； • 给企业内部人员以压力，激发他们的工作动力； • 选择的范围比较广，可以招聘到优秀人才	• 对内部人员是一个打击，感到晋升无望，会影响工作热情； • 外招人员对企业情况不了解，需要比较长的时间来适应； • 企业对外招人员不是很了解，不容易做出客观的评价，可靠性较低； • 外招人员不一定认同企业的价值观和企业文化，会给企业的稳定造成影响

资料来源：董克用.人力资源管理概论［M］.北京：中国人民大学出版社，2007.

第三节　招聘工作的准备

一、参与招聘工作的人员素质

通常，参与招聘工作的核心人员是用人部门的主管和人力资源部主管，旅游企业中高级职位的招聘则需要由总经理或副总经理承担主要工作。招聘工作的实施者所表现出的素质和工作作风,对旅游企业招聘工作有着重要影响,因此要注意以下几个方面:

(一) 热情诚实,公正负责

旅游企业招聘工作是一项政策性和敏感性都很强的工作。旅游企业招聘工作的实施者代表着旅游企业的形象,特别是在旅游企业对外招聘时更是如此。无论应聘者的条件如何,只要积极参加应聘,就说明其愿意投身到旅游企业所提供的工作岗位,招聘者必须以热情的态度接待他们,如实地说明和解答有关本次招聘的各项事宜。同时,招聘工作的实施者还要本着既为旅游企业负责也为应聘者负责的态度,公正地对应聘者的才能以及是否适合所应聘的职位做出判断。

(二) 知识丰富,善于交流

招聘工作的实施者不但要了解应聘者各方面的素质和经历,而且要掌握用人部门的基本情况,还要与政府人力资源和社会保障部门、劳动力市场、广告传媒机构和学校等外部公众保持经常性的接触。因此,他们必须比较熟悉本企业的背景、所招聘职位的任职资格和条件,掌握本地区和本行业劳动力市场的基本情况及其相关法律、法规和政策,具有丰富的社会知识和经验,能够通过全面的交流与沟通保证招聘工作的顺利进行。

(三) 有较强的洞察力和想象力

招聘工作的实施者经常需要在很短的时间内尽可能多地认识和了解应聘者,因此,招聘工作的实施者不仅要学会观察人的行为,还要能够通过语言沟通来领悟应聘者的真实思想。此外,掌握"从人的肢体语言分析人"的技巧也是十分有用的,这些都离不开洞察力和想象力。

(四) 注意克服主观偏见

在人际交往过程中,根据对方的穿着、长相、打扮、性别、年龄、民族、出生地和家庭背景做出某种判断是十分常见的情况。但是,如果招聘工作的实施者把对上述因素的喜恶程度作为取舍应聘者的主要依据,对旅游企业的招聘工作就是十分不利的。招聘工作的实施者必须认识和了解自己,经常提醒自己排除主观因素和偏见的干扰。

二、招聘工作的职责分工

在旅游企业人力资源管理活动中,对招聘工作起决定性作用的是用人部门,它不仅提出用人需求,还拥有初选与面试、录用、人员安置与绩效评估等决策权,处于绝对主动地位。人力资源部门在招聘过程中则主要起到组织和服务的作用(见表4-5)。

表 4-5　招聘过程中用人部门与人力资源部门的工作职责分工

用人部门	人力资源部门
1. 用人需求申请 3. 招聘职位的职位说明书及录用标准的提出 6. 应聘者初选,确定参加面试的人员名单 9. 具体实施面试与测试工作 11. 录用人员名单、人员工作安排及试用期待遇的确定 12. 正式录用决策 16. 新员工培训决策与实施 17. 新员工的绩效评价与招聘评估 18. 修订人力资源规划	2. 制订招聘计划 4. 招聘信息的发布 5. 接收求职申请,审查资格 7. 通知参加面试的人员 8. 组织面试、测试工作 10. 审核应聘者个人资料,安排体检 13. 与受聘者签订试用合同 14. 新员工报到及生活方面的安排 15. 组织新员工入职培训 17. 新员工的绩效评价与招聘评估 18. 修订人力资源规划

说明:表中的数字表示招聘工作中各项活动的顺序。
资料来源:郑晓明. 人力资源管理导论[M]. 北京:机械工业出版社,2005.

三、制订招聘计划

招聘计划是招聘的主要依据,制订招聘计划的目的在于使旅游企业招聘工作更趋于合理化、科学化。招聘计划一般包括以下内容:

(1) 招聘信息的基本内容,包括招聘的职位名称、人数、任职资格等。
(2) 招聘途径与范围。
(3) 招聘信息发布的时间、方式。
(4) 招聘小组人选,包括小组成员的姓名、职务、各自的职责。
(5) 应聘者的测试方案,包括测试的场所、时间、题目设计等。
(6) 撰写招聘广告样稿。
(7) 招聘费用预算,包括资料费、广告费等。
(8) 招聘工作的起止时间。
(9) 新员工的上岗时间。
(10) 招聘计划实施的授权人。

四、发布招聘信息应遵循的原则

(一) 广泛性原则

发布招聘信息的面越广,接收到该信息的人越多,应聘人员中符合职位要求的人的概率就会越大。

(二) 及时性原则

在条件允许的情况下,招聘信息应该尽早地向公众发布,这样有利于缩短招聘进程,还有利于使更多的人获知信息。

(三) 层次性原则

由于潜在的应聘人员往往处于社会的某一阶层,因此要根据空缺职位的特点,有选择地向特定阶层的人员发布招聘信息,以提高招聘的有效性。

(四) 真实性原则

通过向应聘者提供有关职位的真实信息,能够有效地降低人员进入旅游企业后的流动率。

(五) 全面性原则

除了提供有关职位本身的信息,旅游企业还要尽可能多地提供其他的相关信息,比如旅游企业的概况、工作的条件、职业发展的机会等。应聘者对旅游企业了解得越多,越有助于他们做出判断和选择。

此外,广告设计所提倡的 AIDA 法则,在发布招聘信息时很有借鉴意义(见表4-6)。

表4-6　AIDA 法则在发布招聘信息中的应用

AIDA	A(attention)	I(interest)	D(desire)	A(action)
广告设计要求	引起注意	激发兴趣	唤起渴望	采取行动
招聘信息实务	选择宽的花边装饰、设计独特的旅游企业徽标、高雅的套色处理等方法吸引人们的视线;一些重要的招聘职位应单独放在一个醒目的位置上	人们对招聘职位的兴趣不仅来自工作内容,有时候某项工作的其他方面(如出国培训机会、工作时间和地点等)也能激发求职者的兴趣	招聘信息不仅要详述任职条件,还要提供有关薪酬等方面的信息,如"提供极富竞争力的工资",以唤起人们对所招职位的渴望	"请在一周内将应聘资料寄给我们""我们期待您能够在不久的将来加入我们的团队"等,这类鼓励求职者采取行动的语句是应该有的

第四节　招聘选择

招聘选择的过程就是从接受求职者的职位申请开始,对所有应聘者进行审核、考查,分步骤排除那些不符合"职位说明"要求的候选人,从而最大限度地避免录用到不适用的人员。

一、接受职位申请

应聘者在获得招聘信息后,可向发布招聘信息的旅游企业提出职位申请。职位申请有两种形式:一种是应聘者通过自荐信函或电子邮件向旅游企业提出申请;另一种是直接填写旅游企业的招聘职位申请表(见表4-7)。无论采取哪一种形式,旅游企业都应该要求应聘者提供以下内容:

(1) 应聘的具体职位。

(2) 个人资料,包括姓名、性别、年龄、身份证号、住址、联系电话、婚姻状况、子女、国籍等。

(3) 个人简历,重点说明受教育程度、职业培训经历、工作经验、技能水平、成果(成绩)、个人性格和爱好等信息。

(4) 各种学历、职业培训、技能水平、成果(包括获得的奖励)的证明(复印件)。

(5) 应聘所能够接受的条件，包括薪酬水平和工作时间等。

(6) 身份证（复印件）和近期免冠照片。

上述材料必须详尽真实，以便人力资源部门在招聘工作的后续环节予以核实。值得注意的是，一些旅游企业会将诸如"你是否计划在1年内生育""你是否正在怀孕期、哺乳期""家中是否需要照顾重症病人"等问题列入"职位申请表"中，这种做法容易引起法律争议。

表 4-7　职位申请表示例

编号：

姓　名		性　别		出生日期		年　月　日	一寸免冠照片
国　籍		民　族		文化程度			
政治面貌		婚姻状况		□未婚；□已婚；□离异；□丧偶			
身　高		体　重		健康状况			
外语语种		外语水平		专　长			
电子邮箱		联系电话		身份证（护照）号			
家庭通信地址		邮编		最早可报到时间			
申请职位	第一选择：		第二选择：		最低工资要求		
引荐人	□无；□有，姓名：		部门：	亲属在本企业情况	□无；□有，姓名：		部门：

工作简历	何年何月至何年何月	工作单位	职位	薪资	联系电话

是否与原单位有在期的保密协议或竞业禁止约定？			□无；	□有	

学习简历	何年何月至何年何月	学校名称	主修专业	所获学位

培训经历	何年何月至何年何月	培训机构名称	培训证书

主要家庭成员	姓名	关系	工作单位	职位	联系电话

声明：我承诺，在本表中所提供的信息全部真实有效，聘用方可对表中有关信息进行调查核实，包括但不限于本人品德、声誉、信用记录、就业和教育经历等，如以上信息被证实含有虚假成分，聘用方有权即刻终止雇佣关系，不予支付工资并追溯本人法律责任。

填表人（签字）：_____　　　_____年___月___日

二、初步选择招聘候选人

初步选择招聘候选人的目的,是将明显不合乎职位要求的申请者排除在招聘过程之外,这样可以为招聘工作节约大量的时间和费用。通常,专业性比较强的职位,如饭店厨师、会展公司美工设计等职位,应该由用人部门审核资格,参照职位说明书,确定参加下一步测试和面试的人选;而对于普通职位,如饭店洗碗工、旅游景区保洁员等,则可以由人力资源部门根据旅游企业的经营档次和目前员工基本水平进行初步筛选。

不论是人力资源管理部门还是用人部门,都应该认真研读全部应聘材料,其目的是:

(1) 决定邀请何人来旅游企业参加进一步的测试和面试。
(2) 掌握面谈的基础资料。
(3) 判断应聘材料的真实性。
(4) 评估各种招聘途径的有效性。
(5) 分析当前劳动力市场的供求水平。

三、初步面试

如果应聘者是来到招聘现场递交求职申请书,初步面试就可以开始了。旅游企业招聘人员可以凭借经验,基于对应聘者的第一印象做出判断,即是否可以进入下一步招聘环节。例如,佩戴高度数近视眼镜的应聘者显然不适合从事烹调工作。

初步面试不仅是为了尽快排除明显不符合要求的应聘者,还要解答应聘者有关职位工作内容和条件的咨询。此外,有时候可供求职者申请的职位不止一个,旅游企业应该主动向合适的求职者介绍、推荐其他空缺职位,这样不仅能为旅游企业建立良好的声誉,还能使招聘选择的收益最大化。

四、评价职位申请表

为了全面了解应聘者的个人信息,便于整理分析和比较评价,旅游企业人力资源部门通常会设计出比较专业的职位申请表。使用这类职位申请表,可以为评价求职者节省许多时间。

评价职位申请表时,应该注意以下五个方面:

(一) 逻辑性

职位申请表中的信息是否符合逻辑。例如,应聘者填写的最高学历为"大学本科",但是在"受教育经历"中只有两年在大学学习的时间,这显然不符合逻辑。

(二) 真实性

应聘者是否在用一种夸大的或不现实的方式表现自己。例如,应聘者自称曾是某饭店的"运营总监",其目的一是夸大原工作单位的规模,二是抬高自己的身价,而实际情况则可能是应聘者分别在某饭店的餐饮部和客房部担任过经理,但该饭店根本就没有"运营总监"一职。

（三）准确性

为了准确、真实地评价职位申请表，旅游企业通常还会要求应聘者提供能佐证职位申请表中某些信息的具体材料，如学历证书、技术等级证书和培训证书的复印件，如果认为有必要甚至可以要求提供原件。

（四）预见性

有时候通过认真研读职位申请表，可以预见应聘者的未来工作表现。如果发现某位应聘者在过去两年时间里先后在四家企业工作过，那么基本上可以判断此人的工作稳定性比较差，须慎重考虑。

（五）避免歧视性

旅游企业在设计职位申请表的具体项目时，应注意维护求职者的隐私权益，并注意避免宗教、民族和性别等歧视性问题。

五、选择测试

选择测试的方法和技术比较多，有的比较偏重于测试应聘者完成工作的能力，如认知能力测试、运动协调能力测试和专业能力测试；有的则比较偏重于预测应聘者的个人潜力，如评价中心技术。需要注意的是，当测试涉及与个性和个人爱好有关的问题时，测试的效果主要取决于应聘者是否诚实；有时应聘者可能有强烈的动机或顾虑，促使其对问题做出不真实的回答，或根据自己认为旅游企业所期望的答案作答。

（一）认知能力测试

这组测试包括对一般智力和特殊心理能力的测试。

1. 智力测试

智力测试也称智商测验，它检查的是一般的智力能力，包括对记忆、语义、言语表达及数理能力等一系列能力的检测。

最初，智商是一个严格按字面意义得出的一个"商"，其程序是用一个人的生理年龄除以他（她）的心理年龄（通过智力测验得出），然后把所得结果乘以100。因此，如果一个8岁的孩子回答了一个10岁孩子才能回答的问题，那么他（她）的智商就是125。

显然，用这种办法衡量一个成年人的智商似乎显得有点荒唐，所以一个成年人的智商分数实际上是一个衍生数，它反映的是一个人的智能高于或低于平均数的程度。

2. 特殊认知能力

特殊认知能力也称特殊心理能力，包括归纳推理、演绎推理、言语理解、记忆及数理能力等，这种测验的目的是检测候选人对某一特定工作的天资。例如，作为一名出色的导游，就需要具备对人的体貌特征有比较好的识别和记忆能力，以及良好的语言理解能力。

（二）运动协调能力测试

运动协调能力的测试，对从事服务工作而言是一种很重要的测试，它包括手指的灵活、手的灵活、胳膊移动的速度及反应速度等。通常使用的测试方法有插入、调换、组装、分解等。

插入:一种专门设计的手腕作业检查盘,其上部和下部各有48个孔,上部盘插着48根圆棒,被测验者两手同时从上盘中一个一个拔出圆棒,将其插在对应的下盘的孔中,以检查手及胳膊的灵活性。

调换:使用的检查盘同上,用单手拔出一根棒,用同一只手将拔出的棒上下反转并插入原来的孔中,以检查其反应速度。

组装:另一种手指灵巧检查盘,有50个孔,在这里附有金属的小铆钉和座圈,要求被检查者从上半部盘的孔中用一只手拔出圆形的铆钉,同时用另一只手从旁边圆柱中取出座圈,把它安在铆钉上,仍然用一只手将其插入与拔出的孔相应的下半部的孔,以此检查手指的灵活性。

除了运动协调能力的测验,有时还要求进行身体能力的测验。身体能力包括静态的力量(举重)、动态的力量(拔桩子)、身体协调能力(跳绳)及耐力等。运动及身体协调能力的测验,对从应聘者中选择餐厅厨师、酒吧调酒师及其他以轻体力劳动为主要工作内容的员工是十分必要的。

(三) 专业能力测试

专业能力测试又称工作样本测试,是指对应聘者进行实际工作操作或解答专业问题的测试,这类测试的内容通常是根据职位规范书的要求设计的。例如,应聘餐厅服务员的,就要展示对餐饮产品的了解程度、说出布置某种风格餐台要用到的餐具等;而应聘厨师的,则需要演示实际烹调操作技能。

专业能力测试只适用于有职业经历的应聘者,不适合测试刚刚毕业的学生和那些准备转行的应聘者。

(四) 性格及兴趣测试

性格测试能测验一个应聘者性格的基本方面,如内向、稳重及动机因素等。这类测试许多都是主观的反映,一般是通过"投影"来进行的。假设现在呈现在被测试者面前的是一幅像墨水痕迹或阴云密布一般的模糊的画面,测试内容是要求被测试者对此做出说明和反应,因为这一画面是模糊的,所以一个人的说明只能是发自内心的想象。通过不同的回答和反应,可以反映不同人的性格。

对性格的测试因为比较抽象,所以评估和运用起来难度都较大,但越来越多的研究证明,性格测试能帮助旅游企业招聘到比较合适的员工。除此之外,性格测试还能帮助旅游企业比较准确地预测哪些应聘者在将来的工作中有可能取得成功,哪些不能,以便择优录用。

兴趣测试是把一个人的兴趣与那些从事相同职业的人们的兴趣相比较。如果旅游企业要对一个应聘者进行相关的兴趣调查,就可以把他的兴趣与现职优秀员工进行比较。如果旅游企业能选择到与现职的优秀员工的兴趣相似的候选人,那么这些新人在未来的工作岗位上也很可能取得成功。

此外,兴趣测试的结果还可以应用于员工的职业生涯设计,因为一个人总是会把自己感兴趣的工作做得更好。

性格及兴趣测试实质上都属于心理测试的范畴。因此,在实施过程中还必须注意:

（1）要注意对应聘者的隐私加以保护。应聘者的各项能力、人格特征和兴趣特征属于应聘者的个人隐私。在未征得应聘者的同意之前，将应聘者的性格及兴趣测试结果公布是非常不合适的。如果应聘者未通过测试，旅游企业就应该将测试结果退还给应聘者。

（2）要有严格的程序。从测试的实施到最后的测试结果的评判，都要遵循严格的程序进行。执行人必须经过正式的心理测试的专业培训，必要时可请专业人员协助工作。

（3）测试的结果是对应聘者的能力特征和发展潜力的一种评定，不能将测试结果作为性格及兴趣的唯一判断依据，也不能把兴趣混同于才能或能力。

（五）评价中心技术

评价中心技术是把应聘者置于相对隔离的一系列模拟工作情境中，采用多种测评技术和方法，观察和分析应聘者在模拟的各种情境压力下的心理、行为、表现及工作绩效，以评价应聘者的管理技能和潜力的一个综合、全面的测评系统。评价中心技术包括无领导小组讨论、文件筐处理测试、角色扮演测试和案例分析测试等。运用评价中心技术可以为旅游企业选择和储备所需的管理人才，同时对个人的潜在能力及培训和发展需求做出初步判断。

1. 无领导小组讨论

无领导小组讨论是指把一组应聘者（一般为5—8人）集中在一起，就既定背景下的某一给定问题展开讨论，事先不指定主持人，招聘者则在一旁观察应聘者的行为表现，看谁会从中脱颖而出，成为自发的领导者。一般情况下，无领导小组讨论都要进行录像，招聘人员根据录像内容进行评分。

无领导小组讨论的目的主要是考察应聘者的组织协调能力、领导能力、人际交往能力与技巧、想象能力、对资料的利用能力、辩论说服能力以及非语言的沟通能力等，还可以考察应聘者的自信心、进取心、责任感、灵活性以及团队精神等个性方面的特点和风格。

无领导小组讨论的优点在于：首先，它具有生动的人际互动效应。针对小组要讨论的题目，每位应聘者都要从与他人的沟通中得到信息并表现自己。这种交叉讨论、频繁互动的过程有利于招聘者从整个讨论过程中捕捉被评价者的语言表达能力、人际影响能力、领导风格等。其次，它能在应聘者之间产生互动。应聘者之间相互作用，各自的特点在与他人沟通中得以表现，大致可从中考察他在团队工作中的特点。再次，应聘者难以掩饰自己的特点，讨论过程真实，易于客观评价。在无领导小组讨论中，应聘者之间的表现是无法提前准备的，同一时间要展示自己多方面的素质，在临场发挥的情况下使他们能表现出更多的真实行为和真实的能力水平，易于招聘者对其做出客观、准确的评价。最后，测评效率高。无领导小组讨论同时对多名被评价者进行考察，比起其他评价方法要节省时间，减少重复工作量，并且在一定程度上减少题目泄露的可能性。

无领导小组讨论的题目类型通常有以下四种：

（1）意见求同型题目。即针对某个特定的、存在不同解决办法的选题，要求应聘者在规定的时间内达成一致意见。这种题目常见的出题思路是对一个问题有若干种备选项目，让被评价者对备选项目的重要性进行排序，或者选择符合某种条件的选项。一般的实施过程是首先将题目的主题和备选项目以及操作备选项目的要求提供给应聘者，应聘者先分别提出自己的见解，然后通过讨论与辩论达成一致意见。

（2）资源争夺型题目。这种题目适用于指定角色的无领导小组讨论，是让处于同等地位的应聘者就有限的资源进行分配，从而考察应聘者的语言表达能力、概括或总结能力、发言的积极性和反应的灵敏性等。例如，让应聘者虚拟担任酒店各部门的经理，并就一定数量的办公经费进行分配。因为要想获得更多的资源，自己必须有理有据，必须能说服他人，所以这类问题能引起应聘者的充分辩论。

（3）团队作品型题目。这种题目要求应聘者通过团队合作来完成一项工作成果，如设计一个方案，给出一个问题的解决思路，或动手操作完成某项任务等。

（4）两难式题目。这种题目让应聘者在两种各有利弊的答案中选择其中的一种，主要考察应聘者的分析能力、语言表达能力和说服力等。例如，你认为旅游企业的服务理念应该是"顾客第一"还是"员工第一"。这类问题对应聘者而言，既通俗易懂，又能引起充分的辩论。但是需要注意的是，这种类型题目的两种备选答案应具有同等程度的利弊，不存在其中一个答案比另一个答案有明显的选择性优势。

2. 文件筐处理测试

文件筐处理测试是评价中心技术中最常用和最核心的测试方法之一，是将应聘者置于特定职位或管理岗位的模拟环境中，由招聘者提供一批该岗位经常需要处理的文件（如备忘录、信件、电报、电话记录、报告等），要求应聘者在一定的时间和规定的条件下处理完毕，并以书面或口头的方式解释说明这样处理的原则和理由。

文件筐处理测试显得生动而不呆板，可以比较真实地反映应聘者的能力水平，而且具有一定的灵活性；其次，作为一种情境模拟，它可以对个体的行为进行直接观察。文件筐处理测试实施操作非常简便，对实施者和场地的要求较低。它不仅有利于挑选出有潜力的管理人才，还能训练他们的管理和合作能力，使招聘选拔过程成为培训过程的开始。

3. 角色扮演测试

角色扮演测试就是要求应聘者扮演一个特定的管理角色去处理日常的管理事务，由此观察应聘者的各种行为表现，了解其心理素质和潜在能力的一种测评方式。在角色扮演测试的情境模拟中，招聘者会设置一系列尖锐的人际矛盾与人际冲突，要求几个应试者分别扮演不同的角色去处理各种问题和矛盾。一般来说，角色扮演测试的重点是角色把握能力、人际关系技能和对突发事件的应变处理能力等方面。

4. 案例分析测试

案例分析测试是向应聘者提供一些实际工作中常发生问题的有关书面案例材料，要求其解决案例中的问题，并写出案例分析报告，或者要求他们以演讲的形式表达自己的观点。招聘者根据应聘者分析问题和解决问题的能力、观点、逻辑性、文字表达水平和语言说服力等给予评价。

六、面试

根据面试在招聘工作中出现的阶段，可以分为初次面试和复试。一般初次面试由人力资源部门实施，人力资源部门的主管或指定人员担任主试人。通过初次面试，淘汰那些学历、经历和资格等基本条件不适合的应聘者。复试或带有评定性质的面试则通常由用人部门主管担任主试人。有时，为了保证面试工作的公正、客观，还要组成一个临时的面试组,面试组一般由用人部门主管、人力资源部门的主管和其他专业人员或高级主管组成。

(一) 面试目标

面试是招聘工作中唯一一个可以有互动内容的环节,面试者与应聘者都有机会和资格通过语言交流,了解对方和对方所代表的企业,但是双方的目标是有差异的(见表4-8所示)。

表4-8 面试双方的目标差异比较

目标维度	面试者	应聘者
气氛	尽可能营造融洽的气氛,使应聘者能正常展示自己的实际水平	适应面试现场的气氛,最大限度地展示自己的实际水平
地位	居于主导地位,控制面试的内容和节奏	希望被理解、被尊重,并得到公平的对待
主旨	了解应聘者的专业知识、岗位技能水平和非智力素质	充分利用时间和各种机会,有重点地向面试者反映自己的优势条件
导向	让应聘者更加清楚地了解旅游企业的发展状况、应聘岗位信息和本旅游企业人力资源的主要政策等	充分了解自己所关心的有关应聘职位的各类问题
权利	决定应聘者是否通过本次面试	最终做出决定是否接受旅游企业所提供的职位

(二) 面试的重点

面试与测试的关注重点有所不同,面试主要考察应聘者的语言表达能力、组织能力和处理事务能力。

1. 语言表达能力

在语言表达能力方面,面试侧重于考察应聘者语言表达的清晰性和逻辑性,包括演讲能力、介绍能力、规劝能力和沟通能力等。

2. 组织能力

在组织能力方面,面试侧重考察应聘者对组织协调性的理解,如会议主持能力、部门利益协调能力和团队组建能力等。

3. 处理事务能力

在处理事务能力方面,面试侧重于考察处理事务的条理性和力度,如公文处理能力、解决冲突能力和并行工作处理能力等。

(三) 面试分类

1. 按旅游企业方面参加面试的人员划分

(1) 单独面试。单独面试是指只有一位面试人员的一对一面试。面试人员应该是用人部门的管理者。单独面试主要适合应聘者比较多、面试时间比较分散或预计淘汰率比较高的情况。

(2) 综合面试。综合面试是指旅游企业人力资源部门和具体用人部门同时参与的面试。人力资源部门的人员负责了解应聘者的工作和学习背景及非智力素质,用人部门的管理者负责了解应聘者的专业知识和岗位技能水平。综合面试适合应聘者比较集中或招聘岗位人数比较少的情况。

(3) 合议制面试。合议制面试一般将初试或复试统一在一次进行。面试人员有人力资源部门负责人、用人部门负责人、精通招聘职位的专业人员和旅游企业决策者等。合议制面试的提问比较多、时间比较长,但录用决策迅速,时间短。合议制面试适合员工需求紧急或高级别职位招聘的情况。

2. 按面试问题的类型划分

(1) 结构化面试。结构化面试也称标准化面试,是根据所制定的评价指标,运用特定的问题、评价方法和评价标准,严格遵循特定程序,通过面试人员与应聘者面对面的言语交流,对应聘者进行评价的标准化过程。结构化面试测评的要素涉及知识、能力、品质、动机和气质等,尤其是有关职责和技能方面的具体问题,更能保证甄选的成功率。

结构化面试中常见的问题可以细分为"行为描述"、"情境模拟"、"思维分析"和"意愿表述"四种类型,具体运用如表4-9所示。其中,"要求应聘者叙述过去工作经历的具体事实来证实其所说的内容"被认为是最有效的,因为"过去的行为是未来行为的最好预言"。因此,面试人员可以按照"应聘者从事过的某项工作所处背景(situation)→应聘者所承担的具体工作任务(task)→应聘者为完成工作任务所采取的行动(action)→应聘者在完成上述工作任务后得到的结果(result)"这样一种逻辑层次进行了解,这种模式又被称为"STAR 面试法"。

表4-9 结构化面试问题的类型及应用

问题类型	发问要点	举例
行为描述型	直接围绕与工作相关的关键胜任能力提问,并且让应聘者讲述一些关键的行为事例	"请你讲述一次印象深的加班经历。当时你的表现是怎样的?"
情境模拟型	提供给应聘者一个与未来工作情境相关的假设情境,让其回答在这种情况下可以怎样做	"假如你的一名下属一向表现出色,最近却在工作中频频失误,你会采取什么措施?"
思维分析型	提供一个比较复杂的社会问题,让应聘者发表自己的看法,考察其思考、分析问题的能力;一般不要求应聘者发表专业性的观点,也不对观点本身正确与否做评价,主要看应聘者是否言之有理	"中国有句古话'乱世用重典',你怎么看?"
意愿表述型	考察应聘者的求知动机与拟任职位的匹配性,应聘者的价值取向和生活态度	"离开原来工作单位,你觉得自己会失去什么,有可能得到什么?"

(2) 非结构化面试。非结构化面试就是没有既定的模式、框架和程序,面试人员可以"随意"向应聘者提出问题,而对应聘者来说也无固定答题标准的面试形式。面试人员提问的内容和问题顺序取决于其兴趣与现场应聘者的回答。这种方法给面试双方充分的自由,面试人员可以针对应聘者的特点进行有区别的提问,并允许应聘者围绕某一主题自由发表议论,从中观察应聘者的组织能力、知识面以及谈吐和风度等方面的表现。非结构化面试比较适用于旅游企业招聘中高级管理人员。

（3）半结构化面试。半结构化面试是指对面试构成要素中的基本内容作统一的要求，其他内容则不作统一的规定，其一般形式是在预先设计好的试题（结构化面试）的基础上，面试人员向应聘者又提出一些随机性的试题。半结构化面试是介于结构化面试和非结构化面试之间的一种形式。它结合两者的优点，有效避免了单一方法的不足。

3. 按应聘者参与面试的情况划分

（1）单人模拟面试。单人模拟面试是指每次由面试人员只对一位应聘者讲明模拟设置的某种工作情境，一般情境中只有一个角色或主角，要求应聘者尽可能贴近实际地解决问题。有时面试人员可以参与进去，担当配合人员。单人模拟测试适合应聘者较少或复试时使用。

（2）多人模拟面试。多人模拟面试是指每次由面试人员只对两位或两位以上应聘者讲明模拟设置的某种工作情境，并为每位应聘者分配各自扮演的角色，要求每位应聘者尽可能地发挥自己的能力，贴近实际地解决问题。有时面试人员可以参与进来，担当协调人员。多人模拟面试适合应聘人员较多或初试时使用。

（四）面试准备

1. 确定面试时间

目的是可以让应聘者充分做好准备，更重要的是可以让面试者提前对自己的工作进行安排，避免与面试时间发生冲突，以保证面试的顺利进行。

2. 安排面试地点

旅游企业安排的面试地点应便于应聘者寻找。此外，面试现场应该做到宽敞、明亮、整洁、安静，为应聘者营造一个和谐的环境。

3. 提前熟悉应聘者的情况

面试者应提前研读应聘者的相关资料，对应聘者的基本情况有一个初步了解，这样在面试中可以更有针对性地提出问题，以提高面试的效率。

4. 准备面试提纲

面试提纲是整个面试过程中的问询提纲。面试人根据面试提纲，向应聘者提出问题，了解应聘者素质和能力，控制面试进程。准备面试提纲一般应该注意以下几个方面：

（1）面试提纲必须围绕招聘岗位的重点工作内容来编制。

（2）提出的问题应该具体、明确。

（3）面试提纲由若干面试项目组成，如"沟通能力""专业知识""敬业精神"等。每一面试项目均应设计相应的提问内容，以便面试时更有针对性、更加具体。

（4）如果应聘者有着不同的情况和经历，不要求每个人选都用同一套提纲依序问到底。因此，每一面试项目可从不同角度出一组问题，便于面试时合理选择。

（5）面试提纲可以分为通用提纲和重点提纲两部分。通用提纲涉及问题较多，适合提问各类应聘者。重点提纲则针对应聘者的特点和应聘岗位的工作特征提出，以便对职位要求中有代表性的信息有所侧重。

在实践中，许多旅游企业将面试提纲和面试记录合并设计在"面试测评表"中，如表4-10所示。

表 4-10　面试测评表示例

编号：

姓名		应聘职位		面试时间	年　月　日
评分标准	劣:1 分;差:2 分;一般:3 分;良:4 分;优:5 分。				
考核项目	参考提问内容		评价报告		得分
表达能力	两分钟简要介绍您个人经历、家庭情况及过去工作中较满意的一件事		□ 无法交流,思维混乱,词汇匮乏 □ 不善言谈,思维和观点模糊 □ 语言表达清楚,反应适度 □ 语言流畅,思维清晰,比较自信 □ 语言简明、流畅,思维清晰,自信		
专业知识	针对应聘职位的岗位职责及专业技能提问		□ 不具备属于这个职位的知识 □ 只有少量与这个职位相关的工作经验 □ 具备基本专业知识,但欠精通 □ 对工作比较精通,需要一些培训 □ 对工作非常精通,不需要任何培训		
工作兴趣工作态度	您怎样看待不计加班的超时工作？对本职位工作的想法		□ 对工作不关心,没兴趣 □ 仅对应聘职位工作有一些兴趣 □ 真心希望加入本企业工作 □ 对职位很感兴趣,提出问题 □ 对工作很迫切,提出很多问题和想法		
举止、自信心及控制力	谈谈你过去的工作中,你认为哪些好的经验值得总结。如在工作中你莫名其妙受到上级批评,你将如何对待？		□ 无气质,缺乏自信心,不修边幅 □ 时常表现出不确定,举止比较差 □ 有较好的自控能力 □ 对自己很肯定,自信心强 □ 高度自信,有感召力		
评语					总分：
面试结果	□ 推荐　　□ 待用　　□ 拒聘			面试人签字	

（五）正式面试

1. 初始阶段

在面试的初始阶段,面试人主要是了解应聘者最基本的情况,如工作经验、家庭背景、居所住址、过去的奖励及处罚、离开现单位的原因和身体状况等。

2. 深入阶段

面试的深入阶段主要是指就应聘者工作的动机及行为等方面做实际探讨的阶段。在这一阶段要注意:不要像对待犯人一样对待应聘者,不要以恩赐的态度自居,不要讥讽应聘者,不要凌乱无序地独占面试时间,也不要使应聘者居于面试的主导地位;所提出的问题应该尽可能地让应聘者一次听懂,同时注意倾听回答并鼓励其充分表达自己的真实想法。此外,还可以通过重复应聘者的话或总结其语意,了解应聘者的意见和思想,例如"你对平淡无奇的工作没有兴趣,对不对？"

3. 互动交流阶段

为了尽可能详细地获得应聘者的信息,在面试接近结束时,可以询问应聘者有没有什么问题来强化一下双向沟通,面试者可从应聘者所提出的问题中对对方做出判断。应聘者可能的回答:

回答一:我没有什么问题想问。

回答二:我的工资是多少?你们旅游企业有没有带薪年假?

回答三:我承担什么责任?我喜欢具有挑战性的工作。

面试者应该能从这些回答中发现应聘者的潜在动机。第一种回答表达的含义是"无所谓"或"无目的",第二种回答表明其关心的是个人利益,第三种回答是对工作的一种追求。

4. 结束面试

如果面试的问题已经基本完成或预定的时间已到,面试人就要将面试引向结束。此时非语言的沟通可以发挥作用,如面试人可以改变姿势,视线转向门口,看一下手表等均暗示面试结束的时间已到;还可以用"你最后还有什么问题需要了解的吗"来收尾。面试人填写好"面试测评表"是面试的最后一项工作。

5. 面试过程中应注意的事项

(1) 对应聘者要充分重视。有时面试人在面试中会表现出对应聘者一种漫不经心的态度,这样使对方感觉到自己受到冷落而反应不积极,这样就不利于了解应聘者真实的心理素质和潜在能力。

(2) 紧紧围绕面试提纲展开提问,这一点十分重要。有的面试人在面试时,往往会偏离主题,这样往往达不到目的,有的时候应聘者也会主动或无意识地把目标引开。

(3) 旅游企业的许多工作都是直接与顾客面对面进行和完成的,因此应聘者的举止是否大方得体,是否显示出一定的职业素养,是否为大多数人所接受,这是面试人必须认真观察和考虑的细节问题。在面试时要注意应聘者的一些非语言的动作行为,包括身体的姿势、谈话的语气、声调、说话时的手势、表情、发型和衣着等。

(4) 对应聘者前后要一致,不能先紧后松,或者先松后紧。刚开始时,由于面试人精力比较旺盛,思想比较集中,提问仔细,对应聘者测评比较准确;到了后期,由于长时间的工作,特别是参加面试的应聘者比较多的时候,面试人有可能因疲倦而草草了事,这样面试的整体结果就不会很理想。

(5) 注意克服第一印象中的消极因素。一般来说,应聘者在参加面试时都会进行刻意打扮和充分准备,所以给面试人留下的第一印象都比较好。但是第一印象可能是准确的,也可能是不完全准确的,因此要防止第一印象的影响,这样才能比较客观地判断、评价应聘者。

(6) 要防止与己相似的心理影响。"与己相似"这种心理是指当应聘者的某种背景和自己相似,就会产生好感或同情的心理活动。例如,听到应聘者与自己是同乡或同一所大学毕业,面试人就会产生一种与己相似的感觉,从而自觉或不自觉地放宽对应聘者的条件要求,这样就难以保证面试的质量。

(7)避免"刻板"印象。所谓"刻板"就是指有时仅凭目测对某个人产生一种固定的印象。例如,一见到老年人马上就认为这是一位思想保守的人,认为穿牛仔裤的人一定是思想开放的人。这种"刻板"印象往往会影响面试人客观、准确地评价应聘者。

七、鉴别个人资料

许多旅游企业都会努力对应聘者的简历及推荐人进行调查和核实,采用的方法大都是以电话进行,也有以信函方式进行的,目的是防止应聘者隐瞒一些劣迹,同时还可以了解应聘者一些以前的职业情况,包括职位、任职时间、薪酬水平和离职原因等。

此外,还应该采用以下方法重点对学历证书和培训证书等文凭进行真伪鉴别:

(1)观察法。通过眼睛观察和与真文凭的对比来识别假文凭。有些假文凭做工比较低劣,比如纸质硬度不够、没有防伪水印、学校公章模糊、钢印不清等都可以用眼睛识别。当然,现在的一些假文凭制作得比较逼真,水印、公章、钢印等一应俱全,简单地通过眼睛很难识别。如果手边有真文凭,可以将它与需识别的文凭进行对比,这时往往可以发现其真伪。

(2)提问法。根据文凭中所涉及的专业,面试人员提出一些专业性问题,可以有助于初步判断文凭的真伪性。

(3)核实法。面试人员可以与文凭颁发学校或机构的学籍管理部门联系,让它们协助调查该文凭的真伪。一般地说,这些单位都能积极协助,准确率很高。此外,还可以登录有关的网站,如中国高等教育学生信息网(www.chsi.com.cn),对文凭的有效性和真实性进行查询。

八、体格检查

体格检查是旅游企业招聘工作中绝对不能忽视的一个环节。旅游企业的服务工作更多的是通过人际接触来完成的,因此要绝对防止传染病患者被录用。此外,旅游行业的工作特点对员工的体力有比较高的要求,员工的身体素质决定了他能否连续、比较长时间地胜任以体力行为为主的服务工作。身体健康的员工还有助于减少因病假而造成的岗位暂时性缺员。

第五节 录用与就职

一、录用决策

通过旅游企业组织的专项测试和面试的应聘者,可以称其为"最佳候选人"。通常,一个招聘职位会有一个以上的"最佳候选人",这时候就需要进行决策性选择。在实际工作中,录用的最终决策权属于用人部门的经理。

(一)录用决策的选择

对应聘者的录用决策有两种方法:第一种方法是在"最佳候选人"之间进行选择,第二种方法是在候选人和招聘标准之间进行比较。一般说来，对于旅游企业比较重要的工作岗位或劳动力市场比较紧缺的人员，如销售部经理或计算机软件系统维护员等，可以采用第一种方法；对于那些普通职位或劳动力市场供应充裕的人员，如饭店客房部领班或餐饮部传菜员等，则应该采用第二种方法。

（二）录用决策需要注意的问题

1. 旅游企业只能录用那些可以满足其薪酬要求的人

应聘者的工作经验和资格应该与其获得的报酬相符。如果旅游企业支付的薪酬明显低于应聘者的期望值，并且也不能保证马上给予其晋升的机会，那么应聘者必定会寻找那些能给予其更好待遇或机会的企业。

2. 可以尝试进行高风险录用

每一个旅游企业都需要表现出色的员工，而这种表现出色的员工也许就存在于应聘者中，所以必要时可进行大胆录用，不必拘泥于小节或既定的条条框框。高风险的录用要么是非常成功，要么是非常失败，但旅游企业不应该因害怕失败而放弃可能获得优秀人才的机会。

3. 应聘者一定要喜欢与人相处

旅游企业中的绝大多数岗位都需要与内部或外部进行频繁的交流和沟通，因此需要以热情和好客来感染周围的人，孤僻、内向的性格不太适合这一行业的大多数工作。通过了解应聘者的兴趣和爱好，可以确定其是否喜欢与人相处。如果某一应聘者的所有兴趣都集中在读书、编织或集邮上，那么他可能是一位不太喜欢交际而喜欢独处的人。

4. 相信并珍惜人才

处于招聘中的管理者，不要害怕录用那些才能超过自己或比自己更有吸引力、更漂亮的人，关键要看其能否给企业带来贡献。

5. 身体素质尤为重要

应聘者的精力是否旺盛、体质如何，是旅游企业招聘过程中需要特别关注的方面。旅游行业中的许多工作是高负荷，有时工作量极大，所以旅游企业必须选择那些身体条件好且勤劳聪颖的人。

二、确定并公布录用名单

（一）录用通知

在通知应聘者被录用时，最重要的原则是"及时"。有许多用人机会都是由于在决定录用后没有及时通知应聘者而失去的。因此，录用决策一旦做出，就应该立即通知被录用者，具体的做法有电话通知和书面通知两种方式。不论采取哪一种方式，都应该向被录用者准确说明报到时间、报到地点、需要携带的物品和证件，以及正式开始工作的日期。如果使用书面的录用通知书，还可以注明被录用者将获得的薪酬标准和主要工作职责。

（二）辞谢通知

在招聘过程中的任一阶段，应聘者都可能被拒绝，大多数人都会接受未被选中的事实。即使如此，旅游企业也有必要对参加过测试和面试的应聘者给予答复，并将其应聘资料存档备案,保留一段时间;如果有新的职位空缺,旅游企业可以从中优先考虑。

三、签订劳动合同

劳动合同依法订立即具有法律约束力,当事人必须履行劳动合同规定的义务。合同签订后报劳动管理部门备案,或请劳动管理部门对合同进行鉴证。通过备案或鉴证,促使合同力求完善,符合国家有关的法律、法规和政策,便于维护旅游企业和被录用者双方的合法权益。

为了考察新录用的员工是否真正具备任职能力,以及补救不恰当的任用措施,旅游企业可以在劳动合同中规定试用期。我国《劳动合同法》将试用期按劳动合同期限长短分别做了规定,劳动合同期限三个月以上不满一年的,试用期不得超过一个月;劳动合同期限一年以上不满三年的,试用期不得超过二个月;三年以上固定期限和无固定期限的劳动合同,试用期不得超过六个月。

四、建立新员工档案

当新员工报到时,旅游企业应该立即着手建立档案。档案的内容包括职位申请表、面试测评表、录用批准书、劳动合同、体检合格证明和其他有关该员工的资料。这些档案反映了员工就职前的基本情况,也将伴随员工在旅游企业的工作,它是掌握员工工作情况、影响员工职业发展的文字材料。

五、介绍工作环境

为了让新员工迅速适应工作要求,在员工报到后,旅游企业应该首先让其熟悉企业的基本情况,如组织结构、员工手册、主要管理人员等;然后介绍部门同事,并详细讲述工作的内容、隶属关系、横向联系及其基本规则等。这项工作既利于新员工对旅游企业产生良好的印象,加强感性认识,又能防止原有老员工将自己的偏见传递给新员工。

一些旅游企业将该项工作称为到职复核,为了确保员工到职手续全面、完整,使用到职复核单是比较有效的,如表4-11所示。

表4-11 员工到职复核单示例

到职复核提示	提示内容(完成后在"□"内打"√")
个人资料是否齐全	姓名□、现住址□、身份证复印件□、最高学历证书□、联系电话□、家属情况□、职位申请表□、近期免冠照片□、体检合格证□
入职信息沟通是否已经通知有关部门	工资□、社会保险□、工服□、工牌□、考勤卡□、更衣箱□、员工就餐卡□、上岗培训□
任职基本情况是否已经告知员工	班次及上下班时间□、用餐休息时间□、工休日□、工资计算方法□、假期安排□、病事假管理□、离职及退休方法□、投诉程序□、福利待遇□
企业概况是否解释清楚	企业历史及隶属关系□、现状及特色□、经营理念□、发展方向□、服务项目□

(续表)

到职复核提示	提示内容(完成后在"□"内打"√")
组织架构是否解释清楚	部门设置□、有关领导和同事□、基础设施条件□
企业主要规章制度是否解释清楚	有关的经济法规□、安全卫生规定□、财产及设备使用规定□、考勤制度□、培训制度□、店容店貌制度□、薪酬制度□
本职工作概况是否解释清楚	工作内容□、程序□、基本工作方法□、承担的责任□、培训要求□、上下级关系□、合作部门□

第六节　评估招聘工作

对许多旅游企业而言,招聘是人力资源管理的一项日常工作,招聘工作完成的成功与否直接关系到人力资源管理的绩效水平。因此,有必要从招聘途径、招聘时间、招聘成本、招聘测试的信度与效度、招聘结果和招聘质量等六个方面对招聘工作进行评估。

一、招聘途径评估

通过分类统计各种招聘途径的应聘者数量,计算应聘比例和录用比例,可以对这些途径的有效性做出评估,公式为:

$$某招聘途径应聘比例 = \frac{通过该途径应聘人数}{计划招聘人数} \times 100\%$$

$$某招聘途径录用比例 = \frac{最终被录用人数}{通过该途径应聘人数} \times 100\%$$

某一招聘途径的应聘比例越大,说明这种招聘途径的人力资源市场反应越好,但是并不表明这种途径的招聘效果也很好。因为有时候应聘者虽然多,但符合条件的人却很少,录用比例则能够反映这种途径的适用性。

例如,某游艇俱乐部计划3月招聘服务生30名,通过互联网发布招聘信息后,共收到求职申请750份,经测试和面试后录用了18人;该俱乐部后与某旅游职业学院联系,举办校园招聘会,该校应届毕业生中有50人递交了简历,最后录用了12人。现对两种招聘渠道进行比较:

$$互联网招聘应聘比例 = \frac{750}{30} \times 100\% = 2\,500\%$$

$$互联网招聘录用比例 = \frac{18}{750} \times 100\% = 2.4\%$$

$$校园招聘应聘比例 = \frac{50}{30} \times 100\% = 166.67\%$$

$$校园招聘录用比例 = \frac{12}{50} \times 100\% = 24\%$$

通过计算,可以看出游艇俱乐部通过互联网招聘,人力资源市场反应强烈,为游艇俱乐部提供了比较大的选择余地,但同时也耗费了比较多的时间和精力;校园招聘的录用人数虽然少于互联网,但是录用比例却是互联网的10倍。通过评估,某游艇俱乐部本次招聘,校园招聘的有效性优于互联网招聘。

二、招聘时间评估

旅游企业的员工招聘过程可以划分为若干个工作节点,其中三个重要节点又被称为"招聘关键时间"。第一个就是人力资源部门找到合格的候选人并将其推荐给用人部门进行面试的时间,这被称为"招聘反应时间";第二个是应聘者通过录用考核并被告知聘用的时间,这被称为"职位空缺填补时间";第三个是应聘者正式开始工作的时间,这被称为"应聘者开始工作时间"。使用招聘工作节点时间跟踪表(见表4-12),可以比较清楚地发现招聘工作到底可能在哪一环节被耽搁。

表4-12 招聘工作节点时间跟踪表

申请招聘部门	招聘节点	①	②	③	④	⑤	⑥	⑦	⑧	⑨	⑩
A 部门	发生时间	04/01	04/02	04/09	04/12	04/16	04/25	04/30	05/03	05/12	05/26
	耗用天数	0	1	7	3	4	9	5	3	9	14
B 部门	发生时间	04/05	04/07	04/10	04/17	04/20	04/28	05/05	05/08	05/09	06/01
	耗用天数	0	2	3	7	3	8	7	3	1	23

节点说明:①为收到招聘申请;②为选择招聘途径;③为第一个应聘者出现;④为首次筛选;⑤为后续跟踪;⑥为用人部门经理面试;⑦为招聘决定;⑧为发出录用通知;⑨为应聘者接受/拒绝录用;⑩为新员工开始工作。

表4-12将员工招聘工作归纳出10个工作节点,并可以根据工作记录,统计出各节点之间衔接所耗用的时间。以A部门为例,节点①为人力资源部门收到招聘申请的时间,这是整个过程的开始日期,用掉的时间为0。由于关键点②发生在4月2日,用掉的时间为1天,则在"耗用时间"栏填写数字1。节点③出现在4月9日,就是7天之后,以此类推填写整行的记录。这种方法的优点在于,每个环节之间耗费了多少时间一目了然。对于希望缩短"招聘反应时间"和"职位空缺填补时间"的部门,在哪里耽搁了时间是显而易见的。对A部门而言,招聘工作最大的改进机会在节点③、⑥、⑨和⑩处。同理,对B部门而言,应该重点考虑节点④、⑥、⑦和⑩处的工作效率。

三、招聘成本评估

员工招聘作为旅游企业人力资源管理的一种经济行为,招聘成本应该被列为评估招聘工作的主要内容。员工招聘可能发生的成本如表4-13所示。

表 4-13　旅游企业招聘成本构成

成本	构成
直接成本	在招聘过程中发生的一系列显性支出,如广告费、代理招聘费、差旅费、测试材料费和工作安置费用等
重置成本	由于招聘失败,导致必须重新招聘所花费的支出,内容同"直接成本"
机会成本	因新录用人员试用期离职,或新录用人员的能力不能完全胜任工作所产生的隐性支出
风险成本	因新录用人员到职,引发原有人才加速流失,导致未完成职位招聘目标,由此带来的支出和损失

下列公式是评估招聘成本常用的,一般来讲,运用这些公式计算出的结果越低,说明招聘成本效益越好。

$$单位招聘成本 = \frac{本次招聘的直接成本}{本次招聘最终到任人数}$$

$$单位招聘支出成本 = \frac{本次招聘的直接成本}{本次招聘全部应聘者人数}$$

$$单位面试成本 = \frac{用人部门面试人员的小时工资 \times 面试小时数}{面试人数}$$

四、招聘测试的信度与效度评估

招聘测试的信度是指招聘测试的可靠性程度,即某项测试所得结果的稳定性和一致性,可以通过以下指标考察某一测试方法的信度:

- 稳定系数是指用同一种测试方法对一组应聘者在两个不同时间进行测试的结果的一致性程度,可用两次结果之间的相关系数来测定。
- 等值系数是指对同一应聘者使用两种对等的、内容相当的测试题所得结果之间的一致性程度,可用两次结果之间的相关程度(即相关系数)来表示。

招聘效度是指招聘的有效性,即用人部门对应聘者真正测到的品质、特点与其想要测的品质、特点的符合程度。招聘结束后立即精确计算招聘测试的效度是较为困难的,一般可以采用以下方法粗略估计招聘测试的效度:

- 本人评价法,是指把测试的结果反馈给本人,请他们判断评定结果是否符合本人的实际情况,以同意的人数与总人数的百分比来评价效度,百分比越高,效度越好。
- 对照法,是指将招聘时求职者的测评结果与录用后实际工作绩效考核得分做比较,若两者相关性很大,则说明此测试效度高。

五、招聘结果评估

衡量旅游企业招聘结果的指标包括空缺职位填补数量和及时性。一般认为,通过招聘活动使得旅游企业的职位缺口越少,空缺职位得到填补越及时,招聘结果就越理想。

- 招聘完成比,如果招聘完成比等于或大于100%,则说明在数量上全面或超额完成了招聘计划。公式为:

$$招聘完成比 = \frac{本次招聘最终到任人数}{本次计划招聘人数} \times 100\%$$

- 录用比,直接反映可供招聘选择的人数水平。相对而言,录用比越小,录用者的素质越高,选择难度越大;反之,则可能录用者的素质偏低。公式为:

$$录用比 = \frac{本次招聘最终到任人数}{本次招聘全部应聘者人数} \times 100\%$$

六、招聘质量评估

招聘质量主要是通过应聘人员入职后的工作适应程度和工作表现来体现的。以下两项指标是旅游企业评估招聘质量所常用的。

- 新员工流动率,通常反映了新员工工作不适应的程度。如果新入职的员工在试用期内辞职或要求调动,那么可以认为被录用者与职位之间缺乏良好的匹配。公式为:

$$某职位(部门)新员工流动率 = \frac{该职位(部门)尚处于试用期的员工流动人数}{该职位(部门)本次招聘新录用人数} \times 100\%$$

- 事故(或顾客投诉)发生率,新员工入职后在工作中出现的事故(或顾客投诉)发生率也在某种程度上反映了招聘的效果。公式为:

$$某期段事故(顾客投诉)发生率 = \frac{试用期员工发生事故(顾客投诉)数}{当期事故(顾客投诉)总数} \times 100\%$$

如果新入职员工接受培训后上岗,事故(或顾客投诉)发生率居高不下,就意味着职位安排存在问题或员工的条件不符合职位要求。

【关键术语】

招聘(recruitment)
内部招聘(internal recruitment)
职位公告(job posting)
工作竞聘(job bidding)
外部招聘(external recruitment)
职位申请表(employment application)
认知能力测试(cognitive aptitude tests)
运动协调能力测试(psychomotor abilities tests)
专业能力测试(professional competence tests)
性格及兴趣测试(personality & interest tests)
评价中心技术(assessment center)
招聘面试(employment interview)
结构化面试(structured interview)
非结构化面试(unstructured interview)
半结构化面试(Semi-structured interview)
面试提纲(interview outline)
面试测评表(interview evaluation form)
鉴别个人资料(reference checks)
录用决策(hiring decisions)

【复习思考题】

1. 如何准确理解"招聘"的含义?

2. 旅游企业招聘应遵循什么原则?
3. 影响旅游企业招聘工作的因素有哪些?
4. 内部招聘与外部招聘各有什么优势与劣势?
5. 旅游企业外部招聘主要有哪些形式?各有什么特点?
6. 招聘面试中双方的目标有什么差异?
7. 旅游企业常用的测试方法有哪些?各有什么特点?
8. 如何对旅游企业招聘质量进行评估?

【课后作业】

当得知应聘者是从同行一家不景气的企业出来的,某旅游企业用人部门的经理很感兴趣,马上问:"你认为原来单位不景气的原因是什么?"应聘者迟疑了一下,嘴上说"这个原因很复杂",心里却思索着:是对原单位的业务定位进行评价还是说因为经营策略调整,似乎都不太妥当。但是,不回答显然是不可以的。就在这几秒的迟疑中,经理生硬地说:"你不说,我们怎么知道?"应聘者尽力回答完这个问题。接下来,经理抓着这个问题继续问:"现在你们单位的人员去向如何?"应聘者说:"老员工企业负责安排去处,新员工各自找出路。"经理沉下声音说:"那么说,你是被辞退的喽?"应聘者不知所措。经理紧接着问:"那你离职后的这些天都干什么去了?"应聘者说自己这两个月一直待业在家。随后经理说:"看来你挺内向的,非得我们问你一句你才答一句。我们的面试到此结束。"

请两个学生分别扮成"经理"和"应聘者"模拟上述场景,并在扮演结束后分别谈一谈自己的心理感受,最后请观摩的同学对上述招聘场景进行评价。

【案例学习】

Airbnb 公司在中国的人才招聘

2005年大学毕业后,平面设计师乔·吉比亚(Joe Gebbia)曾游走在美国东海岸各地找工作。虽然他的才能是显而易见的,可是当时真的很少有人想聘用他。现在,这个 Airbnb 公司的共同创始人已经成了亿万富豪。

"共享经济"的偶像 Airbnb 公司 2008 年在美国旧金山正式成立,到现在为止已经有超过百万的注册房源,Airbnb 不仅希望让旅游者感觉到自己是一家专注民宿的旅游互联网企业,实际上更多的是希望帮助游客体验旅游目的地的民俗生活。

吉比亚一直在反思自己公司的招聘策略。Airbnb 的 300 个招聘职位曾经吸引了 5 万位求职者。公司的扩张速度如此之快,要想让招聘这样的"小事"顺畅运转谈何容易。2011 年,公司的人力资源"盲区"让吉比亚开始感到不安。当时,Airbnb 的员工人数从 50 名迅速增长到了 500 名。多次招聘面试都没有如期进行。终于开始面试后,很有前途的求职者却被晾在一边长达几个星期之久。求职者非常愤怒,所以,Airbnb 的工作邀请只有 50%—60% 签约率。为此,吉比亚责成招聘部门发扬及时、明确和谦恭有礼的传统美德。

"Airbnb 的所有工作都有连续性,(求职者来求职)就像到别人家里做客一样。"他说道,"我们开始考虑招聘的每个阶段会给人们带来什么样的感受"。

如今,走进 Airbnb 宽敞的开敞式招聘工作区,你最先看到的是一个 10 英尺长的情节串联图板,上面贴着招聘过程 10 个重要阶段的图片。Airbnb 的两位创始人都毕业于罗德岛设计学院(Rhode Island School of Design),所以,他们以管理顾问制作 PowerPoint 时的热情,创作了华特·迪士尼(Walt Disney)式的情节串联图板。每一个阶段都列明了行动步骤,同时用几个词语说明了求职者希望获得的感受。这些词包括"准备充分"和"满是关爱"等。

公司不再容忍面试者完成面试后推迟几周才拿出对求职者的审查结果,两天或三天内提交缜密周详的审查结论成了强制性规定。令人愉快的语调同样对招聘过程很有帮助。现在,Airbnb 为每一位求职者配备了一位招聘协调人:这些待遇优厚、和蔼可亲的员工可确保招聘过程的每个时刻都运转顺畅,比如说,给求职者提前发送泊车提示电子邮件等。

在一次重要面试开始前,Airbnb 的员工热心地给他端来一杯水这么简单的事情,也给全球旅行经理马特·吉斯基(Matt Ziskie)留下了深刻的印象,现在他已如愿加盟了 Airbnb。不过并不是每个措施都能带来理想的结果。招聘人员劳拉·特黑登(Laura Terheyden)回忆说,曾送给一位刚生了儿子的明星工程师一套婴儿连体服。"我收到了一封令人愉快的感谢信,可他还是选择去其他公司工作了。"特黑登感伤地说。

Airbnb 的招聘负责人吉尔·里奥佩里(Jill Riopelle)谈到,总体而言,情节串联图板策略强调了行动迅速的重要性。接受 Airbnb 工程师职位邀请的求职者签约率已经上升到了 80%,这个数字已可让公司与 Twitter 和 Uber 等公司一决高下了。

2017 年 6 月 1 日,Airbnb 正式宣布,任命原中国区产品与技术负责人葛宏为中国区负责人,全权负责 Airbnb 中国事务;葛宏还升任了 Airbnb 全球副总裁,直接向 Airbnb 全球执行官布莱恩·切斯基(Brian Chesky)汇报工作。

之所以令业内感到意外的是,这与业内盛传的 Airbnb 招聘中国区负责人标准有着较大的出入。

此前,盛传的 Airbnb 招聘标准是:15 年工作经验;多家中国企业的工作背景;英语沟通流利;非常懂得中美两国的文化;在房产、旅游领域有一定资源;擅长互联网……

再看葛宏的经历:他毕业于清华大学,之后进入耶鲁大学深造。2016 年加入 Airbnb,主要负责 Airbnb 产品及技术方面的事务,10 月带领 10 名工程师从美国总部调任中国市场。在加入 Airbnb 之前,葛宏曾任 Facebook 技术总监,也曾在 Google 就职。

显然,就葛宏的履历来看,确实相当优秀。但"多家中国企业的工作背景"以及"在房产、旅游领域有一定资源"这两条却并不符合,而其是否"非常懂得中美两边文化"也难以从已公布的个人履历中认定。

另一尴尬之处在于,葛宏工作经历中两个最为出彩的部分,即曾在 Facebook 和 Google 就职,对于他即将开展的中国业务来说,也并算不得多大的优势。众所周知,Facebook 在中国并没有多少业务;Google 此前在中国的发展经历甚至可以说以失败告终。也就是说,葛宏此前效力的互联网公司都没有在中国成功开展业务的经历。

或许 Airbnb 最终选择了退而求其次，毕竟业内盛传的那些招聘标准实在太过苛刻，一个从业经历横跨中美两国房地产、旅游、互联网等多个领域，资源丰厚的精英却仍然甘心为人打工，这样的人可谓凤毛麟角。

根据此前媒体报道，自 2015 年 Airbnb 入华以后，已经多次更换了其中国业务的负责人。其中国业务曾先后由前大中华区总经理 Henek Lo（已离职）；中国区运营负责人 Sean Pan；Airbnb 前首席运营官 Varsha Rao（已离职）；Airbnb 联合创始人、首席技术官 Nathan Blecharczyk 等人管理。

虽然取了"爱彼迎"这个中国名字后，Airbnb 已经明确表露了其发展中国业务的决心，但频繁更换"主帅"以及对于中国市场的各种水土不服却依然令 Airbnb 在华业务处于一个不温不火的境地。

不过，此次 Airbnb 终于下定决心不再虚位以待一个完美的"全才"，而是内部提拔了一名"技术男"，这其中或许还有一个原因。

就在不久之前，Airbnb 为了阻拦那些试图用虚假房源对优惠券进行套现的"假用户"却将许多真正的用户"一竿子打死"。大量用户在 Airbnb 官方微博上反映自己账号意外被封，但却在投诉数日甚至一周以后都迟迟得不到解决。这一负面事件不但又一次令 Airbnb 在中国严重"掉粉"，更是清晰地暴露其技术手段上的落后与应对失当。

这一事件或许瞬间令 Airbnb 看到了在发展中国业务时技术的重要性，于是它舍弃了之前招聘条件中对于本土化工作经历以及资源优势上的要求，干脆在内部提拔了一个"技术男"当了中国区"老大"。

但显而易见的是，Airbnb 的中国面临的难题远远不止于技术层面，就连此前 Airbnb 欲大肆宣传的中国名字"爱彼迎"也因为其糟糕的公关与品牌维护能力，不但没有获得亲近中国用户的效果，反而又遭遇了"水土不服"的嘲讽。管理与服务上缺乏效率、房源扩展上的进展迟缓、政策上的不确定性都是 Airbnb 中国业务发展方面存在的巨大隐患。

那么，Airbnb 在中国业务上的这些麻烦，一个"技术男"能够解决的吗？

案例思考题：

1. 作为一家新兴的"互联网+"旅游企业，Airbnb 公司的员工招聘有什么特点？
2. Airbnb 公司在中国业务上遇到的挑战，通过内部招聘能够解决吗？为什么？

第五章　旅游企业员工绩效管理

▶ 知识要求

通过本章学习,学生应该掌握六项基本知识:
- 员工绩效管理的含义
- 员工绩效管理在旅游企业人力资源开发与管理中的作用
- 员工绩效管理的基本过程
- 绩效目标的构成
- 平衡计分卡模型的核心指标
- 设计关键绩效指标应遵循的原则

▶ 技能要求

通过本章学习,学生应该掌握五项管理技能:
- 确立绩效目标的途径
- 拟定绩效目标协议书
- 合理选择员工绩效考核的方法
- 有效控制员工绩效考核中容易出现的误差
- 根据考核结果进行绩效面谈

引　例

武汉金盾酒店的绩效管理创新

武汉金盾酒店开业之初,董事长舒建辉就提出了"打造百年老店"的目标,制定了"建模式、塑品质、创品牌"的15年发展规划。在"绩效与时代齐飞,管理携创新共舞"原则的指导下,金盾酒店始终把市场创新、管理创新和服务创新放在战略发展的首要位置,以绩效管理为抓手,大胆创新,一步一个脚印,一年一个变化,取得了令人称道的成绩。开业15年,金盾酒店打造了一支平均工作年限超过10年的员工队伍;捧回了"湖北省十佳标杆旅游饭店""全国旅游文明先进单位"等多项荣誉。即使遭遇亚洲金融风暴、非典疫情、国际金融危机、酒店行业性效益下滑等困境,金盾酒店仍然连续15年完成经营利润(GOP)目标。金盾人把这种努力与尝试总结为"绩效管理模式创新"。

1. 组织建设

以绩效管理模式为主体,金盾人构建起具有自身特色的组织架构和制度体系。在常规性执行力考核的基础上,酒店把绩效管理的重心放在创新活力与运行效率的培养上,对管理人员重在创意能力和创造能力的考量;对普通员工则更为关注企业融入度和服务主动性。通过以组织效益、制度创新为主要目的的绩效管理,金盾酒店构建了对内以提升管理灵活性为主,包括民主决策和创新发展能力提升等内容;对外强化服务产品响应性,包括服务产品价值与品牌特色培养等,在酒店中营造出一种得以持续提升组织效率的"发动机文化"。

发动机是产生动力的机械装置,而发动机文化是指企业为适应环境、市场与自身条件变化,自我调节、自我纠错、自我创新的内生动力与创造能力。金盾酒店的"发动机文化"以绩效管理模式为主体,而绩效管理的创新并没有停留在绩效考核的浅层次上,而是通过绩效考核模式的建立和推行,赋予了酒店步调一致的行动力和持续旺盛的创新力。

金盾酒店的绩效管理模式创新是通过目标的确立、要素的整合和机制的建立来达到激活组织的目的。正如《金盾酒店绩效管理实例与操作》中阐述的:绩效管理是一个完整的系统,经理和员工都参与其中。双方通过沟通,将企业的战略、经理的职责、管理方式和手段以及员工绩效目标等基本管理内容确定下来,在持续不断沟通的前提下,经理帮助员工清除工作过程中的障碍,提供必要的支持、指导和帮助,与员工一起完成绩效目标,从而实现组织的远景规划和战略目标。

2003年12月,《金盾大酒店月度绩效管理方案(草案)》出台。经过14年的实践,目前,这部草案已成为数百万字的《金盾酒店集团绩效管理方案》:由"手工方式的绩效统计"到自行研发的"MSK-金盾酒店绩效管理系统",由单店版到集团版的升级换代,从管理人员360度绩效客观评价到绩效单据的实时更新,从精细化预算管理系统到九大个性化服务流程,从"一拖三"网络营销系统到社区营销推广,从金盾会员系统平台与酒店管理系统无缝对接到会员线上线下平台终端消费方式的创新。借助绩效管理模式创新,金盾酒店实现了管理自动化、服务个性化、市场营销网络化。

2. 制度设计

传统企业重视层级化组织架构的建设,强调自上而下的精英决策和单向主张传递。移动互联网时代的建设型企业则主张从外向内、自下而上的价值对话,强调民主决策,重视利益相关者的参与和联系,关注组织"同心共享、共创分享"机制的形成与有效运作。所谓"同心共享"是指组织成员对组织目标的认同,对组织运行的高度参与和投入。所谓"共创分享"则是指组织成员的共同价值创造和利益分享机制。同心共享机制决定着企业的凝聚力与创新力,为企业文化的"发动机"确定"功率"。共创分享则影响着成员的共创热情与投入深度,为发动机文化注入持久的"活力"。金盾酒店的绩效考核模式高度重视集体利益和个人利益、酒店利益和相关者利益的平衡,以"宾客关注回归原生态,员工关注直接到一线"的共享理念与制度设计,营造"共治、共享、共赢"的商业生态环境。

首先,在组织内部,金盾酒店提出了"每位员工进步一小步,酒店将会进步一大步"的口号,并在制度设计上将日常管理工作中的经营计划实施、服务质量、安全工作、设施设备维护保养、操作流程及团队协作等各项工作与明确的经营目标融为一体。在经营管理方面,酒店对中高层管理人员的经营及管理水平进行全面考核、评估;在员工激励方面,以金盾绩效执行四部曲(陈述事实、说明方法、阐述依据、签认结果)为主线,"MSK-金盾酒店绩效管理系统"实时的信息反馈与评分制度,将员工日常工作与整体目标无缝连接,从而实现了组织内部步调一致、齐心协力。组织目标与员工个人发展的紧密结合构建了同心共享的组织机制,赋予了绩效管理模式发动机文化的功能。金盾酒店基层管理者熊季秋说:"我发现自己不再是那个只顾一人前行的个体,我开始考虑如何带领自己的团队共同学习、共同进步。360度评估只是绩效管理的一个小工具,却能帮助我找到自身的瓶颈,为我指明前进的方向,让我得到进步。"

其次,在客户服务方面,金盾酒店建章立制,制定了"九大个性化服务流程"、"个性化服务反馈信息通报及核准制度"、"优质服务激励制度"、"网络预订客人链条服务操作流程"等一系列制度和流程,并充分利用"MSK-金盾酒店绩效管理系统"的平台功能,在个性化、温情化的服务过程中强调宾客的参与及互动,重视对宾客消费需求和满意度的大数据收集与评估。这种以消费者体验为中心的服务产品设计为金盾酒店带来了良好的市场口碑和经营效益,三年间酒店会员人数飙升至7万人,携程旅行网网评得分4.9分,位居湖北高星级饭店之首。而将评估结果分别以绩效工资百分制、培训基金和奖金三重奖励挂钩的制度设计,建立起组织系统内的效益分享机制,使员工对工作产生了快乐和成就感。"因快乐而热爱,因热爱而投入,因投入而创造,因创造而有成就"成为员工工作的动力。就像酒店餐饮部员工陈恬所说:"不以个人以集体,绩效人人都平等。工作多劳多收获,犯错扣分来记录。警示错误不再犯,改正自我更完善。工作自我共成长,全靠绩效的推广。"金盾的绩效管理模式因这种分享而产生了发动机效应,成为金盾酒店的管理利器。

金盾酒店的绩效管理模式不单是一种管理制度,而是对企业深层结构的调整和提升,是酒店由传统型企业向建设型企业转变的组织变革。

资料来源:李原. 绩效管理创新的"金盾模式"[N]. 中国旅游报,2017-04-20.

在旅游企业人力资源管理中,绩效管理不但牵扯面广、过程复杂、影响因素众多,而且很难使参与者满意。但是,金盾酒店明确绩效管理的原则,制定清晰的目标,从组织、机制和制度等方面创新绩效管理模式,充分调动员工的积极性,实现了企业上下级"共治、共享、共赢"的局面,从而证明绩效管理本身不是目的,而是企业获得强大竞争力的手段。

第一节 员工绩效管理概述

一、员工绩效的含义

广义的绩效既涉及整个组织,又与员工有密切联系。员工的绩效不仅是其工作所达到的结果,还包括完成工作过程中所表现出的技能和态度。因此,旅游企业人力资源管理研究的绩效,是指员工在工作过程中所表现出来的与旅游企业经营目标相关的工作业绩、工作能力和工作态度。

员工的绩效是受多种因素影响的,既有员工个体的因素(如知识、技能、价值观和家庭背景等),也有旅游企业的因素(如旅游企业的规章制度、激励机制、生产工具、工作地点和场所等)。员工的绩效与影响绩效的因素之间的关系,可以用公式表达为:

$$P = f(K, A, M, E, O)$$

式中,f 表示一种函数关系;P(performance)为绩效;K(knowledge)为知识,指与工作相关的知识;A(ability)为能力,指员工所具备的工作技能;M(motivation)为激励,指员工在工作中所受到的激励;E(environment)为环境,包括生产工具、工作地点和场所等;O(opportunity)为机遇,指有利于创造绩效的条件和机会。

以餐厅厨师的绩效为例。首先,厨师必须具备基本的烹饪理论知识(K),这方面的知识直接影响其绩效(如菜品的营养价值);其次,厨师的烹调技能(A),如刀工的熟练程度,也会影响其绩效水平(如配菜的速度);再次,厨师烹制菜肴在餐厅经营活动受到的重视程度(M),同样会影响其绩效的实现;又次,厨房设备的性能、操作间的布局等(E)也与厨师的绩效相关;最后,技艺高超的厨师如果有机会(O)为名人主厨并得到盛赞,其绩效会显得更加突出。

二、员工绩效管理的概念

员工绩效管理是指组织按照一定的绩效目标和标准,采用比较科学的方法收集与绩效有关的信息,定期对员工的绩效水平做出评价和反馈,以确保员工的工作活动和结果与组织要求相一致,进而保证组织目标完成的管理手段与过程。

(一)员工绩效管理的目的

1. 战略目的

绩效管理能够把员工的努力与组织的战略目标联系在一起,通过提高员工的个人绩效来提高企业整体绩效,从而实现组织战略目标。

2. 管理目的

通过绩效管理,可以对员工的工作行为和结果进行评估,以便适时给予相应的奖惩以激励员工,其评价结果是企业进行薪酬管理、晋升选拔以及是否留任员工等人力资源管理决策的重要依据。

3. 开发目的

在实施绩效管理的过程中,可以发现员工工作存在的不足,在此基础上有针对性地进行改进和培训,从而不断提高员工的素质,达到提高绩效的目的。

(二)员工绩效管理的前提

实施绩效管理必须首先了解员工创造良好绩效的动因,正确处理创造和提高员工的工作满意度(job satisfaction)和组织忠诚度(organizational commitment)与创造高工作绩效的关系。一定要认识到高满意度不一定会有高绩效,而是其中的"动力模型"也称"绩效—满意—努力模型"(见图5-1)在发挥作用。

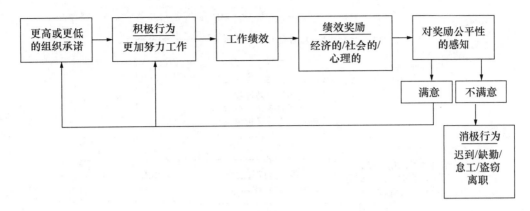

图 5-1 员工工作绩效动力模型

资料来源:王先玉等.现代企业人力资源管理学[M].北京:经济科学出版社,2003.

当员工感知到,凭借自己的工作绩效获得了公平的报酬或奖励,此时员工的工作满意度比较高,实际上这取决于员工绩效目标的设定。绩效目标的确立是实施绩效管理的另一前提条件,它对员工个人绩效的影响是非常大的(见表5-1)。

表 5-1 绩效目标对员工绩效的影响

目标状况	详细、明确	模糊	具有挑战性	与人分享	被员工接受	被员工拒绝	伴之积极的奖励
绩效趋向	高	低	高	高	高	低	高

三、员工绩效管理的过程

员工绩效管理包括以下六个主要环节,它们之间要紧密相连、环环相扣,形成循环动态的系统,任何一环的脱节都可能导致绩效管理的失败(见图5-2)。在一轮绩效管理结束后,旅游企业应在本轮绩效管理的基础上进行总结,结合旅游企业下一阶段的战略目标,制订下一轮的绩效计划,使得绩效管理能持续进行下去,达到不断提升企业绩效的目的。

(一)依据旅游企业战略目标制订绩效计划

绩效管理要以企业的战略目标为引导,对战略目标的认识和领会关系到绩效管理体系的成败。因此,要在识别外部机会和威胁、分析自身优势和劣势的基础上,结合时间维度将战略目标分解为绩效管理周期的具体目标。例如,可将旅游企业战略目标分解,形成旅游企业年度经营计划等。

绩效计划是旅游企业确定对员工的绩效期望,并得到员工认可的过程。旅游企业绩效计划的制订分两步进行:一是准备阶段,包括行业基准或竞争对手的标杆数据、各部门任务或目标、各类职位分析、员工的职责描述、员工上一个绩效周期的考核结果、计划的沟通方式等;二是绩效计划沟通制订阶段,包括管理者向下属传达旅游企业整体计划、工作重新设计、上下级一起探讨和沟通在绩效计划周期内应该履行的工作职责、要达到的工作目标、各项工作任务的权重、授权水平、绩效衡量方法、管理者可以为下属提供的支持与帮

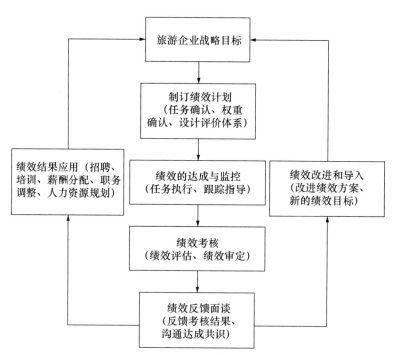

图 5-2 员工绩效管理过程系统模型

助、工作中可能遇到的障碍及解决方法等一系列问题,最后达成共识,得到下属的承诺,共同建立考核指标体系和指标标准体系。

(二) 员工绩效的达成与监控

制订了绩效计划之后,员工就开始按照自己承诺的目标开展工作。在工作的过程中,管理者与下属要保持联系,全过程监控计划的进展情况,对下属的工作绩效不断进行测定、指导、监督、记录、反馈,发现影响绩效的障碍并及时排除,获得使双方成功所需的信息。

员工绩效的进程管理包括两方面的内容:一是持续的绩效沟通。旅游企业管理实践中较为有效的绩效沟通方式包括定期的上下级双边述职、晨会、班前例会、咨询、走动式管理和非正式沟通等。二是员工绩效信息的收集与分析。员工绩效信息包括目标和标准达到(或未达到)的情况、员工因工作或其他行为受到的表扬和批评、证明工作绩效突出或低下所需要的具体证据、对找出问题(或成绩)原因有帮助的其他数据、管理者同下属就绩效问题进行谈话的记录等。

(三) 员工绩效考核

所谓绩效考核,是指运用数理统计、运筹学原理和特定指标体系,对照绩效目标及其衡量标准,按照一定的程序,通过定量定性对比分析,对员工在一定经营期间所创造的经营效益与业绩做出客观、公正和准确的综合评判。实施绩效考核的目的是考查绩效计划的完成情况,为今后的员工培训、晋升和加薪,以及下一步制订新的绩效计划等提供依据。

(四) 绩效反馈面谈

绩效反馈面谈是在绩效考核之后,根据员工的绩效表现和员工面谈,给员工以反馈。目的是借助沟通,让员工了解自己在本绩效周期内的业绩是否达到所定目标、当前的行为态度是否合格、优缺点、如何持续改进等;同时,要给员工申诉和请求指导的机会,以便最终达成共识,保证绩效考核的准确、客观、公平和公正。

(五) 绩效改进和导入

员工绩效改进的过程可分为两步:一是管理者与下属商讨绩效存在的问题,达成共识,制定合理的绩效改进方案,并确保能有效地实施;二是双方对下一个绩效周期的目标进行沟通,依据旅游企业的经营目标、市场竞争环境和本轮考核结果等适当调整指标体系,形成一个新的绩效合约。绩效改进计划要包括多个备选方案,重点放在一两项最重要的行动计划上,而且由谁干、干什么、何时干,都要逐一落实。

绩效导入就是根据绩效考核结果,发现员工缺乏的技能和知识,旅游企业有针对性地安排一些培训项目,及时弥补员工能力的短板。

(六) 员工绩效考核结果的应用

绩效管理是否达到预期效果,考核结果的应用是关键。因此,绩效考核完成以后,应该将考核结果与其他人力资源开发与管理环节相衔接。随着旅游企业员工需求的多元化,旅游企业绩效结果的应用也应该多元化,比如应用于人力资源规划、员工招聘与选择、员工培训、薪酬分配,以及职位调整等方面。

四、旅游企业绩效管理的原则

(一) 真实性原则

在管理员工工作绩效的过程中,管理者要把真实的绩效信息反馈给下属,如绩效标准是什么,对下属的工作绩效表现哪些方面满意或不满意,值得欣赏的方面有哪些,对下属未来发展的看法,阻碍下属成功的障碍,以及合理的建议等。

(二) 服务性原则

员工既是工作绩效的创造者,也是工作风险的承担者,在绩效管理的过程中,要使绩效提高计划、评估、反馈等活动密切服务于员工,上级应该及时给予必要的指导,帮助员工取得良好的绩效和符合期望的回报。

(三) 责任性原则

管理者要把帮助、保证下属取得发展、获得成功作为自己的责任,要善于鼓励员工不断提高自己的行为能力以取得理想的工作绩效。同时,鼓励员工作为团队的一员有责任努力发挥自己的作用,在建设性的互动行为中,相互学习、共同提高和发展,从中获得满足感。

(四) 简单化原则

从理论上讲,绩效管理手段越科学,考核因素越多,定量技术运用越广,则绩效管理的效度越明显。但是,实际情况往往不允许那样做。因为绩效管理的结构简单,要素减少可以缩短绩效测量、处理和评价的过程,有利于绩效管理工作的进行,也便于管理者掌握和普通员工接受。因此,绩效管理要素要少而精,方法要简便易行,以保证绩效管理结果的及时、有效。

五、员工绩效管理在旅游企业人力资源开发与管理中的作用

绩效管理可以使管理者及时了解和掌握员工的工作情况,有助于对旅游企业人力资源进行有效的控制和使用。

(一) 有助于更好地进行员工管理

客观地评价员工绩效和帮助员工发展,是旅游企业人力资源开发与管理工作的两个重要方面。由于绩效管理给员工强化了明确的工作要求,使员工责任心增强,清楚自己应该怎样做才能取得业绩,从而进一步发掘员工的潜能。绩效管理还可以帮助实现上下级之间、员工之间更好的沟通。通过沟通,可以促进旅游企业员工相互之间的了解和协作,有助于使员工的个人目标与企业目标达成一致,增强旅游企业的凝聚力和竞争力。

(二) 为员工培训提供依据

一方面,通过绩效管理可以发现员工当前工作绩效的优势与不足,而帮助其改进和提高绩效的有效途径之一就是开展培训。另一方面,有效的员工培训必须针对员工的绩效表现与职位规范、组织发展要求等方面的差距,研究确定下一步的培训目标、内容及方式。

(三) 有助于建立公平的薪酬体系

薪酬分配必须遵循公平与效率两大原则,旅游企业必须对每一位员工的劳动成果进行评定和计量,按劳付酬。只有薪酬与贡献相匹配,才能使员工感到公平合理,从而激励员工多做贡献。目前,对企业制定薪酬体系影响比较大的原理是3P模型,即以职位价值决定薪酬(pay for position)、以绩效决定薪酬(pay for performance)和以任职者胜任力决定薪酬(pay for person)的有机结合。清晰的绩效标准,以及对员工进行定期的绩效测量和考核,可以保证旅游企业薪酬体系的公正性和合理性。

(四) 为员工晋升、调迁、辞退提供依据

每位员工都希望企业能公正地评价其工作表现和工作能力,满足其物质和精神的需要。科学的绩效管理会使旅游企业掌握每位员工的工作表现,进而采用严格的奖励和惩罚手段,鼓励先进,鞭策后进,淘汰不合格员工,给每位员工以公正的待遇。此外,符合晋升条件的员工人数通常多于有晋升机会的人数,在这种情况下,公平公正的做法就是依据绩效考核结果择优晋升。

第二节　员工绩效目标管理

对员工的绩效实施目标管理,可以使每位管理人员和员工都能积极自主地控制自己的工作。一个管理人员或普通员工为了能控制自己的工作,除了理解自己的个人或局部目标,还必须能直接、及时地得到衡量自己成就所必需的信息,以便能自我控制、做出必要

的修正以获得所期望的工作成果。

一、规划员工绩效目标

规划员工绩效目标是员工绩效管理过程的开始,这一阶段主要是通过上下级的共同讨论,确定出员工的绩效考核目标。

(一) 员工绩效目标的构成

从人力资源管理的角度讲,员工的绩效目标是由绩效内容和绩效标准构成的。

1. 绩效内容

在旅游企业,对于每项工作的绩效目标,都要综合考虑以下主要因素:

(1) 知识,是指完成某项工作所必需的知识。旅游企业有些工作仅要求很简单的知识,员工在短期内就可掌握,如旅游景区卫生清洁工作;而有的工作如酒店总台服务、旅行社导游服务以及企业财务工作等,则需要员工具有丰富的业务知识,从而要求具有较好学历和较宽知识面。

(2) 技能,是指旅游企业员工完成本职工作所需的操作技术和能力。旅游企业很多服务工作都要求员工具备熟练的操作技能,如酒吧调酒、高级宴会分菜等。

(3) 责任,是指每位员工在本职工作中应该担负的责任。不同工作职位有不同的责任,责任的完成情况是考核一项工作的主要内容。

(4) 体力消耗,是指工作中员工所耗体力的程度。旅游企业不同工作所耗的体力是有区别的,如同属于酒店餐饮部的自助餐厅服务员和宴会厅服务员在正常营业时间内所付出的体力是不同的。

(5) 脑力消耗。任何工种都要有一定程度的脑力消耗,包括集中精力和创造性地处理问题。例如,酒店前台接待员工作中所耗脑力远远高于同属于前厅部门的门童。

(6) 社交技巧。旅游企业不同的职位对社交技巧有不同的要求。例如,酒店餐饮部经理要擅长交际应酬,方能自如地接待各种类型的顾客,而同属一个部门的行政总厨则不需要这种社交技巧。

(7) 工作条件,主要是指完成工作的物理条件和温度、湿度、噪声、异味及工作危险性等。旅游企业各种工作岗位的工作条件有时存在很大差异。例如,酒店洗衣房的工作环境比较潮湿且噪声较大,要比前厅接待和客房服务等岗位的工作环境差许多。

以上七个方面只是列举了旅游企业绩效内容应包括的主要因素,在旅游企业员工实际绩效管理中,还要针对某项具体工作,进一步确定绩效内容。例如,旅游企业负责接待工作的一线员工,绩效内容通常包括工作数量与质量、出勤情况、仪表仪态、工作习惯(整洁、卫生、安全)、顾客关系、人格、态度、合作、忠诚及创造性等方面。

2. 绩效标准

绩效管理要发挥作用,一定要有合理的绩效标准。绩效标准的内容必须准确化、具体化。为此,制定绩效标准时应该重点注意两个方面的问题:一是要根据旅游企业的职位说明和工作任务确定考核项目,不能随意制定;二是考核者要与被考核者沟通,以使绩效标准能被共同认可。

（二）规划绩效目标的平衡计分卡模型

1992年哈佛商学院教授 Robert S. Kaplan 和复兴方案公司总裁 David P. Norton 在《哈佛商业评论》发表《平衡计分卡——评价指标驱动业绩表现》，正式提出平衡计分卡的理论和方法。其核心思想是：传统绩效评估体系只侧重于对企业内部短期财务绩效做事后评估，这种方法在工业化时代背景下可能是较为有效的，但是在后工业社会中却越来越不适应组织学习和发展的新情况。为此，就需要从动态战略管理的高度，将企业内部流程与外部市场环境以及组织创新发展等统一纳入和整合起来，建立一种能保证组织在战略层面可持续发展的新型绩效评估系统（见图5-3）。

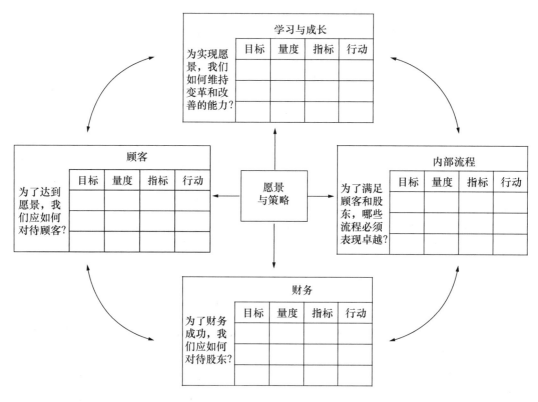

图5-3　平衡计分卡模型

资料来源：R. S. Kaplan, D. P. Norton. Using the balanced scorecard as a strategic management system[J]. Harvard Business Review. 1996(1—2).

平衡计分卡打破了传统的单一使用财务指标衡量绩效的方法，在财务指标的基础上，加入了未来驱动因素，即顾客、内部流程和员工的学习与成长。这一模型的特点和优势主要体现在三个方面：

一是战略性。作为战略性评价管理体系，平衡计分卡是在企业战略目标的指引下，将战略目标、资源和行动有机地结合起来，构成一个完整且闭合的评价和管理循环。

二是综合性。在对一个组织或个人进行评价时，平衡计分卡是以一个宽泛的视角来考虑，它将不同的评价指标和模型进行了集成，定性指标和定量指标都被融入平衡计分卡模型的框架中,以此对组织或个人做出比较全面的综合性评价。

三是动态平衡性。平衡计分卡的四个维度(财务、顾客、内部流程、学习与成长)不是孤立的,它们之间存在一系列的既定假设。例如,增加酒店员工培训学习是为了提高其服务的质量,服务质量的提高可以反映在该员工提高了服务(如宴会预定、客房清洁等)的准确性和及时性,提高服务质量意在提高顾客的满意度,进而可能提升顾客的忠诚度和消费量,顾客满意度提高的最终结果就是为企业带来更多的利润和资金。对于旅游企业而言,当一个方面的指标有所提高却没有引起相关方面指标的改善时,就应该对平衡计分卡的指标体系进行重估,修改假设关系。这种对企业战略的动态评估和修订能力,是平衡计分卡模型的一个重要和突出的特点。

(三) 员工绩效目标的确立

绩效目标管理以结果为导向,以执行人的自我控制为基础,重视自主、自治和自觉。因此,在设置绩效目标时,要特别强调执行人的群体互动性、民主协商性和平等契约性,那种单向命令性、自上而下分解性和被动执行性的绩效目标设置程序,会为以后的绩效评价埋下矛盾。确立员工绩效目标的基本运作模式有三种,如表5-2所示。

表 5-2 确立员工绩效目标的模式

模式	特点	过程
自上而下	高层制定总目标,执行层分解目标	在目标制定过程中,运用"向下沟通"的方式,先由高层管理者公布企业总的经营目标草案,然后逐级分解、分派目标草案,一直落实到全体员工,若各部门和员工无异议即告定案,若有异议再协商讨论,直到达成共识为止
自下而上	执行层自拟目标,高层审定批准——"先民主后集中"	在目标制定过程中,重视、信任执行层的自主性和能动性,运用"向上沟通"的方式,先由基层主管充分考虑实际情况,将基层员工自认的绩效目标草案收集修改,然后上报给部门经理进一步修订,同意后报高层审定,如果无异议即告定案,若有异议再进一步协商,直到形成一致意见,最后定案
上下结合	"自上而下,自下而上,上下结合"——双向交流,反复沟通	在目标确定过程中,高层先公布企业总的经营目标草案,经与各部门经理磋商同意后定案;然后由部门经理依据总目标方案,设定本部门目标草案,并与下属磋商后定案;最后,每位员工根据部门目标方案和自己的实际情况拟订个人绩效目标草案,与经理协商一致后定案

总之,在绩效目标设置过程中,要让全体员工积极参与进来,进行规范深入地沟通和讨论,并在此基础上调整自我角色和职能定位,争取能使各方就关键绩效问题达成共识,最后完成绩效目标设置任务,签订绩效目标协议。

(四) 绩效目标规划的难点

1. 绩效目标难以确定

绩效目标在绩效管理中是作为一个"鉴定"工具出现的,目标必须具体并尽量用数字表示,如"增加餐饮营业收入5%"、"降低办公用品开支10%"等,切忌用"我们将尽最大努力让顾客满意"这类口号式话语。因为这种形式很抽象,很难进行比较,所以考核结果很难精确。

2. 绩效目标规划很费时间

确定绩效目标需要大量时间,因为它要经过几上几下的协商才能达成共识。

3. 同下属一起确定绩效目标有时会变成一场"激战"

当上级推行比较高的绩效目标时,下属则可能主张比较低的绩效目标。为了激励下属的工作行为,绩效目标的确立必须公正并且具有实现的可能,既现实又具有挑战性,因此对工作和下属的了解越多,确立的绩效目标就可能越科学,下属的积极性就可能越高。

二、绩效目标协议书

(一)绩效目标协议书的含义

在市场经济条件下,管理执行力获取的有效途径就是建立具有法律依据的契约关系,而绩效目标协议书是树立绩效目标"权威性"的有力保证。绩效目标协议书是指在实施绩效目标管理的初期,上下级通过平等协商的方式签订的、以全面量化的形式明确在绩效目标达成过程中各方所享有权利和义务的契约文件。

绩效目标协议书不仅将员工绩效目标的标准和时限,以书面契约的形式全面量化确定;同时,也将影响绩效目标执行的各种关键要素,一并以书面契约的形式量化确定。这就大大减少了未来绩效评价中模糊性和主观性成分,大大降低了绩效考核争议的发生概率,使员工及其直接上级在绩效管理中的各种失职行为"无处藏身"。

(二)绩效目标协议书的核心——关键绩效指标

绩效目标协议书的核心是关键绩效指标,即 KPI(key performance indication)。KPI 的含义是通过对组织内部某一流程的输入端、输出端的关键参数进行设置、取样、计算、分析,衡量流程绩效的一种目标式量化管理指标,是把企业的战略目标分解为可运作的远景目标的工具,是企业绩效管理系统的基础。旅游企业围绕 KPI 进行管理通常要通过以下几个过程来实现,如图 5-4 所示。

在设计关键绩效指标时,必须符合 SMART 原则:

- 关键绩效指标必须是具体的(specific),要有关于工作主体、客体、范围和职责等方面的具体要求,以保证其明确的指导性。
- 关键绩效指标必须是可衡量的(measurable),必须有明确的衡量指标,包括定性标准或定量额度(如工作量、费用和利润等)。
- 关键绩效指标必须是可以达到的(achievable),是实事求是的,不能因指标脱离现实水平而使员工产生挫败感,但指标必须具有一定的挑战性,员工只有通过积极努力才可以达成。
- 关键绩效指标必须是相关的(relevant),它必须与企业战略目标、部门任务及职位职责相联系。
- 关键绩效指标必须是以时间为基础的(time-based),即必须有明确的时间限制或要求。

(三)绩效目标协议书的主要内容

完整的绩效目标协议书主要包括以下九个部分:

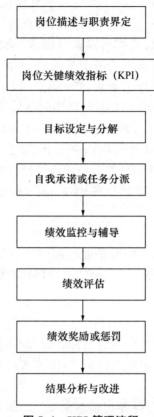

图 5-4　KPI 管理流程

（1）绩效目标的内容和含义（员工绩效目标的项目以及项目本身的内涵）；

（2）绩效目标完成的标准（各项绩效目标完成的数量、质量、成本和安全度）；

（3）绩效目标完成的时限（各项绩效目标完成的最后期限，应精确到日或小时）；

（4）绩效目标执行的方法和步骤（各项绩效目标执行的范围、对象、工具和流程）；

（5）绩效目标执行的难点和措施（阻止各项绩效目标顺利实现的关键障碍以及针对性的清除手段）；

（6）绩效目标执行所需资源（确保各项绩效目标顺利实现的人力、物力、财力以及信息资源等支持）；

（7）直接上级责任（在各项绩效目标执行过程中上级的控制、培训和辅导责任）；

（8）目标变更（在企业内外主客观因素发生重大变化导致绩效目标无法按原定计划实现时，对绩效目标完成的标准、时限乃至绩效目标本身进行调整的条款）；

（9）违约处理（当员工或其直接上级因违反绩效目标协议书的有关条款而导致绩效目标未能按时、按标准完成时，对员工或其直接上级在任用、职级和薪酬等方面的处罚）。

（四）绩效目标协议书的使用

在使用绩效目标协议书时，必须对绩效目标的具体含义进行清晰的界定，才不至于造成歧义并妨碍未来的绩效考核工作。例如，在旅游企业部门经理的目标协议书中，"员工满意度"就是一个重要指标。"员工满意度"可以被理解成"员工对上级管理的满意度"、"员工对本职工作的满意度"、"员工对个人薪酬的满意度"、"员工对内部培训的满意度"等多种内涵;"员工满意度"的统计工作可以被理解成"满意员工数量占所在部门员工总数的百分比(员工满意度分满意、不满意两个等级)","满意度为满意和较满意的员工数量占被调查员工总数的百分比(员工满意度分满意、较满意、不太满意、不满意四个等级)"等多种内涵。可见,不进行明确的阐释,具体的绩效考核管理就会很困难。

其次,在绩效目标完成的标准方面同样需要进行明确的界定。绩效目标完成的标准可分为数量标准(如营业额48 000万元)、频率标准(如投诉发生率每季度三次)、类别标准(如服务质量等级A级)、次序标准(如合理化建议排行榜第一名)、差距标准(如资产负债率标准差5%)、比率标准(如顾客满意率95%)等六种形式。

三、绩效目标分解

绩效目标最终能否实现要依靠旅游企业各部门每位员工的努力和付出。因此,企业要将总的绩效目标分解到部门,再由部门制定绩效目标并分解到个人。

(一)绩效目标分解的原则

1. 绩效目标分解应按整分合原则进行

要将绩效考核期内旅游企业总的绩效目标分解为不同层级、不同部门的分目标;分解后的分目标总和应该大于上一级组织的目标,以保证总目标的实现。

2. 目标一致原则

各层级、各部门的分项绩效目标要与旅游企业总的绩效目标方向保持一致,且与各部门员工的岗位职责相符合,内容上下贯通,保证总目标的实现。

3. 资源合理配置原则

在绩效目标分解的过程中,要注意各分目标所要求的条件及其限制因素,如人力、物力、财力和协作条件、技术保障等,通过合理配置资源,有效协调绩效管理中不同目标之间的矛盾与冲突。

4. 进度同步原则

各分项绩效目标之间在内容与时间上要协调、平衡,并保证彼此的进度基本同步,不影响总体绩效目标的实现。

5. 围绕目标值和完成时限进行分解的原则

绩效目标分解的结果应该是,各层级、各部门的分项目标简明、扼要、明确,有具体的目标值和完成时限要求。

(二)绩效目标分解的方式

绩效目标分解的方式有指令式分解(自上而下)和协商式分解(自下而上)两种,两者的区别在于绩效压力的传导方向截然相反(见图5-5)。

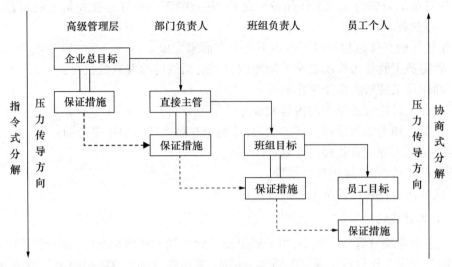

图 5-5　绩效目标分解方式示意图

1. 指令式分解

指令式分解是绩效目标分解前不与下级组织商量,由领导者确定分解方案,以指令或指示、计划的形式下达。这种分解方法虽然容易使绩效目标构成一个完整的体系,但由于未与下级协商,对下级承担目标的困难、意见不了解,容易造成某些绩效目标难以落实下去;更由于下级感到这项绩效目标是上级制定的,因而不利于下级积极性的激发和能力的发挥。事实上,指令式分解不符合目标管理法的参与、民主和自我控制的特点。

2. 协商式分解

协商式分解使上下级对总体绩效目标的分解和层次目标的落实进行充分的商谈或讨论,取得一致意见。这种协商容易使目标落到实处,也有利于下级积极性的调动和能力的发挥。

(三) 绩效目标分解的方法

绩效目标分解的方法主要从两个方面考虑。一是采用工作分解结构法,即把一个目标按一定的原则分解,目标分解成任务,任务再分解成一项项工作,再把一项项工作分配到每个人的日常活动中,直到分解不下去为止;分解绩效目标时要注意"相互独立、完全穷尽",以及关注"可交付的成果"。二是从时间维度分解绩效目标,将各种目标根据时间轴分解为阶段性任务。

四、绩效监控

为了帮助下属实现绩效目标,在确定绩效目标后,管理者还应该通过辅导、咨询、与员工不间断的沟通、收集绩效信息等环节进行绩效监控。

(一) 工作辅导

在绩效管理中,管理者对下属进行工作辅导,一方面是为了及时帮助员工了解自己工作进展情况,确定哪些工作需要改善,需要学习哪些知识和掌握哪些技能;另一方面是在必要时指导员工完成特定的工作任务。此外，有效的工作辅导还能使员工的工作过程变成一个学习过程。

工作辅导的具体过程可以通过以下七个方面来完成：
- 确定员工胜任工作所要学习的知识、技能，提供持续发展的机会；
- 确保员工理解和接受工作辅导；
- 与员工讨论应该学习的内容和最好的学习方法；
- 让员工知道如何管理自己的学习，并确定在哪个环节上需要帮助；
- 鼓励员工完成自我提高计划；
- 在员工需要时，提供具体指导；
- 就如何监控和反馈员工的进步达成一致。

（二）工作咨询

在旅游企业绩效管理实践中，当下属没能达到预期的绩效标准时，管理者可以通过咨询来帮助其克服工作过程中遇到的障碍。例如，酒店餐饮部餐具破损率高于绩效标准时，管理者可以对餐具使用、清洁和保管等环节进行综合诊断，为餐厅服务员、厨师和洗碗工等不同岗位提供咨询。

工作咨询的具体过程主要包括三个步骤：第一步，确定和理解，即确定和理解工作中存在的问题；第二步，授权，即帮助下属认清自己的问题，鼓励他们正视这些问题、思考解决问题的方法并采取行动；第三步，支持，即以员工自己解决问题为主，为其提供必要的资源。

（三）与员工不间断地沟通

在旅游企业绩效管理实践中，管理者需要及时掌握：工作的进展情况如何，顾客是否满意，当前工作所面临的困难与障碍，需要对工作进行哪些调整，进一步提高服务质量还需要哪些资源与支持等信息。员工则更关心：工作质量是否达到了上级的要求，努力的方向是否与上级的期望一致，是否要对自己的绩效计划进行调整，自己还能获得哪些资源与支持等信息。

解决上述问题的关键，就是管理者要与下属保持不间断的沟通，从而实现：通过沟通掌握绩效计划的进展情况；通过沟通向下属提供管理信息，为员工绩效计划的完成奠定基础；通过沟通使管理者了解顾客的需求，以便日后进行的绩效评估能有助于旅游企业提高服务水平。

（四）收集绩效信息

旅游企业经营管理活动的特点决定了绩效管理实践必须不断收集绩效信息，并及时做出反应。旅游企业管理者可以通过现场观察、统计经营和服务数据、调查顾客满意度等方法收集绩效信息，以便为及时的服务补救提供目标支持，为绩效决策提供具体依据，为日后的绩效考核提供事实依据。

第三节　员工绩效考核

一、绩效考核的主体

在旅游企业绩效考核工作中,被考核者是客体,考核者是主体,一般包括直接主管、部门内同级员工、下级、员工本人和顾客。

（一）直接主管

由直接主管进行考核,也称为"自上而下考核"。旅游企业通常会在制度上规定,直接主管对下属拥有绩效考核的责任和权力。直接主管对下属的工作最熟悉,甚至有的主管以前就是从事下属目前的工作,因此可以把握绩效考核的关键点,并在很大程度上可以保证绩效考核工作的公平性。当管理的下属比较多时,直接主管有时难以全面掌握员工的工作表现,因此会表现出一定的局限性。

（二）同级员工

让同级员工相互进行工作绩效考核,这是因为同级之间的工作相似性强,大家在一起共事,接触和沟通的机会比较多,彼此的工作表现了解得也更多一些。但是,同级员工之间进行绩效考核,有时会引起相互猜疑,以及出现通过"轮流坐庄"获得奖励或避免惩罚的不负责任的行为。

（三）下级

由低级别的员工对其上司进行绩效考核也具有重要意义,特别是对上司的领导能力、沟通能力等方面的评价往往具有很强的针对性,对促进管理者的发展和改进工作更有价值。

需要注意的是,员工由于顾虑上司的态度及反应,也可能不会反映真实情况。为了解决这一问题,应当由专门的部门(如人力资源部)组织进行,并采取必要的保密措施,避免员工在考核上司时因暴露问题而受到打击报复。此外,下级评价上级的工作绩效,有时会对管理者造成压力,影响其管理员工的力度。

（四）员工本人

旅游企业开展员工自我评价,有利于提高员工对绩效考核工作的认同感,减轻他们的逆反心理,增强员工参与绩效考核的意识;促使员工总结经验教训,改进工作方法,加强自我管理。但是,值得注意的是,员工自我评价一般比其他考核主体的评价要高,很少有人会自我贬低。

（五）顾客

这里所指的"顾客",既包括旅游企业的外部顾客,也包含企业内部有协作、支持和配合关系的内部顾客。来自顾客的评价和考核,主要反映的是被考核者的服务质量和工作结果,对绩效达成中被考核者的表现涉及的比较少。

二、360度绩效考核

在实践中,由于工作绩效具有多维性,上级、下属、同级员工及其他考核者从各自角度观察到的绩效情况是不一样的,为了更全面、更客观、更公正地对员工进行绩效考核,很多旅游企业近年来开始采用360度绩效考核法。

360度绩效考核又称"全方位评价"(full-circle appraisal)或"多元复合评估"(multi-rater assessment),其基本思路是:首先选择对旅游企业经营管理至关重要且容易观察到的绩效维度,然后由被考核者周围的相关人员,通常包括直接主管、同级人员、下级和顾客等,也可以不限于此,涉及间接上级、股东、企业外部公众和绩效管理专家等多方面相关人员(见图5-6),按照事先设置的考核等级量表,以匿名方式就这些维度的绩效水平进行全方位评估,最后由旅游企业人力资源部门将考核结果以适当形式反馈给被考核者,以帮助其进一步提高绩效水平。

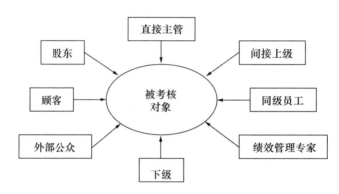

图5-6　360度绩效考核示意图

以人力资源开发为目的,采用360度绩效考核效果是最好的,特别适用于考核那些在组织中承担监督管理职能的员工,以及那些对旅游企业经营管理至关重要的、具有战略性的或比较难以量化的行为表现,例如服务态度、员工主人翁精神、团队合作精神、领导能力和风格、人际沟通能力和职业技能开发情况等。

三、旅游企业绩效考核周期

绩效考核周期也称绩效考核期限,是指多长时间对员工进行一次绩效考核。在实施绩效管理之初,要从以下三个方面考虑绩效考核的周期。

首先,职位的性质。一般来说,职位的工作绩效比较容易考核的,考核周期相对要短一些,如旅游企业普通服务员的考核周期应当比管理人员的短。职位的工作绩效对旅游企业整体绩效的影响比较大的,考核周期相对要短一些,这样有助于及时发现问题并进行改进,例如一家会展管理公司"招组展部"经理的绩效考核周期就应该比"设备设施管理部"经理的短。

其次,绩效目标的性质。不同的绩效目标,其性质是不同的,考核的周期也应当不同。一般来说,性质稳定的绩效目标,考核周期相对要长一些;相反,考核周期相对就要短一些。例如,员工的工作能力比工作态度相对稳定一些,因此有关"能力"的考核周期相对比"态度"要长一些。

最后,绩效标准的性质。在确定考核周期时,还应当考虑到绩效标准的性质,即考核周期的时间应当保证员工经过努力能够实现绩效标准。例如酒店"餐饮部销售额为60万元"这一指标,按照经验需要2周左右的时间才能完成,如果将考核周期定为10天,员工根本就无法完成;如果定为1个月,又非常容易实现;在后两种情况下,对员工的绩效进行考核是没有意义的。

四、相关管理者和人力资源部门在绩效考核中的作用

为了确保绩效考核工作的真实、公平、高效,一些大型旅游企业采用绩效考核委员会的形式统筹绩效考核工作。绩效考核委员会通常是由人力资源部门负责组建的非常设机构,一般由来自旅游企业高层的管理者、人力资源部门的最高管理者和比较固定的3—4位熟悉企业多个领域的资深中层管理者,再加上一名被考核者的直接主管组成,这样可以从多个角度和多个层面评定被考核者的工作业绩与表现,客观性比较强。

(一)高层管理者与绩效考核

旅游企业高级管理层的高度重视和支持是绩效管理成功的关键,高层管理者是绩效考核的原则倡导者、政策设计者、资源支持者和制度推行者。

(二)中层管理者与绩效考核

中层管理者在绩效考核中充当关键角色,他们是绩效考核的宣传员、基础信息的提供者、评价者和被评价者。

(三)人力资源部门与绩效考核

旅游企业人力资源部门在绩效考核过程中扮演的是考核方案制定者和考核顾问的角色。旅游企业人力资源部门一方面为考核提供适当的方法、建议,并为绩效考核工作准备所需要的文件;另一方面要对考核者进行培训,以提高他们的考核技能。此外,旅游企业人力资源部门有时还负责检查绩效考核系统的运行情况,以确保绩效考核结果的权威性、公正性和有效性。

五、定性考核与定量考核

(一)定性考核

定性考核是指用划分等级或使用精炼的短语评价员工工作表现和能力的方法,又称为评语考绩。定性评语有两类:一类是简单分类法,就是列述考核的基本内容,对每一考核指标都用优、良、中、差这类等级标准进行评定,最后综合得到一个总的考核结果。这种方法的优点是简便易用,适用于考核那些难以量化的指标;其缺点是被考核的人数不能太多,应控制在10人左右,最多不能超过30人,否则结果的准确性会下降。另一类是把评定指标转化为具体的工作描述,从频次、程度和效果等方面进行评价考核。这种方法虽然比简单分等法进了一步,但是难以用文字描述工作指标中的各种情况。以下是旅游企业

员工定性考核中通常会涉及的内容：

- 准时上班；
- 完成规定工作量；
- 工作熟练；
- 工作繁忙时保持冷静、沉着；
- 能独立完成工作；
- 发生差错时能承担个人责任；
- 能保持个人整洁；
- 礼貌；
- 不浪费物料；
- 不感情用事；
- 使设备处于良好的工作状态；
- 能肯定他人的工作成绩；
- 态度和蔼可亲；
- 能主动完成工作；
- 立即开始工作；
- 超额完成规定工作量；
- 工作安排有序；
- 对执行制度能做出良好判断；
- 能担负较高职务的工作；
- 注意改进工作方法；
- 工作时能保持整洁；
- 有自信心；
- 认真、正确地执行上级指示；
- 能同他人友好合作；
- 上级不在时能担任较重要的工作；
- 有高度忍耐心；
- 能迅速学会新工作；
- 忠诚可靠。

(二) 定量考核

定量考核是指将评语转化为分数的考核方法。这种考核需要在确定考核指标的评定项目之后，对每一项目规定不同的得分（如正分、负分等），最后累计各项目得分求得总分。这类考核简单易用，便于比较，但是定量的客观性很难掌握。

六、旅游企业绩效考核的方法

(一) 绩效目标考核法

绩效目标考核法是实施绩效目标管理的企业在考核周期结束时，将部门或员工所取得的工作成果与绩效目标协议书中的各项指标进行比对，以确定绩效考核成绩的方法。

旅游企业在应用绩效目标考核法时，部门或员工各项工作业绩与目标值的差距决定着绩效考核的最终结果，但是这种差距所代表的意义是不一样的。

有些绩效目标完成的数值越高，绩效考核成绩越好，如销售额、利润率和劳动生产率等；对于这类数值越高绩效考核成绩越好的指标来讲，应设定最低线，低于此线者即为绩效考核成绩不合格。

有些绩效目标完成的数值越低，绩效考核成绩越好，如投诉发生量、设备故障记录和工伤事故记录等；对于这类数值越低绩效考核成绩越好的指标来讲，应设定最高线，高于此线者即为绩效考核成绩不合格。

还有一些绩效目标是应该在一定的范围内，数值过高或过低都对企业经营有负面影响，如资产负债率；对于这类指标，应分别设定最高线和最低线，高于最高线或低于最低线者均为绩效考核成绩不合格。

（二）图表考核等级法

图表考核等级法是一种类似评分法的考核方法，它是目前旅游企业绩效考核工作中运用最普遍、最简单的绩效考核方法。在绩效考核的过程中，单独使用定性考核或者定量考核往往难以客观地考核员工的工作表现，而图表考核等级法是将定性方法与定量方法进行有机的结合，从而得到相对公正的结果（见表5-3）。图表考核等级法的运用基于以下几项工作：

1. 确定考核的项目

旅游企业不同内容的绩效考核工作，既可以在同一时间内开展，也可以分阶段进行，但是考核的项目必须明确而具体，比如关于服务技能的比赛、工作表现评估、评选"服务标兵"、"微笑大使"以及年终总评等，都是旅游企业经营中比较常见的绩效考核活动。绩效考核项目明确与否也关系到考核结果是否具有客观性。

2. 确定基本指标

在确定绩效考核项目之后，应该进一步确定决定该项目的主要因素（指标）。例如，对服务员工作表现的绩效考核通常要考虑以下因素：服务质量、工作量、出勤情况、仪表仪态、工作方式、人际关系、可靠性、适应性和创造性等。在确定基本指标时要做到考虑周全、指标具体，否则难以把握考核结果的客观性。

3. 确定指标含义

由于每项考核指标包括的含义都是比较丰富的，不同的员工对同一指标会有不同的理解，即使是同一员工，受时间、职位和情绪等因素的影响，对绩效指标的理解有时也会发生改变，这常常是员工对绩效考核产生争议的根源。因此，各项指标在绩效考核工作中的具体含义必须加以统一、明确，而且解释权通常应该保留在主管绩效考核工作的人力资源部门。

4. 确定绩效指标权重

绩效指标权重即该项指标对整个绩效考核项目的影响程度。尽管影响考核项目的因素很多，但是每项指标的作用不可能是相同的。例如，在服务员工作表现的考核中，服务质量、出勤情况、人际关系和可靠性等因素的作用必然不相同，如果均等对待，那么考核结果就难以服人。绩效指标权重通常以数字表现出来，这也是图表考核等级方法的优势所在。例如，服务工作表现总分为100，服务质量可能要占15%，而人际关系却占5%左右，等等。权重确定的合理与否直接关系到绩效考核结果的公平性。

5. 设计评估表格

为了便于准确计算每位员工的绩效考核结果，旅游企业通常要设计出并印刷好评估表格，让员工一目了然，心中有数。表格应该力求简单、明了，并能将各项考核内容纳入表格之中。

6. 计算考核结果

根据每位员工在各项指标的得分，利用评估表格加以汇总、累计，就能得到该员工的最后得分。

表 5-3 和表 5-4 是图表考核等级法所采用的两种表单示例。

表 5-3 某酒店管理公司对下属酒店餐饮总监绩效考核表

考核对象		直接上司		考核时间		
绩效目标	分值	绩效达成	评分标准		得分	评估
营业指标 （50 分）	25.0	餐饮总收入： ————	实际完成百分比 105% 以上：25 99.9%—104.9%：20 96.0%—99.9%：15 90.0%—95.9%：10 90.0% 以下：5			
	25.0	餐饮利润： ————				
客户 （10 分）	5.0	客户满意度： ————	管理公司进行问卷调查，每年 1 次 90.1 分以上：5 85.1—90 分：4 80.1—85 分：3 75.1—80 分：1			
	5.0	神秘客户暗访： ————	管理公司邀请专业人士进行暗访，一般为 1 年 1—2 次 85.1 分以上：5 80.1—85 分：4 75.1—80 分：3 70.1—75 分：2 70 分以下：1			
员工 （10 分）	5.0	部门员工满意度： ————	员工意见调查结果，以历史与客观的水平基点为基础 85.1 分以上：5 80.1—85 分：4 75.1—80 分：3 70.1—75 分：2 70 分以下：1			
	5.0	关键员工流失率： ————	重要职位员工流失的有效控制 0—5%：5 5.1%—10%：4 10.1%—15%：3 15.1%—20%：1			

(续表)

考核对象		直接上司		考核时间		
绩效目标	分值	绩效达成	评分标准		得分	评估
营运/执行 （20分）	5.0	餐饮毛利率控制：_____	按酒店核定的标准毛利率（GPR）检查 标准GPR偏差≤1.0%：5 1.0%＜标准GPR偏差≤1.5%：4 1.5%＜标准GPR偏差≤2.0%：3 2.0%＜标准GPR偏差≤2.5%：2 2.5%＜标准GPR偏差≤3.0%：1 3.0%＜标准GPR偏差：0			
	15.0	消防检查：_____ 安全检查：_____ 卫生检查：_____	管理公司职能部门总监按公司制定的标准检查 90.1分以上：5 85.1—90分：4 80.1—85分：3 75.1—80分：2 70.1—75分：1 70分以下：0			
民意测评 （10分）	10.0	测评成绩：_____	部门总监/经理的民意测评由酒店人力资源部门组织，测评表由公司统一做出规定 95.1分以上：10 90.1—95分：8 85.1—90分：6 80.1—85分：4 80分以下：2			

表5-4　旅游企业管理层员工领导能力考核表
（供上司、同级和下属使用）

部门：_____　职位：_____　姓名：_____

评价因素	对评价期间工作成绩的评价要点	评价尺度				
		优	良	中	可	差
勤勉态度	把工作放在第一位，努力工作	5	4	3	2	0
	对新工作表现出积极态度，勇于创新	5	4	3	2	0
	忠于职守，严守岗位	5	4	3	2	0
	对下属的工作过失敢于承担责任	5	4	3	2	0
业务工作	正确理解上级的工作指示，制订适当的实施计划	5	4	3	2	0
	按照下属的能力和性格合理分配工作	5	4	3	2	0
	及时与有关部门进行必要的工作沟通与协调	5	4	3	2	0
	在工作中始终保持协作态度，顺利推动工作	5	4	3	2	0
管理监督	在人际关系方面，下属没有不满或怨言	5	4	3	2	0
	善于向下属授权，鼓励他们乐于协作的精神	5	4	3	2	0
	十分注意工作现场的安全卫生和清理整理工作	5	4	3	2	0
	妥善处理工作中的失误和临时追加的工作任务	5	4	3	2	0

（续表）

评价因素	对评价期间工作成绩的评价要点	评价尺度				
		优	良	中	可	差
指导协调	经常注意保持和提高下属的劳动积极性	5	4	3	2	0
	主动努力改进工作方法，提高所辖工作的效率	5	4	3	2	0
	积极训练、教育下属，提高他们的技能和素质	5	4	3	2	0
	注意进行目标管理，使工作协调进行	5	4	3	2	0
工作效果	正确认识本职工作意义，努力取得最好业绩	5	4	3	2	0
	工作方法正确，时间和费用控制得合理有效	5	4	3	2	0
	工作业绩达到预期目标或计划要求	5	4	3	2	0
	工作总结汇报准确真实	5	4	3	2	0
考核结果	1. 通过以上各项的评分，该员工的综合得分是：_____分 2. 你认为该员工应处于的等级是：□A　□B　□C　□D 　　A:85分以上　　B:85—70分　　C:70—60分　　D:60分以下 3. 考核者意见： 　　　　　　　　　　　　　　考核者签字：　　　　　日期：　　年　月　日					
以下部分为人力资源部及总经理填写						
人力资源部评定						
评语						
处理方式	1. □转正：在_____任_____职；□升职至_____任_____职 2. □续签劳动合同，自____年__月__日至____年__月__日 3. □降职为_____ 4. □提薪/降薪为_____ 4. □辞退 5. □其他_____ 　　　　　　　　　　　　　　　　　　经理(签字) 　　　　　　　　　　　　　　　　　日期：　　年　月　日					
总经理核准						
	总经理(签字) 　　　　　　　　　　　　　　　　　日期：　　年　月　日					

（三）排序考核法

排序考核法是最简单的绩效比较方法，主要可以分为简单排序法和交替排序法两种。

1. 简单排序法

这种方法是由考核者依据自己对某一组织(部门、班组或团队)中被考核者绩效状态的理解，通过主观判断，将被考核者的绩效水平，从最优到最差进行简单排列。

在利用简单排序法进行考核时，如果是多指标考核，则要将各个绩效指标分别进行排序，然后统计被考核者的各项指标排序号，再将序号加总，最后按照从小到大顺序排列，就可以得到被考核者绩效总排序情况。

例如，某旅行社一条旅游线路有4位导游，现在要考核的指标有3个，其排序情况如表5-5所示。

表 5-5　简单排序法示例

"月度带团量"排序		"业务能力"排序		"工作勤勉"排序	
1	王芳	1	田娜	1	王芳
2	田娜	2	王芳	2	孙爽
3	李燕	3	孙爽	3	李燕
4	孙爽	4	李燕	4	田娜

表 5-5 统计李燕、孙爽、田娜和王芳 4 位导游在"月度带团量""业务能力"和"工作勤勉"三项考核指标排名：

李燕绩效排名序号数：3+4+3=10；
孙爽绩效排名序号数：4+3+2=9；
田娜绩效排名序号数：2+1+4=7；
王芳绩效排名序号数：1+2+1=4。

因此，某旅行社导游绩效考核的总排序为：王芳、田娜、孙爽、李燕。

2. 交替排序法

这种绩效考核方法类似于学校里的"学生成绩榜"，它是根据全体员工的工作业绩的大小，从最好到最差的次序进行排列。其步骤是：首先，列出所有需要进行评价的员工名单；然后，对有关主要评价要素逐一显示在表上，挑出最好的（第一名）和最差的（末尾一名）两位；接下来，在剩余员工中再挑出最好的（第二名）和最差的（倒数第二名）两位；以此类推，直到全部员工被排列完。

排序考核法简单、直接，但是不能区分不同性质的工作，因此不适合对整个旅游企业员工的总体评价，只限于同一工种员工之间的比较。

（四）一一对比法

一一对比法的做法是：首先，列出评价要素对比表（见表 5-6）；其次，把每位员工按照所有的评价要素（如工作量、工作质量等），分别与其他员工进行比较，通过双方比较，用符号"+"表示好、"-"表示差（注意选择比较方向：纵向、横向）；再次，把每个员工所得单项"+"符号相加，获得"+"最多的即为单项最好者；最后，把各单项成绩相加，即为总成绩，评出全面最优秀者。

表 5-6　员工评价要素对比表示例

评价要素	员工比较						横向对比	
	员工姓名	苏丽	马欣	于亮	梅玫	刘茜	"+"加总	最优秀
工作质量	苏丽	/	+	+	-	+	3	苏丽
	马欣	-	/	+	+	-	2	
	于亮	-	-	/	+	-	1	
	梅玫	+	-	-	/	+	2	
	刘茜	-	+	+	-	/	2	

(续表)

评价要素	员工比较						横向对比	
	员工姓名	苏丽	马欣	于亮	梅玫	刘茜	"＋"加总	最优秀
工作数量	苏丽	/						
	马欣		/					
	于亮			/				
	梅玫				/			
	刘茜					/		

(五) 强制配给考核法

强制配给考核法是把考核结果按预先设定的比例分配到参加绩效考核的各部门，然后各部门根据本部门员工数量和比例要求确定每个考核等级人数的一种方法。例如，预先设定在考核结果中有15%的优秀、20%的良好、30%的一般、20%的较差、15%的差。就像在学校中不是任何一个学生都能得到"优"一样，一个人的工作业绩也总是在与同事比较后得出的，因此这种方法比较简单，也相对公平，适用于规模比较大、工种繁多的部门，不适用于只有三五个人的小团体。

强制配给考核法可以广泛地用于大型旅游企业的年终绩效考核，例如先进员工的评选、工资的晋级等。但是，强制配给考核法还存在一系列问题，其中最大的问题是如果一家旅游企业的整体绩效水平很高，排在末位的员工就很受打击。如果实行末位淘汰制度，末位最差员工的比例要适当，一般不宜过大。

(六) 重要事件法

重要事件法是主管对下属与工作相关的优秀事迹或不良行为进行记录，并且在预定的时期内进行回顾考核的一种方法。在运用重要事件法进行考核时，一般是主管与下属一起以会议的形式讨论事件的过程和可以吸取的经验、教训，并把它们作为今后工作行为的正反榜样。

重要事件法通常是与其他绩效考核方法联合使用的，是作为其他绩效考核方法的一种补充。这种方法的优点是可以为绩效考核结果提供重要的事实根据，还可以帮助绩效考核者在进行鉴定时，根据记录全面考虑被考核者在一段时间内的工作表现，而不仅仅是最近的工作情况；同时对员工的重要事迹进行记录，还可以为下属克服工作中的不足提供具体的榜样。重要事件法不适用于对员工之间的比较，也不宜作为工资调整的主要依据。

(七) 行为锚定等级考核法

行为锚定等级考核法是将一系列可能发生的典型行为表现案例——"锚定"在行为标尺量表上，作为考核者打分时的经验参照，其形式如表5-7所示。实质上，行为锚定等级考核法是关键事件法与图表考核等级法的有机结合。

表 5-7　行为锚定考核量表示例

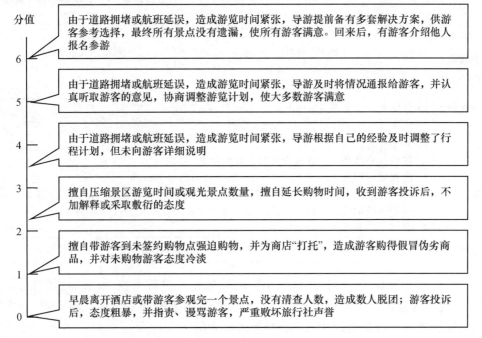

被考核者:旅行社导游
考核指标:导游服务质量,包括文明接待、导游流程、尽职服务、意外情况处理技巧和效果。

分值

6 — 由于道路拥堵或航班延误,造成游览时间紧张,导游提前备有多套解决方案,供游客参考选择,最终所有景点没有遗漏,使所有游客满意。回来后,有游客介绍他人报名参游

5 — 由于道路拥堵或航班延误,造成游览时间紧张,导游及时将情况通报给游客,并认真听取游客的意见,协商调整游览计划,使大多数游客满意

4 — 由于道路拥堵或航班延误,造成游览时间紧张,导游根据自己的经验及时调整了行程计划,但未向游客详细说明

3 — 擅自压缩景区游览时间或观光景点数量,擅自延长购物时间,收到游客投诉后,不加解释或采取敷衍的态度

2 —

1 — 擅自带游客到未签约购物点强迫购物,并为商店"打托",造成游客购得假冒伪劣商品,并对未购物游客态度冷淡

0 — 早晨离开酒店或带游客参观完一个景点,没有清查人数,造成数人脱团;游客投诉后,态度粗暴,并指责、谩骂游客,严重败坏旅行社声誉

在设计行为锚定量表时,首先,要确定具体的考核指标,建立绩效考核等级,选择和获取关键事件,并按照绩效指标要求和内容进行筛选与归类;然后,挑选一些对被考核工作比较了解的人,如工作承担者、员工代表、业务骨干或部门主管,分别为代表不同绩效水平的度量标尺撰写关键事件,要求他们按其认为最适当的顺序把关键事件"锚定"在量表刻度上;最后,由人力资源管理部门对初步形成的行为锚定量表进行测定、修改和宏观审定,并建立配套考核细则。

考核者利用行为锚定量表进行绩效考核时,可以有"实感"地参照锚定量表上关键事件,对被考核者的绩效行为表现给出适当分值。这样,绩效考核标准比较具体明确,考核者对员工的绩效计分可以减少主观随意性,考核结果更为准确,也有利于对工作行为形成明确而具体的导向,具有较好的绩效反馈功能和连贯性。但是,开发和设计一个有效的行为锚定量表,往往要花费较大的工作量,实施成本通常也比较高。

(八) 行为观察考核法

行为观察考核法是从关键事件法发展而来的一种绩效考核方法,它采用以描述和反映员工各种绩效行为实际发生频度的形式来开发和设计考核量表。

行为观察量表如表 5-8 所示。行为观察量表通常由两部分组成:一是主体部分,是有关绩效行为典型表现的一系列陈述;二是辅助说明部分,包括背景信息、指导语和评分等级标准,评分等级标准一般采用从"从不"或"几乎没有"(1) 到"经常"或"几乎总是"(5) 的

五级量标,来刻度被考评者的行为频度。行为观察量表的设计方法与"行为锚定量表"类似。

表5-8 行为观察量表示例

被考核者		部门		考核指标	酒店服务员工作质量
指导语:依据下列行为频度评价员工工作绩效,并以所列总分标准给出总体评价。					
行为频度标尺	极少、从不 0	 1	偶尔 2	有时 3	经常　　　总是 4　　　　5
总分评价标准	15分以下——很差;15—18分——较差;19—22分——中等; 23—26分——较好;27分以上——很好				
行为观察评分	1. 对工作有激情,执行力强　　　　　　　　　　　　　　□ 2. 细致周到地为每位顾客提供规范化的服务　　　　　　□ 3. 能很快发现和了解顾客的需求,并采取恰当的服务行动　□ 4. 具有良好的团队合作精神,对本部门所有工作都能积极配合行动 □ 5. 与酒店其他部门保持良好的沟通关系　　　　　　　　□ 6. 及时完成和超额完成本职工作　　　　　　　　　　　□				
总分		考核评价		考核人(签字)	

在实际中,行为观察考核法可以分不同的绩效指标进行考核,最后加总得分,高分表示该员工经常表现出组织所期望的行为。行为观察量表的开发设计比较麻烦,但实施成本较低,便于考核者日常监控和具体指导被考核者的工作行为。

七、员工绩效考核面谈

绩效考核面谈是上级就绩效考核的结果与被考核者进行的沟通与交流,对员工的优良绩效进行肯定并鼓励其继续保持,对存在的问题共同制订计划加以改进。

(一)绩效考核面谈的分类

正常情况下,根据面谈的目的和重点,可以将绩效考核面谈分为三种情况(见表5-9)。如果被考核者的工作绩效和工作态度都很差且没有转变的可能,那么就无须进行绩效面谈,可以考虑直接淘汰。

表5-9 员工绩效考核面谈分类

考核结果	考核面谈的目的和重点
工作业绩和表现令人满意——被考核者是可以立即提拔重用的	讨论员工的职业发展计划,制订一个特定的行动计划,包括培训辅导措施、专业知识的学习等,为其今后新的工作提供必要的知识和技能支持
工作业绩和表现令人满意——但目前没有提升的机会	鼓励员工继续保持优良的绩效水平。没有提拔机会的原因可能是没有更多职位空缺,也可能是该员工管理能力方面欠缺等
工作业绩和表现不理想——可以调教(通过培训、教育,有改正的可能)	明确指出员工的不足,并与之共同探讨,列出一个行之有效的个人工作改进计划,以帮助其提高工作绩效

（二）绩效考核面谈的准备

绩效考核面谈要有周密的准备，通常应注意如下几个方面：

1. 面谈地点

绩效考核面谈应该安排在一个安静、雅致的环境中进行，确保在面谈时不被电话或来访者干扰。

2. 面谈时间

面谈要寻找对考核者和被考核者双方都合适的时间，能够让双方充足体会到这段时间是便于他们两人的，时间宽裕而不紧张。一般来讲，与普通员工的面谈时间应该控制在 30 分钟左右，而与管理人员的面谈时间应该控制在 45 分钟左右。

3. 全面掌握考核结果

主管人员要详细审阅面谈对象的绩效考核结果，并掌握该员工考核结果的基本要点，以利于双方沟通和面谈的顺利进行。

4. 争取创造有利的面谈气氛

为了使绩效考核工作收到理想的效果，与员工面谈前需要对沟通语言、方法和技巧等加以设计，应该以书面形式在"绩效考核面谈记录表"中列示出来，以备面谈中参考。

（三）绩效考核面谈的实施

1. 缓和面谈气氛

亲切而熟悉的称呼、随便的闲聊，幽默或玩笑等都利于缓和面谈的气氛。上级主管要避免过于严肃、紧张、像法官判刑一样宣布考核结果，以免造成员工的敌对情绪。

2. 帮助员工改进工作是面谈的主旨

"我能为你下一步改进工作做点什么？"应该贯穿绩效考核面谈的始终。上级主管应该让员工意识到其职责是帮助员工做好本职工作，或解决生活及工作中的问题，而非只为批评而面谈。

3. 鼓励员工自我评价

面谈开始时，上级主管通常可以让员工对自己的工作进行一次自我评价。然后，主管人员将绩效考核结果与员工的自我评价做对比，共同探讨不一致的方面。

4. 积极交换对绩效考核结果的意见

主管人员要鼓励员工发表对绩效考核结果的看法。特别是当员工感到考核对其某一方面评价不公正时，一定要让员工谈谈自己的意见。员工的完整叙述或许能让主管人员详细了解事情的真相，更正不正确的看法。当然，如果员工强词夺理、胡搅蛮缠，则应明确立场、原则。

5. 掌握沟通技巧，强化面谈效果

主管人员应该做一位良好的听众，并通过提问让员工对工作中的问题及改进措施畅所欲言。如果主管人员对员工的陈述表现出心不在焉，必然会使员工感到失望，那将失去双方合作的基础。

6. 鼓励员工制定自己的改进工作目标

主管人员应该在面谈中表明，只要员工今后的绩效目标合理，对企业的经营管理和员

工个人发展有益处,组织会全力支持他们,帮助其完成业绩。

7. 提出希望,达成共识

在面谈结束之前,主管人员要总结面谈的中心议题或让员工总结面谈要点,目的是保证双方对面谈内容有共同的认识,必要时可以让员工阅读"绩效考核面谈记录表"并签字。

八、绩效考核中常见的误差

（一）晕轮效应

晕轮效应是指在工作考核过程中,考核者往往会因为对被考核者在某一方面特征的印象非常深刻,而导致对其他方面的特征失去客观判断能力。例如,一位员工拥有娴熟的服务技能和很强的服务意识,人们就容易认为他在管理工作方面也会很有能力。这种现象表现在绩效考核中,就是考核者不自觉地将某一绩效指标的评价印象迁移到其他绩效指标的评价上,让被考核者某一方面的绩效表现"折射"到其他方面,从而导致考核结果偏高或偏低。

对于一些缺乏量化标准的绩效指标(如工作主动性、服务态度、人际关系和工作质量),采用图表考核等级法和简单排序法进行考核时,晕轮效应会表现得比较明显;而采用关键事件法和行为锚定等级考核法,发生晕轮效应的可能性比较小。这是因为这两种方法必须基于事实做出评价,而且对应的绩效指标单一。

（二）中心化倾向

中心化倾向又称"平均化倾向",是指用同一方法评定所有被考核者时,考核等级或成绩被压缩在中间区段,使考核结果没有拉开档次的一种倾向。中心化倾向在绩效考核工作中非常普遍,一方面考核者认为大家都是"同事",不想对工作表现进行细致的区分;另一方面有时绩效考核指标及其评价标准"模糊",也会导致考核者细分评价困难。

中心化倾向会导致绩效考核结果的扭曲,从而影响绩效考核目标的实现,因此可以考虑使用强制配给考核法来加以规避。

（三）过分宽大或过分严格

在绩效考核过程中,有些考核者个性随和、态度宽容,有些考核者则个性严谨、态度强硬;前者对所有被考核者的评价都很高,后者给出的成绩则普遍很低。这种过分宽大和过分严格的现象在使用图表等级考核法及行为观察考核法时比较严重,可以考虑采用排序考核法和强制配给考核法来避免。

（四）对比效应

对比效应可以分为:一是历史对比,随着时间的推移,考核者对同一个考核对象的评分可能产生逐年升高的趋势,这种趋势可以迫使绩效考核的标准降低;二是横向对比,即考核者将被考核者与其周围的人进行比较后,根据比较结果给予考核分数,而不是根据考核标准和实际业绩做出判断。采用排序考核法和一一对比法容易发生对比效应。

（五）观察性误差

对被考核者工作成绩和表现进行考核,除一些具体的项目(可以量化的)必须严格按标准进行以外,其他很多方面(如解决顾客投诉的方式、方法)是根据考核者对被考核者的主观观察来判断的。由于不同的考核者对同一被考核者的观察角度和方法有别,得出的结论就可能不同,这样也会影响考核的结果。这种误差容易出现在运用重要事件法、行为锚定等级考核法和行为观察考核法进行的绩效考核中。

(六)偏爱

考核者对被考核者的偏爱,也是导致考核结果失真的重要原因,这种偏爱包括人际关系、民族、年龄、性别和性格等。例如,考核者对与自己关系不错、性格相投的人会给予较高的评价;而有的考核者对女性、低学历者等持有偏见,往往会过低地评估他们的工作行为。

(七)压力影响

考核者在绩效考核过程中的压力可能来自两个方面:上级和下级。由于很多考核结果与被考核者的晋升、工资调整等有着密切的关系,因此考核成绩对被考核者的作用是非常重要的。在这种情况下,上级为了提拔某位员工或涉及员工的裁留问题,就可能给考核者施加一定的压力;而就被考核者而言,因为考核意义重大,有时会找考核者对质考核结果,这也给考核者造成压力。这些压力都会在一定程度上造成绩效考核结果的失真。

(八)首因或近因效应

首因或近因效应产生的原因在于,考核者仅根据员工最初或最近的工作表现就对其整个绩效考核周期的工作做出评价。例如,员工在考核周期开始时非常努力,绩效也非常好,即使其后来的绩效并不理想,考核者仍然按照开始的表现,对其整个考核周期的绩效做出比较高的评价。此外,一些员工很懂得"时间因素的重要性",往往在临近考核时在工作中努力积极表现,争取得到好的绩效成绩。为此,旅游企业可以考虑采取不定期考核或缩短考核周期及绩效目标考核法,以矫正首因或近因效应带来的误差。

九、解决绩效考核误差的措施

(一)考核标准客观化

绩效考核标准应该尽可能准确、明了,尽量使用量化等客观标准。例如,考核酒店餐饮部经理的经营业绩时,可以规定餐饮部的综合毛利率水平不能低于45%,而不是提出"为酒店创造显著的经济效益",以减少考核者的主观干扰。

(二)交替使用多种考核方法

每一种考核方法都有其自身的优点和缺点。例如,强制配给考核法可避免中心化倾向及过分宽大(或严格)现象的出现,但在被考核者工作成绩和表现普遍比较优秀的情况下,容易使被考核者产生不平衡的心理。因此,一定要根据考核目的、对象、时间和考核者的水平等具体情况,考虑选择两种或两种以上的绩效考核方法。

(三)严格、认真地挑选考核者,并安排相关的培训

对考核者进行有关克服晕轮效应、中心化倾向、过分宽大和偏爱等方面的培训,有助于避免问题的发生。在实际培训过程中,可以向考核者提供一些有关绩效考核的模拟案

例,并要求他们对案例中的人进行考核,然后把每位参与者的考核结果以图解的形式表示出来,并解释各种误差出现的原因。

【关键术语】

绩效管理(performance management)
绩效考核(performance appraisal)
绩效考核周期(performance appraisal cycle)
绩效指标(performance index)
目标管理(management by objective)
绩效目标协议书(performance contract)
关键绩效指标(key performance indication)
平衡计分卡(balanced scorecard)
图表考核等级法(graphic rating scale)
排序考核法(ranking)
一一对比法(paired comparison)
强制配给考核法(forced distribution)
重要事件法(critical incident)
行为锚定等级考核法(behaviorally anchored rating scale)
行为观察考核法(behavioral observation scale)
绩效考核面谈(performance appraisal interviews)

【复习思考题】

1. 什么是员工绩效管理? 它的一般过程是怎样的?
2. 旅游企业员工绩效管理应遵循什么原则?
3. 旅游企业的绩效目标是如何构成的?
4. 平衡计分卡规划绩效目标的原理是什么?
5. 设计关键绩效指标(KPI)应该遵循什么原则?
6. 旅游企业常见的绩效考核方法有哪些? 各有什么优缺点?
7. 员工绩效考核面谈的目的是什么? 重点是什么?
8. 绩效考核的误差有哪些? 如何避免?

【课后作业】

根据员工绩效考核面谈的目的、准备和实施过程,设计一份包含面谈提纲的"员工绩效考核面谈记录表",要求面谈提纲涉及的沟通内容不少于八个方面。

【案例学习】

北斗旅游网注重过程性考核

北斗旅游网是一家专注于为中国旅行者提供在线比较国内航班、酒店、旅游交通工具租赁、景区门票和旅行意外险价格,并提供代理、预订服务的"互联网+"旅游企业。北斗旅游网的创业团队成员大多具有海外互联网或国际投行的工作背景,因此其绩效考核不同于传统的国内旅游企业,而是更多地显现出互联网时代人力资源管理的理念。

一、沟通是考核的第一要务

北斗旅游网公司的员工考核主要分为两方面:一方面是员工的行为,另一方面是绩效目标。每个员工在年初就要和主管定下当年最主要的工作目标是什么。为了适应互联网经济快速发展、市场变化加剧的现状,北斗旅游网对员工的考核是随时的,经常会对已定的目标进行考核和调整;每个员工除了和自己的主管定目标,还有可能与其他部门一起合作做项目,许多人都会参与同一个项目。所以,一个员工的绩效考核不是一个人说了算,不是一个方面能反映的,而是很多方面的反馈。

除了自己的主管,还有很多共事的人以及下属员工和客户共同构成考核方,这就是所谓的"360度绩效考核"。对员工的行为和目标的考核因为是经常性的,员工在工作中出现什么不足,会从周围人和主管那里获得信息,所以一般不会出现到了年终总结时,考核结果会让员工非常惊讶的情况,最多是有些不同看法,而主管会与员工进行沟通,力求让员工正面认识考核结果。

二、着眼于过去与未来的考核评估

北斗旅游网认为绩效的考核评估有两种功能:一种是看以前的工作表现和业绩,这能反映一个人的能力;另一种是看这个员工以后的发展,通过评估可以发现员工能发展的领域,以及现在的工作在未来可能会有怎样的表现。北斗旅游网现在许多不同级别的管理层是在评估中被发现的,员工的某种潜能通过考核评估被发现,他就有可能入选高一级管理层培养计划。

三、将绩效考核定位于总结性评估

北斗旅游网的绩效考核过程通常要花两个月时间,大家都非常认真对待考核,这既是对自己负责,也是对别人负责。考核虽然与员工的薪酬挂钩,但考核只是工作的一方面,工资是另外一个方面。员工的工资既看个人对公司的贡献,也看整体人力资源市场薪酬的变化情况。

四、职位异动与绩效考核挂钩

北斗旅游网的管理层认为,将薪酬奖励与绩效考核挂钩只是一种比较简单的手段,要想留住优秀人才,物质奖励只是一种临时方式,随着时间的推进,员工的个人生活水平提高了,薪酬的激励作用就慢慢地降低了,这就是所谓薪酬和劳动生产率不是绝对成正比。帮助员工制订职业发展计划,会更加激励员工进步。北斗旅游网在激励员工方面更注重员工的职业发展,例如让员工轮岗,激励他们持续发挥自己的潜能。员工在工作中能吸收别人的经验,从而得到发展。"我们是一个关怀员工的公司,我们鼓励相互支持,领导和员工之间互相支持。领导有发展员工的责任,员工也有积极参与的责任。"在北斗旅游网,主管被称为"People Manager",他们有很大一部分精力是开展有效管理和激发员工的潜能。所以每个经理人都要去理解员工的内心需求,从而去激励他们。例如,有的员工比较注重家庭,经理要了解他的家庭背景,如果他需要较多时间在家里,公司应尽量去配合,出差就安排少一点。在北斗旅游网,通常员工大概工作两年就会有轮岗的机会,当然轮岗要征询员工的意见,北斗旅游网有一套制度,叫 Internal Mobility——内部调度,通过轮岗增强员工的能力。执行内部调度的员工至少要在一个岗位待 18 个月或 24 个月,这样他才能对现有的工作有足够的了解。如果员工有轮岗的需求,可以向人力资源部提出来,然后人力资源部会在别的部门给他找机会,有时候别的部门也将这种需求提交给人力资源部。如果双方都有意,可以通过面试交流;如果大家都同意的话,这个员工通常就会到新岗位进行工作试用。

五、管理者的四个潜能

绩效考核结果是员工升职的一个参考。北斗旅游网不会事先给个别员工特定考核,但是对待每个升职会有特定的考虑,包括该员工一直以来的表现,以及他的潜能。北斗旅游网认为一个管理者的潜能包括四个方面:一是学习的能力,一名员工的学习能力比他的知识和经验可能更重要,因为市场在发生快速变化,知识不断更新,学习的速度和能力是非常关键的素质;二是取得工作成绩的能力,管理者不但要善于计划,而且要赢取结果,这也是重要方面;三是带动、影响别人的能力,这是管理者的基本素质,每个经理人要有发展别人的能力;四是对公司业绩的贡献。

案例思考题:

1. 作为一家互联网旅游企业,北斗旅游网的绩效管理有什么特点?哪些因素对北斗旅游网的"绩效文化"产生影响?
2. 传统的旅游企业是否可以复制北斗旅游网的绩效考核模式?为什么?

第六章 旅游企业薪酬管理

> **知识要求**

通过本章学习,学生应该掌握七项基本知识:
- 薪酬的含义
- 薪酬管理中可选择的政策取向
- 影响旅游企业员工薪酬水平的因素
- 旅游企业工资等级制度的主要类型
- 旅游企业发放员工奖金应遵循的原则
- 福利待遇的含义
- 我国社会保障制度的构成

> **技能要求**

通过本章学习,学生应该掌握四项管理技能:
- 薪酬设计的步骤
- 结构工资制、岗位技能工资制、宽带工资制和年薪制的构建
- 旅游企业员工奖励方案的设计
- 自助餐式福利计划的选择与实施

引 例

困扰导游员的薪酬

2013年10月1日,《旅游法》正式实施,其中规定了必须和导游签订劳动合同,支付基本工资及相应保险。这对过去劳动保障不健全的导游来说,应该是个巨大的利好消息。但与此同时,《旅游法》也明令禁止"零负团费"、"进店购物",导游的一笔重要"收入"就这样没有了。

中国青年旅行社经理刘丽表示,把"藏"在桌面下的钱放在了桌面上,游客、旅行社和导游都明白这些收入有多少。"零负团费"、"进店购物"能占到导游月收入的六七成。中国青年旅行社有些导游薪酬少了几乎一半,有些导游甚至在黄金周都宁愿在家闲着也不愿出去带团了。

过去游客但凡在旅行社报名跟团游,少不了在旅行过程中被导游拉去少则一两个、多

则七八个购物店,不少消费者不胜其烦。不过从2013年10月开始,《旅游法》明令禁止导游推荐购物,旅行社组织、接待游客不得指定具体购物场所,不得安排另行付费旅游项目,消费者消费得更加放心了,但导游却因此而收入减半,有时几乎是"白忙活"。刘丽表示,这其中的原因是,原本定点购物在导游薪酬中占重头,如今被砍掉,不少导游都不适应。

上海旅游集散中心的兼职导游小张表示,如果按正常带团,带游客进店购物的话,收入八九千元至少还是有保障的,"如果按照《旅游法》规定给我们补助的话,一个月干满30天也就五六千元,许多人都觉得真的太少了"。

刘丽表示,由于《旅游法》刚开始实施,对导游来说,到底有多大的收入差距还不好估算。尽管从长远来看,旅游业"潜规则"被遏制固然是好事,但不少游客发现,无论是国内游还是出境游,2013年10月1日起团费都有所上涨。在多家知名旅行社的网站可以发现,较为热门的华东地区深度游10月1日前不到700元,国庆节期间则涨到830元。出境游的价格涨幅更高。比如新马泰,以前5 000元就能成团,如今价格要翻倍。刘丽表示,虽然价格涨了,导游和旅行社的利润却没有增加。

小张表示,台湾如果是带购旅游,8天环岛游团费是3 000多元,如果全程不购物、不加点,正规按照商务游操作的话,一个人的团费要七八千元。三千多元可能有10个人会去,涨到七八千元可能就两三个人会去,相当于客源几乎没有了。

《旅游法》并非忽视对导游薪酬和权益的保障,其中条文明确规定,为保障导游的收入,旅行社必须与导游依法订立劳动合同,支付劳动报酬,缴纳社会保险费,全额向导游支付导游服务费等,从源头上保证各类导游都有固定的收入。

小张则认为给导游开工资的意义不大,他表示:"在国内,导游基本上是不固定旅行社、不坐班的。哪个旅行社会给一个闲人上保险、开工资呢?我们不是固定在某一家旅行社,哪个旅行社有团,我们就去哪个旅行社带;即便固定在一家旅行社,我们也是有团才上班,没团就在家休息。如果你不坐班,旅行社怎么给你工资?忙起来的话,我们可能一个月不休息;闲下来的话,可能两个月都没有工作。这种工资真的不好算,所以我觉得给导游开工资、上保险,可操作的意义不大。"

资料来源:陈孟.《旅游法》实施首个黄金周 有导游薪酬减半宁愿赋闲在家[N].中国经济导报,2013-10-12.

在旅游行业,既有像旅行社导游这类个人薪酬与接待工作挂钩紧密、弹性较大的职位,也有像度假村、酒店和在线旅游服务商等员工个人薪酬相对较固定的职位,这反映出旅游行业的工作存在较大的差异性,薪酬问题也相对较复杂;更重要的是,薪酬会直接影响员工的工作表现和服务态度,甚至会影响员工的流动。

第一节 薪酬概述

对于绝大多数旅游企业员工来讲,每当提及"薪酬"一词,首先想到的是自己的工资收入,其次就是奖金;但实际上,旅游企业为员工的劳动所付出的回报远不止这些。由于薪酬直接影响到员工工作的积极性,还和企业的人力资源成本控制有着密切的关系,因此薪酬管理是旅游企业人力资源开发与管理必须研究的内容。

一、薪酬的含义

从经济学角度来看,在市场经济条件下,薪酬是劳动力价值或价格的转化形式,是劳动力这一特殊商品的价值的货币表现。劳动力作为一种特殊商品,决定其价值的,不仅有纯生理的因素,还有历史的或社会的因素。劳动力的价格(即薪酬水平)还受到劳动力市场供求关系的影响。如图6-1所示,曲线 D、S 分别为市场劳动力需求曲线和市场劳动力供给曲线,D、S 相交所决定的薪酬和就业量分别为均衡工资率和均衡就业量。

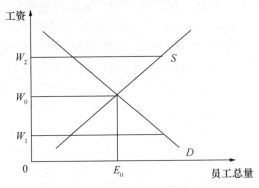

图 6-1 劳动力供求曲线

在任何高于 W_0 的薪酬额条件下(如 W_2 时)都会存在过度的劳动力供给,因为较高的薪酬既会减少企业的劳动力需求数量,也会增加愿意供给的劳动力数量。在自由竞争的劳动力市场上,这种薪酬水平不会持久,因为失业员工的存在会对薪酬水平产生一种向下挤压的力量。当然,薪酬水平也不会长久地低于 W_0,如处于 W_1 状态;因为薪酬为 W_1 时,劳动力需求超过劳动力供给,存在劳动力短缺的问题,企业为得到足够的劳动力,将不得不提高薪酬水平,直到 W_0。因此,制定合理的薪酬政策,供求关系是一个不容忽视的基础因素,理解供求关系理论是极为重要的。

从人力资源开发与管理的角度讲,旅游企业的薪酬是指当员工为履行其职责、完成工作任务或实现绩效而付出劳动、时间、学识、技能和经验时,旅游企业支付的以物质形式为主的各种回报。

二、薪酬的构成

从薪酬的货币支付形式区分,薪酬可以分成直接货币薪酬和间接货币薪酬。直接货币薪酬又称直接经济薪酬,是指旅游企业以工资、奖金、佣金和股票分红等名义,采用现金形式支付给员工的薪酬部分;间接货币薪酬又称间接经济薪酬,是指以各种以非现金形式支付给员工的劳动补偿及回报(如各类保险、住房公积金和带薪休假),以及其他可以使员工节省开支的措施等。

从绩效管理的角度考察,员工薪酬可以包括固定薪酬和浮动薪酬。固定薪酬是指在法律的保障范围内,依靠劳资双方达成的契约,劳动者明确可知的、固定获得的劳动回报;固定薪酬通常按月发放,并根据员工的职级与职位类别确定具体的发放标准,具体包括基本工资、岗位津贴和福利待遇等。浮动薪酬则指相对固定薪酬来讲具有风险性的劳动回报。浮动薪酬的获得通常是非固定的和不可预知的,它与员工的具体工作表现和所取得的绩效正相关,主要包括员工可能获得的奖金、佣金和分红等形式的即期货币回报,以及年金、股票期权等延期回报。

20世纪90年代,约翰·E.特鲁普曼(John E. Tropman)提出了定制性和多样性相结合的整体薪酬计划,认为应该把基本工资、附加工资、补贴、额外津贴、福利待遇、晋升机会、发展机会、生活质量和个人因素等统一起来,作为一个整体来考虑。它不再局限于以工资和福利为主体的货币薪酬,而是将所有企业能够提供的、对员工有价值的东西统一作为组织的激励资源,并以此为基础设计薪酬计划。美国薪酬协会(WAW)基于这种理念和思维框架,进一步提出了"总薪酬(total rewards)模型"(见图6-2)。在这一模型中,传统的薪资(工资、奖金)和福利待遇是用以吸引、保留与激励员工的基础,而员工置身于组织所获得的工作体验则发挥着重要的杠杆作用,其中包括工作与生活平衡、绩效与认可、个人发展与职业机会,如表6-1所示。

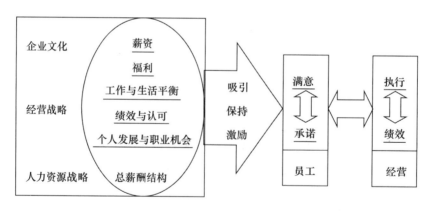

图6-2 总薪酬模型

资料来源:Worldatwork,2006.

表6-1 总薪酬体系的构成

项目	内涵
薪资(工资、奖金)	固定薪酬和浮动薪酬
福利待遇	社会保险、企业补充商业保险、带薪假期与无薪休假制度、生活消费品供给和员工信贷支持等

（续表）

项目	内涵
工作与生活平衡	旨在帮助员工在事业和家庭方面同时获得成功的政策与制度规定，主要包括提供灵活的工作时间；安全、宽松的工作环境；重视员工的身体健康；关心员工的赡养对象；提供信贷支持以改善员工的生活质量；支持员工融入所在社区的生活；鼓励员工参与管理，在组织变革过程中发挥积极的作用等
绩效与认可	结合组织绩效、团队绩效和个人绩效三者来实现组织的战略与发展目标；对员工的行为、努力及绩效给予特别的认可或关注
个人发展与职业机会	学习机会（包括学费补助、新技术培训、在职或脱产学习等）；专家或导师的指导与培训（领导力培训、非专业领域的学习等）；发展机会（实习、职位轮换、海外工作机会、工作晋升等）

资料来源：Worldatwork，2006。

相较于传统的薪酬模式，总薪酬模型的优势在于：

第一，总薪酬模型是真正以员工需求为导向的薪酬系统。它强调将那些对员工最具价值的要素作为企业支付薪酬的基础，能够针对员工需求制定不同的薪酬组合，进而将有限的激励资源最大限度地作用于员工价值，支持企业在劳动力相对短缺的市场竞争中获得人才优势。

第二，总薪酬模型更加强调薪酬策略、人力资源战略和组织战略的一致性。它在系统分析组织内部、外部环境的基础上，将多种激励方式有机地整合在一起，强调目标与绩效管理，使之成为支持组织战略实现的有力工具。

第三，总薪酬模型更加强调沟通和员工参与。它强调员工参与、员工选择和充分沟通，能够更容易地促进员工认同组织薪酬公平性，进而提升薪酬系统的有效性。

第四，总薪酬模型更加具有弹性。它以员工需求为导向，将多种激励方式有机地整合在一起，一旦组织面临竞争压力或变革的需要，可以及时调整薪酬的构成要素和各要素之间的比例关系，进而调整和引导员工行为，以支持组织的变革需要和应对外部环境的变化。

第五，总薪酬模型有助于更好地控制人工成本。它在关注货币薪酬的同时，也强调非货币薪酬（如发展机会、工作环境和企业文化等）为员工带来的价值，企业可以选择为哪些要素进行直接投资和设计双赢的薪酬项目来节约成本，比如提供健康的工作环境和健康福利保险，就可以通过企业与员工的共同合作来达到节约成本的目的。

三、薪酬的意义

（一）薪酬是满足员工生理需求和安全需求的基本条件

从需求层次理论来看，薪酬是满足每位旅游企业员工生理需求和安全需求的基本条件。在市场经济中，劳动力的价值是由生产和再生产劳动力这一商品所必需的生活资料的价值决定的，它包括三个部分：一是为维持员工自身生存所必需的生活资料的价值；二是养活员工家属所必需的生活资料的价值；三是员工必需的教育和培训费用。

（二）薪酬水平是员工工作与责任的象征

员工在旅游企业工作并获得薪酬，当所得收入比较高时，员工通常会认为自己负责比较复杂的工作,承担比较大的责任;当所得收入比较低时,则通常会认为自己负责比较简单的工作。如果员工的收入与所付出的劳动或工作的繁简程度不成正比,势必就会给员工造成一种心理压力。

(三) 薪酬水平是员工职位与资历的象征

员工享有比较高的薪酬水平不仅表示其在旅游企业中的职位比较高,还可能表示其职业资历比较深;而对于薪酬水平比较低的员工,则通常意味着职位比较低或职业资历比较浅。基于这种普遍认识,许多旅游企业采取年资加薪(工龄工资)的做法,即员工每在旅游企业服务一年就相应地有一次加薪机会,任职期限越长,薪酬水平就越高。

(四) 薪酬是影响员工积极性的主要根源

每位员工都会自觉与不自觉地将劳动支出与得到的薪酬加以比较,包括同旅游企业外部的比较和同旅游企业内部的比较两种。人们对物质的满足,不但包括客观上的满足,而且更注重主观上的满足,即同别人比较而得到的心理满足。因此,旅游企业在制定薪酬政策时,必须要注意尽可能地优于同行业的其他企业,至少保证不低于它们;否则就很难留住人才,更谈不上吸引人才。

美国心理学家 J. S. 亚当斯(J. S. Adams)发现,员工的工作积极性不但受到所得的绝对薪酬的影响,而且受到相对薪酬的影响。每个人都会不自觉地把自己付出的劳动和得到的薪酬与他人付出的劳动和得到的薪酬进行比较,也会将自己现在付出的劳动和得到的薪酬与自己过去的劳动和得到的薪酬进行历史性的比较。如果通过比较发现自己的薪酬水平与他人的薪酬水平相等,或者现在的薪酬水平与过去的薪酬水平相等或更高时,便认为是应该的、正常的,因而心情舒畅,努力工作。反之,如果发现自己的薪酬水平比他人低,或现在的薪酬水平比过去低时,就会产生不公平感,容易满腔怨气。在这种情况下,员工可能会采取下列措施以达到自我心理公平:

- 自我解释,自我安慰。员工往往会曲解自己的薪酬水平或曲解他人的薪酬水平,主观上造成一种公平的假象,消除不公平感。
- 采取一定的行动,努力改变他人的薪酬水平。
- 采取一定的行动,努力改变自己的薪酬水平。例如,消极怠工减少付出或者要求增加收入等以达到一个新的薪酬水平。
- 选择另一种比较,获得主观上的公平感,例如更换比较对象等。
- 发牢骚、泄怨气,制造人际矛盾,甚至放弃工作。

亚当斯的上述理论又称为公平理论。公平理论还进一步指出,不公平感的产生绝大多数是经过比较认为自己的薪酬过低而产生的,但在极少数情况下,个别人通过比较发现自己的薪酬过高也会产生不公平感。

(五) 薪酬水平的高低会影响员工的流动

在全球范围内,旅游业都属于员工高流动的行业,特别是对于那些基层员工来讲,低薪酬是造成其流动的主要原因之一。一些旅游企业由于受到董事会的约束或自身收益水平的制约,无法及时调整员工薪酬水平,使得大批有技术专长的员工外流。由此可以看到,薪酬直接关系到人才的流动。

（六）薪酬总额会影响旅游企业的经营和发展

旅游业是劳动密集型行业，人力资源成本占总成本的比例很大。目前，许多旅游企业正面临着员工要求增加工资、缩短工时的压力，无论是薪酬总额的绝对值，还是占营业收入的百分比都有不断增长的趋势。人力资源成本占企业营业收入的比例过大，会使旅游企业负担过重或直接将负担转嫁到消费者身上，最终影响旅游企业的市场竞争能力；人力资源成本占企业营业收入的比例过低又会影响员工的积极性。因此，如何确定这一比例是旅游企业经营者必须慎重考虑的问题。

四、薪酬管理的政策取向

每一家旅游企业薪酬管理的政策都不尽相同，这些政策一般涉及以下六个方面：

（一）绩效优先与表现优先

"绩效优先"是指旅游企业主要根据员工绩效的优劣来支付薪酬，通常主要针对管理人员；而"表现优先"是指旅游企业主要根据员工工作能力来支付薪酬，通常主要针对大多数普通员工和绩效难以用数字衡量的非一线经营部门管理人员。

（二）工龄优先与能力优先

在旅游企业中，如果工龄在薪酬体系中的权重比工作能力所占权重大，则称为"工龄优先"，反之则称为"能力优先"。相似的还有学历优先与能力优先、性别优先与能力优先等。

（三）工资优先与福利优先

如果一个旅游企业的员工工资非常优厚而福利待遇比较差，则其薪酬管理政策倾向于"工资优先"；如果一个旅游企业的员工福利待遇相当好而平均工资水平一般，则其薪酬管理政策倾向于"福利优先"。

（四）需要优先与成本优先

旅游企业在建立薪酬体系时，主要考虑人力资源需求能否及时满足而忽视人力资源成本控制，这种政策被称为"需要优先"；反之，如果主要考虑人力资源成本控制而忽视人力资源需求，则属于"成本优先"政策。

（五）物质优先与精神优先

在薪酬体系中，旅游企业强调货币薪酬（包括货币、实物、保险和带薪假期等）而忽视非货币薪酬（主要是员工的工作体验与感受），称为"物质优先"的薪酬政策；反之，比较重视非货币薪酬而不突出货币薪酬，则称为"精神优先"。

（六）公开化与隐蔽化

员工通过旅游企业的正式信息渠道清楚地知晓他人的薪酬水平，称为"薪酬公开化"；反之，如果旅游企业不提倡员工相互了解彼此的薪酬水平，这属于"薪酬隐蔽化"政策。后者是旅游企业比较流行的做法。

五、影响薪酬水平的因素

在市场经济条件下,旅游企业员工的薪酬水平应该是动态的,根据旅游企业经营所面临的各种复杂因素,及时调整员工的薪酬是十分必要的。

(一) 外部因素

1. 劳动力市场的供求状况

当某一地区其他行业或本行业其他旅游企业的薪酬水平上升时,往往会导致该地区旅游业整体薪酬水平发生改变。此时,旅游企业为了能招募到一定数量和质量的员工,只有在原有薪酬水平的基础上进一步提高薪酬。因此,劳动力市场的供求状况对旅游企业薪酬水平的影响,可以归结为:如果社会上可供本企业使用的劳动力大于企业需求,则薪酬水平可以降低;反之,则应该提高。

2. 政府对全社会薪酬水平的调控

在市场经济条件下,政府对企业薪酬水平的干预主要表现为培育、发展和完善劳动力市场,用宏观经济政策调节劳动力供求关系,通过引导劳动力市场,从而间接地影响企业薪酬水平;同时,政府还可以利用调控个人所得税缴纳基点和缴纳比例等手段,间接影响员工的薪酬水平。

此外,政府还可以用法律、法规的形式规范企业的分配行为,从而直接影响企业的薪酬水平。例如,以法规形式公布最低工资标准,规定企业必须为员工缴纳一定数额的社会保险费。按照我国《最低工资规定》,省、自治区、直辖市范围内的不同行政区域可以有不同的最低工资标准;最低工资标准一般采取月最低工资标准和小时最低工资标准的形式,其中月最低工资标准适用于全日制员工,小时最低工资标准适用于非全日制员工;最低工资标准的组成包括国家统计局规定应列入工资总额的工资、奖金、津贴等项收入,不包括加班工资、特殊工作条件津贴,以及国家法律、法规和政策规定的保险、福利待遇。

3. 物价对薪酬水平的影响

物价对员工薪酬水平具有重大影响。当员工的货币薪酬水平不变或上调幅度小于物价上涨幅度时,物价上涨将导致员工实际薪酬水平的下降。为了保证员工实际生活水平不受或少受物价的影响,旅游企业应该采取必要措施给予补偿。例如,给予一定的物价补贴、提高工资标准、增发奖金、实行薪酬与当地物价指数挂钩、低价向员工供应生活必需品等。

4. 旅游行业薪酬水平的变化对旅游企业薪酬水平的影响

旅游行业薪酬水平的变化主要取决于旅游市场需求和本行业劳动生产率两大因素。当旅游市场需求比较旺盛时,旅游企业的薪酬水平应该有所提高;当旅游行业劳动生产率上升时,薪酬水平也可以在企业收益上升的幅度内按一定比例提高。当旅游市场价格稳定,旅游企业处在比较宽松的竞争环境中,某一旅游企业薪酬的调整应该以当地旅游业薪酬总体水平为参照系,就本企业的劳动生产率与行业劳动生产率进行比较来决定薪酬调整幅度。

(二) 内部因素

1. 旅游企业的经营战略

薪酬管理应当服从并服务于旅游企业的经营战略。旅游企业选择不同的经营战略，其薪酬管理也会随之发生变化，如表6-2所示。

表6-2 不同经营战略下旅游企业的薪酬管理

经营战略	经营重点	薪酬管理
成本领先战略	• 追求成本的有效性 • 简单快捷的服务	• 重视与竞争对手的人工成本比较 • 提高薪酬体系弹性 • 强调制度和服务流程的执行力
顾客中心战略	• 关注顾客满意度和忠诚度 • 为顾客提供无微不至的服务 • 加快营销速度	• 以顾客满意为奖励的基础 • 重视顾客做出的服务技能评价
服务创新战略	• 不断创新服务 • 缩短产品生命周期 • 引导顾客消费	• 以服务创新为奖励的重要依据 • 以市场为基准的工资 • 员工的工作职责宽泛化

2. 旅游企业的发展阶段

旅游企业在不同的发展阶段，其经营的重点和面临的内外部环境是不同的，因此在不同的发展阶段，旅游企业的薪酬结构也会有变化，如表6-3所示。

表6-3 不同发展阶段下的薪酬结构

企业发展阶段		开创期	成长期	成熟期	稳定期	衰退期	二次创业
薪酬构成	基本薪酬	低	有竞争力	有竞争力	高	高	有竞争力
	激励薪酬	高	高	有竞争力	低	无	高
	间接薪酬	低	低	有竞争力	高	高	低

资料来源：何娟．人力资源管理[M]．天津：天津大学出版社，2000．

3. 旅游企业的财务状况

旅游企业的财务状况会对薪酬管理产生重要的影响，它是薪酬管理各项决策得以实现的物质基础。旅游企业的财务状况良好，可以保证薪酬水平具有一定的竞争力，以及薪酬及时支付。

(三) 员工个人因素

1. 员工的工作表现决定其薪酬水平

就员工个体而言，其薪酬水平要受到他所提供的劳动量和服务质量的影响。此外，员工的能力不同，所表现出的工作质量也不尽相同，这种现实工作表现的差别，是导致员工薪酬水平高低差异的基本原因。

2. 员工的服务技能和受训练水平对其薪酬的影响

拥有高质量的服务技能和接受过高水平的职业训练，员工的工作表现一般情况下会比较出色，这样员工的薪酬水平必然要高。另外，给予这部分员工比较高的薪酬也是为了补偿其在学习专业技术和知识时所耗费的金钱、时间、体能、智力甚至心理上的压力等直接成本,以及因学习而减少收入所造成的机会成本。

3. 员工的资历对其薪酬的影响

在旅游企业从业时间比较长的员工,其薪酬水平通常应该高一些,目的主要是补偿员工过去的劳动投入,减少员工的流动。这种将资历与薪酬挂钩的做法能起到稳定员工队伍、降低员工流失率的作用。

此外,员工的工作经验、所从事工作的危险性等因素也会影响员工的薪酬水平。

六、旅游行业中导游薪酬的特殊性

现代旅游业的发展离不开导游的存在,而这一点国内外许多旅游行政管理部门和旅行社早已认识到,它们为了吸引并留住更多的优秀导游人才,对导游采取了各种各样的激励方式,其中就包括各不相同的导游薪酬制度。①

国外导游的职业性质与我国大有不同,他们大部分是自由职业者或者兼职人员,而很少有专职人员。这就决定了他们的收入构成更多的是以小费和基本工资两种形式存在。具体而言,对于国外大部分自由职业者或者兼职导游来说,他们在提供向导、讲解以及相关服务的时候是没有固定收入的,其收入的大部分来自游客的小费。尤其在散客旅游中,只要导游按照旅游合同的规定提供了服务,游客就应当支付他们一定数量的小费作为对导游人员工作的认可和感谢。一般情况下,小费的金额大致按旅行社产品价格的10%作为标准。

此外,导游还可以带领游客去规定的商店购物来获得提成收入,也可以在旅游合同之外增加旅游景点来获取部分收入。但在一种情况下是可以不支付给导游小费的,那就是通过旅行社报名参团,因为这种旅游方式已经把小费包括在旅行社所收的费用里了。如果没包括在内,旅行社也会向游客收钱,作为小费发给导游。虽然大部分的国外导游都是靠收取小费作为主要收入来源,但是也有少数国家的导游是以固定工资作为主要收入。例如在新加坡,旅游行政管理部门为了促进本国旅游事业的有序发展,对导游实施严格的管理以及给予优厚的工资待遇。新加坡导游的收入构成包括固定工资、带团津贴、回扣以及小费四个部分,其中最主要的一部分是固定工资。他们都属于国家公务员,享受较高的固定工资,而且在带团过程中也会有回扣,但是回扣是与旅行社一起分配;小费也是出于游客自愿,也有旅行社会与游客签订关于小费数目的协议。

国外导游的薪酬基本上是由基本工资、小费以及小部分的回扣三部分组成。但是作为主要收入来源,主要分为以小费收入为主或者以工资收入为主。此外,在薪酬方面,国外导游的薪酬水平普遍比较高,有学者将国外导游人员的薪酬构成分为"公司行为的日本模式"、"西欧模式"和"美国模式"三种。其中,日本式的"公司行为"具体表现在公司以优厚的工资待遇、多样的奖金、高额的加班费和全方位的社会保障为员工提供丰裕的物质支持;但是带团期间,导游是几乎不收任何小费的,因为他们拥有比小费更坚实的可靠基础。"西欧模式"是一种建立在社会化职业性质特点的基础上所形成的社会保障模式。导游通过出团,旅行社以每日100—140欧元的税后价格支付给导游带团服务费。收入所

---

① 孙琼,宋金飞. 国外导游人员薪酬构成[N]. 学习时报,2015-08-13.

缴纳的税收直接划到导游的个人社会保险账户,以此作为另一种形式的导游待遇。"美国模式"的特点是导游通过高质量的服务,获得游客表示认可或者赞赏的小费。同时,导游按照接团协议,带团完成指定商店的购物活动,根据游客所反映的购物服务质量和商品的满意度获得一定比例的佣金。这部分佣金是商店与旅行社根据签订的优惠价所获得的商店让利部分。

国外导游的薪酬特点主要体现在两个方面:

第一,薪酬的构成制度方面。国外导游的工资主要来自小费,而小费金额的多与少直接取决于导游的服务质量水平。他们的服务只有得到游客的认可才能获得高额的收入,否则还会因服务投诉而受到扣除一部分工资的惩罚。

第二,社会保障制度方面。国外导游的社会保障制度非常健全,旅行社通过银行向导游支付报酬,只要有报酬支付就能实现税收的缴纳,而这部分税收也被用作导游的社会保险费用。这不仅减少了导游少缴和不缴纳税收的现象,还保障了导游的人身安全,为其提供优质的服务解决了后顾之忧。

在我国,《旅游法》第四章第三十八条规定:旅行社应当与其聘用的导游依法订立劳动合同,支付劳动报酬,缴纳社会保险费用。旅行社临时聘用导游为旅游者提供服务的,应当全额向导游支付本法第六十条第三款规定的导游服务费。第五十一条规定"旅游经营者销售、购买商品或者服务,不得给予或收受贿赂"。《旅游法》规范了导游和旅行社之间的利益分配,导游薪酬变得透明公开:从旅行社处获得基本工资、社会保险和带团津贴(其中兼职导游只能获得旅游合同中标明的带团津贴),从游客处获得完全自愿给予的小费。此外,为了留住优秀的导游人才,旅行社还应设立非现金形式的报酬,增加导游人员培训、体检、补贴、带薪假日等福利项目。

第二节　薪酬设计的一般步骤

薪酬设计的要点在于"对内具有公平性,对外具有竞争力"。设计科学的薪酬体系和薪酬制度的流程如图 6-3 所示。

一、职位分析

职位分析是旅游企业确定薪酬的基础。结合旅游企业的经营目标,旅游企业管理层应在业务分析和人员分析的基础上,厘清各部门的职能和相关职位的关系,明确旅游企业各岗位的职责、组织的架构、所需员工的技能等情况,人力资源部门和各部门主管合作编写职位说明书,为薪酬设计中衡量员工绩效提供依据。

二、职位测评

职位测评重在解决薪酬的对内公平性问题。它有两个目的:一是比较旅游企业内部各个职位的相对重要性,得出职位等级序列;二是为进行薪酬调查建立统一的职位测评标准,消除不同旅游企业之间由于职位名称不同,或即使职位名称相同但实际工作要求和工

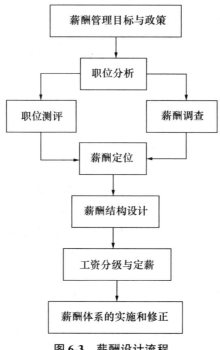

图 6-3　薪酬设计流程

作内容不同所导致的职位难度差异,使不同职位之间具有可比性,为确保工资的公平性奠定基础。

职位测评包括在确定各职位工作内容的基础上进行相互比较,即对决定职位薪酬的工作因素进行比较、分析和衡量。科学的职位测评体系不是简单地与职务挂钩,而是解决"当官"与"当专家"的等级差异问题。例如,一位四星级酒店的行政总厨并不一定比餐饮部经理的等级低,前者注重于技术难度与创新能力,后者注重于管理难度与综合能力,二者各有所长。职位测评的方法主要有以下四种。

(一) 排序法

排序法是一种非常简单的工作评估方法,是指依据"工作复杂程度"等总体指标,对每个职位的相对价值进行排序,适用于小型旅游企业,如旅行社。主要步骤包括:

1. 获取工作信息

首先进行职位分析。要对每个职位做好职位规范,说明"职位总体情况",这种方法不需要对职位的一系列薪酬因素进行排序,因而对于职位说明书并不像在其他的测评方法中那样不可或缺。

2. 选择等级参照物并对具体工作划分职位等级

在实际运作中,常见的是按部门或不同的工种(例如对酒店客房部服务员、领班、经理助理等)进行排序,避免将工作内容不相关联的职位进行比较。

3. 选择薪酬因素

在排序法中,通常是在搞清楚职位总体情况的基础上,仅使用一个因素对工作进行排序;同时应该注意,一定要向职位测评人员仔细解释这项薪酬因素的具体含义,以确保评估工作的一致性。

4. 对职位进行排序

最简单的做法是给每个等级建一套索引卡片,每套卡片都对职位有一个简短的说明,然后把这些卡片按其代表的职位的价值从低到高进行排序。有时为了取得更为精确的结果,可以采用"交替排序法"。具体方法是,先取出等级最高的卡片,然后取出等级最低的卡片;再是第二高的卡片,然后是第二低的卡片;以此类推,直至把所有的卡片都排好序号。因为选择极端情况比较容易,所以这种方法可以简化排序工作。

5. 综合排序结果

对职位排序时,通常可以分别使用几种等级标准。排序工作完成后,人力资源部门需要对某一职位几次排序的结果计算平均值,作为最终结果。

排序法的优点是简单、容易、省时,缺点是有过分依赖"主观估计"的因素,有时人们可能会同意哪一职位价值最大、哪一职位价值最小,但是很难区分处于中间等级的职位。

(二)职位归类法

这是一种简单易行、广泛使用的方法。它把所有的职位分成若干组,工作内容相似的小组称为"类",工作内容除复杂程度接近以外都不一样的就称为"级"。职位归类法的分组方法有两种:一种是制定"职位类别说明书"(类似于"职位说明书"),并据此把职位分类;另一种是给每一类职位制定一系列分类标准,再根据这些标准对职位分类。

职位归类法的应用流程是:首先确定工作类别的数目,一般旅游企业可以设定 5—8 种工作类别;然后为各种工作类别中的各个级别进行定义;最后将每一个工作职位与设定的级别进行比较,最终定位在合适工作类别的合适级别上。

职位归类法具有简单明了、灵活性高的特点,比较适合在大型旅游企业的管理人员和专业技术人员层面应用;其不足之处在于,工作职位类别和级别的划分主要基于假设工作因素与工作价值之间存在稳定关系,主观色彩比较浓,有时会使员工产生不公平感。

(三)要素计分法

要素计分法又称要素计点法,是一种比较复杂的量化职位评估方法,它是根据各个职位在薪酬要素上的得分确定职位工作价值的相对大小,实质上是"排序法"的进步。要素计分法的具体操作步骤如下:

1. 确定要评估的职位组

一般来说一家旅游企业最好只用一套职位组测评要素,不要为每个职位都设计不同的测评要素。最多单独为一线操作人员(如酒店餐饮部的厨师和服务员,前厅部、客房部和管家部等的服务员等)设计一套职位组测评要素,其他人员则使用另一套职位组测评要素,这样才能在全企业范围内实现内部均衡。因此,首先需要将旅游企业的所有职位按照"类似工作同组归类"的原则,分配到不同的职位组,针对每个职位组提出一个方案。

2. 收集职位信息

职位分析做得比较规范的旅游企业,此时可以直接利用在职位分析中得出的职位说明书。

3．界定薪酬要素

旅游企业所涉及的一些典型薪酬要素通常包括受教育程度、工作经历、体能要求、对设备的责任、对原料的责任和对其他人安全的责任、监督的责任、工作环境、沟通水平和工作负荷。事实上，一个企业愿意付给薪酬的职位的任何一个方面都可能是薪酬要素。

4．确定薪酬要素等级

企业可以根据工作的复杂程度为每个薪酬要素确定若干等级，但要确保能够清楚地区分职位的水平。因此，每一级都应该有详细的文字说明，表6-4是一个工作负荷要素分级说明的例子。

表6-4　薪酬要素：工作负荷（示例）

要素细分1：工作压力

定义：指工作的节奏、时限、工作量、注意力专注程度和工作所要求的对细节的重视而引起的工作压力。

等级	说明	分值
1	从事程序性工作，心理压力较小	15
2	程序性工作较多，有时会出现不可控因素，有一定的心理压力	30
3	脑力付出较多，工作中常出现不可控因素，心理压力较大	45
4	需要付出的脑力强度大，不可控因素多，心理压力大	60

要素细分2：工作时间特征

定义：指工作要求的特定起止时间。

等级	说明	分值
1	按正常时间上下班	15
2	工作时间不一定是正常班，但有一定的规律性，可以自行安排或预先知道	30
3	有些时候不得不早到迟退或者周末加班	45
4	工作时间根据工作具体情况而定，自己无法控制	60

5．确定要素的相对价值

这一步就是确定每个要素的权重。对于不同的职位组，同一种要素的重要性不同，不同要素在同一种职位组中的重要性也不完全相同。例如，英语口语水平对酒店前台服务员来讲是一个十分重要的要素，而对于餐厅服务人员来讲其重要性就显得弱一些。因此，确定要素重要性的工作十分重要，一般由人力资源部门的专业人员完成。

6．确定各要素及各要素等级的分值

首先将职位的总分值确定下来，例如可以设定为1 500分，再乘以各个要素的权重，就可以得到各个要素的分值；然后对于每个要素，最高水平的就是这个分值，其他层次的可以按照等差的形式类推，如表6-5所示。

表6-5 职位要素等级划分与分数配置示例

职位要素	要素细分	级数	等级 1	等级 2	等级 3	等级 4	分数	权重
工作责任	职权	4	25	50	75	100	700	47
	责任轻重	4	25	50	75	100		
	指导监督	4	25	50	75	100		
	工作复杂性	4	25	50	75	100		
	工作方法	4	25	50	75	100		
	协调沟通	4	25	50	75	100		
	计划组织要求	4	25	50	75	100		
任职资格	最低学历要求	4	20	40	60	80	560	37
	知识范围	4	20	40	60	80		
	工作经验	4	20	40	60	80		
	资格证书	4	20	40	60	80		
	体能要求	4	20	40	60	80		
	语言要求	4	20	40	60	80		
	技能要求	4	20	40	60	80		
工作负荷	工作压力	4	15	30	45	60	120	8
	工作时间特征	4	15	30	45	60		
工作环境	工作地点	4	10	20	30	40	120	8
	舒适程度	4	10	20	30	40		
	危险性	4	10	20	30	40		

7. 编写职位评估手册

完成上述步骤后,把所得到的结果汇编成册,便于使用。

8. 将职位列等

一旦编好"职位评估手册",就可以据此进行职位列等了。对于每个职位都能按照要素进行评估以确定其分值,按照结果将其列等,如表6-6所示。

表6-6 职位等级的要素分布示例

等级	分值	等级	分值
1	450以下	6	851—950
2	451—550	7	951—1 050
3	551—650	8	1 051—1 150
4	651—750	9	1 151—1 250
5	751—850	10	1 251以上

要素计分法的优点在于易于解释和评估;但是,建立一个分值评估方案是相当困难的。

(四)要素比较法

要素比较法也是一种量化分析技术,它要分析比其他方法更多的薪酬要素,实质上是对排序法的一种改进。运用要素比较法时,除了要选择多个薪酬要素,还要通过调查,获得在劳动力市场上认可的标准职位的小时工资额——小时工资是比较的标准。以酒店餐饮部为例,如果普通厨师、迎宾员和服务员的小时工资分别是20元、10元和12元,职位测评小组会以此反推工作中每个要素的薪酬额(见表6-7),其中的薪酬要素是身体素质、技能、责任、工作条件和沟通能力;对一些关键职位的薪酬按照薪酬要素进行分解后,以此为参照标准对其他职位要素进行比较并评定薪酬额度。表6-7的下半部分显示的就是比较要素后的一些职位的薪酬额。

表6-7 要素比较法职位测评示例　　　　　　　　　　　　　　单位:元/小时

关键职位	薪酬要素					小时工资
	身体素质	技能	责任	工作条件	沟通能力	
普通厨师	4.50	5.00	4.50	4.00	2.00	20.00
迎宾员	2.50	1.00	1.50	1.00	4.00	10.00
服务员	2.50	2.00	2.00	1.50	4.00	12.00
测评职位	薪酬要素					小时工资
	身体素质	技能	责任	工作条件	沟通能力	
厨工	4.00	3.00	3.00	3.50	1.50	15.00
洗碗工	2.00	1.00	1.00	3.50	1.00	8.50
实习生	2.00	1.00	1.00	1.50	3.00	8.50

要素比较法通过对职位的相互比较以确定薪酬水平,简便易行,表6-7只是列举了5个薪酬要素,实际的要素会更多一些,因此很难完全将薪酬分配到每一个薪酬要素上。此外,关键职位的选择和小时工资标准也是比较难确定的。

三、薪酬调查

旅游企业进行薪酬调查的目的主要是保证薪酬水平具有竞争力。通过薪酬调查,不但可以真实地反映当地旅游行业现行的薪酬水平,而且调查结果可以清楚地向员工解释旅游企业薪酬政策的合理性,并以此作为调整薪酬的依据。

(一)薪酬调查的对象

旅游企业在确定薪酬水平时,应该参考当地劳动力市场的薪酬水平。薪酬调查的对象,最好是选择与自己有竞争关系的旅游企业或同行业中的类似旅游企业,重点考虑员工的流失去向和招聘来源。

由于旅游企业人员流动比较频繁,可以利用招聘面试、人员跳槽的机会,了解竞争对手的薪酬水平,但要防止以偏概全。

(二)薪酬调查的内容

薪酬调查的数据,要有上年度的薪资增长状况、不同薪酬结构对比、不同职位和不同级别的薪酬数据、奖金和福利状况、长期激励措施,以及未来薪酬走势分析等。

有些调查可以采用问卷的形式。这些问卷一般包括三个方面的内容:首先是有关旅游企业的基本资料,包括名称、坐落区域、员工人数、企业规模、营业额、服务档次和资产规模等;其次是有关旅游企业的薪酬资料,包括薪酬结构、奖励激励政策、工作时段、退休保障和带薪休假等涉及员工福利的信息;最后是具体职位的薪酬水平,包括被调查旅游企业的职位分类和分级、各级职位的实际月薪酬水平、年度总收入(含奖金)、加薪周期、最近一次的加薪幅度、保险及住房公积金缴纳标准等。

(三) 薪酬调查与分析

只有采用相同的标准进行职位评估并获得真实的薪酬数据,才能保证薪酬调查的准确性。具体地讲,如果调查某酒店每月支付给洗碗工的工资是 3 000 元,面对这种比较高的薪酬待遇,就有必要进一步调查该酒店关于洗碗工的职位说明书,了解其真正的工作任务包括哪些方面。

薪酬调查的结果,是根据调查数据绘制薪酬曲线,在"职位评估值—薪酬水平"坐标轴上,首先标出所有被调查的旅游企业员工薪酬所处的点,然后整理出同类旅游企业的薪酬曲线(见图6-4)。薪酬曲线一般采用最小二乘法进行拟合。如果将评价点数或者序列等级设为 X,市场薪酬水平设为 Y,就可以得出薪酬曲线的方程 $Y = bX + a$。将各个职位的评价点数或者序列等级代入方程,就可以得出市场平均薪酬水平。薪酬曲线可以直观地反映某一旅游企业的薪酬水平在同行业中处于什么位置。

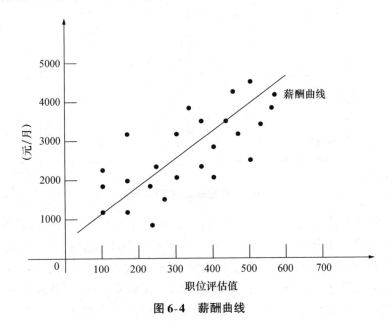

图 6-4 薪酬曲线

四、薪酬定位

在分析同行业中其他旅游企业有关薪酬的数据后,需要做的是根据本企业的经营状况和内外部环境确定薪酬标准。

在薪酬设计中有个专用术语叫25P、50P、75P,意思是说,假如有 100 家企业(或职位)

参与薪酬调查,平均薪酬按照由低到高排名,第25排名以后的代表低位薪酬(25P),第50排名左右代表中位薪酬(50P),第75排名之前的代表高位薪酬(75P)。一个采用75P策略的企业,需要有雄厚的财力、完善的管理、良好的盈利能力、一流的硬件和服务做支撑,因为降薪是非常困难的人力资源工作,一旦市场前景不妙,企业的人力资源成本压力就会凸显出来。

五、薪酬结构设计

在国外,许多旅游企业在确定员工薪酬时,往往要综合考虑三个方面的因素:一是其职位等级,二是个人的技能和资历,三是个人绩效。在薪酬结构上与之相对应的,分别是职位薪酬、技能薪酬和绩效薪酬;也有的将前两者合并考虑,作为确定个人基本薪酬的基础。

(一)薪酬的构成

薪酬结构又称为薪酬模式,是指在薪酬体系中,工资、奖金、福利、保险、红利和佣金等所占的份额和比例。以下就以基本工资、奖金、福利、保险、津贴这五种在旅游行业中常见的薪酬形式为例,分析不同薪酬形式的特性,如图6-5所示。

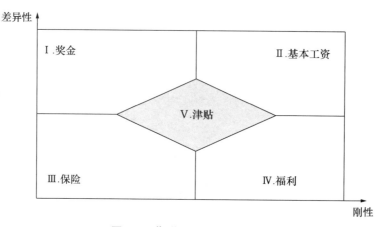

图6-5 薪酬形式的不同特性

从图6-5中可以看出,基本工资是差异性高、刚性强的薪酬形式。在旅游企业中,员工之间的工资差异是十分明显的,而且一般情况下是只能升不能降,有比较强的刚性。奖金则是差异性强、刚性弱的薪酬形式,员工的绩效不同,奖金必然会有比较大的不同,但是奖金水平会随着旅游企业经济效益和战略目标的变化而发生改变,从而表现出刚性比较弱的一面。保险主要包括医疗保险、养老保险、工伤保险和失业保险等,确定的主要依据是国家或地方的法律、法规或相关政策,因此差异性和刚性都比较弱。福利属于旅游企业员工人人都可以享受的利益,而且一般情况下是只能改善不能恶化,因此差异性不明显,但刚性比较强。津贴的种类和发放标准比较复杂,需要区别对待。

(二)薪酬结构的模式

基本工资、奖金、福利、保险、津贴这五种薪酬形式的组合就会形成不同的薪酬结构,通常有弹性模式、稳定模式和理性模式三种。

1. 弹性模式

这种模式的薪酬主要根据员工在一定时期的工作绩效决定。在弹性模式下,奖金和津贴的比重要大一些,而福利和保险的比重则要小一些;而且在基本工资的部分,有时也实行绩效薪酬或销售提成等形式。这种模式有较强的激励功能,但是员工缺乏安全感,比较适合处于快速发展阶段的旅游企业。

2. 稳定模式

这种模式的薪酬主要取决于员工工龄与旅游企业的经营状况,而与个人的工作绩效联系不多。稳定模式的薪酬,主要部分是基本工资;奖金所占比重较小,而且主要依据旅游企业的经营状况,并结合员工基本工资水平按一定比例发放或平均发放。这种模式对员工而言有比较强的安全感,但缺乏激励功能。如果旅游企业人力资源成本增长过快,企业的负担会比较大,因此稳定模式的薪酬结构更适合运营趋于成熟的旅游企业。

3. 理性模式

这种模式要求管理者根据旅游企业的经营目标、工作特点以及收益情况,合理地进行薪酬组合。理性模式既要有弹性,保证能不断地激励员工提高工作绩效,还应该具有稳定性,给员工一种安全感,使他们关注旅游企业的长期目标。理性模式的薪酬结构,通过较低的基本工资、与成本控制相结合的奖金以及符合法定标准的福利,实现控制人力资源成本的目标,比较适合业务没有增长或处于衰退期的旅游企业。

六、工资分级与定薪

工资分级与定薪的主要工作内容包括工资等级制度的制定和工资支付形式的选择,详细阐述见本章第三节。

七、薪酬制度的实施和修正

(一) 预算

对于薪酬实行预算管理,有利于旅游企业在一段时期内的人力资源成本保持在一个既定的范围内。薪酬预算主要有两种方法:一是根据旅游企业每个职位未来一年的薪酬标准,计算出整个部门所需的薪酬支出,然后汇集所有部门的预算数字,编制旅游企业整体的薪酬预算;二是旅游企业的高层管理者首先决定企业整体薪酬预算额和增(减)薪的幅度,然后将整个预算额分配到每个部门,各部门按照所分配的预算额,结合本部门内部的实际情况,将薪酬预算分配到每个职位上。

(二) 沟通

在制定和实施薪酬制度的过程中,及时、有效的沟通是保证薪酬制度顺利执行的因素之一。薪酬制度的合理与否在很大程度上取决于员工是否满意。旅游企业人力资源部门可以利用薪酬制度问答、员工座谈会、员工满意度调查和内部刊物等形式,充分、全面地介绍旅游企业的薪酬政策。

(三) 支付

首先,薪酬支付的标准应该是公开化的。薪酬管理要坚持公平的原则,而员工对于薪酬的公平感来自管理人员将正确的薪酬标准传达给员工。有的旅游企业要求员工薪酬绝对保密,这样做不利于激励员工。正确的做法应该是,每个职位的薪酬支付标准公开,而每位员工的具体实得薪酬保密。

其次,薪酬支付的时机要有所选择。把握住薪酬支付的恰当时机,是保持员工工作积极性的关键。实践证明,调动员工工作积极性的手段之一就是对他们良好的工作绩效给予及时的奖励。

最后,确定合理的薪酬支付方式。计时制是旅游行业最常见的薪酬支付方式,它是将薪酬与工作时间直接关联,具体可以分成小时薪酬、周薪酬和月薪酬。这种支付方式最注重的是工作本身的价值,而不是员工在职位上表现出的技能和能力的价值,也不是业绩的质量或数量。

(四) 调整

旅游企业在执行薪酬制度的过程中,各种因素会发生变化,必须不断地加以调整,因为僵化不变的薪酬制度会使激励功能退化。对于薪酬的调整主要包括以下几种情况:

1. 奖励性调整

奖励性调整就是当员工工作绩效突出时,适当地调整其薪酬水平。

2. 根据生活指数调整

根据生活指数调整员工的薪酬,是为了补偿因通货膨胀而导致员工的实际收入无形减少的损失。

3. 根据企业经济效益调整

根据企业经济效益调整员工的薪酬,是指当旅游企业效益优良时候,应该普遍提高全体员工的薪酬水平;当效益欠佳时候,可以考虑调回到比较低的水平。需要注意的是,这种调整应该是针对全体员工的,否则就会有失公平。

4. 根据工龄调整

根据工龄调整员工的薪酬,是指在调整员工薪酬时要考虑工龄,工龄的增加通常意味着员工工作经验的积累与丰富,代表着员工工作能力或绩效潜能的提高。

第三节 工资和奖金

一、工资等级制度

工资等级制度是根据工作的复杂程度、精确程度、负责程度、繁重程度和工作条件等因素,将各职位的工资划分等级,按等级确定工资标准的一种人力资源管理制度。工资等级制度主要是由工资等级表、工资标准、技术(业务)等级标准以及职位(工种)统一名称表等内容组成。

(一) 职位工资制

1. 职位工资制的概念及特点

职位工资制又称"岗位工资制"、"职务工资制",是指以员工在旅游企业中的职位为基础确定薪酬等级和薪酬标准,给予薪酬的一种基本薪酬决定制度。职位工资制具有以下特点:

(1) 根据职位支付薪酬。职位工资制是根据员工所在职位的工作内容进行薪酬支付的制度,员工在什么职位就能得到什么水平的薪酬,较少考虑员工的年龄、资历和技能等个人因素。职位工资制比较准确地反映了员工工作的质量和数量,有利于贯彻同工同酬的原则。

(2) 以职位分析为基础。职位工资的制定必须要有严密、科学的职位分析,并以此为基础进行严格的职位评价,按照职位评价的结果将旅游企业的各种职位进行等级排列,进而确定各职位间的薪酬级差。

(3) 具有较强的客观性。实行职位工资制,员工薪酬是根据员工所任职位来确定的。薪酬的确定必然要对与职位有关的各种因素进行客观分析与评价,由于是"对岗不对人",很少掺杂容易导致个人偏见的因素,因此职位工资制的客观性比较强。

职位工资制是建立在"每个职位上的人都是合格的"以及"不存在人岗不匹配情况"这些假设基础上的,而且这种工资制度并不鼓励拥有跨职位的其他技能。由此可见,职位工资制既有明显的优点,同时也存在一定的缺点,如表6-8所示。

表6-8 职位工资制的优点与缺点

优点	缺点
1. 实现了真正意义上的"同工同酬" 2. 按照组织结构和职位设置进行薪酬管理,操作简单,管理成本比较低 3. 基本工资与职位晋升相挂钩,增强了员工提高工作技能和业务知识的动力	1. 由于基本工资与职位关联性极高,当晋升无望时员工没有机会获得较大幅度的加薪,其工作积极性必然受挫,甚至会出现消极怠工或离职的现象 2. 当旅游企业组织结构和职位比较固定时,工资水平也相对稳定,不利于企业对经营环境的变化迅速做出反应,也不利于及时地激励员工

在旅游行业,职位工资制的类型主要有职位等级工资制和年薪制。

2. 职位等级工资制

职位等级工资制是指将岗位按照重要程度进行排序,然后确定工资等级的薪酬制度。职位等级工资制在实践中又可细分为一职一薪制和一职多薪制。

(1) 一职一薪制。一职一薪制是指一个职位只有一个工资标准,凡是在同一职位上工作的员工都按照统一的工资标准获得薪酬。一职一薪制的工资按照由低到高的顺序排列,组成了统一的标准职位工资体系。在这一体系内,职位没有工资等级,员工到任时采用"试用期"或"熟悉工作期"的办法,期满后经考核合格,都可以按照职位工资标准获得薪酬收入。只有员工的职位发生变化时,其工资水平才会随之改变。因此,如果旅游企业想在不改变职位设置的情况下提高员工的工资水平,只能通过提高职位工资标准来实现。

(2) 一职多薪制。一职多薪制是指在一个职位内设置几个工资标准,以反映职位内部员工之间的劳动差别。有的旅游企业职位数量比较多,从管理成本角度分析,不可能为每一个职位都设立独立的工资标准,因此企业只能采取将相近或相似的职位进行合并以采取同一工资标准,这就造成同等级职位内部存在工作差别的问题。为了解决这一问题,旅游企业可以在同一等级内划分档次,员工在一个职位等级内可以通过逐步考核而升级,直到其工资达到本职位的最高标准。

一职多薪制比较适合那些职位划分较粗、职位之间存在明显工作差别、职位内部员工之间存在技术熟练程度差异的部门。

3. 年薪制

随着现代企业制度的不断完善,旅游行业也出现了企业所有权和经营权的分离,为了把企业经营者的利益和所有者的利益联系起来,使经营者的目标和所有者的目标一致,形成对经营者的有效激励和约束,产生了年薪制。年薪制的对象主要是企业高级管理层的成员。

年薪制是以一个比较长的经营周期(通常是1年)为核算时间单位,根据个人绩效情况和企业经营成果设定个人收入的一种薪酬制度设计。年薪制在针对企业高级管理者的薪酬管理方面具有三大优势:一是企业可依据高级管理者在年度内或任期内等某个聘任周期的工作业绩情况,确定与其绩效相匹配的年薪标准和远期薪酬规划;二是年薪制一般含有较大比例的风险性绩效收入,这种设计有利于在职责、权利和收入对等的基础上加大激励力度,让高级管理者凭借各项要素参与企业经营业绩的分配;三是可以为实施股权激励奠定基础条件,企业可以把年薪收入的一部分直接转化为股权激励,把高管薪酬与股东利益和企业战略发展紧密结合起来,形成利益共同体。

(1) 确定年薪制的依据。如何确定年薪,不同国家、不同所有制形式的企业是存在差异的。一般来讲,确定年薪的依据主要来自以下三个方面:① 通过企业财务指标对高级管理者的业绩进行评价;② 利用企业股票在资本市场的表现,对高级管理者的业绩进行评价,因为股票价格通常可以反映投资者对企业盈利能力的认可程度,在一定程度上可以防止高级管理者经营行为的短期化;③ 企业所有者对高级管理者的经营行为进行直接评估。

(2) 年薪制设计模式。现代企业高级管理者的年薪结构是多元化的,企业所处发展阶段、所处行业的不同,其高级管理者的年薪模式也不尽相同。目前,我国主要有四种年薪模式。①

① 类公务员模式。类公务员模式的薪酬结构一般由基本薪酬、津贴、养老金规划组成。薪酬数量的多少取决于所任职企业的性质、规模、盈利水平以及高级管理者的行政级别,基本薪酬水准一般为员工平均工资的2—4倍,正常退休后的养老金水平可以达到平均养老金水平的4倍以上。此种年薪制方案的激励性主要来自职位晋升机会、较高的社会地位和稳定有保障且体面的生活保证,而且企业高管退休后,预期得到较高的养老金起到了约束其短期行为的作用。该模式适用于大型国有企业,尤其是国有大型集团公司、控股公司。

---

① 徐秋萍,肖慧琳.企业高管年薪制的模式选择与设计要点[J].中国劳动,2014(04).

② "一揽子"模式。"一揽子"模式的特点是薪酬结构单一且相对固定,薪酬金额与企业年度经营目标直接挂钩,实现经营目标后可获得约定好的年薪,金额一般相对较高、吸引力大。该模式的考核指标明确、具体,如减亏额、利润率、资产保值率、上缴利税额和销售收入等。因此,此种年薪制方案正面激励引导力度较大,具有招标承包式的激励作用,但容易引发短期化行为,其激励作用的有效性在很大程度上取决于考核指标的科学选取、真实准确。该模式大多适用于面临亟待解决经营问题、迫切需要扭转局面的企业。

③ 非持股多元化模式。非持股多元化模式的薪酬结构由基本薪酬、激励、风险性收入(奖金和效益收入)、养老金计划组成。其中,基本薪酬取决于企业的经营难度和责任大小,基本薪酬的一般水平为普通员工平均工资的2—4倍;风险收入根据企业经营业绩确定,一般不设封顶。这种年薪制方案由于不存在风险收入封顶的限制,在考核指标选取科学、适当准确的前提下,此种多元结构的年薪制方案更具激励导向,但是该方案缺乏对高级管理者长期行为的持续激励,有可能制约企业的长期可持续健康发展。所以,这种模式较适用于那些追求企业短期效益最大化的企业。

④ 持股多元化模式。持股多元化模式的薪酬结构是除基本薪酬、津贴和养老金计划之外,还包括含股权、股票期权等形式的风险收入。风险收入无法以员工平均工资为参照,但企业资产市场价值的快速升值,无形之中会使高管获得巨额财富。从理论和实践上说,这是一种十分有效的薪酬激励方案,多种形式的、具有不同的激励约束作用的薪酬有机组合,可以更好地保证高管行为的规范化、长期化;但该方案操作较为复杂,对企业所具备的实施条件要求相对苛刻。这种模式一般适用于股份制企业,例如宋城演艺发展股份有限公司就是采用这种模式。

(二)技能工资制

1. 技能工资制的概念及特点

技能工资制是根据员工所掌握的与工作有关的技能、能力以及知识的深度和广度来支付工资的一种薪酬制度。技能工资制具有以下特点:

(1)以人为中心。技能工资制的核心特点是以"人"为中心设计的薪酬制度。旅游企业关注的是员工在获取工作所需的知识、技能和能力方面的差异,而不是员工所从事的工作差异,这一点与职位工资制恰好相反。

(2)工资与员工的技能和能力紧密相连。技能工资制支付工资的依据是员工个人掌握的、经组织认可的知识、技能和能力水平。简单地讲,员工想要提高自己的工资水平,就必须被证明在相关领域具有一定的能力,并可以提供获取相应工资增长的技能或能力证明。

(3)针对员工工作的潜能。技能工资制的假设条件是:员工掌握的知识和技能越多,员工的工作效率越高,创造性也越强。事实上,掌握工作所需的知识、技能和能力只是员工实现绩效的必要条件,但不是充分条件。如果技能和能力不能在工作中得到有效或恰当使用,旅游企业预期的绩效水平很可能无法实现。

技能工资制既有其优点,也存在一些明显的缺点,如表6-9所示。

表 6-9 技能工资制的优点与缺点

优点	缺点
1. 有效激励员工掌握组织所需要的知识和技能 2. 员工技能多样性的增强使员工在各项工作之间的流动变得更加容易,增强了应对内外部环境变化和挑战的能力 3. 掌握更多的知识、技能和能力会使员工成为一种弹性资源 4. 有利于优秀专业人才安于本职工作,而不是一味地谋求晋升,从而保证了关键员工的稳定	1. 技能是一种潜在生产力,只有通过管理和培训才能使这种潜在生产力变成实际生产率和绩效。因此,需要企业在培训方面给予更多的投资 2. 对旅游企业控制人力资源成本的能力要求很高 3. 技能工资制因人而异,造成薪酬体系设计和管理困难,加大了工作难度

如果把职位工资制与技能工资制进行比较,就不难看出两者之间的显著差别和联系,如表 6-10 所示。

表 6-10 职位工资制与技能工资制的比较

比较点	职位工资制	技能工资制
工资支付依据	以人力资源市场和工作职位为基础	以市场和技能认证为基础
工资支付机制	报酬要素——薪点等级	技能模块——技能水平
建立程序	职位分析与职位评价	技能分析与技能认证
成本控制	通过职位设计、薪酬预算来控制	通过培训、技能认证和工作安排来控制
普通员工关注点	获得职位晋升	提高自身技能水平
管理层员工关注点	1. 员工与职位的匹配 2. 晋升机制	1. 有效利用技能 2. 提供培训和技能认证

2. 技能工资制的工资类型

技能工资制的工资类型主要包括技术工资和能力工资。

(1) 技术工资。技术工资是以应用知识和操作水平为基础的工资,主要适用于旅游企业的一些专业技术类员工,如酒店工程部的电工和维修工、财务部的员工,以及餐饮部的厨师等。员工获得技术工资的前提是从事企业认可的专业技术工作,未从事企业认可的专业技术工作的员工,企业不向其发放技术工资。

技术工资制能够鼓励员工提高技能提升绩效,增强参与意识。采用技术工资制的岗位主要是一些可以充分利用员工的新技术和新知识创造效益的岗位。这种工资体制在给旅游企业带来技术进步、生产率提高的同时,也会使人力资源成本增长较快。

(2) 能力工资。能力工资是依据员工对能力的获得、开发和有效使用来支付工资,它是建立在比技术范围更为广泛的知识、经验、技能、自我认知、人格特征和动机等综合因素基础上的工资体系。能力工资最初的出现是为了保证企业生产的连续性,允许员工承担其他员工因缺勤而空置的工作,员工不得不学会其他工作所需要的知识和技能,即所谓的"一专多能"。较早实行职位技能工资制的美国星期五餐厅(T. G. I. Friday's)规定,如果员工掌握了新的技能,会在员工工作服的标志上显示出来,并同时获得加薪,而且掌握的技能越多升职的可能性就越大。现在,能力工资已经成为提高员工基本素质、增强企业综合竞争力的重要手段。

（三）宽带工资制

1. 宽带工资制的概念及特点

宽带工资制是在岗位工资制和技能工资制基础上进行的一种创新，它是指对多个工资等级以及工资变动范围进行重新组合，变成只有相对较少的工资等级以及相应较宽的工资变动范围。在宽带工资制中，每一类别工资的最高值和最低值之间的区间变动比率要达到100%或100%以上(见图6-6)。

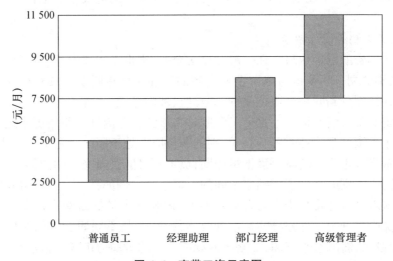

图6-6　宽带工资示意图

在宽带工资制中，员工不再是只能选择沿着旅游企业唯一的工资等级层次垂直向上走。员工在职业生涯的大部分或者所有时间里，可能一直处于同一个薪酬宽带之中。员工只要在现有的职位上不断提高或稳定自己的工作绩效，也能够获得更高的工资；即使员工被安排到比较低层次的职位上工作，也一样有机会获得比较高的工资，并且随着能力的提高和贡献的增加，员工还可以进行横向流动晋升。宽带工资制具有以下特点：

（1）减少工资等级。宽带工资制加大了一线服务人员、专业技术人员、管理人员和领导者的工资线差距。传统工资体系的等级一般有10—20个等级，而宽带工资制一般只有5个类别，并将每个类别对应的工资范围拉大，从而形成一个新的工资管理系统及操作流程，以便适应新的竞争环境和业务发展需要。

（2）同一工资类别中最高值和最低值之间的变动比率比较大。在宽带工资制中，工资标准在某一工资类别的不同等级中差距比较大，特别是专业技术人员的工资等级间的差距更大，一般最高档与最低档相差一倍以上且等级增多，让每个员工都有广泛的提薪空间。

（3）工资等级主要取决于员工的专业水平。在宽带工资制中，随着员工技能水平的上升，其工资也有机会随之上升，实际上是加大了员工个人专业知识和技能的含金量。员工不需要为了工资的增长而去斤斤计较职位的晋升，只要注意发展旅游企业所需要的技术和能力，就可以获得相应的工资待遇。

（4）紧密联系劳动力市场薪酬水平的变化。宽带工资制是以市场为导向的，一是使旅游企业的员工成本效益更高;二是使员工从单纯注重内部公平,转向更注重个人发展空间以及自我价值实现等方面。宽带工资的水平是以市场调查的数据以及旅游企业的用工定位来确定的,因此工资水平的定期核对与调整可以使旅游企业保持劳动力市场的竞争力,也有利于人力资源成本的控制。

(5) 部门经理可以更多地参与员工的工资决策。在宽带工资制中,即使是同一类别,由于最高点和最低点的差距至少有100%,因此界定工资的空间是很大的。根据旅游企业定薪的基本原则,对下属的工资界定给予部门经理更多的建议或决定权,更能体现内部公平性。

2. 宽带工资制的设计要点

(1) 确定工资的宽带数目。在一般的旅游企业,宽带工资通常可以设计4—6个职位类别,职位类别的划分更多地与旅游企业内部的管理层级相联系。具有相同或相似职位名称的职位往往划分到同一个职位类别,如总监、部门经理、主管和专员等。

(2) 确定宽带工资的标准。宽带工资制是将旅游企业内部的职位更多地根据工作类别划分出几个工资宽带,不同部门同一类别的职位应该处于同一个宽带范围内,但是由于职责和任职资格等重要的薪酬要素不尽相同,员工不可能获得完全相同的工资。因此,要对不同部门同一类别的宽带工资确定不同的工资水平。例如,同样是专员这个类别,财务部专员的薪酬水平可能要高于人力资源部专员,即财务专员的薪酬宽带要高于人力资源专员的薪酬宽带。确定这种差异的标准通常有两个:一是不同职能部门对企业战略的贡献,战略贡献越大,薪酬水平越高;二是不同职能人员的劳动力市场价格水平。

(3) 横向的职位轮换。宽带工资制的主要功能是有利于在旅游企业内部展开大规模的横向职位轮换,这种职位轮换往往发生在同一工资宽带中。如果旅游企业不需要进行或者不能成功地进行大规模的职位轮换,宽带工资制就失去了其价值和意义。

(4) 将员工放入工资宽带中的特定位置。在宽带工资体系设计完成之后,旅游企业需要解决的一个重要问题是如何将员工放在工资宽带中的不同位置上。通常的做法是:对特别重视绩效考核的旅游企业,可以采用绩效曲线法,即根据员工个人的绩效将员工放入工资宽带中的某个位置上;而重视员工技能水平的旅游企业,则会严格按照员工的技能掌握情况确定他们在工资宽带中的定位;那些强调员工能力的旅游企业会首先确定某一明确的市场薪酬水平,然后在同一工资宽带内,对低于该市场薪酬水平的部分,根据员工的工作知识和绩效定位,而在高于该市场薪酬水平之上的部分,则根据员工的关键能力开发情况确定他们在工资宽带中的定位。

(四) 提成工资制

提成工资制又称"拆账工资制"或"分成工资制",按照企业的销售收入或纯利润的一定比例提取工资总额,然后根据员工的业务水平和实际工作量计发工资。这种形式适用于劳动成果难以用事先制定劳动定额的方法计量,不易确定计件单价的工作,具体应用时又可细分为创值提成、去本分成、"保本底薪,见利分成"等形式。目前,这种工资形式在旅游企业的销售部门和酒店餐饮部门比较常见。实行提成工资制重点要做好以下三方面的工作:

- 确定适当的、可执行的提成指标。

● 确定恰当的提成方式,主要有全额提成和超额提成两种形式。全额提成即员工全部工资都随营业额浮动,而不再有基本工资;超额提成即保留员工的基本工资,并相应规定需完成的营业额,超额完成的部分再按一定的比例提取工资。从实行提成工资的层次上划分,有个人提成和集体提成。

● 确定合理的提成比例,通常有固定提成比例和分档累进或累退的提成率两种方式。

提成工资制是将员工的收入与其业绩成果直接挂钩,以此激励员工努力工作的一种薪酬管理机制。当经济景气指数比较高,顾客需求趋于同质化的阶段,员工绩效会比较理想,实行提成工资制有利于企业取得良好的销售业绩,进而提高市场占有率;但是,当经济下行压力逐步增大,顾客需求变得越来越个性化,员工尽最大的努力也很难提高业绩,继续执行提成工资制,员工的收入就会停滞甚至会下降,这必将严重打击员工的士气,甚至带来员工的大量流失,此时有的企业为帮助员工保住收入而主动降价销售,甚至付出进一步降低企业利润的代价,提成工资制的激励效果也会随之减弱。

二、工资支付形式

旅游企业必须在与员工约定的日期支付工资,如遇节假日或休息日,则应提前在最近的工作日支付,并且至少每月支付一次工资。当旅游企业依法与员工解除或终止劳动合同时,应一次付清员工的工资。

按照《劳动法》第五十一条的规定,法定节假日企业应当依法支付工资,即折算日工资、小时工资时不剔除国家规定的法定节假日。据此,日工资、小时工资的折算为:

日工资 = 月工资收入 ÷ 月计薪天数

小时工资 = 月工资收入 ÷(月计薪天数 × 8 小时)

月计薪天数 =(365 - 104)÷ 12 = 21.75 天

(一)计时工资

"计时工资"是旅游行业至今采用最为普遍的工资支付形式,所有按照员工工作时间长短支付员工工资报酬的制度都属于这一基本类型。计时工资支付形式最通常的是以小时为单位计算员工工资。按照这种工资支付形式,员工工资收入是用员工实际工作时间乘以小时工资额。其计算公式为:

$$W = R \times H$$

其中,W 为工资额,R 为小时工资额,H 为工作小时数。

例如,某旅游企业一名员工的周工作时间为 40 小时,小时工资为 25 元/小时,那么其每周实际收入按公式计算则为:$40 \times 25 = 1\,000$ 元。

这种工资支付形式简单明了,计算简便;但奖罚不十分严格,比较注意工作质量而不十分注重工作数量。

计时工资支付形式在旅游行业广泛使用的原因,主要是由旅游行业的特点所决定的。首先,服务是一个比较模糊的概念,很难完全用数值表示清楚,有时一项工作要求多位员工的相互配合才能顺利完成,如酒店的总台接待服务、餐饮服务等。此外,为了适应市场竞争的需要,更多的旅游企业认为"服务质量比服务数量更重要"。正是这些特点的制约,使得计时工资支付形式在旅游行业得以推广。

(二) 计件工资

计件工资,顾名思义,按照这种工资支付形式,员工的收入是根据他所完成的合格产品或服务工作数量决定的,而不是以工作时间为单位计算的。每件工作或服务项目都预先确定了单价,称为计件单价。通常情况下,计件单价是根据工时分析确定的,有时也是根据估算结果确定的。其计算公式为:

$$W = N \times U$$

其中,W 为工资额,N 为每件工作的单价,U 为工作的件数。

计件工资支付形式在一些旅游企业的个别部门还是适用的。例如,针对酒店专门负责客房清洁整理工作的职位,就可以参考这一办法,因为客房清洁工作通常要求服务员按照固定程序独立完成,规定每完成一间客房清洁工作的工资额,往往能刺激员工的工作积极性。此外,酒店洗衣房的工作也具有同样的特点。采用这种工资支付形式,企业应认真检查员工的工作质量——计件的工作必须是合格的工作,被查出的不合格产品或工作不但不能计算在内,还要有一定的惩罚措施。

计件工资支付形式鼓励员工高效率地工作,工资计算方便,简单易懂;预算人工成本比较直接、简便。但是,采用计件工资支付形式也面临一系列的管理问题。一些员工团队已形成了工作常规,这一常规通常会成为提高产出的障碍。如果某些员工的工作量超过了这一常规,往往会受到巨大的团队压力,只好因此而减少产出,这是因为希望被团队接纳及被同事尊重的欲望似乎超过了增加收入的欲望。具体讲,抵制计件工资支付形式的动机主要有以下五个方面:

- 对于计件计酬,若产出量太高,工作定额有被提高的可能,造成短期内收入较多,一旦工作定额被提高了,员工则必须付出更大的劳动才能得到与从前相等的工资。
- 员工们常假定,若能力高者产量大,收入也高,则大多数能力差者就会失业,因而会有意限制产出量,保障团队中效率较低者的工作。
- 如果大家都争着赚钱,团队中的社会结构就会被扰乱,且竞争加强导致彼此间的不信任及个人孤立,因此个体只好限制自己的产出量。
- 员工有一种控制个人行为、摆脱被管理者操纵的意识。
- 员工为了长久的利益,会尽力压低工作标准。

因此,使用计件工资支付形式需小心。否则,由于员工对工资不满,其降低工作质量,与管理争执与抱怨也会层出不穷。

(三) 计点奖励工资

这是一种有刺激性的工资支付形式。按照这种工资支付形式,员工个人或团队完成一项工作所节约的时间部分,提取一定百分比作为奖励性工资。其计算公式为:

$$W = (H \times R) + [(S - H)R]P$$

其中,H 为实际工作时间,S 为标准工作时间,P 为奖励性工资提取率,R 为每小时工资额。

例如,某酒店客房部服务员小时工资额为 20 元,清理一间客房所用标准时间为 25 分钟,奖励性工资提取率为节约时间的 75%,该服务员仅用 20 分钟就完成了清理工作,那么其清理一间客房的工资额应为：
$$W = (20/60 \times 20) + [(25 - 20)/60 \times 20] \times 75\% = 7.92(元)$$

从上例可以看出，如果简单地按照计时工资支付，该酒店客房部服务员每小时挣20元，而实行计点奖励工资支付，则员工每小时可得23.76元。计点奖励工资支付形式的优点是：其一，因为员工工资的奖励性部分按具体工作时间来决定，如工资需要调整，只改变奖励性工资提取率就可以了；其二，由于奖励性工资部分是根据某项工作标准时间的节约而确定的，因此可以直接影响员工的工作积极性，它对员工心理上的影响比计件工资制的影响还要大，有利于鼓励员工改进工作，提高效率。

三、奖金的意义及其发挥作用的条件

（一）奖金的意义

奖金对于旅游企业经营而言是一项支出的费用，属于人力资源成本的货币表现形式。从人力资源管理的角度讲，奖金对员工的影响主要包括两个方面：一是可以使员工感到心态的满足，即补偿了其额外的劳动付出；二是员工由此能得到激励，从而更加努力工作，创造更佳绩效。

（二）奖金发挥作用的条件

奖金作用的发挥往往需要具备以下三个条件：

首先，员工获得奖金的条件应该是员工经过努力才能达到的，这是指条件不能定得太高，否则员工会放弃努力；若定得太低，员工不须努力即可实现，起不到激励的作用。

其次，主管人员要真正了解员工的愿望，采取有针对性的奖金发放方式，使其与员工的愿望直接挂钩，才能起到激励作用。

最后，奖金的量或值要足以产生刺激作用。奖金的货币价值和精神价值要与员工的努力成正比，而且要足以使员工感到满意或者被振奋。

四、发放奖金的基本原则

（一）及时性原则

及时性原则是指在员工做出优良的工作绩效后，要及时加以肯定并发放奖金，这样不仅能发挥奖金的功效，还增强了员工对奖金的重视。逾期发放的奖金，不仅会失去奖金的激励意义，甚至会使员工对奖金产生漠视心理。例如，目前一些旅游企业重视绩效考核而忽视与之密切相关的奖优，绩效考核制度日益完善且执行得轰轰烈烈，但是奖励工作却严重滞后，造成月奖季度发、季奖年终发，年终奖则要等到下一年度再发，从而使员工难以体会到企业发放奖金的真正意义。

（二）合理分配奖金额度的原则

当前，我国许多旅游企业在奖金发放方面，存在"工作成绩基本上差别不大，奖金人人有份，个个差不多，即使采用一等奖、二等奖、三等奖的形式，实质上额度差别很小，而且人人轮流坐庄"。这种状况在某种程度上使得奖金成了变相的附加工资，旅游企业奖金支出再大也难以发挥出应有的作用，只能防止员工不满意，而难以激发起员工的积极性和工作

热情。

要想使奖金起到激励作用,在发放过程中必须做到两结合:一是要把奖金的发放额度与旅游企业的经营成果密切结合起来;二是要把奖金的分配同员工的劳动贡献相结合,以超额劳动作为评奖、发奖的唯一尺度。

(三) 最大限度地发挥奖金效价的原则

为了提高奖金的效价,使它对每个人都具有强大的吸引力,发放奖金的形式要多样化,要因地制宜、因人而异。对不同的人采取不同的奖金发放形式,有利于提高奖金效价。当奖金的货币价值较低时,最好采用发放实物奖品来突出精神奖励的意义。此外,在发放奖品时,如果做到不同年龄奖品有区别、不同性别奖品有区别、奖励的形式经常变化等,则有助于充分发挥奖金的效价。

此外,旅游企业还应该注意将发放奖金和精神奖励有机结合起来,使一项奖励措施既满足了员工的基本生活需求,又满足了尊重、成就、自我实现等高层次的需求,从而提高奖金的效价。

五、旅游企业员工奖励方案举例

良好的奖励方法不但能有效激发员工的工作热情、减少人际矛盾,而且能节约奖金的支出。以下是一些旅游企业常用的奖励方法:

(一) 酒店行政总厨个人奖励方案

奖金按周计算,以毛利200 000元为基数,在完成下述成本指标的前提下,提取超出基数部分的总毛利的1%。这里毛利是指营业收入减去物料费用和劳动力成本。

成本指标:物料费用不超过营业收入的45%,厨师人工成本不超过营业收入的10%。

如果在一周内,餐饮部营业收入达800 000元,食品成本为350 000元(占43.75%),劳动力费用为60 000元(占7.5%),那么行政总厨的奖金应为:

$$[(800\,000 - 350\,000 - 60\,000) - 200\,000] \times 0.01 = 1\,900(元)$$

该行政总厨本周应得奖金为1 900元。

(二) 部门管理者奖励方案

在旅游企业,营业部门的经理奖励方案通常是根据所辖部门取得的经济效益或完成的工作量来确定奖金的。这种方案是分析影响经济效益或工作量的各种因素,确定衡量绩效的指标,从而规定奖金率的变动尺度。

以作为酒店主要利润中心之一的餐饮部为例。年度部门绩效指标为盈利300 000元,达到该指标,餐饮部经理的奖金按盈利部分的5%提取;完成指标为101%—130%,再提取超出部分的10%;完成指标为130%以上,再提取超出部分的20%。

此外,对于主要为客人提供便捷服务的酒店商务中心,则应该以营业额作为发放经理奖金的绩效指标:假设每月标准营业收入为50 000元,当实际营业收入为50 000—55 000元,增加部分提取2%作为经理的奖金;当实际营业收入为55 000—60 000元,增加部分提取2.3%作为经理的奖金;当实际营业收入为60 000—65 000元,增加部分提取2.5%作为经理的奖金。

(三) 小组奖励方案

以酒店的总服务台为例。由于总服务台工作并非由某一位员工独立完成,一位客人的接待需要其他员工的协调与合作,因此发放奖金时很难按个人计算,应该按一个小组整体考虑。

例如,酒店可以按每超过"基本客房出租率"1%则提取奖金800元,再根据总服务台全体人员各自的工资按比例分配。

假设当月客房平均出租率为83.6%,而"基本客房出租率"为80%,则奖金总额为:
$$(83.6\% - 80\%) \times 100 \times 800 \text{元} = 2880(\text{元})$$

工资水平:领班1名,工资为2800元/月;资深接待员2名,工资为2400元/月·人;接待员2名,工资为2100元/月·人。每月工资总额为11800元,2880元奖金按总工资合得:每10元工资可得2.44元奖金。

当月总服务台各员工所得奖金为:

领班:2 800 × 0.244 = 683.2(元)

资深接待员:2 400 × 0.244 = 585.6(元)

接待员:2 100 × 0.244 = 512.4(元)

(四) 斯坎伦计划

斯坎伦计划(Scanlon plan)又称利润共享计划,是由美国人约瑟夫·斯坎伦(Joseph Scanlon)创立的一种用于集体奖励的方案。斯坎伦计划包括合作理念、认知、技能、融合系统和分享利润构成五个基本要素,核心是设计一个促进合作、参与和利润分享的新型的劳资关系与企业管理系统。具体地讲,如果员工提出的有关节约劳动成本或经营费用的合理化建议被采纳,并且通过实践确实提高了旅游企业的经济效益,那么员工就可以根据节约金额的多少得到一定比例的奖金。由于员工可以分享节约所得,因此斯坎伦计划对于旅游企业中物料消耗比较大的部门(如酒店餐饮部、洗衣房等)是一种收效比较明显的奖励方案。

(五) 延期奖励计划

为了调动员工的工作积极性、促进劳资关系的协调并提高员工的忠诚度,一些旅游企业除了及时地对员工的出色表现进行货币奖励,还采取一种延期奖励的做法,即暂时缓发应发放给员工的奖金中的一部分,而由旅游企业按实名存入一家信誉可靠的信托投资公司,委托其为参与此计划的员工进行理财;同时,旅游企业承诺如果员工能在本企业工作达到5年或更长时间,员工可以获得更为可观的奖金。显然,延期奖励计划的目的是稳定员工队伍,争取员工长期地为旅游企业服务。

(六) 员工持股计划

员工持股计划是指由旅游企业内部员工出资认购本企业的部分股权,并委托员工持股会管理运作,员工持股会代表持股员工进入董事会参与表决和分红的一种股权奖励方案。旅游企业还可以通过赠予股份给员工(可以是现有股票也可以是新增股票),从而使员工持有旅游企业的股份,享受除工资所体现的劳动收益外的资本所有权收益,并且可以通过持股会行使所有者的管理权。

员工持股计划的对象是本企业的在职员工,员工所认购的企业股份在未得到企业董事会批准的情况下,不能转让、不能交易、不能继承。员工持股计划参与人以二次利润分配参与企业利润分享,即员工持股会参加企业利润分配,再按员工个人持股数额进行二次利润分配。

(七) 股票期权奖励

股票期权一般只针对旅游企业中的少数高层管理人员,因此常被称作"高级管理人员股票期权"。它赋予高级管理人员一种选择权,持有者可以在特定时期内行权,即在特定时期以事先确定的行权价(授予期权时股票的公允市值)购买本企业的股票。在行权以前,股票期权持有者没有收益;在行权时,如果股票价格已上升,股票期权持有者将获得市场价和行权价价差带来的可观收益;在行权时,如果股票价格已下跌,股票期权将失去价值,持有者将放弃行权。

股票期权是分配制度的一种创新,高级管理人员只有在增加股东财富的前提下才可同时获得收益,从而与股东形成了利益共同体。这种"资本剩余索取权"驱动高级管理人员和业务骨干不断努力提高旅游企业的经营业绩,最终达到股东和高级管理人员双赢的局面。一般来讲,作为上市公司的旅游企业最适合实行股票期权奖励。股票期权奖励的作用在于:

1. 降低代理成本

旅游企业经营者和股东之间存在委托—代理关系,经营者作为自利的经济人有时会损害股东利益。因此,必须要有一种激励机制和约束机制,将经营者的利益(主要体现为报酬)和股东利益(主要表现为企业业绩)有机联系起来,形成共同的利益取向和行为导向,以此减少代理成本。股票期权奖励使经营者和股东形成利益共同体,减少监控费用;同时,股票期权也减少了工资、奖金等现金支出。

2. 提高企业经营业绩

股票期权可以减少经营者的短期行为,使决策的利益取向和风险取向符合企业价值目标;同时,也有利于提高管理效率和经营者的积极性、竞争性、责任心和创造性;这些将有效提高企业的运营质量和业绩。

3. 整合人力资源

股票期权奖励有利于职业经理人的选择,企业有条件通过优胜劣汰选择有能力的经营者;股票期权奖励还有利于职业经理人的激励,可以稳定工作出色的管理人员;股票期权也有利于对职业经理人的吸引,这种开放式的股权结构对人才很具吸引力。

第四节 福 利 待 遇

福利待遇是指企业为了使员工保持稳定、积极的工作状态,根据国家或地方有关的法律、法规或政策,结合企业经营管理的特点和经济承受能力,向员工提供的各种非工资和奖金形式的利益与优惠措施。福利待遇是一种针对全体员工的共同保障形式,它对所有具备一定资格的员工都是大致平等有效的。

一、法定福利待遇

法定福利待遇是国家或地方政府通过法律、法规和有关政策的形式，要求企业为员工提供的最基本的福利。在我国，企业应该为员工提供的法定福利待遇有以下内容：

(一) 休假制度

(1) 工作内的休息时间，包括工作期间定时短暂休息、固定的饮水时间、员工解决个人生理要求的时间。

(2) 每周休假。我国实行劳动者每日工作时间不超过 8 小时、每周休息 2 天的工时制度。因工作性质或者生产特点的限制，不能实行每日工作 8 小时、每周工作 40 小时标准工时制度的，可以实行不定时工作制、综合计算工时制等办法，采取轮班制，灵活安排周休息日。

(3) 法定节日。员工在法定节日享受有薪休假，包括元旦(1 天)、春节(3 天)、清明节(1 天)、"五一"国际劳动节(1 天)、端午节(1 天)、国庆节(3 天)和中秋节(1 天)等。对部分员工适用放假的节日及纪念日有：妇女节(3 月 8 日)，女性员工放假半天；青年节(5 月 4 日)，14 周岁以上的青年员工放假半天。此外，少数民族习惯的节日，由各少数民族聚居地区的地方人民政府，按照各该民族习惯，规定放假日期。

(4) 年休假。在企业连续工作 1 年以上的员工，享受带薪年休假。员工累计工作已满 1 年不满 10 年的，年休假 5 天；已满 10 年不满 20 年的，年休假 10 天；已满 20 年的，年休假 15 天，且国家法定休假日、休息日不计入年休假的假期。对于企业因工作需要不能安排员工休年休假的，经员工本人同意，可以不安排年休假。对于职工应休未休的年休假天数，企业应当按照该职工日工资收入的 300% 支付年休假工资报酬。

(5) 有薪探亲假。凡在企业工作满 1 年的员工，如果与父母或配偶不居住在同一地区，未婚员工享有每年探望父母一次 20 天的假期；已婚员工享有每年探望配偶一次 30 天的假期；如因工作需要两年探望一次，可合并使用，延长至 45 天；此外，已婚员工还有每 4 年探望父母一次的假期，假期为 20 天。上述假期均包括公休假日和法定节日在内。

(6) 婚假。员工结婚享有 3 天有薪假期，一般包括公休假日和法定节日在内。对于男性年满 25 周岁、女性年满 23 周岁的晚婚员工，应酌情给予额外的奖励性假期。

(7) 女员工产假。女员工产假为 90 天，其中产前休假 15 天。难产的，增加产假 15 天。多胞胎生育的，每多生育一个婴儿，增加产假 15 天。产假包括公休假日和法定节日在内，期间工资照发。

(8) 丧假。员工直系亲属(父母、配偶父母、配偶和子女)死亡时，享有 3 天有薪假期，一般包括公休假日和法定节日在内。

(二) 社会保障制度

为了保护劳动者的权益，国家建立社会保障制度，设立社会保障基金，使劳动者在年老、患病、工伤、失业、生育等情况下获得帮助和补偿。企业必须参加社会保障，定期为员工缴纳保险费。目前我国的社会保障项目主要有基本养老保险、基本医疗保险、生育保险、工伤保险、失业保险和住房公积金。关于这些社会保险的具体缴纳标准和实施细则，各地有非常详尽的规定。

1. 基本养老保险

基本养老保险是国家根据一定的法律和法规,为解决劳动者在达到国家规定的解除劳动义务的劳动年龄界限,或因年老丧失劳动能力退出劳动岗位后的基本生活而建立的一种社会保障制度,主要是由社会保险机构按照一定的计算基数与提取比例向企业和员工统一征收养老费,形成由社会统一管理的养老基金,当员工缴费年限累计满15年,退休后社会保险经办机构依法按月或一次性以货币形式向其支付养老金等待遇,从而保障其基本生活。

2. 基本医疗保险

基本医疗保险是由用人单位和个人共同缴纳,体现国家法定福利的强制特征和权利与义务的统一。在我国,企业承担员工基本医疗保险的缴费率控制在员工工资总额的6%左右,具体比例由各地确定,员工个人缴费率一般为本人工资收入的2%。基本医疗保险基金由社会统筹使用的统筹基金和个人专项使用的个人账户基金组成,个人缴费全部划入个人账户,企业缴费按30%左右划入个人账户,其余部分建立统筹基金。统筹基金主要支付大额和住院医疗费用,个人账户主要支付小额和门诊医疗费用。

3. 生育保险

生育保险是在怀孕和分娩的女性员工暂时中断劳动时,由国家和社会提供医疗服务、生育津贴和产假的一种社会保险。我国生育保险待遇主要包括两项:一是生育津贴,用于保障女性员工产假期间的基本生活需要;二是生育医疗待遇,用于保障女性员工怀孕、分娩期间以及员工实施节育手术时的基本医疗保健需要。企业应按当地政府规定的缴费比例,为所有员工(不分性别)向社会保险经办机构缴纳生育保险费,生育保险费的缴费比例最高不超过员工工资总额的1%,员工个人不缴费。

4. 工伤保险

工伤保险是通过社会统筹的办法,集中企业缴纳的工伤保险费,建立工伤保险基金,对员工在生产经营活动中遭受意外伤害或职业病并由此造成死亡、暂时或永久丧失劳动能力时,员工或其遗属从国家和社会获得物质帮助的一种社会保险。这种补偿既包括医疗、康复所需费用,也包括保障基本生活的费用。国家根据不同行业的工伤风险程度确定行业的差别费率,并根据工伤保险费使用、工伤发生率等情况在每个行业内确定若干费率档次;旅游行业主要属于风险较小行业,基准费率一般为企业员工工资总额的0.5%左右。工伤保险由企业全额负担,且无论工伤事故的责任归于企业还是员工个人或第三者,企业均应承担保险责任。

5. 失业保险

失业保险是国家通过立法强制实施,由社会集中建立失业保险基金,对非因本人意愿中断就业失去工资收入的劳动者提供一定时期的物质帮助及再就业服务的一项社会保险。我国《失业保险条例》规定,企业按照本单位工资总额的2%缴纳失业保险费,员工按照本人工资的1%缴纳失业保险费;企业招用的农民合同制工人本人不缴纳失业保险费;同时各地可以适当调整本行政区域失业保险费的费率。

6. 住房公积金

住房公积金是企业及其在职员工缴存的长期住房储金,是住房分配货币化、社会化和法制化的主要形式。住房公积金的缴存由企业和员工共同承担,缴存比例均不低于员工上一年度月平均工资的5%;有条件的地区可以适当提高缴存比例。住房公积金实行专户存储,归员工个人所有,专门用于员工购买、建造、翻建、大修自住住房。

二、企业福利待遇

旅游企业结合本行业特点和企业的经济效益为员工提供的、除法定福利以外的其他福利待遇,属于企业福利待遇。企业福利待遇是多种多样的,既有货币形式,也有实物形式。企业的福利计划受很多因素影响,如行业特点、企业文化等,必须具体情况具体对待。例如,在国外旅游行业中,对那些以工资为主要收入来源的管理人员,会给予相对优厚的企业福利待遇,而对有机会获取小费收入的普通服务人员,福利待遇则相对比较低。旅游企业自定的福利待遇一般可以归纳为经济性的福利措施和非经济性的福利措施两种形式。

(一)经济性的福利措施

1. 额外货币或实物收入

通常,旅游企业会在一些重要的节日(如春节、中秋和国庆节等)来临前,对每位员工实行临时性加薪或发放慰劳性实物。

2. 企业年金

我国的养老保险大致分为三个层次:第一层次是社会基本养老保险,是国家法定由企业为在职员工缴纳,并由国家统筹的员工退休养老保险;第二层次是企业年金,就是企业为员工建立的补充养老保险;第三层次是个人储蓄性质的补充养老保险,是由员工个人自己建立的,通过购买商业保险或其他渠道积累而成。

企业年金是指企业为员工建立的补充养老保险,一般由有实力的企业自愿建立,由企业和个人按照一定的比例缴纳费用,进入员工个人年金账户,员工在退休后领取。企业年金作为企业对员工的一项福利保障措施,补充了社会基本养老保险保障水平的不足,也成为资本市场的重要参与者。

企业年金不像社会基本养老保险那样由国家强制实行,它的建立是自愿和有条件的。《企业年金试行办法》规定:只有"依法参加基本养老保险并履行缴费义务;具有相应的经济负担能力;已建立集体协商机制"的企业,才可以建立企业年金。企业年金所需费用,由企业和员工个人共同缴纳。企业缴费每年不超过本企业上年度职工工资总额的1/12,企业和员工个人缴费合计一般不超过本企业上年度职工工资总额的1/6。企业年金基金由企业缴费、员工个人缴费、企业年金基金投资运营收益组成。企业年金基金实行完全积累,采用个人账户方式进行管理。企业年金基金可以按照国家规定投资运营。

员工在达到国家规定的退休年龄时,可以从本人所在企业年金个人账户中一次或定期领取企业年金;职工未达到国家规定的退休年龄的,不得从个人账户中提前提取资金;出境定居人员的企业年金个人账户资金,可根据本人要求一次性支付给本人。

员工变动工作单位时,企业年金个人账户资金可以随同转移;员工升学、参军、失业期间或新就业单位没有实行企业年金制度的，其企业年金个人账户可由原管理机构继续管理；员工或退休人员死亡后，企业年金个人账户余额由其指定的受益人或法定继承人一次性领取。

3. 股票赊购

股票赊购是指旅游企业为主要管理人员担保贷款，鼓励其购买本企业的股票，并享受股利分红。此方式有利于调动管理人员努力工作的积极性，争创最佳效益，从而获得更高的股票利润。

4. 住宿福利

住宿福利包括单身宿舍、夜班宿舍，廉价公房出租或出售给本企业员工，以及发放购房或租房补贴等。

5. 饮食福利

饮食福利主要包括免费工作餐、工间免费饮料（茶水、咖啡或冷饮）等，对于那些经常出外勤、无法享受免费工作餐的职位（如导游和司机等），旅游企业通常提供一定数额的工作餐补助费。

6. 内部优惠

一些旅游企业为了激励员工，常以优惠价格向有特殊需要的员工出售一定数量的产品，如旅行社对旅行结婚的员工提供优惠，酒店为举办个人婚礼的员工提供免费场地和优惠的餐饮产品等。

7. 交通补贴

交通补贴主要指旅游企业为员工上下班提供交通方便，主要形式包括派专车接送上下班、按规定为员工报销交通费、每月发放一定数额的交通补助费等。

8. 教育培训福利

教育培训福利包括在职或短期脱产培训、公费进修（业余、半脱产或脱产）、专业书刊购买报销、为愿意来本企业工作的大学生提供专项奖学金等。

9. 文体娱乐福利

文体娱乐福利包括有组织的集体文娱活动（如舞会、旅游、趣味运动会等）和旅游企业自建文体设施（如健身房、棋牌室等）。

10. 其他生活性福利

一些旅游企业还会结合本行业的特点为员工提供免费洗澡、理发，发放生日礼物（礼金），以及定期安排员工体检等其他生活性福利。

（二）非经济性的福利措施

1. 咨询性服务

旅游企业为员工提供免费的个人职业生涯发展设计（给予分析、指导和建议、提供参考资料等）、员工心理健康咨询（过分的工作负荷与压力导致的高度焦虑或精神紧张等心理症状的诊疗）等。这种福利性质的咨询性服务常见于一些规模比较大的酒店管理公司。

2. 工作环境保障

"工作环境保障"作为一种福利措施，在旅游企业中可以应用的内容包括将人体工程学原理用于工作环境的设计(如酒店总服务台的装修设计、厨房设备的规划等)、扩大工作反馈渠道、旅游企业内部晋升政策(即有高一级职位出现空缺时,首先考虑从内部下级员工中选拔)、员工参与的民主化管理等。

三、自助餐式福利计划

随着社会经济的发展,旅游企业的福利待遇管理也越来越灵活,出现了"自助餐式福利计划",即旅游企业为员工提供可以选择的不同福利项目,在一定的金额限制内,员工按照自己的需求和偏好自由选择与组合。自助餐式福利在实际操作过程中主要有以下几种类型:

1. 附加型自助福利

附加型自助福利是最普遍的一种类型,就是旅游企业在现有的福利项目之外,再提供其他不同的福利措施或扩大原有福利项目的水准,让员工去选择。例如,某国际旅行社现有的福利计划包括房租补贴、交通补助和人身意外险等,该公司在实施附加型自助福利时,将这些福利项目及其给付水准全部保留下来当作核心福利,再根据员工的需求,额外提供不同的福利措施(如国外休假补助、考取机动车驾照补助和家属健康保险等),但通常都会标上一个金额作为"售价"。每一个员工根据自己的工资水准、职位高低或家眷数等因素,领取数目不等的福利限额;员工再用分配到的福利限额去认购所需要的额外福利。有些企业甚至还规定,员工如未用完自己的限额,余额可折发现金,不过现金部分于年终必须缴纳所得税。此外,如果员工购买的额外福利超过限额,也可以从自己的税前工资中扣抵。

2. 套餐型自助福利

套餐型自助福利是由旅游企业同时推出不同的福利组合,每一种组合所包含的福利项目或优惠水准都不一样,员工只能选择其中一种,且不能要求更换"福利套餐"中的各项。如果员工选中一个价值较原来享受的福利待遇还高的福利套餐组合,那么他就必须从工资中扣除一定的金额来支付差额;如果他挑选了一个价值较低的福利套餐组合,就可以要求企业发给差额。在规划套餐型自助福利时,旅游企业可依据企业特点结合人力资源团队的结构、背景和生活需求水平等进行设计。

3. 弹性支用账户型自助福利

实行弹性支用账户型自助福利,员工每一年可从税前总收入中提取一定数额的款项作为自己的支用账户,并以此账户去选择购买旅游企业所提供的各种福利措施。拨入支用账户的金额,企业不再代扣所得税,不过账户中的金额如未能于年度内用完,余额就归企业所有,既不可在下一个年度中并用,也不能以现金的方式发放。弹性支用账户型自助福利的优点是福利账户的钱免缴税,相对地增加净收入,所以对员工极有吸引力,不过财务手续较为烦琐。

自助餐式福利计划可以提高员工的满意度,对吸引员工有着十分明显的优势。但是这种方式也有不足之处:首先,实行这种方式,不能达到控制劳动力成本的目的,而且对旅游企业规范化管理是一种挑战;其次,自助餐式福利计划的设计与实施都需要很多时间和精力,并且组织和员工之间必须进行认真广泛的讨论和沟通,才有可能制定出比较合理的方案。

【关键术语】

薪酬(compensation)
薪酬要素(compensable factors)
岗位测评(job evaluation)
排序法(ranking method)
岗位归类法(job classification method)
要素计分法(point method)
要素比较法(factors compensation method)
薪酬调查(compensation surveys)
总薪酬模型(total rewards)
薪酬结构(salary structure)
职位工资制(pay for job)
技能工资制(pay for skill)

宽带工资制(broadbanding)
提成工资制(deduction wage system)
年薪制(annual salary system)
奖金(incentive compensation)
斯坎伦计划(Scanlon plan)
延期奖励计划(deferred incentives plan)
员工持股计划(employee stock ownership plan)
股票期权奖励(stock option incentive)
福利(welfare)
法定福利(legal welfare)
自助餐式福利(self-service welfare)

【复习思考题】

1. 如何全面理解薪酬?旅游企业薪酬是如何分类的?
2. 旅游企业薪酬管理的政策取向主要有哪些侧重点?
3. 哪些内外部因素会影响旅游企业的薪酬水平?
4. 如何根据导游的工作特点构建合理的薪酬制度?
5. 旅游企业的薪酬结构模式有几种?各有什么特点?
6. 工资等级制度主要有几种?各有什么特点?
7. 旅游企业发放奖金应遵循什么原则?
8. 法定福利和企业福利两者之间有哪些区别与联系?
9. 自助餐式福利计划主要有哪些类型?各有什么特点?

【课后作业】

选择酒店和旅行社各一家,调研它们各有哪些具体福利待遇及其实施方案,然后比较这两类旅游企业的福利措施各有什么特点,并分析存在差异的原因。

【案例学习】

宋城演艺股权激励方案的确定与实施

宋城演艺发展股份有限公司(以下简称宋城演艺)的前身为杭州宋城集团有限公司,实际控制人为公司董事长黄巧灵。宋城演艺以杭州宋城旅游区为主打品牌,并运用相同的经营模式,陆续在海南三亚、云南丽江等地打造富有当地特色的旅游乐园,获得了巨大的经济利益和社会反响。2010年12月9日,宋城股份正式上市。经过多年的发展,宋城演艺已经成为一个以现场大型舞台表演为主,以互联网直播业务和旅游文化服务业务为辅,并拥有核心竞争力的创意文化公司,其收入主要来自各旅游主题乐园的演出门票收入。

近年来,随着人们生活水平的日渐提高,我国的旅游产业得到了前所未有的迅猛发展,宋城演艺也迎来了前所未有的机遇。由于公司对多个项目进行集中开发,直接推高了公司的营业成本,造成了公司2012年的净利润增长趋缓;但公司的盈利能力尚未得到完全的释放,因此公司的盈利状况有望在后续年度得到提升。在此大背景下,为了给公司业绩不断增长注入动力,也为了让员工共享公司业绩增长的红利。宋城演艺于2013年1月启动了限制性股票激励计划。

根据宋城演艺的经营战略规划,公司的异地项目要在2013年陆续启动后快速步入盈利的正轨,这就对公司管理层的管理能力和执行能力提出了更高的要求。宋城演艺2013年1月22日公布股权激励计划草案,给予公司高管和核心员工限制性股票作为激励,对调动管理人员的积极性和保证异地项目的如期完工都有着重要的意义。

在知识经济时代,一个企业是否拥有众多符合其发展的优秀人才,往往会成为决定企业成败的关键,尤其是宋城演艺这种对专业技术人才具有高度依赖性的演艺企业,往往更加注重企业员工的价值及其稳定性。《中国演出市场年度报告》显示,2013年,各行业平均员工流失率为18.4%,而演艺行业平均员工流失率为26.8%,明显高于各行业平均水平,对员工实施股权激励可以留住优秀员工。又由于宋城演艺近些年正处于快速发展扩张阶段,异地项目不断建成并投入运营,员工数量每年都有较大幅度的增长,且很大一部分为专业技术人员。为了留住优秀的人才为公司长期服务,公司推出了覆盖高管和核心业务技术骨干人员的股权激励计划。

宋城演艺实施的股权激励计划以限制性股票为主,并没有引起资本的流出,却有可能为公司经营者带来未来的收益,也为宋城演艺完善自身的薪酬体系做了一次有意义的尝试。

我国《上市公司实施股权激励管理办法》等相关法规明文规定,上市公司在实施股权激励时,选择的激励对象应符合法律规定,主要包括公司的董事、中高层管理者或者核心技术人员,但不包括独立董事。

宋城演艺结合自身情况,并经过公司监事会的审核,最终共确定了144名激励对象。其中包括公司高级管理人员六名,依次为总裁张娴、执行总裁张建坤、常务副总裁邱晓军、副总裁商玲霞、董事会秘书董昕及财务总监陈胜敏,且上述六位激励对象在授予日前6个月无买卖本公司股票的行为。这六名高管除了担任财务总监的陈胜敏以及董事会秘书的董昕,其余四人均为公司董事会成员,此四人对公司的决策管理起到至关重要的作用,是公司制定各项战略和执行各项决策的关键,另外两人也是公司发展决策的关键人物。所以,宋城演艺选择这六名高管作为激励对象,基本覆盖了公司最重要的决策制定执行人员。

宋城演艺近年来处在快速的发展扩张阶段,公司对基层管理人员和核心技术人员十分重视,为了激发这些员工的工作热情,提高员工对企业的忠诚度,宋城演艺总共确定了138名员工作为激励对象,主要为各分公司中层管理人员,以及公司核心的导演、编剧、演职人员等。

根据国家相关规定,上市公司在实施股权激励计划中,其授予激励对象的股份总量不应超过公司总股本的10%,但并没有对授予总量的下限进行规定。宋城演艺本次激励方案向激励对象提供限制性股票426.6万股,占公司总股本的0.77%。其中45万股作为此次激励计划的预留部分(后被公司注销),实际授予员工381.6万股,占公司当前总股本的0.69%;六名公司高管共获得160万股,占本计划总量的41.93%;其余138名员工共获得221.6万股,占本计划总量的58.07%。

宋城演艺在2013年召开的首次临时股东大会上,通过了决定实施股权激励计划的草案,并选择授予激励对象限制性股票作为激励方式,股票来源为宋城演艺向激励对象定向发行新股。

首先,宋城演艺采用了折扣购股型的限制性股票激励模式,要求激励对象根据公司预先确定的价格,支付相应的现金购得股票。由于激励对象事先付出了自己的资金,其有更强的动力来完善公司的经营管理,以便提升公司经营业绩,使得到期时限制性股票能顺利解锁,若到期时达不到解锁条件,则激励对象将会损失其购入限制性股票资金的机会成本;其次,就股票期权而言,其激励对象只有在股价达到预期股价时才会考虑行权,而且在行权后,激励对象的股票只需锁定6个月便可以选择卖出。而限制性股票则要求激励对象在被授予限制性股票后,至少要经过1年的锁定期才有可能选择卖出,而且不能选择一次卖出而要分多次卖出。

根据我国相关的法律规定,公司以定向增发授予激励对象股票的,所授予股票的定价不得低于定价基准日前20个交易日公司股票均价的50%。根据此规定,宋城演艺限制性股票的授予价格,以董事会通过股权激励草案当日前20个交易日均价12.56元的50%确定,为每股6.28元,后经调整最终将授予价格确定为每股6.13元。

根据我国颁布的《上市公司股权激励管理办法》的规定,上市公司的授权日与首次可行权日的间隔不得小于一年。也就是说,我国上市公司股权激励计划的最短等待期为一年。

宋城演艺对于本次股权激励计划,其锁定期按照国家要求的最短年限设置为一年。其解锁期则按照大多数企业的通行做法设置为分次解锁,共分四次解锁,且每次解锁期的间隔均为一年整,以利于公司股权激励计划的实施。激励计划规定首次授予股票的解锁期为锁定期结束后的48个月,当激励对象满足解锁条件后,可以依照规定分四次提出限制性股票的解锁要求。自授予日第二个年度为首个解锁期,第三个年度则为第二个解锁期,第四个年度和第五个年度分别为第三和第四个解锁期,前两个解锁期和后两个解锁期单个分别可解锁的限制性股票最大比例为 20% 和 30%。预留部分锁定期结束后的 36 个月为解锁期,当满足解锁条件时,激励对象可在授予日后的第二年、第三年和第四年分三次申请解锁,前两次数量均为 30%,最后一次可解锁 40%。如果未能满足解锁条件或满足条件后未按期解锁,则由公司对该部分股票进行回购和完成注销。

宋城演艺股权激励计划解锁条件归纳如表 6-10 所示:

宋城演艺股权激励计划解锁条件

首次授予	预留部分
第一次解锁: 2013 年的净利润增长率相比 2012 年增长至少达到 20%,净资产收益率的增幅至少达到 8.5% 第二次解锁: 2014 年的净利润增长率相比 2012 年增长至少达到 50%,净资产收益率的增幅至少达到 9.5% 第三次解锁: 2015 年的净利润增长率相比 2012 年增长至少达到 100%,净资产收益率的增幅至少达到 11% 第四次解锁: 2016 年的净利润增长率相比 2012 年增长至少达到 167%,净资产收益率的增幅至少达到 12%	第一次解锁: 2014 年的净利润增长率相比 2012 年增长至少达到 50%,净资产收益率的增幅至少达到 9.5% 第二次解锁: 2015 年的净利润增长率相比 2012 年增长至少达到 100%,净资产收益率的增幅至少达到 11% 第三次解锁: 2016 年的净利润增长率相比 2012 年增长至少达到 167%,净资产收益率的增幅至少达到 12%

在 2013—2015 年的股权激励实施期内,宋城演艺的净利润增长率获得了一倍以上的增幅,由 2011 年的 36% 迅猛增长到 2015 年的 77%,且年平均增长率也在 50% 以上;同时,净资产收益率也在 2015 年达到了 13.49%,较 2014 年的 8.49% 增幅更为可观。"宋城演艺"的净资产收益率在实施股权激励前低于行业平均水平,实施股权激励后达到年均 11.57%,高于行业平均水平的 10.13%;并且,宋城演艺的多个财务数据在实施股权激励后均有不同程度的提高。

案例思考题:

1. 宋城演艺的股权激励方案有什么特点?
2. 宋城演艺的股权激励与股票期权奖励有什么异同?
3. 宋城演艺的股权激励方案中为什么要涉及比较复杂的解锁期?

第七章　旅游企业劳动关系管理

> **知识要求**

通过本章学习,学生应该掌握七项基本知识:
- 劳动关系的含义
- 订立劳动合同的原则
- 变更与解除劳动合同的条件
- 终止劳动合同的法律后果
- 旅游企业劳动争议的主要类型及其特点
- 旅游企业劳动保护的特点
- 人力资源外包的动因

> **技能要求**

通过本章学习,学生应该掌握五项管理技能:
- 企业建立和谐劳动关系的途径
- 劳动争议的处理步骤
- 旅游企业减少和控制事故发生的管理措施
- 建立旅游企业适用的劳动保护制度
- 实施劳务派遣的基本工作流程

引　例

似是而非的劳动关系纠纷

一、"在校生"兼职案例

小孙为某高校旅游管理专业的全日制在读硕士研究生,读书期间,一直在某旅行社任兼职导游。后双方发生纠纷,小孙以该旅行社未与其签订书面劳动合同为由提起劳动仲裁、诉讼,要求旅行社支付未签订劳动合同的双倍工资赔偿。结果是,小孙主张的"劳动关系"未被仲裁机构及法院采信,索要双倍工资也未获得支持。

法院释法:本案中,小孙虽年满十六周岁,符合建立劳动关系的年龄条件,但小孙在某旅行社担任导游期间同时具有"在校学生"身份,工作活动属于脱产学业外的兼职性质。因此,在校学生在外兼职、为完成学校安排的社会实习、自行从事的社会实践活动等,一般无法被认定为劳动关系。

二、退休人员"返聘"案例

老郑原为一家四星级酒店的行政总厨,在年满六十周岁时办理退休手续并开始享受养老保险待遇。后因酒店经营需要,老郑被返聘为餐饮技术总监。两年后,由于酒店管理层发生重大调整,酒店不再让老郑担当餐饮技术总监。随后,老郑以酒店在过去的两年中从未向其支付平日延时加班工资、未安排职工带薪年休假等为由提起劳动仲裁、诉讼,但均因双方间不构成劳动关系而未获支持。

法院释法:劳动合同法规定,劳动者开始依法享受基本养老保险待遇的,劳动合同终止。相关司法解释明确规定,用人单位与其招用的已依法享受养老保险待遇或领取退休金的人员发生用工争议,向法院提起诉讼的,法院应当按劳务关系处理。因此,在返聘期间,老郑仅能与用工酒店建立劳务关系,而老郑主张的加班费及职工带薪年休假均是劳动者基于劳动法、劳动合同法所享有的权益。在此种情况下,法院建议返聘人员与用工单位订立书面劳务协议,对劳务报酬的标准、计算方式等问题做出明确约定,以避免维权无据。

三、协议承包案例

王某经人介绍与一家酒店的后勤部门订立三年期厨余垃圾清运协议。三年后,酒店未与王某续签协议。王某提起劳动仲裁、诉讼,主张双方间存在劳动关系并要求酒店支付劳动合同到期终止未续签的经济补偿金,但因双方间不构成劳动关系未获支持。

法院释法:本案中,双方所签订的协议并未在名称上明确为"劳动合同",而根据协议内容看,双方间的法律关系也并非劳动关系,更接近于承揽合同关系,即承揽人按照定做人的要求,以自己的设备、技术和劳力完成主要工作,交付工作成果,定做人给付报酬的合同关系。因此,王某不能依据劳动法、劳动合同法等法律主张经济补偿金。

四、"家政服务员"案例

刘姐是某酒店客房服务部员工。该酒店副总经理林卫的妻子是某高校教师,于2017年被派往美国访学半年,经客房部马经理介绍,刘姐到林家担任"家政服务员"。双方口头约定,刘姐利用休班时间到林家打扫房间和洗衣,每周两次,每次三小时,由林总支付报酬。六个月后,刘姐向林总提出,要求酒店或林总支付双休日及法定节假日到林家进行家政服务的加班费。双方协商未果,起诉到法院,但法院没有支持刘姐的诉讼请求。

法院释法:依照劳动法、劳动合同法的相关规定,我国境内的企业、个体经济组织、民办非企业单位等组织、国家机关、事业单位、社会团体可以与个人建立劳动关系。因此,在法律层面上,"自然人"无法成为劳动法意义上的"用人单位"。本案中,刘姐提供劳动的对象为"林家",即自然人主体,所以林总无法成为劳动法上的"用人单位",双方也就不存在法律意义上的"劳动关系"。

员工与企业之间存在劳动关系是通过劳动合同作保证的,当双方没有签订劳动合同时,认定员工的工作行为是否属于事实劳动关系应依法行事。此外,当员工与企业没有发生矛盾或利益冲突时,劳动合同中的条款对双方的约束力并不明显;但一旦劳动关系紧张,员工和企业都希望充分利用劳动合同为各自争取比较多的利益。因此,旅游企业的劳

动关系管理一方面是依法尊重员工权益、保证员工利益,另一方面则是以劳动合同为纽带建立责、权、利统一的人力资源管理机制。

第一节 劳动关系

一、劳动关系的含义

劳动关系又称"劳资关系"、"劳工关系"、"雇佣关系""劳使关系"等,人力资源开发与管理所讨论的劳动关系,通常是指劳动力使用者与劳动者及其组织(主要是工会组织)之间,在实现劳动的过程中所结成的一种社会经济利益关系。劳动关系所涉及的主要内容包括员工同企业在劳动用工、工作时间、休息休假、劳动报酬、劳保福利、劳动培训以及裁员下岗等方面发生的权利义务关系。

二、劳动关系的主要内容

在现实经济生活中,劳动关系一般要依照国家有关的法律、法规和政策进行规范,即双方当事人被一定的劳动法律规范所规定和确认的权利和义务联系在一起,其权利和义务的实现是由国家强制力来保障的。

(一)劳动关系的主体

劳动关系的主体即劳动法律关系的参与者。劳动关系的狭义主体是指员工及员工组织(工会等)和用人单位(包括所有者及其管理者组织);广义主体还应包括政府,因为政府通过立法介入和影响劳动关系,在劳动关系发展过程中起着调整、干预和监督的作用。劳动者在企业生产经营活动中处于主体地位,他们是企业和社会财富的实际创造者,经营管理者则在企业的生产经营活动中处于主导地位。

1. 员工的权利与义务

(1) 员工依法享有的主要权利有:劳动权、民主管理权、休息权、劳动报酬权、劳动保护权、职业培训权、社会保险、劳动争议提请处理权等。

(2) 员工承担的主要义务有:按质、按量完成生产任务和工作任务;学习政治、文化、科学、技术和业务知识;遵守劳动纪律和规章制度;保守国家和企业的机密。

2. 企业的权利与义务

(1) 企业依法享有的主要权利有:依法录用、调动和辞退职工;决定企业的机构设置;任免企业的行政干部;制订工资、报酬和福利方案;依法奖惩职工。

(2) 企业承担的主要义务有:依法录用、分配、安排员工的工作;保障工会和职工代表大会行使职权;按员工的劳动质量和数量支付劳动报酬;加强对员工思想、文化和业务的教育与培训;改善劳动条件并搞好劳动保护和环境保护。

(二)劳动关系的客体

劳动关系的客体是指主体的劳动权利和义务共同指向的事物,如劳动时间、劳动报酬、安全卫生、劳动纪律、福利保障、教育培训和劳动环境等。在我国的社会制度和法律制度条件下,员工的人格和人身不能作为劳动法律关系的客体。

(三) 劳动关系的阶段性

根据劳动关系中员工与企业结合的不同阶段可以分为:

1. 双向选择阶段

在企业与员工进行双向选择的阶段,主要表现为企业主或委托代理人与经营管理人员、普通员工的双向选择的程度、责任和权利,处理这方面的关系涉及合同的签订、解除等问题。

2. 双方合作阶段

企业与员工经过双向选择后,达成合作,也就产生了双方的责、权、利关系。如何保障员工的合法权益是这一阶段劳动关系中的主要方面,包括员工的正当收益权、劳动保护权、社会保障权、民主权、参与权和个人尊严权等。

3. 双方重新选择阶段

当双方所形成的劳动关系因时间、企业经营状况、员工个人工作能力和适应性发生改变而需要调整时,员工与企业的责、权、利关系也会随之发生改变。这里主要是指员工被辞退或员工辞职时双方拥有的义务、责任和权利,如事先得到通知权、申诉权和补偿权等。

三、企业建立和谐劳动关系的途径

(一) 主体平等,依法调整劳资关系

劳动争议的产生在很大程度上是因为劳动关系主体之间的不平等造成的,需要政府通过完善法律、法规,从法律制度层面保证劳资双方的主体平等,而主体平等恰恰是劳资共享的基本前提。我国宪法明确规定,"国家尊重和保障人权",这种以人为本、人权至上的基本价值准则决定了劳资双方是一种平等关系;《劳动法》、《工会法》、《劳动法合同法》和《就业促进法》等相关法律则对劳动者的弱势地位加以调整,为劳资双方的权利平衡提供了相应的制度保障。

(二) 发挥工会及职工代表大会的作用,完善利益诉求机制

设立工会与定期召开职工代表大会,开拓员工与企业协调劳动关系的渠道,能起到兼顾员工与企业的利益、避免矛盾激化的作用;此外,建立工会及职工代表大会也是完善员工利益诉求的一种机制保障,可以使员工有机会参与企业的重大决策,特别是涉及广大员工切身利益的决定,这样可以更好地使企业的管理者在做出重大决策时充分考虑员工的利益。

(三) 培训主管人员,化解劳动关系矛盾

相对于低级别的员工而言,高一级的主管往往更多地代表着企业的利益,双方工作中产生的矛盾比较容易演变为劳资矛盾。事实上,许多劳动争议的产生和劳动关系的紧张,常常与企业主管人员的工作作风、业务知识和法律意识有关。通过对企业主管人员进行有关劳动关系方面的法律、法规和政府政策等知识的培训,能增强他们的劳动关系意识,掌握处理劳动关系问题的原则及技巧。

（四）改善与提高员工工作和生活的质量，是改善劳动关系的根本途径

员工同企业的利益基本是一致的，劳资之间存在冲突的原因，在于员工认为自己始终处于被管理的从属地位，管理与服从的关系是员工产生不满的根源。如果企业能够在高绩效模式下改善与提高员工工作和生活的质量，冲突就可以避免，并且会使双方保持和谐的关系，具体内容包括有竞争力的工资和福利、保证员工得到公平合理的待遇、各种岗位轮换制度和工作设计等。

（五）依靠调解和仲裁机构解决劳动争议

调解和仲裁机构的调解人员一般由行业专门人才、工会和政府代表组成，必要时也可委托社会知名人士参加调解，保证行政调解的公信力。行政调解有助于缓解劳资之间的矛盾，既可避免劳资双方陷入撕破脸皮的困境，又有利于企业及时调整自己的行为。一般而言，行政调解应遵循自愿、调解免费的原则，以利于保护弱势劳动者。劳动者必要时可以申请司法救济。

第二节 劳动合同

一、劳动合同的含义

劳动合同又称劳动协议，是劳动者和劳动力使用者（用人单位）之间确立、变更、终止劳动权利与义务关系的协议。"建立劳动关系应当订立劳动合同"（《劳动法》第十六条规定）。劳动合同是建立劳动关系的法律形式，是确立和确认劳动者与用人单位劳动关系的凭证，是维护双方合法权益的法律保障。

根据劳动合同，劳动者加入旅游企业，从事某种工作，要承担一定的义务，并遵守旅游企业内部的劳动规章制度。根据劳动合同，旅游企业规定员工的工作内容、职位和职责，依法支付劳动报酬，提供劳动条件，保障劳动者依法享有劳动保护和社会保险等合法权利。由于有关劳动法律、法规只是对劳动关系双方的权利和义务做了原则性、纲领性的规范，所以还需要在劳动合同中对法律法规未尽事宜做出详细、具体的约定，明确彼此的具体权利和义务，缔结双方"合意"的劳动关系，维护双方合法权益，促进双方全面履行合同。当遇到劳动纠纷时，劳动合同也是解决纠纷的重要依据和证据，可以降低劳动争议解决的成本。

二、劳动合同的订立

劳动合同的订立，是指劳动者与企业之间就劳动合同内容协商一致的意思表示。

（一）劳动合同订立的原则

我国的《劳动合同法》第三条规定："订立劳动合同，应当遵循合法、公平、平等自愿、协商一致、诚实信用的原则。"

1. 合法原则

合法原则是指在劳动合同法律关系中,合同的主体、订立形式、订立程序、合同内容、履行方式、变更或解除合同权利的行使等,都必须符合我国的法律、行政法规。"法律、行政法规"既包括现行的法律、行政法规,也包括以后颁布施行的法律、行政法规;既包括劳动法律、法规,也包括民事、经济方面的法律、法规。

2. 公平原则

公平原则又称公平正义原则,是指当事人在设立权利、履行义务、承担责任等方面,要公正、合情、合理。劳动合同公平的目的是劳动者与企业在订立劳动合同的过程中,双方权利、义务、责任的分配应当合理,劳动合同的内容应当体现公平、公正的要求。公平原则具体体现在以下五个方面:

(1) 劳动者和企业在订立劳动合同时,双方应履行如实告知义务。企业在招聘员工时,应当如实告知应聘者工作内容、工作条件、工作地点、职业危害、安全生产状况、劳动报酬,以及应聘者要求了解的其他情况;企业有权了解应聘者与劳动合同直接相关的基本情况,应聘者应当如实说明。

(2) 企业不得强制员工做法律禁止行为。《劳动合同法》第九条规定,用人单位招用劳动者,不得要求劳动者提供担保或者以其他名义向劳动者收取财物,不得扣押劳动者的居民身份证或者其他证件。

(3) 对员工基本生活提供保证。《劳动合同法》第十一条规定,用人单位未在用工的同时订立书面劳动合同,与劳动者约定的劳动报酬不明确的,新招劳动者的劳动报酬应当按照企业的或者行业的集体合同规定的标准执行;没有集体合同的,用人单位应当对劳动者实行同工同酬。同时,第二十一条规定,劳动者在试用期的工资不得低于本单位同岗位最低档工资或者劳动合同约定工资的百分之八十,并不得低于用人单位所在地的最低工资标准。

(4) 员工违反服务期应承担的法律责任。《劳动合同法》第二十二条第一款、第二款规定,用人单位在国家规定提取的职工培训费用以外提供专项培训费用,对劳动者进行专业技术培训的,可以与该劳动者订立协议,约定服务期。劳动者违反服务期约定的,应当按照约定向用人单位支付违约金。约定违反服务期违约金的数额不得超过用人单位提供的培训费用。违约时,劳动者所支付的违约金不得超过服务期尚未履行部分所应分摊的培训费用。

(5) 劳动合同无效情况下对劳动者的保护。《劳动合同法》第二十八条规定,劳动合同被确认无效,劳动者已付出劳动的,用人单位应当向劳动者支付劳动报酬。劳动报酬的数额,参考用人单位同类岗位劳动者的劳动报酬确定;用人单位无同类岗位的,按照本单位职工平均工资确定。

3. 平等自愿原则

平等原则的核心内容是:劳动合同当事人无论是法人、其他经济组织还是自然人,尽管它们的经济实力不同,但是只要以劳动合同主体身份参与到劳动合同法律关系中,那么它们就处于平等法律地位,受法律平等保护。自愿原则,是员工与企业在订立劳动合同时,在法律许可的范围内完全出于自己的意愿,任何一方当事人都不得将自己的意志强加给对方,也不允许第三方非法干涉。总之,平等是自愿的前提,自愿是平等的体现。

4. 协商一致原则

协商一致原则是指员工与企业在订立劳动合同时,就劳动合同条款约定的内容,经当事人双方在充分表达自己意见的基础上,经过协商并取得意见一致后,订立劳动合同。《劳动合同法》第十六条规定,劳动合同由用人单位与劳动者协商一致,并经用人单位与劳动者在劳动合同文本上签字或者盖章生效。协商是企业与员工以意思表示方式就劳动合同内容进行商量;一致是企业与员工经过协商取得一致意见,使劳动关系建立,并进而订立劳动合同的过程。

5. 诚实信用原则

诚实信用原则是指劳动关系主体进行劳动活动必须诚实、守信、善意,享有权利不得损害他人的合法权益,履行义务信守承诺和法律规定。诚实信用原则在劳动合同的订立、履行、变更、解除的各个阶段,甚至在劳动合同关系终止以后,当事人都应当严格依据诚实信用原则享有权利、履行义务和承担责任。《劳动合同法》第二十六条第一款规定,下列劳动合同无效或者部分无效:(1)以欺诈、胁迫的手段或者乘人之危,使对方在违背其真实意思的情况下订立劳动合同的;(2)用人单位免除自己的法定责任、排除劳动者权利的;(3)违反法律、行政法规强制性规定的。

(二)劳动合同的形式

劳动合同可以分为口头形式和书面形式两种,其中书面形式的劳动合同是最正规的形式,而且便于管理和解决日后发生的劳动争议。书面形式的劳动合同通常又有主件和附件之分。主件一般是指在确立劳动关系时所订立的书面劳动合同;附件一般是指法定或约定作为劳动合同主件的补充,进一步明确当事人双方相互权利义务的书面文件。

(三)劳动合同的内容

劳动合同的内容即劳动合同条款,分为一般法定必备条款、特殊法定必备条款、约定必备条款。

1. 一般法定必备条款

一般法定必备条款是法律要求各种劳动合同都必须具备的条款,包括:

(1)合同期限。除依法订立无固定期限劳动合同的情况以外,都应当规定合同有效期限,其中应包括合同的生效日期和终止日期,或者决定合同有效期限的工作项目。

(2)工作内容。关于员工的劳动岗位、劳动任务条款。

(3)劳动保护和劳动条件。关于企业应当为员工提供劳动安全卫生条件和生产资料条件的条款。

(4)劳动报酬。关于劳动报酬的形式、构成、标准等条款。

(5)劳动纪律。关于员工应当遵守劳动纪律的条款,它一般不尽列劳动纪律的内容,只是表明员工同意接受企业依法制定的劳动纪律。

(6)合同终止条件。关于劳动合同在法定终止条件之外的哪些情况下可以或应当终止的条款。

(7)违约责任。关于违反劳动合同的员工和企业各自应当如何承担责任的条款,不仅包括关于依法承担违约责任的抽象规定,还含有关于在合法范围内承担或免除违约责任的具体约定。

2. 特殊法定必备条款

特殊法定必备条款是法律要求某种或某几种劳动合同必须具备的条款。有的劳动合同由于自身的特殊性,立法特别要求除一般法定必备条款外,还必须规定一定的特有条款。例如,外商投资企业劳动合同和私营企业劳动合同中应当包括工时与休假条款;实习员工的劳动合同中应当有培训目标、实习期限、生活待遇等条款。

3. 约定必备条款

约定必备条款是劳动关系当事人或其代表约定劳动合同必须具备的条款。它是法定必备条款的必要补充,其具备与否对劳动合同能否依法成立,在一定程度上有决定性意义。此类条款通常有试用期条款、保密条款和禁止同业竞争条款等。

(四)劳动合同的订立程序

1. 提出劳动合同草案

企业向员工提出拟订立的劳动合同草案,并说明各条款的具体内容和依据。

2. 介绍内部劳动规则

在提出劳动合同草案的同时,企业还必须向员工详细介绍本单位内部的劳动规则。

3. 商定劳动合同内容

企业与员工在劳动合同草案和内部劳动规则的基础上,对合同条款逐条协商一致后,以书面形式确定具体内容。对于劳动合同草案,员工可提出修改和补充意见,并就此与企业协商确定。对于内部劳动规则,员工一般只需表示接受与否即可,而不能与企业协商修改或补充内容。但是,双方可以在劳动合同中做出不同于内部劳动规则某项内容,或者指明不受内部劳动规则某项内容约束而对员工更有利的约定。

4. 签名盖章

员工和企业应当在经协商一致所形成的劳动合同文本中签名盖章,以此标志双方意思表示一致的完成。凡属不需要鉴证的劳动合同,在双方当事人签名盖章后即告成立。

5. 鉴证

按照国家规定或当事人要求而需要鉴证的劳动合同,应当将劳动合同文本送交合同签订地或履行地的合同鉴证机构进行鉴证。凡需要鉴证的劳动合同,经鉴证后方可生效。

上述各阶段是紧密相连、不可分割的连续过程,企业招聘合同制员工,必须依次确定合同当事人、确定合同内容,才能在当事人之间确立劳动法律关系。

(五)劳动合同的法律效力

1. 劳动合同的有效性

劳动合同依法成立,从合同成立之日或者合同约定生效之日起就具有法律效力。其具体表现主要是:

(1)当事人双方必须亲自全面履行合同所规定的义务;

(2)合同的变更与解除都必须遵循法定的条件和程序,任何一方当事人都不得擅自变更和解除合同;

（3）当事人违反合同必须依法承担违约责任；

（4）当事人双方在合同履行过程中发生争议，必须以法定方式处理。

2．劳动合同的法律效力

劳动合同具有法律效力，必须以完全具备法定有效要件为前提。劳动合同有效要件一般包括：

（1）合同主体必须合格。双方当事人都必须具备法定的主体资格，即一方必须是具有劳动权利能力和劳动行为能力的公民，另一方必须是具有用人权利能力和用人行为能力的企业。

（2）合同内容必须合法。劳动合同必须完全具备法定必备条款，并且所载各项条款的内容都必须符合合同履行地的劳动法规、劳动政策和集体合同的要求。

（3）意思表示必须真实。签订劳动合同的双方当事人的意思表示都出于本身自愿，并且与自己内在意志相符。

（4）合同形式必须合法。要约式劳动合同必须采用法定的书面合同或标准合同形式；非要约式劳动合同应当采用当事人所要求的书面或口头合同形式。

（5）订立程序必须合法。劳动合同的订立必须完成各项法定必要程序，并且在订立程序中必须严格遵循法定规则，尤其应当遵循平等自愿和协商一致的原则。

3．劳动合同的无效

劳动合同无效是指劳动合同由于缺少有效要件而全部或部分不具有法律效力。其中，全部无效的劳动合同，它所确立的劳动关系应予以终结；部分无效的劳动合同，它所确立的劳动关系可依法存续，只是部分合同条款无效，如果不影响其余部分的效力，其余部分仍然有效。

"违反法律、行政法规的劳动合同"、"采取欺诈、威胁等手段订立的劳动合同"一般被确定为无效合同。无效的劳动合同从订立时起就没有法律约束力。此外，"员工被迫签订的劳动合同或未经协商一致签订的劳动合同为无效劳动合同"。所谓"员工被迫签订的劳动合同"，是指有证据表明员工在受到胁迫或对方乘己之危的情况下，违背自己真实意思而签订的劳动合同；所谓"未经协商一致签订的劳动合同"，是指有证据表明企业和员工不是在双方充分表达自己意思的基础上，经平等协商、取得一致意见的情况下签订的劳动合同。劳动合同的无效由劳动争议仲裁委员会或者法院确认。

4．劳动合同无效的处理

对无效劳动合同的法律处理有以下五种后果：

（1）自合同订立时起至合同被确认无效时止，合同全部无效的，当事人之间仅存在事实劳动关系；合同部分无效的，当事人之间存在部分劳动法律关系和部分事实劳动关系。事实劳动关系中当事人的权利和义务应当以劳动法规、劳动政策、集体合同和内部劳动规则的有关规定为依据重新确定。其中，员工如果未得到或者未全部得到劳动法规、劳动政策、集体合同、内部劳动规则所规定标准的物质待遇，企业应当按照相关标准予以补偿。

（2）自合同被确认无效时起，全部无效的合同所引起的事实劳动关系应予终止；部分无效的合同中，无效条款应当由劳动法规、劳动政策、集体合同和内部劳动规则中的有关规定取代，或者由当事人依法重新商定的合同条款取代。

（3）企业对员工收取保证金或扣押证件等物品的,应当返还给员工。

（4）劳动合同全部无效而企业对此有过错的,如果当事人双方都具备主体资格而员工要求订立劳动合同的,在终止事实劳动关系的同时,企业应当与员工依法订立劳动合同。因为在这种情况下确认劳动合同无效,并未否定劳动合同订立程序的第一阶段(即确定合同当事人阶段)双方所做出的同意与对方订立劳动合同的意思表示,所以可重新开始劳动合同订立程序的第二阶段(即确定合同内容阶段),这样做还可避免员工因劳动合同无效而失业。

（5）企业对劳动合同无效有过错的,如果给员工造成损害,应当承担赔偿责任。

三、劳动合同的履行

劳动合同的履行是指合同当事人双方履行劳动合同所规定义务的法律行为,即员工和企业按照劳动合同的要求,共同实现劳动过程和各自的合法权益。劳动合同依法订立就必须履行。

（一）劳动合同的履行原则

1. 亲自履行原则

劳动合同的履行只能在签订合同的特定主体之间进行。员工一方的主体变更一般视为合同解除,企业一方对员工提供劳动义务的请求权不应转让给第三人。劳动法律关系确立后,员工不允许请他人代为劳动,企业未经员工同意也不能擅自将员工调动转移到其他单位。

2. 全面履行原则

劳动合同当事人双方都必须履行合同的全部条款和各自承担的全部义务,既要按照合同约定的标准及其种类、数量和质量履行,又要按照合同约定的时间、地点和方式履行。

3. 协作履行原则

（1）当事人双方首先应按照劳动合同和劳动纪律的规定履行自己应尽的义务,并为对方履行义务创造条件。

（2）当事人双方应互相关心,通过生产经营管理和民主管理,互相督促,发现问题及时协商解决。

（3）无论是企业还是员工遇到困难时,双方都应在法律允许的范围内尽力给予帮助。

（4）员工违纪,企业应依法进行教育,帮助员工改正;企业违约,员工也要及时反映问题,尽快协助企业纠正,并设法防止和减少损失。

（5）在合同履行过程中发生了劳动争议,当事人双方都应从大局出发,根据《劳动法》和《劳动合同法》的有关规定,结合实际情况,及时协商解决,从而建立起和谐的劳动关系。

（二）劳动合同的特殊规则

1. 履行不明确条款的规则

对于劳动合同中内容不明确的条款,应当先依法确定其具体内容,然后予以履行。一般认为,企业内部劳动规则有明确规定的,按照该规定履行;企业内部劳动规则未做明确规定的,按照集体合同的规定履行;集体合同未做明确规定的,按照有关劳动法律、法规和政策的规定履行;劳动法律、法规和政策未做明确规定的,按照通行的惯例履行;没有可供遵循的惯例的,由当事人双方协商确定如何履行,其中劳动给付义务也可按照企业的指示履行。

2. 向第三人履行的规则

劳动合同的任何一方当事人,一般都只向对方当事人履行义务,并且要求对方当事人履行义务的请求权一般不得转让给第三人。换而言之,只有在法律允许的特殊情况下,员工或企业才应当向第三人履行义务。

3. 履行约定之外劳动给付的规则

员工履行劳动给付义务,原则上以劳动合同约定的范围为限,在劳动合同未变更时,企业一般不得指示员工从事劳动合同约定之外的劳动。但是,遇有紧急情况时,如为了避免发生危险事故或者进行事故抢救和善后工作,企业可指示员工临时从事劳动合同约定之外的劳动,员工应当服从这种指示。员工除与企业约定的劳动给付外,无给付其他附带劳动的义务,但有紧急情形或职业上有特别习惯时,不得拒绝其所能给付的劳动。

四、劳动合同的变更

劳动合同的变更是指合同当事人双方或单方依法修改或补充劳动合同内容的法律行为。它发生于劳动合同生效后尚未履行或尚未完全履行期间,是对劳动合同所约定的权利和义务的完善与发展,是确保劳动合同全面履行和劳动过程顺利实现的重要手段。劳动合同变更一般为协议变更。

(一)变更原因

实践中,引起劳动合同变更的原因按照来源可大致归纳为三个方面:

1. 企业方面的原因

企业调整主营业务或经营项目、重新进行劳动组合、修订劳动定额、调整劳动报酬或员工福利分配方案、发生严重亏损、防止泄露商业秘密等。

2. 员工方面的原因

员工身体健康状况发生变化、劳动能力部分丧失、所在岗位与其职业技能不相适应、职业技能提高到一定等级等。

3. 客观方面的原因

国家的法律、法规和政策发生变化、物价水平大幅度变化、国民经济调整、社会动乱、自然灾害等。

(二)变更条件

根据规定,劳动合同的变更应具备以下三个条件:

1. 双方当事人原来已经存在劳动合同关系

所谓变更,是对原订合同的修改和增删,没有一份已经生效的劳动合同,就谈不上合同的变更。这是劳动合同变更的前提条件。

2. 订立合同时所依据的情况发生变化

劳动合同依法订立后就具有法律约束力,当事人双方都必须严格按照劳动合同规定的条款履行自己应尽的义务。只有情况出现变化时,才允许变更劳动合同。这是劳动合同变更的客观条件。

3. 劳动合同变更必须经双方当事人同意

劳动合同在签订时要贯彻平等自愿、协商一致的原则。这种当事人之间通过协商一致形成的法律关系,一般也应通过协商一致才可予以变更。这是劳动合同变更的主观条件。

(三) 变更程序

变更的法定程序包括下列主要环节:

1. 预告变更要求

需要变更合同的一方当事人应当按照规定时间提前向对方当事人提出变更合同的要求,说明变更理由、条款、条件,以及请求对方当事人答复的期限。

2. 按期做出答复

得知对方当事人提出的变更合同的要求后,通常应当在对方当事人要求的期限内做出答复,可以表示同意,也可以提出不同意见而要求另行协商,如果不属于法定应当变更合同的情况,还可以表示不同意。

3. 签订书面协议

当事人双方均同意变更合同的,应当就合同变更达成书面协议,并签名盖章。协议书中应当指明变更的条款,并约定所变更条款的生效日期。

4. 鉴证或备案

凡在订立时经过鉴证或备案的合同,变更合同的协议签订后也要办理鉴证或备案手续。

五、劳动合同的解除

(一) 劳动合同解除的含义和种类

劳动合同解除是指劳动合同生效以后、尚未全部履行以前,当事人一方或双方依法提前消灭劳动关系的法律行为。

劳动合同的解除主要包括以下几种:

1. 以解除方式为标准分类

(1) 协议解除。劳动合同经当事人双方协商一致而解除。

(2) 单方解除。享有单方解除权的当事人以单方意思表示解除劳动合同。员工可以无条件地预告辞职,但即时辞职则要受一定条件的限制。就辞退而言,企业在符合法定或约定条件的情况下方可辞退员工。

2. 以解除条件的依据为标准分类

(1) 法定解除。员工或企业在符合劳动法规定的合同解除条件的情况下,单方解除劳动合同。

(2) 约定解除。员工或企业在符合集体合同或劳动合同依法约定的合同解除条件的情况下,单方解除劳动合同。

3. 以解除原因中有无过错为标准分类

（1）有过错解除。由于对方当事人的过错行为而导致的劳动合同解除，属于有过错解除。它包括员工因企业有过错而辞职和企业因员工有过错而辞退。解除合同的主动权在无过错方，由其提出的解除要求对有过错方具有强制性，并可不经预告就行使单方解除权。如果企业是有过错方，就应当赔偿员工因辞职所遭受的损失；如果员工是有过错方，就无权要求企业因辞退而给予经济补偿，或应赔偿企业所遭受的损失。

（2）无过错解除。在对方当事人无过错行为或者过错行为轻微的情况下单方解除劳动合同，属于无过错解除。为了避免或减少合同解除可能给对方当事人造成的损失，员工或企业在解除合同前均应向对方当事人预告；尤其是企业辞退员工要严格按照规定的条件执行，并且还应对辞退或辞职的员工给予一定经济补偿。

（二）劳动合同的解除条件

劳动合同的解除分为双方协商解除和单方依法解除两大类。

1. 双方协商解除

双方协商解除是指劳动合同的双方当事人经协商达成一致解除劳动合同。作为一种双方行为，即无论是员工首先提出解除还是企业首先提出解除，只有对方同意且双方达成一致意见，方可解除劳动合同。

2. 单方依法解除

单方依法解除是指劳动合同的一方当事人不需对方同意即可单方面行使劳动合同解除权。按权利主体分类，可以分为企业解除劳动合同和员工解除劳动合同。

（1）企业解除劳动合同。企业单方行使劳动合同解除权，又可分为出于员工的原因行使解除权以及出于企业的原因行使解除权。出于员工的原因解除劳动合同时，企业还必须根据员工的情况区别为主观过错和客观原因，相应地分为解除合同前不需提前预告和需提前预告两种情况。

员工主观过错包括：① 在试用期间被证明不符合录用条件（即试用不合格）；② 严重违反劳动纪律或者企业规章制度（即严重违纪）；③ 严重失职，营私舞弊，对企业利益造成重大损害；④ 被依法追究刑事责任，即员工在劳动合同存续期间因严重违法构成犯罪，被法院依法判处刑罚或者裁定免予刑事处分。

从解除合同的程序看，符合以上四类情况之一的，企业一经证实就可以解除劳动合同，无须提前通知，也不必给予经济补偿。

员工客观原因包括：① 员工患病或非因工负伤，医疗期满后，不能从事原工作也不能从事由企业另行安排的工作。这里的医疗期，是指员工根据其工龄等条件，依法可以享受的停工医疗并发给病假工资的期间，而不是员工病伤治愈实际需要的医疗期。员工在规定的医疗期届满后，其病伤尚未医疗终结或者医疗终结但劳动能力受损，经劳动鉴定机构证明，缺乏或丧失从事原工作或者企业在现有条件下为其安排新工作的劳动能力，因而无法继续履行劳动合同。② 员工不能胜任工作，经过培训或者调整工作岗位，仍不能胜任工作。③ 劳动合同订立时所依据的客观情况发生重大变化，致使原劳动合同无法履行，经当事人协商不能就变更劳动合同达成协议。这里的客观情况，是指履行原劳动合同所必要的客观条件，如自然条件、原材料或能源供给条件、生产设备条件、产品销售条件、劳动安全卫生条件等。

从解除合同的程序上看,符合以上三类情况之一的,企业必须履行预告义务,即应当提前30天以书面形式通知员工本人方可解除劳动合同,同时还应依法给予经济补偿。

(2) 员工解除劳动合同。员工单方行使劳动合同解除权,主要是以企业是否有过错为依据,分为需提前预告和不需提前预告两种情况。

(三) 关于辞退员工的禁止性条件

我国的劳动法关于辞退的禁止性条件规定,以下情形之一不得解除劳动合同:

(1) 患职业病或者因工负伤并被确认为丧失或者部分丧失劳动能力。劳动能力丧失的程度,必须由法定机构(劳动鉴定委员会)鉴定和证明。

(2) 患病或负伤并在规定的医疗期内。员工患普通疾病或者非因工负伤,企业应依法给予一定的医疗期,并在此期限内负有保障其医疗和生活的义务。

(3) 在孕期、产期和哺乳期内的女员工。以此作为禁止性条件,旨在保护妇女和儿童的特殊权益。孕期、产期和哺乳期为一个连续的过程,其中产期长度应当以生育顺产、难产或流产的法定产假期为准;哺乳期长度也应当与法定界限相符,一般限于婴儿周岁。处在孕期、产期和哺乳期的女员工,企业不得辞退,除非提供证据证明引起辞退的事由在法定禁止性条件的适用范围之外,并且与怀孕、分娩或哺乳毫无关系。

(4) 法律、行政法规规定的其他情形。例如,在法定年休假、法定节假日和其他合法假期间,在劳动争议处理期间,员工不得被辞退。员工实施工会行为或员工代表行为也受特别保护,不得被辞退。

(四) 劳动合同解除的程序

劳动合同解除的程序,因解除的方式、条件等差异而有所不同,一般包括以下环节:

1. 辞退通知前的环节

企业在发出辞退通知以前,必须经过对员工批评教育、纪律处分或辞退警告无效的环节。

2. 解约的协议或通知的环节

(1) 劳动合同的协议解除应当由合同当事人双方就合同解除的日期和法律后果依法签订书面协议。

(2) 劳动合同的单方解除,应当由企业或员工提前或即时以书面形式将解除劳动合同的决定通知对方。在实践中,允许企业以向被辞退者支付与预告期间劳动报酬额相等的补偿方式取代预告期,即企业在支付此项补偿费的前提下即可辞退员工。

3. 解约协议或通知后的环节

在劳动合同当事人就劳动合同解除签订协议或发出通知以后,依法还必须或可能经过一些特定环节,主要是:

(1) 工会干预。工会认为辞退不适当的,有权提出意见,企业对工会意见应当认真研究;如果辞退违法或违约,工会有权要求企业重新处理。

(2) 争议处理。因劳动合同解除发生争议的,应当依法遵循调解、仲裁、诉讼的程序处理。

（3）备案。

六、劳动合同的终止

（一）劳动合同终止的含义

劳动合同终止是指劳动合同的法律效力依法被消灭，合同所确立的劳动关系由于一定法律事实的出现而终结，员工与企业之间原有的权利和义务不复存在。

（二）劳动合同终止的原因

引起劳动合同终止的原因主要有以下几种：

（1）合同期限届满。

（2）约定终止条件成立。

（3）合同目的实现。

（4）员工死亡。

（5）员工退休。

（6）企业消失。企业依法被宣告破产、解散、关闭或撤销，其劳动合同随之终止。

（7）合同解除。

（三）劳动合同终止的法律后果

劳动合同终止的法律后果是指在终止劳动关系并终结当事人双方权利义务的同时，对当事人双方随之产生新的权利义务。

1. 企业的义务

（1）支付经济补偿金。劳动合同经协议解除，或者由企业解除（因试用不合格或员工有过错行为而解除者除外）的，按员工在本单位工龄，每满一年给予相当于1个月工资的经济补偿金。但是，经协议解除或者因员工不胜任工作被企业解除的，最多给予不超过12个月工资的金额。

（2）支付失业补偿。企业因破产或歇业而解除劳动合同的，合同未满的时间每一年发给员工相当于1个月工资的失业补偿，但最高不超过12个月工资。

（3）支付禁止同业竞争补偿。约定员工为保守企业商业秘密而在劳动合同终止后一定期间不与该企业进行同业竞争的，企业应当给予该员工一定数额的经济补偿。

（4）支付医疗补助。劳动合同因员工患病或非因工负伤而由企业解除的，在发给经济补偿金的同时，还应发给不低于6个月工资的医疗补助。对患重病或绝症者要增加医疗补助，其中患重病的增加部分不低于医疗补助的50%，患绝症的增加部分不低于医疗补助的100%。

（5）向社会保险经办机构缴纳有关费用。凡是依法应当由企业为员工缴纳的社会保险费用，在劳动合同终止时企业应当负责全部缴足。

（6）出具劳动关系终止证明书。企业应当在劳动合同终止的当时或者应员工事后请求，免费向员工出具终止劳动合同的证明书，以证实原劳动关系已经终结。证明书的内容应当包括法定必备事项，并应客观公正。

（7）为被裁减人员提供一定就业保障。企业有条件的，应当为被裁减人员提供培训或就业帮助。

（8）返还员工寄存财产。员工在劳动关系存续期间寄存于企业的各项财产，当劳动合同终止时，企业应当返还给员工。

（9）继续提供住房。劳动关系存续期间由企业提供住房的员工，在劳动合同终止后一定时间内，企业应当让其继续居住该住房。

在上述各项经济补偿中，对于以月工资作为计算基准的企业来说，月工资是指在正常生产经营情况下劳动合同解除前12个月员工本人的月平均工资。另外，经济补偿金在企业成本中列支，不得占用企业按规定比例应提取的福利费用。

2. 员工的义务

（1）赔偿损失。员工对劳动合同解除有过错的，应当按照法定或约定的要求，向企业赔偿因此而遭受的损失。

（2）结束并移交事务。劳动合同终止后，员工应结束正在进行中的事务，对紧急事务做应急处理；同时向企业办理事务移交手续；对原归其保管的物品，在交接前负责继续保管。

（3）继续保守商业秘密。员工对于在劳动关系存续期间得知的商业秘密，在劳动合同终止后一定期限内应当继续保密。

第三节 劳动争议的处理

一、劳动争议的概念和主要内容

（一）劳动争议的概念

企业劳动争议又称企业劳动纠纷，是指企业劳动关系的双方主体及其代表之间在实现劳动权利和履行劳动义务等方面产生的争议或纠纷。企业劳动争议就其本质来说，主要是双方主体围绕经济利益所产生的权利和义务的矛盾与争议。

（二）劳动争议的主要内容

劳动争议的基本内容有以下几个方面：

(1) 由劳动合同的执行、解除、变更和终止等问题而发生的争议。

(2) 由员工的录用、辞退、辞职和工作变动等问题而发生的争议。

(3) 由工资、津贴和奖金等问题而发生的争议。

(4) 由就业培训和职业训练等方面问题而发生的争议。

(5) 由劳动保险、劳动福利以及女员工、未成年员工特殊保护等方面问题而发生的争议。

(6) 由社会宏观因素和企业外部环境（如通货膨胀、失业、社会保障、外国投资、政治因素和税率等)问题而发生的争议。

(7) 由工会的成立、运作、管理和代表权等问题而发生的争议。

(8) 由工作安全和劳动卫生等问题而发生的争议。

(9) 由工作时间和休息、休假等问题而发生的争议。

二、劳动争议的处理原则

(一) 合法原则

合法原则是指企业劳动争议的处理机构在处理争议案件时要以法律为准绳,并遵循有关法定程序;同时,对双方当事人应该享受的请求解决争议、举证、辩解、陈述和要求回避等有关程序法的权利要给予平等的保护。

(二) 公正和平等原则

公正和平等原则是指在企业劳动争议案件的处理过程中,应当公正、平等地对待双方当事人,处理程序和处理结果不得偏向任何一方。公正和平等原则要求企业劳动争议的任何一方当事人都不得有超过法律和有关规定以上的特权。

(三) 调解原则

调解原则是指调解这种手段贯穿于企业劳动争议第三方参与处理的全过程。企业调解委员会在处理企业劳动争议中的全部工作是调解,仲裁委员会和法院在处理企业劳动争议中也要先行调解,调解不成时才行使裁决或判决;而且,即使是仲裁委员会的裁决和法院的判决也要以调解的态度强制执行,否则其法律效力的发挥也会大打折扣。

(四) 及时处理原则

及时处理原则是指企业劳动争议的处理机构在处理劳动争议案件时,要在法律和有关规定要求的时间范围内对案件予以受理、审理和结案,无论是调解、仲裁还是诉讼,都不得违背时限方面的要求。及时处理原则就是要使双方当事人的合法权益得到及时的保护。

三、劳动争议处理的一般方法

(一) 劳资双方协商解决

协商解决的办法,主要是指劳资双方当事人在平等的地位上就彼此争议的问题和焦点进行协商,以求得问题的解决。此外,与劳资协商制度一样,集体谈判制度也是一种重要的企业劳动争议处理制度。

(二) 第三方参与解决

一般来说,企业劳动争议处理中的第三方参与主要有三种情况:调解、仲裁和诉讼。
在选择解决劳动争议的方法时,通常按照图 7-1 的模式。

图 7-1　解决劳动争议的可选模式

四、劳动争议调解

劳动争议的调解是指调解委员会在查明事实、分清责任,促使争议当事人双方在法律法规的基础上和在相互谅解的基础上达成协议的处理方法。

（一）劳动争议调解的特点

对劳动争议的调解必须以双方当事人自愿为前提,不得强行调解。调解机构是企业内部的群众性组织,既非司法部门也非行政机关。

（二）劳动争议调解机构

企业可以设立劳动争议调解委员会,由下列人员组成:

(1) 员工代表,由员工代表大会推举产生。

(2) 企业代表,由企业法人代表指定。

(3) 企业工会代表,由企业工会委员会指定。

企业代表的人数不得超过调解委员会成员的三分之一。调解委员会主任由企业工会代表担任,调解委员会的办事机构设在企业工会委员会。

（三）劳动争议调解的程序

1. 申请和受理

当事人在其权利受到侵害之日起 30 日内向调解委员会提出申请,并填写《劳动争议调解申请书》,发生争议的员工一方在 3 人以上,可视为集体劳动争议。调解委员会接到争议调解申请后,应征求当事人的意见,对方当事人不愿调解的,应做好记录,在 3 日内以书面形式通知申请人。调解委员会应在 4 日内做出受理或不受理申请的决定,对不受理的,应向申请人说明理由。

2. 调查与调解

调解委员会对争议事项进行调查核实,调解委员会主任主持双方当事人参加调解会议;调解员听取双方陈述,并依法进行调解。

3. 拟定调解协议或调解意见书

经调解达成协议的,拟定调解协议书,双方当事人应自觉履行。调解协议书不具有强制约束力,若任何一方不履行,即为调解不成。调解不成的,应做记录,并在调解意见书上说明情况。

4. 调解期限

调解委员会调解劳动争议,应当自当事人申请调解之日起 30 日内结束,到期未调解结束的,视为调解不成功。

五、劳动争议仲裁

劳动争议仲裁是指由劳动争议仲裁委员会在查明事实、分清责任的基础上,根据国家法律、法规和政策对纠纷事实和当事人责任的认定与裁决。

（一）劳动争议仲裁的特点

1. 强制性原则

强制性原则是指只要劳动争议一方当事人提出仲裁申请就能启动劳动争议仲裁程序。

2. 先调解后裁决原则

先调解后裁决原则是指劳动仲裁机构处理劳动争议应先行调解,在查明事实的基础上促使当事人双方自愿达成协议,调解不成才进行裁决。

3. 裁审衔接制

裁审衔接制是指劳动争议当事人对劳动仲裁机构的裁决不服时,可依法向法院提起诉讼。

（二）劳动争议仲裁组织机构的构成

1. 劳动争议仲裁委员会

我国法律规定,县、市、市辖区应设立劳动争议仲裁委员会,由下列人员组成:人力资源和社会保障主管部门的代表、工会代表、政府指定的经济综合管理部门的代表。主任由人力资源和社会保障主管部门的负责人担任,加设副主任1至2人,委员若干人。

2. 劳动争议仲裁委员会办事机构

各地人力资源和社会保障主管部门的劳动争议处理机构为仲裁委员会的办事机构,负责办理仲裁委员会的日常事务。

3. 劳动争议仲裁员

劳动争议仲裁员包括专职和兼职两种,仲裁业务资格经省级以上人力资源和社会保障主管部门考核决定,取得仲裁员资格者方可被一个仲裁委员会聘为专职或兼职的劳动争议仲裁员。专职仲裁员由仲裁委员会从人力资源和社会保障主管部门从事劳动争议处理工作的人员中聘任;兼职仲裁员由仲裁委员会从人力资源和社会保障主管部门或其他行政部门的人员、工会工作者、专家学者和律师中聘任。劳动争议仲裁委员会成员均具有劳动争议仲裁员资格。

4. 劳动争议仲裁庭

劳动争议仲裁庭在劳动争议仲裁委员会领导下处理劳动争议案件,实行一案一庭制。劳动争议仲裁庭由1名首席仲裁员、2名仲裁员组成。简单案件,劳动争议仲裁委员会可以指定1名仲裁员独任处理。处理员工一方在30人以上的集体劳动争议的特别仲裁庭由3名以上劳动争议仲裁员单数组成。劳动争议仲裁庭是根据具体劳动争议案件成立的,随案件的结束而自行解散。

（三）劳动争议仲裁组织机构的职责

1. 劳动争议仲裁委员会的职责

（1）负责处理本委员会管辖范围内的劳动争议案件。

(2) 聘任专职和兼职劳动争议仲裁员,并对其进行管理。
(3) 领导和监督劳动争议仲裁委员会办事机构和劳动争议仲裁庭开展工作。
(4) 总结并组织交流办案经验。

2. 劳动争议仲裁委员会办事机构的主要职责
(1) 承办处理劳动争议案件的日常工作。
(2) 根据劳动争议仲裁委员会的授权,负责管理仲裁员,组织仲裁庭。
(3) 管理劳动争议仲裁委员会的文书、档案、印鉴。
(4) 负责劳动争议及其处理的法律、法规及政策咨询。
(5) 向劳动争议仲裁委员会汇报、请示工作。
(6) 办理劳动争议仲裁委员会授权或交办的其他事项。

(四) 劳动争议仲裁的参与人

1. 劳动争议仲裁当事人

劳动争议仲裁当事人是指基于劳动权利与义务发生争议,以自己的名义参加仲裁活动并受仲裁裁决约束的利害关系人。通常,企业与员工为劳动争议的当事人。

2. 劳动争议仲裁第三人

与劳动争议处理有利害关系的第三人,可以申请参与仲裁活动,或者由劳动争议仲裁委员会通知其参与。

3. 劳动争议仲裁代理人

劳动争议仲裁代理人是指代理当事人一方,以被代理当事人的名义,在法律规定或当事人授权范围内,为被代理人行使劳动争议仲裁权利和承担仲裁义务的行为。仲裁代理人有三种情况:

(1) 法定代理人,指根据法律规定行使代理权的人(如企业的法定代表人是企业的法定代理人),故无须办理委托代理书。
(2) 指定代理人,指基于劳动争议仲裁委员会的指定而行使代理权的人。
(3) 委托代理人,指受仲裁当事人、法定代理人的委托而代理劳动争议仲裁的人。当事人可以委托 1 至 2 名律师或其他代理人参与仲裁活动。委托他人参与劳动争议仲裁活动的,必须向劳动争议仲裁委员会提交委托人签名盖章的授权委托书,委托书应明确委托事项和权限。

(五) 劳动争议仲裁的程序

1. 申请与受理

当事人应当从知道或应当知道其权利被侵害之日起 6 个月内以书面形式向劳动争议仲裁委员会申诉。劳动争议仲裁委员会应当自收到申诉书之日起 7 日内做出受理或不受理的决定。对于员工一方 30 人以上集体劳动争议,劳动争议仲裁委员会应当于收到仲裁申请书之日起 3 日内做出受理与否的决定。劳动争议仲裁委员会做出受理决定后,应在做出决定之日起 7 日内向申诉人和被诉人发出书面通知,并要求被诉人在 15 日内提交答辩书和证据。

2. 仲裁准备

组成劳动争议仲裁庭、审阅案卷材料、进行庭审前的调解。

3. 开庭审理与裁决

4. 仲裁文书的送达

主要包括直接送达、留置送达、委托送达、邮寄送达、公告送达和"布告"送达。

(六) 劳动争议仲裁的监督程序

劳动争议仲裁的监督程序又称再仲裁程序,是指劳动争议仲裁委员会对本委员会已发生法律效力的裁决书,发现确有错误,决定对原案进行重新处理并予以纠正的程序。

(七) 劳动争议仲裁的时效

当事人申请仲裁,因履行劳动合同而发生的争议,应自争议发生之日起 60 日内或自劳动争议调解委员会调解不成之日起 30 日内,向劳动争议仲裁委员会提出;因开除、除名、辞退违纪员工而发生的争议,当事人应于企业公布处理决定之日起 15 日内申请仲裁。超过规定期限,仲裁机构不再受理。

仲裁裁决一般应在收到仲裁申请的 60 日内做出。对于案情复杂而需要延期的,经报仲裁委员会批准,可适当延长,但不超过 30 日。

六、劳动争议的法院审理

(一) 劳动争议法院审理的概念

劳动争议法院审理是指人民法院对不服仲裁而提出诉讼的劳动争议依法进行审理并做出判决,即劳动争议发生后,当事人不能直接向法院起诉,必须先申请仲裁,不服仲裁裁决时才可以进入诉讼程序。

(二) 人民法院对劳动争议的审理程序

《民事诉讼法》规定,劳动争议引起的诉讼实行二审终审制,由各级人民法院的民事法庭受理,包括劳动争议案的起诉、受理、调查取证、审判和执行等一系列诉讼程序。举证责任与劳动争议仲裁的举证责任相同,即在履行劳动合同而发生的争议中,"谁主张谁举证",而在企业处罚职工的劳动争议中,"谁决定谁举证"。

七、劳动监督检查

劳动监督检查是指依法有监督检查权的机构对企业、事业、机关、团体等执行劳动法情况所进行的行政监察、行政监督、群众团体监督等法律制度的总称。劳动监督检查包含了众多的内容,不仅是对企业执行劳动安全卫生法规的监督检查,同时也是对有关劳动就业、劳动报酬、工时休假、劳动合同、职业培训、奖励惩罚、社会保险等所有涉及劳动法内容的监督检查。

第四节　劳动安全与劳动保护

一、劳动安全与劳动保护的概念

劳动安全是工作过程中伤亡事故的防止和消除、员工生命安全的保障、繁重体力劳动的减轻,以及生产设备的保护。

劳动保护又称员工安全与健康管理,是企业保护员工在劳动过程中的安全和健康所采取的各种技术措施与组织措施的总称。劳动保护是为了满足员工生存和安全的最基本需要而采取的措施,是保证员工工作生活质量的基础,是提高员工劳动积极性的先决条件。

认真有效地开展企业的劳动保护工作,可以有效降低工作场所事故率,减少企业在员工安全和健康方面的诉讼及赔偿费用,不但有利于人力资源成本的控制,而且对企业保持良好的公众形象能起到积极的促进作用。具体地讲,员工的劳动保护属于旅游企业安全管理的范畴,它和旅游企业的资产安全、客人的财物和人身安全同等重要,直接关系到旅游企业的经营成败。

二、劳动保护的基本任务

（一）保证安全生产

采取各种有效措施,减少和消除劳动中的不安全、不卫生因素,改善员工的工作条件,满足其安全需要。

（二）实现劳逸结合

采取各种必要措施,使员工有劳有逸,有张有弛,既紧张地工作,又放松地休息和娱乐。这是员工维持再生产的需要,也是提高员工生活质量的需要。

（三）对女员工实行特殊保护

女员工由于其生理特点,特别是在经期、孕期、产期和哺乳期,应受到特殊的照顾,女员工的健康关系到下一代的人口素质,因此对女员工的保护意义更大。

（四）工作时间限制

规定员工的工作时间和休假制度,限制超时加班,保证员工有适当的休息时间和休假期,使他们能保持旺盛的精力。

（五）组织工伤救护

保证员工一旦发生工伤事故就立即得到良好的治疗。做好职业中毒和职业病的预防救治工作。

三、旅游企业安全事故发生的主要原因

（一）疲劳过度

旅游企业中有不少服务工作都属于中等体力劳动，加之旅游服务的连续性特点，员工经常会处于疲劳作业状态。在旅游行业，员工工作中最经常发生的事故是在快速行走中跌跤、因提举物品不当而造成事故损伤，以及从高处跌下等。这些事故在新入职员工身上和营业高峰期最容易发生。

（二）注意力不集中

一些工作时心不在焉、责任感差、对本职工作不感兴趣、情绪容易波动以及接受能力差的员工，特别容易出事故。

（三）违反操作规程

据统计，约60%的事故是由于员工违反安全操作规程造成的，因此要求员工必须严格按照正确的操作规程使用工具、设备和设施是员工劳动保护的关键。

（四）工作环境存在风险

以酒店为例，不安全的工作环境（如潮湿、油腻、不平的地板、凹陷的路面、照明不足，以及缺乏安全装置的设备等）会对员工安全造成隐患，而厨房则是酒店中最容易发生事故的场所。油脂和燃气是高度易燃物品，这些容易引起火灾，甚至酿成爆炸。此外，在厨房中常见的事故类型还包括割破和划伤、滑倒或跌倒、烫伤、扭伤、钩伤、夹伤等。因此，酒店应该在营建初期就对可能会引起这些事故的细节加以注意。例如，洗碗机的机座应该稍低于地面，使水不致流入工作区；制冰机的位置应该稍凹进，制冰机前能安置防滑垫，员工取冰时就不会滑跌；从传菜路线通向厨房的门适当加宽，门边镶上厚软胶皮，以防手指轧伤。

四、劳动保护的具体内容

（一）工作时间管理

工作时间管理的主要任务是建立工作班制，组织好工作轮班以及合理安排工时。旅游企业的工作班制有单班制和多班制两种。单班制是指每天组织一个班工作；多班制是指每天组织两班或两班以上的员工轮流生产。工作轮班是指在实行多班制生产条件下，组织各班员工按规定的时间间隔和班次顺序轮流进行生产活动的一种劳动组织形式，体现了员工在时间上的分工协作关系。

实行单班制还是多班制，主要取决于旅游企业具体工作岗位的经营和服务特点。服务工作不能间断进行的，或需要连续运营8小时以上的岗位和部门，例如酒店的前厅部、客房部和餐饮部等，必须实行多班制。工作过程可以间断进行的，例如旅行社的销售部、计调部和采购部，以及旅游企业行政管理部门的工作班制，可以根据具体情况实行单班制。

目前我国法定的制度工时是每周40小时，即每周工作5天、每天8小时；全年11个

法定节假日。旅游企业经营活动的特点,决定了旅游企业许多营业部门需要采取"综合计算工时工作制"。综合计算工时工作制是针对因工作性质特殊而需连续作业或受季节及自然条件限制的企业部分职工,采用以周、月、季、年等为周期综合计算工作时间的一种工时制度。实行综合计算工时工作制的劳动者,在综合计算周期内的总实际工作时间应该不超过总法定标准的工作时间,超过部分要视为延长工作时间,并按不低于工资150%的标准支付工资报酬。法定节假日安排劳动者工作的,按不低于工资300%的标准支付工资报酬。

旅游企业员工工作时间管理应注意以下五个方面:

(1) 工作轮班的组织,应根据工作项目、工作内容、服务对象、顾客消费的时间规律性等具体情况,充分利用工时和节约人力成本。

(2) 根据预计工作量平衡各个轮班人员的配备。对于顾客服务需求比较集中的时间段,应该考虑增加员工数量,确保服务质量;而对于顾客服务需求相对较少的时间段,应该严格控制在岗人数,节约人工成本。例如,酒店餐饮部在午餐时段和晚餐时段安排员工在岗数量,就必须多于早餐和夜宵营业时段的员工数量。此外在业务素质、技术力量的配备上,也要注意平衡,确保顾客在任何时间来店消费都能享受到水平如一的服务。

(3) 建立健全交接班制度。实行轮班制,员工在交接班前,对于交接工具设备的完好、清洁和安全,机器的使用运转情况,顾客用品准备的数量和质量,顾客特殊服务需求,以及在本班次未处理完毕的各项事宜,都要按规定的手续以书面形式向下一个班次的同岗员工交接清楚。

(4) 适当组织各班员工交叉上班。当员工从事的工作属于前后衔接密切的岗位时,例如酒店"前台接待员"岗位,为了便利下一班员工在交接班前做好准备工作、上一班员工做好结束工作,可以把各班员工的上下班起止时间进行适当的交叉,以便当面做好交接班工作。

(5) 克服工作轮班制对员工生理和心理的影响。工作轮班制对员工的生理、心理都会产生一定的影响,特别是夜班对人的影响最大。为了解决夜班疲劳、员工生理和心理不适应和工作效率下降的问题,一般可采用以下办法:① 适当增加员工夜班前后的休息时间;② 缩减员工上夜班的次数;③ 采取循环倒班法,即员工先上白班,接着上中班,然后再上夜班。每班工作时间每天向前推移1—2小时,而且每三个星期才换班一次,在每次大倒班时再多给一天休息时间,这样做可以与人体生物钟自然变化的规律基本吻合,使工作轮班与人体生理机制相适应,从而减少员工因病缺勤,提高劳动效率。

(二) 预防事故

旅游企业工作场所发生事故的原因主要有三类:员工的不安全行为或失误、危险的环境、与工作关联的诱发因素和偶然事件。预防事故发生主要是加强对不安全的环境和行为的预防与处置。

不安全的环境因素是旅游企业中引发事故的主要原因之一,具体包括工作场所通风不当,照明不当,设备防护不当,工作程序不当,设备本身缺陷或危险,不安全的储存、挤压、超负荷等。

旅游企业中的许多事故是人为因素造成的,特别是旅游企业员工以年轻人居多,在良好的工作习惯没有完全培养起来之前,他们是旅游企业的事故高发人群。旅游企业员工常见的不安全行为有工作中不使用安全防护设备、乱扔工具和材料、以不安全的速度工作、使用工具不当、不正确运载物品,以及工作中走神、开玩笑、吵闹等。

一些专家经研究认为,员工的特定事故行为发生率是与个人特征、先天行为倾向、特定情况下的行为类型、职业兴趣、年龄和服务期,以及知觉与运动技能相关联的。

预防安全事故的发生,首先是在设计所有的工作流程时必须将员工安全放在第一位;其次是员工必须定期接受安全培训;最后是严格按照安全规章制度进行工作检查。以预防为主减少安全事故的基本做法如下:

- 检查并减少不安全环境因素;
- 从性格、行为倾向、年龄、职业兴趣和工龄等方面考虑,选拔和配置"低事故倾向者";
- 通过宣传和培训,培养员工的安全意识,减少不安全行为;
- 建立安全政策和安全管理制度,强调预防事故的重要性;
- 设置具体的事故率控制目标,编制安全生产计划;
- 建立奖惩制度,鼓励员工的安全工作行为。

(三) 劳动疲劳管理

劳动疲劳是指长时间、大强度、快速度持续地干同一种工作而引起劳动效率下降、不愿意继续工作的反应,以及无法工作的状态等症状。

1. 劳动疲劳的外在表现

(1) 生理性疲劳。生理性疲劳是指由于人的生理机制局限性而引起的疲劳,又可分为全身疲劳和身体某一部位的疲劳。一般地说,由于长时间地工作或劳动强度过大所发生的肉体疲劳就属于全身疲劳。全身疲劳如果得不到恢复就会变成过劳,再进而变成慢性疲劳。过劳是许多疾病产生的原因,作为过劳的预兆,表现为:有显著的疲劳感,如继续工作的话会感到痛苦;工作欲望减退;事故与错误的增多;消极对待工作中的任何事情。

诸如长时间使用计算机的人(如财务人员、办公室文员等),工作时一直连续使用的是手腕和手指;从事厨房烹饪加工工作的人,主要是站立作业。这些劳动者易患颈肩腕症候群、腱鞘炎以及下肢静脉曲张等疲病。这属于身体某一部位的疲劳。

(2) 心理性疲劳。心理性疲劳是指由于心理机能的变化而引起的疲劳。当人们产生心理疲劳时,不仅表现为体力上的不足,还伴随多种感受的体验,比如无力感、注意力失调、感觉方面的失调、动觉方面的紊乱、记忆和思维的障碍、意识的衰退、睡意、对本来不相干的刺激特别敏感,等等。如再进一步,将导致精神不安、精神疾病。

生理疲劳和心理疲劳是相互联系、相互影响的。生理疲劳产生后在一定的情况下可以引起心理疲劳,而心理疲劳在一定条件下又会加速生理疲劳的产生和发展。例如,员工在完成服务工作时,当体力有所消耗时,最初的疲劳只是表现为某一组肌肉感到疲劳,如果持续下去,疲劳就会蔓延到其他的肌肉或全身,从而使全身感到不适。如果再持续下去,疲劳进一步发展,则可使注意力涣散,心理机能下降而引起心理疲劳,此时容易出现怠慢、敷衍顾客,甚至恶意对待顾客的现象,这就是生理疲劳对心理疲劳的影响;而当劳动者受到某些挫折,心境不佳或与上级、同事产生矛盾而长期没有得到解决时,他们往往在工作不久就会感到四肢无力,动作迟缓,极早地出现生理疲劳。

2. 劳动疲劳产生的原因

引起劳动疲劳的原因大体上可以分为三类。

（1）工作环境因素。工作环境引起疲劳的因素包括工作强度、工作速度、工作方式以及工作持续的时间等,它们是引发疲劳最客观、最直接的原因。工作强度不同,引起疲劳的程度也不同。工作强度与生理疲劳成正比。在其他条件相同的情况下,工作强度越大,生理疲劳的程度就越大。此外,通常员工干重体力劳动只能持续较短时间,而做轻工作则能持续较长时间。

工作速度对生理疲劳产生的作用也是很明显的。假如操作动作之间没有间歇（或间歇时间很短）,动作的能量消耗相同,操作的速度越快,就越容易发生疲劳。

工作方式与方法,也是产生生理疲劳的重要原因之一。工作中,人体的姿势和位置、操作动作的幅度与繁简程度等,都能对生理疲劳的产生造成极大的影响。

此外,工作持续的时间也是产生疲劳的一个原因。不论是什么样的工作强度,不论是哪一种工作方式和方法,只要持续工作的时间较长,人的机体就会产生疲劳。

（2）生理因素。短时间、大强度体力劳动所引起的局部肌肉疲劳,是由于乳酸在肌肉和血液中大量积蓄引起的,称为"疲劳物质累积机理"。较长时间小或中等强度劳动引起的疲劳,既有局部肌肉疲劳,又有全身性疲劳。此时,局部肌肉疲劳不是由于乳酸积蓄所致,而是肌糖原储备耗竭之故,称为"力源耗竭机理"。

（3）心理因素。个人的情绪、兴趣、态度、动机和意志等都会对疲劳产生作用和影响。

情绪是人们对待客观事物态度的一种反映。情绪可以影响人的认识活动和行为的发生,对心理疲劳也有控制和调节作用。情绪有消极和积极之分。消极的情绪能引发和增强心理疲劳,而积极的情绪则能减轻和消除心理疲劳。

态度是对待客观世界中特定事物、观念等的一种心理倾向。态度虽然不是行为本身,但它影响人们行为的方向和强度。积极的态度会激发人产生积极的动机,使人以更大的热忱去工作,使人在工作过程中正视困难,提高克服困难的信心;消极的态度在行动中的表现则相反。同样,当人们在劳动过程中产生了一定的生理疲劳时,消极的态度会导致人们更快地产生心理疲劳和增大生理疲劳的程度,而积极的态度则可以抑制心理疲劳的产生和减小生理疲劳的程度。

影响员工疲劳的心理因素还很多。例如,个体的意志、群体的气氛、人际关系的协调、上司的情绪都可能对此产生影响。值得注意的是,所有因素对个体的作用都不是孤立的,而是综合的。因此,在研究这一问题时必须采用系统的方法,全面地考察这些影响。

3. 疲劳的消除

在旅游企业,消除疲劳的具体方法主要有两种:一是改善劳动条件;二是实行科学的休息制度,休息是消除疲劳的重要措施,休息可以消除疲劳。这里需要注意的是:初期疲劳,通过休息可以恢复很快,过度疲劳则恢复很慢。因此,对休息应做恰当的安排,一般应该在开始感到疲劳就安排休息,那种把休息时间集中使用而让员工较长时间连续工作的做法是不科学的。此外,休息不一定是静止不动,动中休息是积极的休息,安排得当则效果是很好的。

五、劳动保护管理制度

(一) 安全生产责任制

安全生产责任制是根据我国的安全生产方针"安全第一,预防为主,综合治理"和安全生产法规建立的各级领导、职能部门、工程技术人员、岗位操作人员在劳动生产过程中对安全生产层层负责的制度。安全生产责任制是企业岗位责任制的一个组成部分,是企业中最基本的一项安全制度,也是企业安全生产、劳动保护管理制度的核心。通过这一制度,把安全生产工作从组织领导上统一起来,把"管生产的必须管安全"的原则从制度上固定下来。

(二) 编制劳动保护措施计划制度

这一制度要求与旅游企业的财务计划联系起来,将改善劳动条件与企业经营活动结合起来,把劳动保护措施所需经费、物资以及设计、施工等落在实处。

(三) 安全生产培训制度

安全生产培训制度旨在帮助员工正确地学习和掌握安全使用工具、设备和设施的技能,提高员工的自我保护和保护他人的意识,确保员工认真遵守企业有关安全生产的规章制度,实现安全生产。安全生产培训的主要内容包括安全生产的法律法规、基本知识、管理制度、操作规程、操作技能及事故案例分析等。

(四) 安全生产检查制度

在企业中进行安全检查,是宣传安全生产方针、消除事故隐患、交流安全生产经验、推动劳动保护工作的一个重要方法。它包括企业本身对生产中的安全卫生工作进行的经常性检查,也包括由地方行政执法部门(如公安消防局、卫生防疫站和劳动安全监察机构)组织的定期或不定期的安全生产大检查。这种检查可以是普遍检查,也可以是专项检查和季节性检查。安全检查的内容可分为查思想、查隐患、查管理、查制度等几方面。

(五) 伤亡事故处理报告制度

为了及时了解和研究员工伤亡事故发生的情况、原因及规律,以便采取预防措施,防止事故重复发生,企业必须对员工在工作场所的伤亡事故进行报告、登记、调查、处理和统计分析工作,总结和吸取安全生产的经验教训,为改善劳动条件、减少伤亡事故、正确执行劳动保护政策和法令提供可靠的依据。通过对事故责任的追查和处理,可以提高广大员工安全生产的责任感;还可以从中发现和解决经营管理中存在的安全问题,进一步加强改进和提高。

(六) 劳动防护用品和保健食品管理

劳动防护用品和保健食品是保护员工在生产过程中安全健康的一种辅助措施。它不是一般的生活福利待遇,必须严格按照规定的发放范围、原则和标准执行。在旅游企业中,需要提供劳动防护用品的岗位主要是电工、接触具有腐蚀性清洁用品的各工种、超低温工作的酒店冷库保管员;需要提供保健食品的岗位主要是在夏季高温作业的厨师、旅游车队司机,以及露天工作的导游、保安和园艺工人等。

第五节　劳务派遣、劳务承揽与人力资源外包

在知识经济兴起的背景下，相对于传统的雇佣方式，"灵活雇佣"越来越多地出现在旅游行业，由此带来了劳动关系的复杂化，其中劳务派遣、劳务承揽与人力资源外包是劳动关系管理创新中比较典型的模式。

一、劳务派遣

（一）劳务派遣的概念

劳务派遣又称人才派遣、人才租赁、劳动力租赁，是指劳动力派出机构与接受单位（用工单位）签订劳务派遣协议，由劳务派出机构招募合格员工并外派到用工单位工作，劳动者和劳动力派出机构从中获得收入的经济活动。被派遣劳动者受用工单位指挥监督，为用工单位提供劳动，并获得就业岗位及工资、福利和社会保险待遇；同时，用工单位要按照劳务派遣协议向劳务派遣机构支付派遣服务费。劳务派遣一般按照派遣的时间和费用标准，根据约定派遣的人数结算费用，其合同标的一般是"人"。

（二）劳务派遣的分类

随着劳动关系管理环境的变化，劳务派遣的形式在不断创新，目前适用于旅游企业的劳务派遣模式主要有：

1. 完全派遣

完全派遣是指由劳务派遣机构承担一整套员工派遣服务工作的派遣方式。这些派遣服务工作包括人才招募、选拔、培训、绩效评价、报酬和福利、安全和健康等人力资源管理的各个方面。

2. 转移派遣

转移派遣是先由有劳务派遣需求的旅游企业自行招募、选拔、培训人员，再由派遣机构与员工签订《劳动合同》，并由劳务派遣机构负责派遣员工的报酬、福利、绩效评估、处理劳动纠纷等事务。

3. 减员派遣

减员派遣是指旅游企业对已雇用的员工，将其雇主身份转移至劳务派遣机构，旅游企业向劳务派遣机构支付派遣费用，再由派遣机构代付所有可能发生的费用，包括工资、奖金、福利、各类社保基金，以及承担所有原企业方应承担的社会和法律责任。

4. 试用派遣

试用派遣是指旅游企业在试用期间将新员工转至派遣机构，然后以派遣的形式试用。一旦试用合格，员工的劳动关系再正式转入本企业，员工与旅游企业签订正式的劳动合同。试用派遣的目的是确保企业在准确选才方面更有保障，避免招聘选拔和测试时产生的误差所带来的录用风险。试用派遣通常只适用于旅游企业高级人才的聘用管理。

(三) 劳务派遣的实践价值

劳务派遣作为一种弹性化的灵活用工方式，其实践价值在于：第一，帮助企业根据市场情况适时调整员工规模，增强企业面对风险时的组织应变能力和人力资源弹性；第二，将人工成本转化为经营成本，有效提高企业的整体经营效益；第三，大幅降低常规性人力资源管理费用支出，克服规模经济的弱点，提高企业盈利能力；第四，帮助企业有效规避用人风险，减少劳资纠纷，从而节省企业的管理精力，专心于事业的发展；第五，通过专业人力资源服务机构给员工提供更满意的服务，提高员工管理的效能。

(四) 劳务派遣中的权利和义务

1. 劳务派遣机构的权利和义务

(1) 劳务派遣机构的法定权利。由于劳务派遣机构与劳动者之间签订劳动合同，因此劳务派遣机构享有法律上赋予的劳动合同当事人的全部权利；同时，由于劳务派遣机构为旅游企业进行招聘和其他一系列的派遣服务需要成本，可依法向服务的旅游企业收取费用。

(2) 劳务派遣机构的法定义务：① 凡是我国法律中规定的劳动关系中雇用方对员工应尽的义务，劳务派遣机构都要承担。② 劳务派遣机构必须与被派遣员工签订两年以上的固定期限劳动合同。③ 劳动报酬的支付义务，除按照法律规定应该由旅游企业直接承担的项目（如加班费、绩效奖金和与工作岗位相关的福利待遇）外，劳务派遣机构应当按月向员工支付劳动报酬。在被派遣员工无工作期间，劳务派遣机构按照当地的最低工资标准按月支付劳动报酬。④ 劳务派遣机构有义务将劳务派遣协议的内容告知被派遣员工。⑤ 劳务派遣机构不得向被派遣员工收取任何费用，只能依据劳务派遣协议向旅游企业收取管理费来获取利润。⑥ 劳务派遣机构要承担为员工办理社会保险登记和缴费、管理档案等义务。⑦ 劳务派遣机构对旅游企业的义务主要是按照劳务派遣协议履行义务，如根据劳务派遣协议按时派遣合格员工到用工单位工作等。

2. 旅游企业的权利和义务

(1) 旅游企业的权利。采用劳务派遣的旅游企业有权依据派遣协议的约定管理使用被派遣员工。

(2) 旅游企业的义务：① 执行国家劳动标准，提供相应的劳动条件和劳动保护。② 告知被派遣员工工作标准、要求和劳动报酬。③ 支付被派遣员工加班费、绩效奖金，提供与工作岗位相关的福利待遇。④ 对在岗的被派遣员工进行工作岗位所必需的培训，培训费用由本企业承担。⑤ 连续用工的，应当对被派遣员工实行正常的工资调整机制。⑥ 接受劳务派遣的企业不得将被派遣的劳动者再次派遣到其他企业。⑦ 旅游企业不得自行辞退被派遣的员工。如果企业不愿继续使用员工，要将被派遣员工退回劳务派遣机构，由劳务派遣机构决定是否辞退该员工。⑧ 旅游企业对劳务派遣机构的义务主要是按照劳务派遣协议履行义务，如按时拨付派遣用工的工资及管理费等。

3. 被派遣员工的权利和义务

(1) 被派遣员工的权利。① 被派遣员工享有平等待遇权。被派遣员工享有与旅游企业其他员工同工同酬的权利，如果企业内部无同类岗位，参照旅游企业所在地相同或相近岗位劳动者的劳动报酬确定;如果劳务派遣机构跨地区派遣员工的,被派遣员工享有的劳动报酬和劳动条件,要按照不低于员工工作地区的标准执行。② 被派遣员工享有参加工会的权利。被派遣员工与其他劳动者一样,享有参加工会组织、参加工会活动的权利,这是保障被派遣员工实现平等劳动权的重要条件。③ 被派遣员工享有解除劳动合同的权利。被派遣员工与其他劳动者一样,有权与劳务派遣机构解除劳动合同。

(2)被派遣员工的义务。被派遣员工的义务主要是恪守职业道德,根据旅游企业的工作标准完成所承担的工作任务,提高自我职业技能,执行企业制定的各项劳动安全规程等。

(五)劳务派遣的基本流程

实施劳务派遣,旅游企业首先要确认劳务派遣机构的合法资质,熟悉对方的基本信息和经营情况。劳务派遣机构则需要根据用工企业提出的具体要求,对工作环境、岗位、薪资等情况进行分析,在此基础上拟定劳务派遣方案。然后,在合法用工的前提下,双方协商、确定劳务派遣方案,并依照相关法律法规签订正式的《劳务派遣协议(合同)》。

劳务派遣机构必须在与被派遣员工签订劳动合同之后,才能按照《劳务派遣协议(合同)》的约定,向旅游企业提供派遣服务。同时,劳务派遣机构还要采集被派遣员工的信息资料,并把这些信息资料纳入管理信息系统,接转被派遣员工的档案、社保及劳动关系,与旅游企业结算派遣服务费用,负责被派遣员工的日常管理服务工作等。

通常情况下,旅游企业的劳务派遣有两种用工来源:一种是劳务派遣机构从本机构现有的待派遣员工中或者人力资源市场上获取,经过推荐、面试、岗前培训、确定到岗时间、完善派遣条件、办理入职手续等环节,再与其签订劳动合同;另一种是把旅游企业原有的派遣员工转移派遣关系之后接着使用,但要重新体检、完善派遣条件并终止原来的劳动合同,再根据派遣机构的新要求和新条件重新签订新的劳动合同。劳务派遣的基本流程如图 7-2 所示。

二、劳务承揽

(一)劳务承揽的概念

劳务承揽又称劳务承包,是指企业将其内部部分业务或职能工作内容发包给承揽单位,由承揽单位按照企业的要求,自行组织安排人员以企业的场地、设备、技术和工艺流程标准完成相应的业务或工作。劳务承揽是企业的一种经营行为,是一种业务外包的商业模式。简单地讲,在劳务承揽关系中,旅游企业只是间接用人,不与劳动者签订劳动合同。承揽单位是实际的用人单位,直接负责劳动者的各项管理,并承担用人单位所应承担的一切风险。旅游企业购买的是"劳务",其核心是以劳动力的精益化管理和对劳动者劳动能力的经营,去完成自己的业务。例如,度假村将景区卫生承包给专门的物业公司进行保洁,酒店将厨房承包给专业团队打理,等等。

(二)劳务承揽的特点

我国《合同法》规定,劳务承揽是业务外包的一种主要商业模式。其表现形式是"组织与组织"的关系,即在标准的劳务承揽模式下,委托单位、承揽单位和劳动者三方之间呈

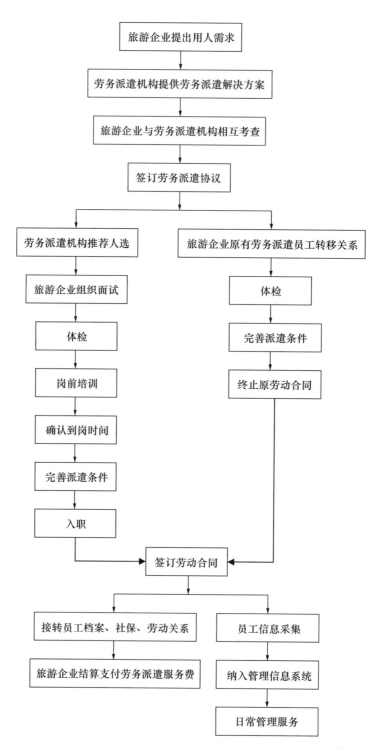

图 7-2 劳务派遣的基本流程

直线型关系。劳务承揽只存在两方主体,即委托单位和承揽单位,双方是基于契约的民事关系,一般通过承揽合同等开展业务;承揽单位与劳动者之间是基于劳动合同的劳动关系;委托单位与承揽具体工作任务的劳动者之间既不存在劳动关系,也不存在直接管理关系。其特点如下:

(1) 承揽单位为单一雇主。承揽单位与从事承揽业务的劳动者之间的劳动关系是雇主和员工的单一劳动关系,承担完全的雇主责任。

(2) 劳务承揽的核心是劳务服务。在劳务承揽实践中,承揽单位一般是与委托单位建立信任关系,培养并提升员工在劳务服务中的专业技能,进而降低用工成本并提高用工效率,从而获得相应的收益。

(3) 劳务承揽需要生产要素投入。《劳动合同法》第253条规定,承揽单位需要投入必要的生产要素,但主要以人力资源"活劳动"以及管理、技术等的投入为主,辅以相关场地、设施、设备、项目管理人员、专业技术人员、信息化系统管理工具、生产工具、资本、基础设施设备等生产要素的投入。

(4) 劳务承揽需要承担管理责任。从劳务承揽的管理实践来看,承揽单位全权负责委托业务的管理和协调,并对委托业务实施全程管理。其主要包括三方面内容:一是现场管理,包括考勤、排班、交接班、生产或服务活动组织、安全巡查、设备巡查、班组会议、统计分析管理等;二是对劳动力的人力资源管理;三是后勤保障管理。委托单位则根据承揽合同的规定在承揽合同执行期间承担部分监督管理工作。

(5) 劳务承揽交易的依据为工作量。在劳务承揽中,通常是按业务项目的最终价值结算,即通过承揽合同基于约定或明确业务成果的质量和数量要求,对承揽单位的业务成果——产品或服务进行购买。《合同法》规定:"承揽人交付的工作成果不符合质量要求的,定作人可以要求承揽人承担修理、重做、减少报酬、赔偿损失等违约责任。"

(三) 劳务承揽的实践价值

劳务承揽作为一种人力资源市场配置方式,适用的是民法中的《合同法》。与劳务派遣相比,旅游企业通过实施劳务承揽,不仅让渡了劳动关系的建立,而且让渡了对劳动者的管理控制权。劳务承揽的实践价值主要体现在:第一,有利于旅游企业减员增效,降低人力资源占有成本,提高经营效益和利润;第二,提升旅游企业整体的管理水平和流动性经营的能力;第三,有利于调整队伍结构,使人力资源配置更加适应行业发展转型;第四,有效规范标准流程和控制点,提高劳动生产率,从而提升盈利能力;第五,有助于推动旅游企业战略转型发展,创新商业模式,确保企业依法经营和持续稳定的发展,有效规避企业在生产经营过程中可能出现的用工风险。

三、人力资源外包

(一) 人力资源外包的概念

1990年,Gary Hamel 和 C. K. Prahaoad 在《哈佛商业评论》发表的"企业核心竞争力"一文中首次提出"外包"概念,最初主要运用在信息技术领域。所谓外包(outsourcing),英文的直译为"外部寻源",其核心思想是在企业内部资源有限的情况下,为取得更大的竞争优势,仅保留最具竞争优势的业务,而将其他业务委托给比自己更具成本优势和专业优势的企业,从而降低生产成本、提高企业效率、增强企业对环境的应变能力。

人力资源外包是指企业基于自身的发展战略,将原先由企业内部完成的人力资源工作,部分或全部交给外部的专业化人力资源服务机构或组织完成,以降低人力资源管理成本,实现人力资源效率最大化。具体而言,人力资源外包就是企业将人力资源开发与管理中非核心部分的工作,全部或部分委托人才服务专业机构办理。

(二) 旅游企业人力资源外包的动因

1. 知识经济使人力资源开发与管理成为一种专业性较强的社会化分工

二百多年前,亚当·斯密就指出,劳动分工受到市场规模的限制。随着整个人类社会所拥有的知识的增加、技术的进步,市场一体化程度和市场容量同时增大,以知识为特征的社会化分工成为产业链的一个部分。人力资源管理理论的成熟和技术的进步,使人力资源开发与管理逐渐成为一种高度专业化的技能。知识的专业化使提供这种知识的服务有可能成为知识产品,通过市场分工实现价值。

2. 大量的中小型旅游企业管理资源不足,产生人力资源外包的客观需求

中小型旅游企业面临的主要问题是资源不足,包括管理资源。不少中小型旅游企业由于规模的限制,没有设置人力资源管理职能部门,人事工作由办公室兼管;有些企业虽然设有人力资源部,但没有人力资源管理的专业人员,部门主要从事一些最为传统的行政性人事活动,如发放工资、负责考勤、填报表格等。由于管理资源的不足,中小型旅游企业往往缺少系统的人事制度,不能给员工提供完备的福利待遇和培训机会,更缺乏战略性的人力资源规划,在现实中则表现为难以招聘到高素质雇员,关键人员流动率高,员工满意度差。人力资源外包的出现,使中小型旅游企业有机会利用外部资源弥补自身的不足,大幅提高自身的人力资源开发与管理水平,从而在人才市场上与大企业争夺资源。

(三) 人力资源外包的实践价值

人力资源外包是促进人力资源开发与管理活动从基础性工作走向战略性规划转变的催化剂。旅游企业将一些重复的、事务性工作外包出去,让人力资源部门员工从繁重的、低层次的事务性工作中"解脱"出来,专注于比较重要的战略性工作,从而有利于提升企业的核心竞争力,并有效控制和降低运营成本,实现一流的高效运作和服务。实施人力资源外包能够为企业带来更多的价值,主要表现在:首先,打造更好的人力资源开发与管理体验,无需在人力资源开发与管理技术和一些专业的法律问题上操心;其次,让人力资源服务机构以专业知识处理耗时、手工的人力资源流程,确保旅游企业专注于自己最擅长的核心业务和领域;最后,可以增强人力资源部门的地位,调动部门员工的积极性。

(四) 人力资源管理外包的基本流程

1. 外包前的分析阶段

人力资源外包是一项复杂的活动,决策前的分析至关重要,企业必须明确自己的核心能力与非核心能力,了解哪些业务需要外包;同时,分析企业的优势、劣势、机会和威胁,围绕企业自身的实际情况,有针对性地、有步骤地开展分析和科学论证。

2. 明确外包的内容

在我国,业务外包市场尚不成熟和规范,缺乏健全、有效的法律法规和相应的监督约束机制。因此,出于经济和安全性考虑,旅游企业在实施人力资源开发与管理外包之前,必须明确企业中的某项人力资源开发与管理工作是否真的适合外包。通常的规律是:把一些非核心的、程序较烦琐、常规性的人力资源开发与管理业务外包出去,如职位分析、招聘、培训、绩效管理、考勤、劳动关系等。而涉及以下方面的业务不宜外包:第一,事关核心能力的业务;第二,对整个企业的运营具有决定性影响的业务;第三,有可能使企业形成新的竞争能力和竞争优势的业务。

3. 外包服务商的选择

一般来讲,人力资源开发与管理外包服务商主要有三类:一是高等院校、科研机构的人力资源专家,他们专业知识丰富,又有较强的实践经验,可以为企业人力资源规划、薪酬管理、绩效考核等方面出谋划策;二是专业的人力资源服务机构,它们配置了各方面的专业人力资源顾问,能帮助企业解决在实际运作过程中碰到的很多问题;三是一般的管理咨询机构,它们经营的业务非常多,人力资源外包服务仅仅是诸多业务中的一项,专业性可能会较差,但收费较前两者低廉,企业可以把人力资源管理的某些工作(如员工档案管理、考勤管理等)交给该类机构。

4. 选择合适的外包服务商

人力资源外包服务商的选择要结合企业的实际情况,从以下三个方面考虑:一是重视外包服务商的安全性。因为人力资源外包肯定会涉及企业的一些商业机密,安全性是企业外包决策考虑的重要因素,以免企业因外包,泄露商业机密而引发经济损失。二是考虑外包服务商的价格,根据成本—效益分析的结果,考虑外包服务商的价格是否在企业预算之内。三是重视外包服务商的服务质量和效果。在选择外包商时,应考虑外包服务商的专业水平和工作经验,分析其以往外包服务中的成功案例,进而判断其今后能否为企业提供及时、有效的服务;可以前往外包商公司实地调查,或者通过与其有业务往来的客户和行业内其他外包公司对该服务商进行侧面了解。

5. 外包的实施

在实施阶段,外包双方需要完成两项工作:签订外包合同和开展外包业务。签订人力资源外包合同,要明确外包双方的权利和义务以及违约赔偿责任等问题。旅游企业必须注意外包风险的防范与控制,要求外包服务商必须做出绝不泄露企业商业机密的承诺,对涉及外包的重大事项必须经过双方协商,共同做出决策。外包服务商必须严格履行外包义务,在外包合同允许的范围内开展外包业务,定期向企业汇报外包工作进展情况和工作质量,听取企业对外包工作的看法,及时做出改进和调整。企业在外包实施过程中应积极配合,为外包服务商提供尽可能多的帮助,并定期检查和评估外包工作,建立双赢的合作关系,确保外包工作的顺利实施。

【关键术语】

劳动关系(labor relations)　　　　劳动安全(labor safety)
劳动合同(labor contract)　　　　劳动保护(labor protection)
劳动争议(labor dispute)　　　　　劳务派遣(labor dispatch)
调解(mediation)　　　　　　　　劳务承包(labor contracting)
劳动仲裁(labor arbitration)　　　人力资源外包(human resource outsourcing)

【复习思考题】

1. 企业劳动关系的主体是什么？分别有哪些权利和义务？
2. 旅游企业和员工签订劳动合同时应遵循什么原则？
3. 旅游企业如何妥善解决劳动争议？
4. 无效劳动合同的含义是什么？怎样处理无效劳动合同？
5. 旅游企业如何建立完善的劳动保护制度？
6. 旅游企业劳动保护的主要任务是什么？
7. 劳务派遣的形式主要有哪些？
8. 什么是人力资源外包？其基本流程包括哪些主要环节？

【课后作业】

回忆自己实习或假期打工的经历,也可以走访周围有此类经历的同学,是否与用人单位签订了劳动合同？劳动合同的内容是否合理合法？存在哪些问题？如果没有签订劳动合同,自己或同学会面临哪些风险？据此完成一份大学生实习期劳动关系处理的调查报告。

【案例学习】

由培训引发的劳动争议

吴强于2010年6月应聘进入某国际品牌酒店餐饮部,双方签订了3年期的劳动合同,其中约定吴强的工作地点为中国上海。由于吴强喜欢西餐制作,而且有一定的中餐烹饪基础,加之英语水平不错,酒店餐饮部将其安排在西餐厨房工作。西餐行政总厨蒂埃里·亨利很快发现吴强是一个很有烹饪天赋的年轻人,当亨利被集团调往德国慕尼黑的一家酒店出任餐饮总监时,他想到了吴强,并推荐吴强前往慕尼黑的那家酒店系统地学习德式西餐。2011年1月12日吴强与所在的某国际品牌酒店签订了《员工培训与服务期协议》,酒店为吴强提供去本集团在德国慕尼黑的酒店为期8个月的职业培训。

《员工培训与服务期协议》就培训费用的支出做了详细的约定,同时约定吴强回国之后要为该国际酒店集团中国区服务至少3年,如吴强提前离职(辞职或者被提前解除劳动合同),需按比例向所派出的酒店返还已经支出的培训费用。2011年9月30日,吴强完成海外培训,回到原酒店工作,并于2012年1月1日升任西餐副厨师长。2012年5月,吴强提前30天向所在酒店提交了辞职报告,单方解除了劳动合同。吴强实际工作至2012年6月7日。因吴强提前离职违反了《员工培训与服务期协议》,故其所服务的酒店通过发送律师函等方式多次要求吴强返还培训费,但吴强不予理睬。

2012年7月20日,吴强原来服务过的某国际品牌酒店以吴强违反服务约定申请仲裁,后不服仲裁并起诉至法院,请求法院判令吴强返还培训费人民币150 876.56元(包括在德国的生活补贴、医疗保险、住房津贴、往返飞机票等费用)。吴强对上述费用的真实性予以确认,但不认可《员工培训与服务期协议》的有效性。吴强辩称,自己去德国办的是工作签证,而且到了德国之后,与那家酒店的其他员工一样接受同样的管理,完成同样的工作任务,接受德国酒店支付的工资和津贴。

因此,吴强主张自己在德国期间是正常工作而不是培训,其产生的相关费用是为工作而发生的必要费用,某国际酒店集团应当在内部进行核算并予以报销。综上所述,吴强认为,双方之间不存在培训事实,当初签订的培训协议无效,原雇主酒店主张返还培训费用无事实和法律依据。

资料来源:李志刚.酒店人力资源管理[M].重庆:重庆大学出版社,2016.

案例思考题:

1. 吴强和酒店之间发生的劳动纠纷,关键矛盾点在哪里?
2. 酒店在此次劳动争议事件发生前,人力资源管理有无可以改进的地方?
3. 你支持劳动争议的哪一方?为什么?

21世纪经济与管理规划教材

旅游管理系列

开 发 篇

第八章　旅游企业员工培训
第九章　旅游企业员工激励
第十章　员工职业生涯发展
第十一章　旅游企业跨文化人力资源开发

第八章 旅游企业员工培训

 知识要求

通过本章学习,学生应该掌握五项基本知识:
- 员工培训的含义
- 员工培训对旅游企业和员工的意义
- 旅游企业员工培训的特点
- 旅游企业员工入职培训与在职培训的侧重点
- 旅游企业培训讲师应具备的素质

 技能要求

通过本章学习,学生应该掌握七项管理技能:
- 员工培训需求分析
- 运用员工培训的基本规律指导培训实践
- 拟订员工培训计划
- 旅游企业员工培训的过程评估和效果评估
- 旅游企业基层员工的培训方法
- 旅游企业管理人员的培训方法
- 新技术在旅游企业员工培训中的应用

引例

东京迪士尼乐园的普通员工培训

在旅游行业提起迪士尼,人们想到最多的或许不是动画片,而是它遍布世界各地的主题公园。对于许多喜欢卡通的孩子甚至一些童心未泯的成年人来说,迪士尼乐园是一个充满幻想的仙境。迪士尼乐园如何在游客心目中树立起天堂般完美的形象?童话世界般的建筑和娱乐设施自然必不可少,但更为重要的是服务质量,这就对现场员工素质提出了很高的要求。事实上,迪士尼乐园的多数员工是兼职,许多清洁工和售货员只能干几个月,但迪士尼乐园并没有忽视对他们的培训。

东京迪士尼乐园曾被誉为亚洲第一游乐园,年均游园人次甚至超过美国本土的迪士尼乐园。美国迪士尼公司总裁罗伯特·伊格尔是这样分析的:"在培训员工方面,他们比我们做得更出色！"东京迪士尼是怎样培训员工的呢？以最基层的清洁工为例，第一个要求就是为人要乐观、性格要开朗，决定聘用之后，又要对他们进行三天的"特别培训"。

第一天：学习扫地和照相

第一天上午培训的内容是扫地。他们有三种扫帚，一种是扒树叶的，一种是扫纸屑的，还有一种是掸灰尘的，这三种扫帚的形状都不一样，用法也不一样，怎么扒不会让树叶飘起来？怎么扫才能把地上的纸屑扫干净？怎么掸灰尘才不会尘土飞扬？这三项是基本功，要用半天的时间学会，然后让每个清洁工都记牢一个规定：开门的时候不能扫，关门的时候不能扫，中午吃饭的时候不能扫，游客距离你只有15米的时候不能扫。

下午培训的内容是照相。全世界各种品牌的代表性数码相机，大大小小数十款全部摆在那里，都要学会为止。因为有很多时候，游客会让他们帮忙拍照，东京迪士尼乐园要确保包括清洁工在内的任何一个员工都能帮上他们，而不是摇摇手说"我不会用相机"。

第二天：学习抱小孩、换尿片和辨识方位

次日上午培训的内容是抱小孩和换尿片。有些带小孩的妈妈可能会叫清洁工帮忙抱一下小孩，清洁工万万不能粗手粗脚，小孩子的骨头是非常幼嫩的，正确的抱法是"端"，右手托住孩子的臀部，左手托着孩子的背，左食指要翘起来，顶住孩子的颈椎或者后脑。同时，还要培训清洁工学会给小孩子换尿片，怎么包最科学，怎么叠最合理。

下午的培训内容是辨识方位，因为游客经常会向园区工作人员问路。"小姐，洗手间在哪里？""右前方，左拐，向前50米的那个红色的房子。"每一位清洁工都要把整个东京迪士尼乐园的平面图刻进脑子里，熟悉园区，牢记所有游乐设施和公共设施的方位。如遇游客询问，清洁工要在第一时间告知各个游乐项目的前往路线，以及诸如最近的卫生间、餐厅、出口和急救站等公共设施的具体位置。哪怕是第一天工作也不能对问路的游客说"我刚来，我也不知道！"

第三天：学习沟通和外语

第三天是花一整天的时间培训沟通方式和多国外语。首先是与人沟通时的姿势，必须礼貌和尊重，例如和小孩子对话，必须蹲下，这样双方的眼睛才能保持在同一高度，不能让小孩子仰着头说话。至于学外语，东京迪士尼乐园只要求他们会讲一句话的多国外语版就行了，内容是"对不起，我并不能和你顺利沟通，我这就联系办公室，让能够和你交流沟通的人来到你身边"。

这样严苛全面的培训全部结束之后，清洁工才能被分配到相应的位置正式开始工作。东京迪士尼乐园为什么要花这些力气去培训清洁工？因为它认为，越是基层的员工越是代表着迪士尼形象，越能直接为顾客提供服务，而形象和服务则是东京迪士尼乐园的灵魂所在。也就是说，东京迪士尼乐园把每一个底层员工都看作自己这个团队的灵魂。

资料来源：陈亦权. 东京迪士尼的"特别培训"[J]. 现代班组，2017(01).

成功的旅游企业有一个共同点，就是培训员工作为一种战略性工具来支持企业完成使命。员工培训规范化、制度化和常态化，对旅游企业改善服务质量、提高劳动效率、减少事故、稳定员工队伍有重要的贡献。

第一节 员工培训概述

一、员工培训的含义

员工培训就是有计划、有组织地通过讲授、训练和实习等方法,向员工传授目前及未来工作行为所需的知识和技术,从而保证员工能按照预期的标准完成所承担或将要承担的工作与任务的活动。从某种意义上说,员工培训是旅游企业人力资源增值的重要途径,是维持整个旅游企业有效运转的必要手段。

对旅游企业员工培训含义的准确理解,需要把握以下四个要点:

（一）员工培训的目的是改善员工的工作绩效

从形式上看,员工培训是向员工传授专业知识和技能,改善其工作态度和行为,同时也会增强员工的职业能力;但是,通过培训提高员工素质的根本目的是改进其工作效果,并由此提高员工个人或所属部门乃至整个旅游企业的效益。如果一种培训不能对旅游企业的经营目标产生积极的影响,就没有理由开展。但是,必须指出的是,员工培训不可能解决旅游企业经营管理中的所有问题,诸如管理体制和机制、企业战略选择及市场变化等方面的问题,通过培训很难产生直接的效果。

（二）员工培训的主体是旅游企业

旅游企业员工培训的实施必须依赖于周详的计划和严格的控制,各级部门从中发挥不同的职能作用(见表8-1)。在现实中,一些活动虽然客观上也实现了培训的目的,但是实施的主体不是旅游企业,因此也不属于员工培训的范畴,例如员工业余时间自学英语,虽然有可能改善工作绩效,但是不能算员工培训;而如果这种自学行为是由旅游企业指导进行或得到企业在时间、机会和环境等方面的支持,就属于员工培训。

表8-1　不同角色在员工培训活动中的职能作用

工作步骤	最高管理层	人力资源部门	员工所属部门	员工
确定培训目标	决策	负责	参与	—
规划培训项目	审定	主要负责	参与	—
确定培训预算	审批	主要负责	参与	—
决定培训标准	决策	参与	主要负责	参与
选择培训讲师	—	主要负责	参与	—
确定培训方式	—	主要负责	参与	—
实施培训	—	参与	主要负责	参与
评估培训效果	审查	主要负责	参与	参与

（三）员工培训的对象是全体员工

《劳动法》规定,员工享有"接受职业技能培训的权利",《中华人民共和国职业教育法》和《国务院关于大力推进职业教育改革与发展的决定》要求,"一般企业按照职工工资总额的1.5%足额提取教育培训经费"。据此,旅游企业的员工培训应该是面向全体员工的,而不只是某一部分。当然,这并不意味着每次培训的对象都必须是全体员工,而是说应该将全体员工都纳入旅游企业培训体系中,不能有排斥在培训体系之外的现象。

(四)员工培训的内容与工作行为紧密相关

员工培训的内容应当全面,与工作行为有关的各个方面都要包括进来,如专业知识、操作技能、服务态度、企业的各种规章制度及战略规划等。一些旅游企业在进行培训时往往存在片面性,只重视"硬内容"(比如服务流程、服务技术等),而忽略了"软内容"(比如职业道德、敬业精神和企业文化等)。此外,员工培训所涉及的内容不仅要与员工现在从事的工作紧密联系,还应该与未来可能从事的工作相关联。

二、员工培训的意义

(一)员工培训对旅游企业的意义

1. 员工培训是一种特殊的投资方式和重要的竞争策略

与传统的人事管理不同,现代人力资源开发与管理把员工视为一种资源。旅游企业的培训活动,在增加受训者人力价值的同时,也使企业所拥有的人力资本得以增加。美国学者彼得·圣吉在《第五项修炼》中指出,"企业未来持久的优势,是有能力比自己的竞争对手学习得更快"。因此,在未来的竞争中,对人力资本的投资包括员工培训投资,是更有潜力、更有收益的投资方式,是旅游企业保持竞争优势和提高竞争地位的重要手段。

2. 培育和传播企业文化

良好的企业文化对员工具有强大的凝聚、规范、导向和激励作用,这些对旅游企业来说有着非常重要的意义,因此很多旅游企业在重视市场经济规律的同时,越来越重视企业文化的建设。作为企业成员共有的一种价值观念和道德准则的体现,企业文化必须得到全体员工的认可,这就要不断地向员工进行宣传教育。员工培训能使员工对企业核心文化、企业的经营目标和服务理念有深刻的体会理解,能培养和增强员工对旅游企业的认同感。

3. 提高员工工作熟练程度

员工培训能使员工了解职位的工作内容,提高员工的职业素养和专业技术水平,使其能达到任职资格的要求。通过培训,新员工可以比较快地适应新环境,掌握操作技能;原有员工可以不断补充新知识、及时学到新的服务技能,从而更加适应工作发展的需要。

4. 提高旅游企业的管理效率

员工培训可以帮助员工掌握正确的工作方法,改变错误或不良的工作习惯,提高员工的工作质量,因而可以让管理者从日常琐碎的事务中解脱出来,不再陷入补救缺欠、更正失误的事务中,可以有更充足的时间从事更重要的管理工作。

(二)培训对员工的影响

1. 增强员工的就业能力

经过一段时间的培训,无论是新员工还是在职员工,都会掌握所担任工作的最优方法和技能,这就意味着其就业能力的增强。

2. 利于员工的发展

员工培训能够使员工出色地干好本职工作,并可以扩展知识面和工作领域。如果员工确实有能力且德才兼备,则可以晋升到更高一级的职位。

3. 使工作更为安全

员工经过严格的培训可以减少事故的发生,使人身安全在工作中得到保证。特别是使用有一定危险性的设备、设施,未受培训员除不知如何操作之外,这种无知造成的心理紧张与不安也是导致事故的重要因素。

4. 增强员工的工作满足感

所谓工作满足感,是指对一个人的工作或工作经验进行正面评价令其产生的一种愉快的或有益的情绪状态。究其根本,员工的工作满足感取决于员工个体对工作及其回报的期望值和实际值的差异。正常情况下,员工普遍希望学习新的知识和技能,希望接受具有挑战性的任务,希望晋升,这些都离不开培训。因此,通过培训可增强员工的工作满足感。

三、员工培训与其他人力资源工作的关系

作为旅游企业人力资源开发与管理系统的一个组成部分,员工培训与人力资源规划和职位分析的关系在第二章和第三章已有阐述;除此之外,员工培训还与其他人力资源工作存在密切的关系。

(一) 员工培训与招聘录用的关系

员工培训与招聘录用的关系是相互的。一方面,招聘录用的质量会对员工培训产生影响,如果招聘录用的质量高,新员工与职位的匹配程度高,那么员工培训的任务相对就会比较轻;反之,员工培训的压力就会比较大。另一方面,员工培训也会影响招聘工作,如果旅游企业比较重视员工培训,提供的培训机会比较多,那么对应聘者的吸引力就会比较大,招聘的效果就会比较好;反之,则会给招聘工作带来负面的影响。

(二) 员工培训与选拔任用的关系

旅游企业经常通过内部选拔的方式,将优秀员工放到更高一级的工作岗位上。为了使这些人的素质、能力、行为倾向等与新的工作职位达到最大的匹配,满足新的工作要求,必须经过不同方式的培训,这属于对员工任职资格的培训。

(三) 员工培训与绩效管理的关系

当员工的工作绩效出现问题时,如果原因在于员工的知识和技能不能满足工作要求,通过培训就有可能改变员工的工作表现,使绩效问题得以解决。反过来,比较员工培训前后的工作绩效,可以对员工培训效果进行分析和检验,为以后的员工培训提供借鉴和参考。

(四) 员工培训与薪酬管理的关系

薪酬调整是工作绩效考评的经济结果,培训与薪酬的关系是明显的。只有不断提高员工的职业素质和能力,才能改善其工作绩效,从而使其薪酬水平不断提高。不仅如此,

帮助员工树立合理的薪酬观念，使其理解企业的薪酬政策，是旅游企业薪酬管理工作的一项重要内容，而员工培训在这方面可以发挥极为重要的作用。

四、旅游企业员工培训的组织形式

员工培训的组织形式是指企业培训部门向员工提供培训的组织方式。有时在同一家企业，尤其是那些大型的、分权的、多元化的或连锁经营的旅游企业，可能存在多种不同的培训组织形式。

（一）学院模式

学院模式的培训组织形式就如同一所大学的结构。培训组织由一名主管会同一组对特定课题和在特定技术领域具有专业知识的专家来共同领导。由这些专家负责开发、管理和修订培训项目，因此培训项目是与培训人员的专业技能相一致的。其优点是培训部门的专业水平较高，培训部门的计划容易制订。不足之处在于培训者对旅游企业经营问题不敏感，培训可能不能完全满足企业经营管理的需要。

（二）客户模式

客户模式的培训组织形式，是根据旅游企业的业务职能设置的，培训工作以满足企业内部业务职能部门的需求为目标。以旅行社为例，可能的需求包括市场营销、导游与接待、门市管理、财务、旅游产品的采购与开发等。在这种模式下，培训项目与业务部门的特定需要保持一致，而不是与培训人员的专业技能相一致，因此培训能较好地满足企业经营的需要；但是，培训者需要花费大量时间研究经营部门的业务，投入自身专业的精力大大减少，所设计培训项目的通用性较差。

（三）矩阵模式

矩阵模式是一种培训者既要向培训部门经理又要向特定职能部门经理汇报工作的培训组织形式。培训者兼具培训专家和职能专家两个方面的职责。这种模式有助于将培训与经营需要联系起来，还要求培训者保持自身的专业知识的不断更新与完善；其主要问题是培训者可能面对不同指令之间的冲突，而且培训专家的工作负荷过重。

（四）企业大学模式

企业大学是一个企业中的教育实体，它作为一种战略性工具支持企业完成其使命，通过众多活动来推进个人和集体的学习、知识和智慧的发展。企业大学设立学习项目的出发点通常是企业经营问题或者机遇所带来的战略转移，通过学习解决方案来向全员传播企业战略思想，从而帮助企业实现战略目标。与组织战略目标直接相联带来的最明显结果是员工对企业运作行为的认可度和执行力的提高，而非普通培训部门实现的提高员工单一工作技能。

在旅游行业，企业大学的特点主要集中在两个方面：其一，注重学习和实践的结合，强调员工在行动中学习的能力；其二，在教学方法上，除了传统的课堂教学，也有模拟实际情况的案例教学，还有为了培养学员解决问题的能力而设立的实习或现场学习。以麦当劳的汉堡大学（Hamburger University）为例。它针对每个麦当劳餐厅的经理或特许经营者的训练都是从普通店员做起，再经历班次经理、助理经理和餐厅经理的全角色训练；它推行的学习方法包括传统的课堂教学,在实验餐厅的实际操作,为培养学员解决问题的能力而设立的案例模拟。

(五)虚拟培训模式

虚拟培训模式是企业基于现代信息技术支持,将接受培训的员工视为内部顾客并以其为中心,侧重于员工学习和培训结果,通过有效利用与整合内外部资源而推出的一种新型培训组织模式。虚拟培训组织注重"自我驱动",根据企业目标和员工需要进行培训选择,培训方式从"推送"式培训转变为"拉动"式学习。在这个过程中,以前的培训场所被虚拟培训组织营造成为持续学习的环境,管理者扮演"教练"的角色,而员工接受培训成为持续的学习者,培训活动也就形成一种学习的机会。

虚拟培训最重要的是如何获取正确答案的过程,而不仅仅是知道正确答案的结果。教练指导员工使用各种学习和培训工具对自己的虚拟工作行为进行反思,对照特定标准进行自我评价,并对自己"做了什么""学到什么"进行总结,员工之间相互给予评价和反馈。以旅行社导游培训为例,受训者在教练的指导下使用虚拟现实技术开发的课件,可以随意设计路线,进行场景游览、视点切换、讲解训练、与模拟游客互动等,从而实现足不出户就能真实体验旅游接待操作的实景效果。目前,虚拟培训的发展趋势主要是通过培训业务外包来实现的,如图8-1所示。

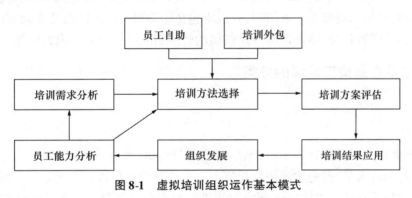

图8-1 虚拟培训组织运作基本模式

五、旅游企业员工培训的成本

从旅游企业经营的角度来看,旅游企业员工培训成本可以分为固定成本和可变成本两部分,具体内容如表8-2所示。

表8-2 旅游企业员工培训成本细分

固定成本	可变成本
1. 旅游企业为开展员工培训而提供的设备、器材、场所和各种必需品的费用 2. 旅游企业为开展员工培训而提供师资和其他劳务服务的费用	1. 旅游企业为受训者支付的工资和其他各项福利费用 2. 旅游企业因受训者参加学习而损失的工时和其他应得收入

（一）岗前培训成本

岗前培训成本由培训者和新入职者的工资、培训管理费、资料费和培训设备折旧费等组成。

（二）岗位培训成本

岗位培训成本由上岗培训成本和岗位再培训成本组成。上岗培训成本和岗位再培训成本中的直接成本，主要由培训期内发生的培训人员和受训人员的工资费用构成。

上岗培训的间接成本是指由于对新员工进行最基本的技能培训，间接造成用人部门的工作效率下降而使企业受到的损失，有的旅游企业会从战略角度将其视为对人力资源的必要投资。上岗培训的间接成本包括培训者离岗损失费、受训者工作不熟练给服务工作造成的损失、培训材料费和各种管理费等。

岗位再培训的间接成本与上岗培训的间接成本类似，只不过发生额少一些，时间也会短一些。

（三）脱产培训成本

脱产培训成本主要分两种情况：一种是外派员工脱产培训，其成本包括培训机构收取的培训费、受训者工资及福利费、受训者差旅费、资料费和受训者离岗损失费等；另一种是从企业外部聘请培训讲师来企业培训，其成本包括培训讲师的课时费及交通费、受训者工资及福利费、培训资料费、培训讲师所属机构的管理费和受训者离岗损失费等。

六、旅游企业员工培训的分类

（一）根据培训对象分类

1. 新员工

旅游企业在招聘录用新员工时，虽然运用各种考试、测评等方法，挑选出符合招聘条件、有发展潜力的人员，但是所录用的新员工并非一开始就具备完成规定工作所必需的知识和技能，也缺乏在特定集体中进行协作的工作意识和行为习惯。为了使他们尽快融入组织，尽快掌握必要的知识、技能和拥有应具备的服务意识，必须对他们进行培训。

2. 在职员工

旅游企业在职员工可以分为普通服务人员、专业技术人员、基层管理者和中高层管理者。由于他们的自身素质、工作职责、工作环境和绩效标准等存在很大的差异，其培训目标和培训重点不尽相同（见表8-3）。

表8-3 旅游企业员工在职培训的目标与重点

员工分类	在职培训目标	在职培训重点
普通服务人员	• 良好的工作态度和工作习惯 • 熟练、安全地完成本职工作	• 职业道德、文明服务、服务技能和安全生产等方面的培训

(续表)

员工分类	在职培训目标	在职培训重点
专业技术人员（工程师、会计师、厨师等）	• 加强团队合作效率 • 更新专业知识	• 沟通技巧 • 各自领域内的最新技术和最新知识
基层管理者（领班、组长等）	• 既要维护旅游企业利益，又要为下属员工利益着想 • 克服角色冲突，化解基层矛盾	• 基本的管理方法、技能 • 管理者的基本职责 • 先进的服务模式和工作方法
中高层管理者（部门经理以上人员）	• 使之更有效地运用自己的经验，发挥管理和领导才能 • 帮助其及时发现和理解旅游企业外部环境与内部条件的变化	• 管理技能和领导风格，特别是指挥、协调、组织、计划、授权和沟通等方面的技能 • 对于新上任的管理者，应该是经营目标、战略、竞争环境等

（二）根据培训内容分类

1. 文化知识培训

通过这方面的培训，应该使员工具备完成本职工作所必需的知识，包括基本知识和专业知识。文化知识培训对员工素质的提高起着潜移默化的作用，特别是有关跨文化沟通与交流的基本知识更进一步地制约着旅游企业服务质量的提高。例如，一位合格的酒店服务员应该扎实地掌握酒店服务礼仪、本职基本工作常识；熟悉主要客源国的政治、经济、地理、历史和民俗习惯；了解酒店各项服务措施，懂得顾客消费心理等。

2. 服务技能和工作流程培训

服务技能和工作流程方面的培训是旅游企业员工培训最主要的内容，它直接关系到各项服务工作能否依照标准完成和顾客的满意程度。通过这方面的培训，应该使员工全面掌握完成本职工作的基本工作流程、一般技能和特殊技巧。例如，酒店客房部服务员做床培训，餐厅服务员摆台、上菜培训，厨师烹调培训，前台服务员刷卡收银等方面的培训属于技能培训；而餐厅服务员看台培训、旅行社导游处理疑难问题等方面的培训则属于服务技巧培训。

3. 服务意识、职业道德和企业文化培训

旅游企业工作的特点决定了员工应有强烈的服务意识、高度的责任心和良好的职业道德。因此，旅游企业员工培训中要时刻注意员工这些方面的思想动态，采用灵活的方式，强化员工的服务意识与职业道德观，弘扬企业文化。此外，服务意识、职业道德和企业文化培训，还应该注意建立旅游企业与员工之间的相互信任，培养员工的团队精神，增强其作为企业一员的归属感和荣誉感。

（三）根据员工培训时间分类

1. 脱产培训

脱产培训是指员工在一定时期内完全离开工作岗位，参加进修学习。这样有利于员工集中精力，保证时间比较充裕，培训过程连贯，对系统性的学习有比较好的效果。因此，全脱产培训比较适合旅游企业管理人员的进修培训。

2. 半脱产培训

半脱产培训是安排员工利用部分工作时间参加某种形式的培训学习。半脱产培训应以不影响正常工作为原则,以达到学以致用的效果。例如,礼仪知识讲座、服务案例分析以及顾客投诉分析等培训课程都可以采取这种形式。

3. 在岗培训

在岗培训又称岗位培训,即员工在工作岗位上,直接在培训指导者、师傅或上一级管理者的指导下开展与工作任务一致的实际训练,既完成工作任务又接受了培训。

(四)根据员工培训的性质分类

1. 入职培训

入职培训又称上岗引导,它侧重于企业工作环境的介绍、经营理念和服务宗旨的讲解,以及企业基本规章制度的学习。开展入职培训主要有两个目的。一是创造一个有利于新员工能够很快融入工作环境中的机会,即社交引导。研究显示,能够真正有效地融入企业的新员工,其工作效率要明显高于不能完全融入的人。二是传递有关工作的必要信息,如表8-4所示。在一些大中型的旅游企业里,新员工的入职培训工作一般由人力资源部门统一组织并承担具体的工作;对于一些小型的旅游企业,则通常由总经理亲自负责,以保证入职培训的效果。

表8-4 旅游企业员工入职培训的主要内容

分类	内容	为新员工解决的疑惑
工作背景	<ul><li>企业发展历程</li><li>经营、服务和管理理念</li><li>企业可接受的行为规范</li><li>企业的战略目标</li></ul>	<ul><li>企业是如何创立的</li><li>企业凭什么生存</li><li>企业的经营宗旨是什么</li><li>企业的未来是否有前途</li><li>什么是我可以做的,什么是未经许可我不能做的</li><li>我如何与周围的同事建立起良好的关系</li></ul>
工作常识	<ul><li>企业的基本规章制度</li><li>员工所拥有的基本权益</li><li>所处职位的管理层级</li></ul>	<ul><li>我如何适应这家企业</li><li>作为员工我有什么权利</li><li>我有权获得哪些一般和特殊的福利待遇</li><li>我的直接上级和下级都包括谁,谁和我是平行的工作关系</li><li>在企业获得晋升,上一级的职位是什么</li></ul>
工作责任和工作技能	<ul><li>职位说明</li><li>职位规范</li><li>绩效评价指标和标准</li></ul>	<ul><li>我现有的知识和技能是否可以完全胜任新的职位</li><li>为了适应企业和自己的职位,我现在和将来可以得到哪些培训</li><li>要在这家企业做好工作应该达到什么样的绩效水平</li></ul>

2. 指导性培训

指导性培训是指针对某项具体工作,训练员工如何按规范完成的一种培训方式,通常需要确定培训需求、制订培训计划、分解培训步骤,并由专人指导各项培训内容。这类培训是旅游企业人力资源开发与管理工作中最常见的。

3. 补救性培训

补救性培训是指当出现员工知识老化、技术钝化、顾客满意度下降、设备更新以及经营状况恶化时,所安排进行的员工培训。补救性培训既要涉及新知识、新技术,还应该注意针对工作中出现的问题,反复强调以往培训过的内容——"回顾和提升"是补救性培训的主要特点。

(五) 根据员工培训的场所分类

1. 教室课堂培训

有条件的旅游企业会专门装修出若干间现代化的培训专用教室,安装多媒体教学设备,专业理论培训及服务案例讨论都可以在此进行。有时候旅游企业的内部会议室也可开展教室课堂培训。

2. 工作现场培训

员工在工作现场参加培训,不但有强烈的真实感,而且便于培训指导者及时、近距离地检查培训效果,特别是一些强调动作规范、操作娴熟的工作,大都适合在工作现场进行培训。

3. 在线培训

通过旅游企业内部局域网,利用电子课件或计算机模拟软件对员工进行培训,使员工培训场所从现实迈入虚拟。例如,邮轮旅游作为一种独特的旅游方式,对从业人员的专业知识和专业素养有着很高的要求,皇家加勒比邮轮国际有限公司(Royal Caribbean International)就在其面向业界的专业网站(www.cruisingpower.com)上推出中文在线培训学校,通过见习、专业和专家三个级别的网络课程,生动形象地普及邮轮相关知识,讲授邮轮产品的销售及服务内容,介绍精彩的航线和目的地,提供最新图片及新闻等,为业界人士搭建起系统、深入了解邮轮旅游的互动平台。

第二节 旅游企业员工培训的特点和规律

一、旅游企业员工培训工作的误区

(一) 观念方面的误区

1. 培训工作很容易

许多从旅游企业基层刚刚晋升上来的管理者,认为他们知道关于某部分工作的"所有的一切",并试图自行组织培训。这样做的效果往往不成功。有效的培训需要严密的组织,有计划、有条理地实施培训,是一个耗费时间的过程,做好这一工作要求认真严肃地思考和准备,而不是随意自行组织就能奏效的。

2. 培训应该由人力资源部门直接管理

作为旅游企业一线业务部门的管理者,经常用"培训是人力资源部门管的事"这类态度来逃避培训的责任。事实上,人力资源部门应该在培训的准备工作中协助各业务部门经理,各部门经理应该负责实施对下属员工的大多数培训。由于员工更信服培训者,在培训中形成的凝聚力对今后的工作是十分有利的。

3. 有经验的员工不需要培训

旅游行业的各种服务工作都有各自的特点。如果旅游企业雇用那些有经验的员工,哪怕是来自相同业态、相同档次的企业,而不对其进行任何培训,那么员工所表现出的服务水平和整个服务流程就会无法统一。此外,不是所有的经验都是好经验,有些有经验的求职者可能得到的是极差的培训,并可能已形成不良的工作习惯,更有必要重新培训以克服那些陋习。

4. 没有足够的时间

有时一些管理者会因业务工作太忙而回避对员工做培训。实际上,员工培训是管理工作中最值得花费时间的领域,如果不以积极的态度去应对,也就丧失了管理工作中最本质的东西。管理人员应该合理支配时间,不仅要参与培训计划的制订,更要保证培训项目的顺利实施。

5. 培训是在浪费时间和金钱

一些员工认为自己的业务知识和服务技能已经是最优秀的,不会再有一个人能达到他们这样的水平,因此任何培训都是在浪费时间。一些旅游企业的管理者则认为,员工培训仅仅能保证每个员工有机会通过培训提高服务技能、绩效水平,但不能保证这种结果的必然出现,因为员工流动过快,员工学好就走了,培训工作浪费了时间和金钱。培训的确是一项投资,存在着风险,但也有巨大的回报,以员工流动为借口放弃开展培训,实际上是一种因噎废食的想法。

(二) 实施过程的误区

1. 缺乏认真的培训准备

一个糊涂的观念一直困扰着旅游企业员工培训:既然自己精通本部门所需的知识和技能,自然知道如何把它们传授给他人。事实上,"精通知识或技术"是作为培训人员应具备的最基本条件,而要想真正获得良好的培训效果,还必须认真研究培训需求、培训资料、培训方法、培训器材以及考核和评估手段等内容。

2. 内容多,进度快

有的旅游企业在实际安排培训课程时,希望把所有的东西都塞进一堂课。结果,员工接受培训后无法学以致用,培训者自己也感到沮丧。还有的时候,培训者忘记了受训者不具有和自己一样的工作背景、受教育程度和经验,培训进度搞得太快,导致受训者无法有效吸收。员工培训应该安排足够的时间,让员工充分领会并掌握所学的知识与技术。

3. 缺乏耐心

在培训中遇到反应迟钝、态度松懈或做事粗心大意的员工,一些培训人员很容易变得态度粗暴、情绪失控,其实这样只会干扰受训者的学习,解决不了任何问题。培训者在教习与辅导中保持耐心,是培训获得成功的一个重要条件。

4. 忽视员工工作需求

所谓忽视员工工作需求,是指培训没有满足受训者的工作需要。不同的受训者所需要的培训内容和培训科目是不尽相同的。例如,酒店餐饮部在对中餐厅员工安排酒水知识培训时,应该主要涉及果汁饮料、碳酸饮料、白酒和果酒等,而对于中餐服务很难接触到的威士忌和伏特加等烈性洋酒则无须介绍。受训者有时会抵制那些不能有助于其工作的培训。员工培训应该紧密联系实际,帮助受训者解决工作中面临的具体问题。

5. 忽视工作经历的不同

培训者不应该忽视受训员工个体之间的差异,有必要对每个受训者以往的工作经历有所了解。员工以往的经历包括就业情况、受教育程度、培训经历、个人境遇、任职目的及职业兴趣等。

6. 没有巩固的措施

如果培训者只是根据实际需要制订计划,进行讲课、示范和技能训练并做答疑;但是,接下来对受训者的实际工作表现不闻不问,那么用人部门就会发现刚参加过培训的员工有时并没有按照培训所教的内容行事。因此,希望在培训时间解决所有问题,而不在下一步的实际工作中跟踪辅导受训者,培训的质量也会打折扣。

二、旅游企业员工培训的特点

(一) 全员性

旅游企业员工培训应该是全员性的,凡是在职的旅游企业员工,无论是一般服务员还是经营管理者,无论是资深的老员工还是阅历较浅的年轻员工,都有要求参加培训的权利和接受培训的义务。

(二) 持续性

现代旅游企业的培训理念是"终身培训"。随着经营环境的变化和服务竞争的加剧,以及物质生活水平提高带来的消费档次提升、消费模式个性化等,即使是那些接受过常规服务培训的基层员工,也必须持续不断地接受再培训,以适应新旧服务内容和形式上的交替。为此,旅游企业对员工的培训不能"一培永逸",靠一次培训就"终身受用"是不可能的。知识在更新、科技在进步、社会在发展,为顺应时代的变化与要求,旅游企业必须持续不断地创新员工培训的内容、方式和方法。

(三) 实用性

旅游企业员工培训的实用性,一方面要求员工的培训投资应产生一定的回报,培训成果能比较快地转移或转化成生产力,并能促进企业竞争优势的发挥与保持;另一方面员工培训必须是为提高旅游企业服务效率、顾客满意度和员工队伍素质而进行的,真正做到有的放矢。此外,还要有必要的超前培训,因为只有为顾客提供超值的服务和实现特色化经营,旅游企业才有可能在激烈的市场竞争中取胜,而必要的超前培训则是制胜的有效手段。

(四) 差异化

1. 内容的差异化

由于培训的目的是改善员工的工作绩效,因此培训的内容必须与员工的工作有关。

在旅游企业中,每个职位的工作内容都是不一样的,每个职位的绩效标准也是不同的,因此在培训时应当根据员工的实际水平和所处职位确定不同的培训内容,进行有针对性的培训。

2. 人员的差异化

虽然培训要针对全体员工来实施,但这绝不意味着在培训过程中就要平均使用力量。按照"二八原则"的解释——企业中80%的价值是由20%的员工创造的,加之受培训资源所限,旅游企业在员工培训中应适当向关键职位倾斜,特别是中高层管理者和一线员工。

(五)成人性

旅游企业员工培训的对象是成人,针对他们的培训,存在"年龄可能较大,机械记忆力减退;各种干扰因素较多,容易分散精力"等困难,但是美国著名教育家马尔科姆·诺尔斯(Malcolm Knowles)的研究发现:

- 成人需要知道他们为什么要学习;
- 成人有进行自我指导的需求;
- 成人可为学习带来更多的与工作有关的经验;
- 成人是带着一定的问题去参与学习的;
- 成人受到内部和外部的激励而学习。

三、员工培训的基本规律

员工培训存在一定的规律性,充分认识和理解这些规律,并在实践中遵循和利用,有利于旅游企业员工培训的成功。

(一)整体差异性规律

同一旅游企业的员工在工作能力方面存在比较大的差异,这些差异往往是由员工不同的知识结构、文化程度、性格特征、品质修养、年龄层次及职位工作环境所致,因此在接受培训教育的过程中表现各异。有的员工对理论知识掌握比较快,而对技能操作(如酒吧调酒、餐厅摆台、客房做床等工作)相对比较差,而有的员工又恰恰相反;有的员工各方面能力都优于其他员工,相反有的员工各方面能力都较差。心理学研究发现,员工学习能力的差异呈正态分布状态。也就是说,100位参加学习的员工中,50位处于中等水平,各有15位略高于平均值和低于平均值,10位能力最强、成绩优异,另有10位能力差、成绩处于下等。

认识这一基本规律,要求培训者因材施教、因人而异。首先,要放弃使所有员工经过培训都达到同等优良水平的幻想,在员工没有达到理想目标时不至于过于失望,因为部分员工培训效果不理想是一种正常现象;其次,要区分员工的不同特点(如能力差异和心理差异),根据不同水平的表达能力、操作能力、记忆力、理解能力、基本功或基础知识、心理素质等,采用灵活多样的培训方法,以进一步增强培训效果。

(二)学习效果的阶段性变化规律

心理学研究发现,员工在接受培训期间,学习效果有着明显的阶段性变化。

1. 迅速学习阶段

员工在接受培训的最初阶段,当学习的积极性被调动起来之后,会对培训内容产生浓厚的兴趣,对新知识的好奇心会驱使员工主动思考,乐于尝试,创造性地采用各种方法来掌握知识和技术。因此,学习效果很好,学习进展速度快。但是,这一阶段的时间是比较短暂的过程。

2. 缓慢学习阶段

当员工初步掌握了某项工作的培训要求之后,学习兴趣与积极性就会锐减,学习进度变得十分缓慢,相对达到一个稳定的时期。在这一阶段,员工的培训效果始终在提高,但速度较第一阶段相差甚大。当然,不同心理素质的员工在这一阶段的表现是有区别的:意志坚定者会持之以恒,总以创新的方法和较高的热情迎难而上,其学习效果远优于其他员工;个别意志薄弱者会对培训产生厌恶情绪,甚至放弃培训机会。

3. 心理界限阶段

经过较长时间的缓慢进程,员工对某项工作内容的学习会处于饱和状态,相对达到了心理界限(又称"心理高原")阶段。如果继续按先期的方法培训,效果不理想。

尽管由于培训内容不同,这些阶段所占时间和变化程度会有差异,但阶段性是比较明显的。只有充分认识这些变化,才能更好地开展培训工作,在培训过程中有意识地区分阶段、调整培训内容、改变培训方法是帮助员工克服学习中的心理障碍的有效途径。学习效果的变化过程如图8-2所示。

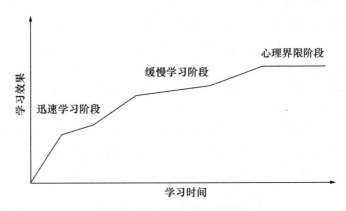

图8-2 学习效果的阶段性变化

(三) 分散性培训优于集中培训的规律

心理学研究证实,人的兴趣和注意力的集中都有一定的时间界限。超过一定的时间限度,学习效果会明显下降。在培训过程中,特别是针对在职培训,培训的时间及节奏安排是必须要注意的。将某项培训内容分几个阶段,短时间学习,其效果远远优于集中一上午或一下午、一天甚至几天的学习。因为,时间的延长意味着员工参加培训的兴趣会降低,同时其学习的精力和注意力也会分散。

例如,在酒店客房服务员的入门培训中,可以将整个客房服务分为分送行李、梯口迎客、整理房间、洗衣服务、会客服务、送客服务、仪表与行为以及客房设备和设施的保养等若干部分,分别制订培训计划,每天用半小时集中学习某项内容,逐步练习和巩固,经过一个月左右的时间,新员工就能比较扎实地掌握客房服务工作;相反,如果集中一个星期,天天学习这些内容,效果不会太理想。

（四）以考核促培训的规律

培训考核是对一段时间内培训效果的总结和评估。在员工培训中,经常考核员工的学习效果,是激励员工学习、提高学习兴趣的方法和措施。因为,考核会给员工造成一定的心理压力,员工会把考核结果同晋升、奖惩、自尊等方面自觉或不自觉地联系起来,从而实现"用外在的环境压力迫使其努力学习"的目的。事实上,任何一项学习的效果都会受到考核的影响。妥善安排考核的内容、时间、次数以及结果的处理,会加深员工对所学知识的理解、掌握和吸收。培训效果的考核还利于检查员工工作情况,便于发现不足,强化薄弱环节,终止错误行为,使员工更加熟练掌握正确的工作方法。

（五）学习机制制约培训效果的规律

员工掌握知识和技能通常是运用五种基本感官来实现的,如果员工能同时运用几种感官进行学习,便可以获得较佳的学习效果。例如,在酒吧调酒培训中,如果只是用语言和文字向员工介绍调酒配方,那么员工只能停留在浅显的感性认识阶段,绝不可能立即调制出达到标准的鸡尾酒。如果在介绍鸡尾酒的配方之后,让员工观察调酒示范,效果就会好一些;如果让员工全力投入学习——聆听、观摩、记录、品尝、尝试、接受辅导,员工的学习便会达到更好的效果,逐步成为合格的调酒师。

研究资料表明,人的各种感官在学习中所起到的作用是不同的。通过"味觉"可学到1%;通过"触觉"可学到1.5%;通过"嗅觉"可学到3.5%;通过"听觉"可以学到11%;通过"视觉"可学到33%。当然,学习的方式或借助的工具也直接影响到学习效果。例如,通过阅读可记住10%,通过听课可记住20%;既读又听,可记住50%;自己再复述一遍,可记住80%;一面复述,一面动手做,可记住90%。美国缅因州的国家训练实验室的研究表明:传统的学习方式"听讲",效果是最差的,按照从劣到优的排序依次是"阅读"、"视听"、"示范"、"小组讨论"、"做中学"或"实际演练",最佳的学习方式是学后"马上应用"或者"教别人",如图8-3所示。

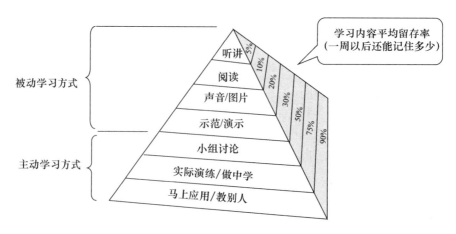

图8-3　学习效果"金字塔"

(六) 自我效能影响学习动机的规律

自我效能是个人对自己完成某方面工作能力的主观评估。评估的结果如何,将直接影响到一个人的行为动机。针对员工培训而言,自我效能是员工对自己能否学会知识或技能的判断。一个自我效能程度高的受训者会全力参加培训项目的学习,即使在环境不利于学习时也最有可能坚持下去;相反,一个自我效能程度低的人会对自己能否掌握培训内容产生怀疑,最有可能出于心理或身体上某些因素而退出培训。

针对旅游企业的员工培训,提高受训者自我效能的方法主要包括:

- 口头说服。通过鼓励性语言使员工相信他们能胜任学习。
- 逻辑证明。论证新任务和已完成任务之间的联系,当员工在学习中遇到困难时,培训者可以提醒他们曾经成功地学会了类似的事情。
- 示范。让那些已掌握学习成果的员工向受训者展示自己的绩效。这样可以使员工增强信心,受到同事成功的鼓舞。
- 绩效回顾。让员工建立一个成功绩效的档案;管理者将员工安置到他们可能获得成功的岗位上并提供适当培训,员工就知道他们应该做些什么、怎么去做。

第三节 员工培训的过程

旅游企业劳动力比较密集,员工流动性大,决定了许多员工培训项目是循环往复的周期性工作。本节讨论的培训过程以旅游企业中最为常见的在职培训为研究对象。一项员工培训从"需求分析"开始到"效果评估"结束,可以分为三个阶段,即计划阶段、实施阶段和评估阶段,这其中还包括许多具体的工作步骤,如图8-4所示。

一、分析培训需求

旅游企业员工培训一方面可以根据人力资源工作计划定期举行,另一方面为了保证培训有针对性和目的性,在实施员工培训之前,必须对培训需求做出分析,这是整个员工培训工作的起始点,它决定着培训活动的方向,对培训质量起着决定性的作用,如果前期的培训需求分析判断出现偏差,培训工作是很难成功的。

(一) 急需员工培训的表现

旅游企业在经营管理过程中如果出现以下现象,尽快组织实施有针对性的培训是十分必要的。

1. 顾客抱怨增多

当顾客抱怨员工对待他们的服务方式明显错误时候,员工所属部门应该仔细调查每个顾客的投诉,并围绕这些问题研究对策,分析问题的原因,讨论是不是培训不够而导致顾客不满。

2. 工作流程混乱

当员工不能和睦地有效开展工作时,有时是因为没有对他们进行有关团队精和关于

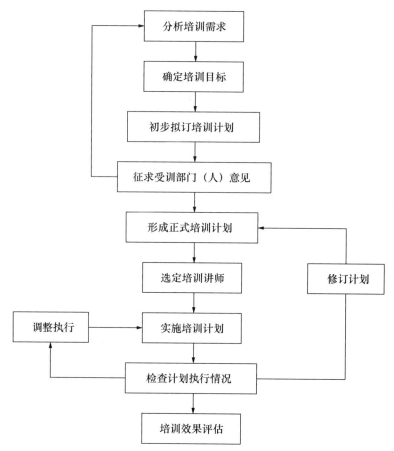

图 8-4 员工培训的基本流程

工作衔接方面的培训，使得一些员工不知道如何继续或支持其他员工的工作。

3. 员工士气低落

当员工对自己的工作安排不满意时，就会表现出服务态度差、工作状态低迷、劳动纪律松懈，这些都是士气低落的表现。解决这一问题最有效的方法就是培训。员工对自己的工作了解得越全面、越深入，越能够在工作中表现出自信心和自豪感。自信心和自豪感有助于提高旅游企业员工的士气。

4. 损耗率上升

员工必须懂得工作中成本与收益、供应和消耗之间的相互关系。例如，酒店员工应该意识到配菜过量、低价出租客房、不小心打碎餐具等都意味着损耗，当员工知道这些损失会影响酒店的收益时，为了增加工资，他们将愿意努力减少工作中的损耗。但是，关于防止浪费和降低损耗的技术，必须通过培训才有可能应用。

5. 工作效率低下

一些指标可用以评估员工的劳动生产率。例如，酒店餐厅服务员单位时间内盯台数量，或客房服务员单位时间内清扫的客房数；成功的管理人员应该追求员工工作量的满负荷，而分期分批地交叉培训则是提高工作效率的有效途径。

6. 过高的员工流失率

当员工在组织中能经常地获得新技能、新知识,一方面会感觉到组织对他们的重视程度,另一方面会认为在组织中有比较光明的发展前途;反之,员工会厌倦工作或失去信心,结果就是员工流失率的上升。因此,如果员工流失率高于行业平均水平,那么就有必要检讨员工培训是否及时和有效。

(二)员工培训需求分析模型

1. 综合分析模型

综合分析模型是从组织分析、任务分析和人员分析三个方面着手评价员工培训的需求,如图8-5所示。

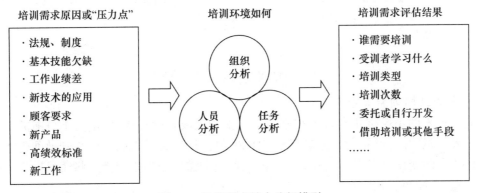

图8-5　培训需求综合分析模型

资料来源:Raymond A. Noe,John R. Hollenbeck,Barry Gerhart,Patrick M. Wright,Human Resource Management[M].北京:清华大学出版社,2000.

在综合分析模型中,组织分析是在给定企业经营战略的条件下决定相应的培训,即判断组织中哪些部门和哪些员工需要培训,以保证培训计划符合组织的整体目标与战略要求,为培训提供可利用的资源,同时确保管理者和同事对员工参加培训活动的支持。任务分析则是确定具体职位的各项培训任务,精细定义各项任务的重要性、频次和掌握的难度,并揭示成功完成该项任务所需的知识、技能和态度等。人员分析是从员工实际状况的角度出发,分析员工现有工作状况与完成任务要求之间的差距,鉴别培训因素及非培训因素的影响,确定谁需要培训。

综合分析模型将企业战略、培训资源等作为影响培训需求的重要因素,突出了员工培训的战略导向,展现了战略性人力资源管理的特色。

2. 培训需求差距分析模型

培训需求差距分析模型是通过对"理想技能水平"和"现有技能水平"之间关系的分析来确认培训需求的。该模型表明,只要"理想状态"形成,"现实状态"便会与之构成差距——包括现有知识程度与希望达到的知识程度之间的差距,现有能力水平与希望达到的能力水平之间的差距,现有认识、态度水平与希望达到的认识、态度水平之间的差距,现有绩效与预期的绩效之间的差距,已经达到的目标与要求达到的目标之间的差距,现实中的劳动者素质与理想中的劳动者素质之间的差距等。随之,以差距的形成产生"培训需求",即"培训需求 = 理想状态 – 现实状态",如图 8-6 所示。员工培训的实践证实:任何培训活动都旨在消除或缩小这种差距。

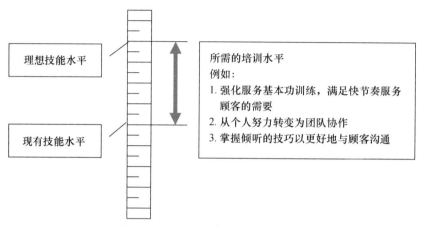

图 8-6　员工培训需求差距分析模型

3. 前瞻性培训需求分析模型

随着技术的不断进步和员工在旅游企业中个人成长的需要,即使员工目前的工作绩效是令人满意的,也可能会因为需要为工作调动做准备、为员工的职位晋升做准备或者适应工作要求的变化等而产生培训需求。前瞻性培训需求分析模型为这些情况提供了良好的分析框架,如图 8-7 所示。

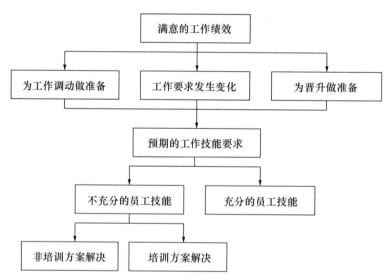

图 8-7　前瞻性培训需求分析模型

资料来源:吴谅谅. 人力资源开发管理技能[M]. 北京:华夏出版社,2002.

二、确定培训目标

在确定培训目标时最重要的是要做到清晰、具体,像"提高员工满意度"这种很模糊的目标对培训是毫无意义的;而"减少员工流失率"(员工满意度的一种衡量指标)就是一个具体的目标。一般来说,清晰、具体的培训目标大都是以"描述"、"完成"、"做到"、"认清"和"参加"等词汇开头的语句。旅游企业员工培训的目标一般可以分为结果导向型、学习型、工作行为型和反应型四种。

(一) 结果导向型目标

这类培训目标的构成主要是一些可量化的工作标准或工作绩效,最终希望通过员工培训加以改进或提升。例如以提高酒店前台登记入住的工作速度、减少餐厅厨房的浪费、控制部门差旅费为目标的培训都属此类。

(二) 学习型目标

讲解主要客源国文化习俗方面的知识、介绍葡萄酒的品鉴知识、安排管理者学习新的管理方法等,这些培训的目标均属于学习型培训目标,它是指在培训中通过传授专业知识和专业理论,最终实现受训者职业素养的改善和提高。这类培训目标最常见于管理人员培训和教室课堂培训。

(三) 工作行为型目标

工作行为型目标追求的是通过培训员工的工作技能和解决问题的技巧,最终使员工的工作行为对旅游企业的服务水平和服务质量产生积极的影响。因此,诸如"殷勤待客之道"、"顾客投诉解决技巧"和"高效沟通"等课程的培训目标都属此类。

(四) 反应型目标

反应型培训目标不会立即对旅游企业的经营管理和服务工作产生影响,而是潜移默化地改变员工对工作的认识和对企业的感情,如教员工练习瑜伽、培训第二外语和开展戒烟减肥讲座等。反应型培训目标的实现往往是间接地作用于企业发展,而直接给受训者带来好处。

三、制订培训计划

在整理、分析培训需求和确定培训目标之后,接下来要制订一个可执行的员工培训计划,这项工作由以下环节构成:

(一) 设计培训内容

设计培训内容首先要确定培训主题和先后次序,关于次序安排一般是由负责员工培训工作的专业人员先起草一份提纲,然后征求受训部门主管的意见并加以修订;也可以直接与受训部门主管共同协商确定。有时需要培训的内容太多,在一定时期内不可能全部满足,或者因为资源(人、财、物、时间、信息)的不足,一些培训内容不得不暂缓或放在次要位置。这样,在正式制订培训计划时,企业应该有一个权衡和筛选的过程,以保证培训有重点、有效果。

具体地讲,设计培训内容就是确定培训的起点,组织培训科目的顺序,规划教材和器材,确定培训时间和地点。

(二) 确定培训方式和方法

这需要根据培训内容和培训对象的特点灵活选择,以保证培训的效果。例如,是采用讲座式还是工作指导式,是对话培训还是情境培训等。一般来讲,培训内容往往决定着培训方式的选择。对于专业知识类培训,如服务礼仪、产品知识、主要客源国风俗习惯等,可以选用讲座式;对于技能性培训,如点菜服务、客房清洁等,则应考虑工作指导或情境分析等方式。

四、选定培训讲师

培训讲师的选择是决定旅游企业培训效果的关键。在一些职位上表现出色的员工或管理人员,有时候并不一定能胜任培训工作。因为,一位优秀的培训讲师,除自己熟知所欲传授的知识和熟练掌握所欲传授的技能之外,还应具备培训他人的良好素质和才能。

(一) 培训讲师的类型

决定培训讲师水平高低的因素主要有三个方面:知识和经验、培训技巧、个人魅力。根据这三个方面的情况,可以将培训讲师划分为八种类型(见表8-5)。

表8-5 培训讲师类型

讲师类型	知识和经验	培训技巧	个人魅力	培训效果
卓越型	理论知识扎实、全面,实践经验丰富	熟练掌握各种培训技能和方法	富有个人魅力	★★★★★
专业型	理论知识比较扎实,实践经验丰富	掌握主要的培训技能和方法	个人魅力不足	★★★★☆
技巧型	理论知识和实践经验不够丰富	熟练掌握各种培训方法和技巧	富有个人魅力	★★★☆☆
讲师型	具有丰富的理论知识和一定的实践经验	不熟悉员工培训的方法和技巧	个人魅力一般	★★★☆☆
演讲型	仅有相当丰富的行业经验	对培训方法和技巧掌握不好	极富鼓动性	★★☆☆☆
肤浅型	缺乏专业知识,有一定实践经验	熟练掌握培训方法和技巧	缺乏个人魅力	★☆☆☆☆
感染型	缺乏相关的专业知识和实践经验	通过提问让受训者自行解决问题	富有个人魅力	☆☆☆☆☆
弱型	缺乏相关的专业知识和实践经验	只会照本宣科	缺乏个人魅力	☆☆☆☆☆

(二) 培训讲师的自我要求

无论是哪种类型的培训讲师,要想获得良好的培训效果,都应该在以下方面加以注意:

- 明确培训的目的和要求;
- 洞察受训者的心态;
- 善于把握日常工作中的培训机会并及时施教;
- 强调完成工作任务中的关键环节;
- 善于观察并发现受训者工作中的薄弱环节;
- 按计划实施培训;

- 有准备地进行指导;
- 善于利用培训器材;
- 严格培训标准;
- 做好培训记录和检查培训效果。

(三) 培训讲师的来源

旅游企业的培训讲师,应该以旅游企业内部素养比较高的管理人员或骨干员工为主;此外,专职从事旅游行业培训的外聘讲师,也是旅游企业员工培训讲师的良好人选。这两方面的培训讲师人选各有利弊(见表8-6),通常强调专业性的培训应该从旅游企业内部选择培训讲师,而通用性的培训,如沟通技巧、财务知识和中外饮食习俗等课程,则可以考虑外聘培训讲师。

表8-6 内部讲师与外聘讲师的优劣势比较

讲师来源	优 势	劣 势
内部讲师	• 对企业情况比较了解,培训更有针对性 • 责任心比较强 • 费用比较低 • 可以与受训人员进行更好的交流	• 可能缺乏培训经验 • 受企业现有状况的影响比较大,思路可能没有创新 • 员工对培训者的认可程度相对较低
外聘讲师	• 具有比较娴熟的培训技巧和丰富的培训经验 • 不受束缚,可以带来新的观点和理念 • 与企业没有直接关系,员工比较容易认可	• 费用比较高 • 对企业缺乏了解,培训内容可能不适用,针对性不强 • 责任心可能不强

资料来源:董克用.人力资源管理概论[M].北京,中国人民大学出版社,2007.

五、实施培训计划

培训计划的实施,实质是培训计划交由培训讲师采用一定的方法和技巧完成的过程。

六、员工培训评估

旅游企业员工培训的评估工作包括培训计划执行情况和培训效果评估两部分。前者主要是围绕培训时间、培训参加人和培训进度等方面,比对培训计划检查落实情况;后者则主要监控培训是否实现了预期目标,更主要的是为以后的培训找到可改进和优化之处。

(一) 员工培训评估的指标

评估旅游企业员工培训主要从认知、技能、反应、绩效和投资回报等五个指标的成果进行考量(见表8-7)。具体地讲,对员工培训进行评估,需要回答以下一系列问题:
- 培训内容是否按既定计划、既定方式顺利完成?
- 受训者掌握的程度如何?
- 受训者实际接受的程度如何?
- 受训者在培训后有哪些变化?
- 受训者所在职位和部门的工作有何改观?
- 培训投资与收益的分析结果如何?

- 本次培训中成功与失败之处有哪些？

表 8-7　旅游企业员工培训评估指标

指　标	内　容
认知	认知成果可以用来测量受训者对培训项目中所强调的基本原理、程序、步骤、方式、方法或过程等理解、熟悉和掌握的程度
技能	技能成果可以用来评价受训者对培训项目中所强调的操作技巧、技术或技能以及行为方式等达到的水准
反应	反应成果可以用来测量受训者对培训项目的态度、动机以及行为等方面的特征
绩效	绩效成果可以用来评价受训者通过该项目培训对个人或组织绩效产生的影响程度，同时也可以为旅游企业人力资源培训费用计划等决策提供依据
投资回报率	投资回报率可以用来比较培训项目的货币收益和培训成本

（二）评估员工培训效果的模型和方法

关于员工培训效果的评估，美国威斯康星大学教授唐纳德·L. 柯克帕特里克（Donald. L. Kirkpatrick）提出的培训效果评估模型最具代表性，该模型又称"四级培训评估模型"。

第一级，反应评估。受训者作为培训的参加者，在培训中和培训后必然会对培训活动形成一些感受、态度及意见，他们的反应可以作为评价培训效果的依据。反应评估是在培训刚刚结束后，立即向受训者进行了解，及时掌握他们对培训内容、培训方法、培训讲师和培训地点及时间等方面的反应，完成关于受训者对具体培训科目综合看法的分析。

"反应评估"的方法：培训结束之前就所需要了解的问题进行问卷调查（见表 8-8）。

表 8-8　员工培训反应调查问卷

您好！感谢您参加本次匿名调查。				
为了以后培训的改进，请您客观如实地回答下列问题，我们将对您的问卷作保密处理。				
部门		职位		培训讲师	
培训课程		培训时间		培训地点	
1. 您对此次培训总体感觉满意吗？ A. 非常好　B. 较好　C. 一般　D. 较差　E. 非常差 2. 您认为培训讲师的授课水平如何？ A. 非常好　B. 较好　C. 一般　D. 较差　E. 非常差 3. 您认为培训内容对以后的工作有帮助吗？ A. 非常好　B. 较好　C. 一般　D. 较差　E. 非常差			4. 您觉得本次培训的时间安排合理吗？ A. 非常好　B. 较好　C. 一般　D. 较差　E. 非常差 5. 您如何评价本次培训的教学设备和设施？ A. 非常好　B. 较好　C. 一般　D. 较差　E. 非常差 6. 您是否喜欢培训教室的座位安排 A. 喜欢　B. 不喜欢	
7. 您对本次培训的后勤服务（休息、午餐等）有什么意见？				
8. 您对此次培训还有哪些意见和建议？				

第二级,学习评估。这一级评估的目的是确定技能、技巧和基本概念是否已经有效地传授给受训者,他们是否已达到最低标准的熟练程度。

"学习评估"的方法:试卷笔试、工作行为测试和工作现场技能评估等。

第三级,行为评估。受训者在培训中获得的知识和技能能否应用于实际工作,能否实现由学习成果向工作能力的转化,是评价培训效果的重要标准。经过培训后,员工的实际工作表现是对培训效果最客观的反映。"行为评估"就是核查受训者在参加培训后对所学内容的吸收程度,特别是在工作中对所学内容的自觉运用水平。受训者的行为评估通常在其回到岗位1—3个月后进行。评估的行为变量包括工作积极性、服务规范性、操作熟练性、分析解决问题的有效性等。在评估中,首先对受训者的工作行为是否发生了变化做出判断,然后分析这种变化是否由培训所引起,分析受训者行为变化的程度。

"行为评估"的方法:行为观察、培训后对受训者上级主管的问卷调查。

第四级,结果评估。利用一系列的数字化指标,比较研究员工培训对企业经济效益、服务水平和顾客满意度等方面的影响。培训结果评价的另一个重要内容,是评估培训费用的使用效果,即评估培训对实现组织目标的影响性质和影响程度,如对提高劳动生产率、改进服务质量、提高销售额、降低成本、利润增长等方面的影响。

"结果评估"主要采取对比的方法,即培训前后有关经营数据的比较、培训成本和收益比较分析、顾客满意度变化分析。其中,培训收益分为短期收益与长期收益。短期收益体现为通过培训提高的员工工作效率;长期收益体现为员工能力和素质的改善对旅游企业发展的作用。

第四节　员工培训方法

一、基层员工的培训方法

(一) 工作指导培训法

工作指导培训法是旅游企业中运用得最多的一种培训方法,它对培训基层员工的操作技能是非常适用的,例如培训一名新员工如何在酒店客房部做床,或在餐厅摆台、折口布等。在工作指导培训法中,培训讲师主要使用工作演示的方式指导受训者,使受训者在较短的时间内掌握工作要领和实质。以下是工作指导培训法的主要工作程序:

1. 确定培训目标

培训讲师首先要明确培训要达到的目标是什么。培训目标作为培训工作的"导航灯",决定着培训的整个过程。例如,在酒店客房服务员的做床培训中,其目标可定为"让每位客房服务员在10分钟内,按标准流程完成两个床位的整理工作"。

2. 分解培训项目

根据培训目标,培训讲师将培训项目分解为若干步骤,区分重点、难点和一般内容,并按动作的连贯性、系统性以及节奏性安排各个环节。合理分解培训项目是确保培训顺利进行的关键。例如,餐厅中式宴席摆台工作的整个过程可以分解为八个步骤(见图8-8)。

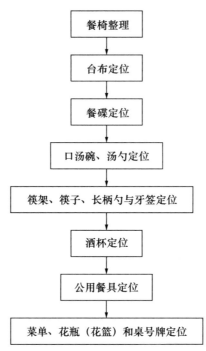

图 8-8　工作指导培训项目分解示例——中式宴席摆台

3．确定培训的具体程序

上述工作完成后，培训讲师还要进一步细分每一工作步骤的培训程序，包括时间分配、考核要点、场地布置和培训器材等。例如，在"酒店客房清理"培训中，除了各培训环节的时间安排，在场地方面，应该选择一间标准客房，需要的培训工具和物品有清洁车、布巾、玻璃杯、烟灰缸、文具、香皂、卫生纸、小水桶、干抹布、湿抹布、刷子、清洁剂和垃圾筒等。

4．四步指导式培训

工作指导培训法的具体运用主要包括四个步骤：

（1）讲解。培训讲师介绍工作概况和要求，了解受训者对该项工作的认识水平，说明工作的目的及重要性，提高受训者对培训的兴趣，使其能放松自如地开始学习。培训讲师要重点强调和重复工作关键点与细节，并且一次讲述的内容要适当，不要超出受训者可接受的程度。

（2）示范。培训讲师表演、示范该项工作各环节的操作，力求缓慢，重点内容反复示范，每一步骤的操作都要严格按照编定的正确方法进行，允许受训者换位观察并可随时提出问题，要做到解答详尽、耐心。培训讲师每个步骤的示范次数应不少于 3 次。

（3）尝试。在完成整个讲解和示范过程以后，培训讲师可以指导、监督受训者反复模仿刚才的操作，并及时纠正他们的错误。同时，可以让受训者一边操作，一边解释各步骤的操作要领和关键点，直到受训者完全领会。

（4）跟踪辅导。受训者经过反复练习、操作逐渐规范后，便可独立上岗工作，接受实践的检验；培训讲师此时可以在一旁观察、提示，辅助员工熟练掌握该项工作。这一步需要的时间最长。

（二）讲座培训法

讲座培训法是培训讲师以个人语言讲述为主,迅速、简捷地同时向许多受训者传递信息的培训方法,比较适用于旅游企业基层员工的业务知识培训。采用讲座培训法,需要重点注意以下环节：

1. 培训教案的撰写

培训讲师必须撰写完整、详细的教案。教案中除了要包括培训知识,还应该包括开场白、讨论题和作业题等内容,以调动受训者的参与。将培训教案制作成幻灯片形式的电子课件,是讲座培训法突出培训重点、强化受训者记忆的必要手段。

2. 开场白

在正式介绍培训主题内容之前,培训讲师要首先准备一个开场白,通常包括启发兴趣,明确培训的必要性,阐明授课主题、范围及目标等。

如果开场白组织得不好,以后所传授的知识也很难被受训者接受。开场白的主要目的是激发受训者的学习兴趣和自觉性,并且能密切培训讲师和受训者之间的关系,消除受训者的紧张感。

3. 讲授

讲授是讲座培训法的核心。培训讲师在此环节的任务是将培训的关键内容详细、完整地介绍给受训者,让受训者对所学知识有一个全面的认识、了解和掌握。为此,培训讲师在讲授时不仅要注意层次清楚、语言生动、理论联系实际,还要根据受训者的文化层次,选择容易被对方接受和理解的表达方式。

4. 提问

在讲授专业知识的过程中,培训讲师充分利用提问技巧,对受训者接受新知识是十分有益的。在培训中经常性地提问有以下作用：

- 了解受训者已有的知识水平；
- 检查受训者对业务知识的掌握程度；
- 调动和鼓励受训者思考；
- 调动受训者的学习兴趣；
- 增进受训者之间和受训者与培训讲师之间的相互了解。

培训过程中的提问可分为三类：第一类是测试性提问,目的在于考查受训者掌握专业知识的水平；第二类是启发式提问,主要是激发受训者自行思考,培养其应用专业知识解决具体问题的能力；第三类是讨论性提问,主要是鼓励每个受训者发表自己的意见,大家共同分享培训的心得体会和收获。

（三）角色扮演法

角色扮演法的做法是：培训者将员工日常服务工作中出现的具有代表性的问题进行总结和提炼,编排成剧目,让一些员工分别扮演客人和当班服务员,分别演示正确与错误的服务方式,在情境再现中,让受训者深入认识和牢固掌握正确的工作方法。

角色扮演法产生实效的关键在于角色互换和员工讨论。角色互换的作用是让员工从不同的角度体验自身工作的重要性。例如，当服务员扮演客人时，就能更加深刻地体验客人的心理感受，认识到不良工作方法对客人的伤害。在员工表演的同时，要让受训者积极参与讨论分析，集思广益，总结正确的工作方法。这样，受训者对错误工作方法的认识会更加深刻，对正确工作方法的掌握会更加牢固。

使用角色扮演法进行员工培训，比较先进的做法是将编排的有关服务工作的剧目提前拍摄成录像，并分别编辑正确和错误的表现，形成鲜明的对比。在培训中使用这种录像有许多优点：第一，培训者可以根据受训者的专业水平，通过重播、慢放或快放录像内容，灵活地调整培训内容；第二，可让受训者接触到不易解释说明的难题和事件，如各类客人投诉；第三，受训者可以受到前后连贯一致的指导，使培训内容不会受到培训讲师个人兴趣变化的影响；第四，有时通过工作现场摄像可以让受训者亲眼看见自己的工作表现，而无需培训讲师的过多解释。

（四）情境培训法

情境培训法是由培训讲师提供一些工作中有代表性的情节，并假设几种解决问题的方法——这些方法的正误有一定的代表性，让受训者讨论和选择正确答案并申述理由，最后培训讲师再做出综合分析。下面是一个有关"情境培训法"的应用设计。

一天下午6时前，一位客人找到端坐在大堂一侧的值班经理，说"我是从美国来的史密斯"，客人显得有些生气的样子做自我介绍。原来，这位客人在3天前给酒店客房预订部打过电话，要求预订一间高层向阳的标准间，计划住宿5天，当时预订部人员按客人要求办理了预订手续，但当客人到店办理入住手续时，接待人员却告诉他向阳的标准间已经全部出租了，问客人是否可以更换一间别的房间。客人当即表示：既然在3天前做了预订，就不应该出现此类情况。客人进行投诉。值班经理很快查明原因：原来，当天上午一位未办理预订手续的客人也提出要高层向阳的房间。接待人员未见史密斯先生到店，以为他不会来了，便将此房间安排给了另一位客人。如果你是值班经理，应该怎么办？

方案一：马上向客人道歉，并承诺一定对工作失误的员工进行处罚，希望获得客人的原谅。

方案二：马上向客人道歉，并为客人在附近联系一家同等价位的酒店，安排出租车将客人送过去。

方案三：马上向客人道歉，并为客人在本酒店安排一间高层向阳的豪华间，房价打折后仍按标准间收取。

方案四：马上向客人道歉，临时为客人在本酒店安排一间高层向阳的豪华间，房价仍按标准间收取。第二天，前厅部优先为史密斯先生安排一间高层向阳的标准间，并安排行李员协助客人换房。

方案分析："诚信待客"是旅游企业服务的最基本理念。在上述事件中，接待员主观上想多安排住房，满足客人的特殊要求，增加客房收入的动机是好的。但是，他在为一位客人提供方便的同时却给另一位客人带来了不便，这里他忽视了一条服务的重要原则："酒店要尽力取信于客"。因此，值班经理立即向客人道歉是必需的，承诺处罚有关责任人并不能补救客人受到的服务失误，顾客满意度并没有得到修复，这是不可取的；同时，将豪华客房按标准间出租5天，对酒店的损失实在不小。尽管安排客人去竞争对手处住宿不是最佳方案,但是从照顾眼前利益和满足顾客需求的角度讲,"方案二"可以得满分;当然,最好的做法是"方案四"。

（五）对话培训法

旅游服务工作有许多是通过语言交流来完成的,因此员工的语言表达水平会直接影响旅游企业的服务质量。对话培训的主要目的,就是教给受训者如何以最好的方式运用对话处理日常服务中可能遇到的问题。

对话培训法是旅游企业员工培训特有的一种培训方法,在实际运用时应该遵循以下步骤:

第一步,在进行正式的对话培训之前,培训讲师先对对话培训的目的和要求做简单的说明并解释对话背景,然后将受训者分成若干个小组以便于讨论、发言。

第二步,如果条件具备,使用多媒体设备放映对话情景,并把已准备好的资料分发给每个受训者;如果条件不具备,也可以只用文字资料协助进行。

第三步,让受训者观看视频或文字对话资料。在观看学习的同时,思考这些对话哪些地方存在问题,以及如何改进——在头脑中形成一个初步的改进对话的方法。

第四步,学习既定的对话资料以后,培训讲师开始向小组提问题。这些问题包括:对话存在哪些缺陷?你认为这位员工所说的话正确吗?顾客会满意吗?与顾客这样的对话有助于提高销售额吗?怎样改善对话?等等。

第五步,小组成员就如何提高对话质量和效果发表自己的见解。在这一过程中,培训讲师应该要求所有的小组成员参与讨论,如果有人不发言,那么培训讲师应该指名要求其发表自己的意见,使人人都积极开动脑筋,并感到自己为寻找正确答案贡献了一分力量。

第六步,培训讲师对受训者之前的发言和表现进行点评,并就如何在特殊的情况下更好地使用语言沟通提高服务质量总结小组意见,达成共识。

二、管理人员的培训方法

（一）教练辅导

教练辅导是一种由高级别管理者对直接下级在工作中一对一地进行综合培训的方法。为了顺利推行这种方法,一些旅游企业设立了经理助理职位,被安排在这种职位上的人有机会成为其上级的接替者。这些下属除了可以近距离地观察上司的工作,还会被分配一些需要进行决策的重要任务。作为教练顾问的经理必须对企业的人力资源战略非常清楚,他们知道"如果不能培养出合格的接班人,自己的晋升将是无望的",因此非常愿意与助理分享信息,并愿意花时间对下属的管理方法和工作技巧进行耐心、细致的指导。

在教练辅导中,可以适当淡化上下级关系,转而强调建立"教练与学员"的关系。旅游企业人力资源部门则必须为这种方法的应用制定必要的计划和评估标准,这样才能保证"教练辅导"的有效性。

（二）ERP沙盘模拟训练

沙盘,最初指军事上根据地形图、航空照片或实地地形,按一定的比例用沙土或其他材料制作而成的地形模型。军事上采用各种沙盘模型模拟战场的地形及武器装备的部署情况,并且结合沙盘上呈现的信息推演战略与战术上的相互配合以及变化调整。1978年,瑞典皇家工学院的教师首次以企业运营沙盘仿真实验的形式开发出企业沙盘模拟课程,其特点是采用体验式培训的方式,按照"体验—分享—提升—应用"的逻辑,针对企业管理活动进行实验教学。

ERP(enterprises resources planning)是企业资源计划的简称,是指建立在信息技术基础上,以系统化管理思想,把一家企业的人力资源、物资、财务等信息统筹起来实行链状管理,为企业决策者或员工提供决策运作手段的管理平台。ERP沙盘模拟训练是将ERP作为沙盘模拟的道具,模拟与培训主题相关的企业重要经营活动,使受训者亲身参与模拟企业的成长与发展历程,在与其他模拟企业的激烈市场竞争和不断地完善改进中完成培训与学习。

通常,参加ERP沙盘模拟训练的培训对象被分为几个小组,组成一个旅游市场中的两个或两个以上虚拟的竞争企业,并在小组中分配给参与者一定的角色,如总经理、总会计师、营销总监、运营总监等。他们以追求企业价值最大化为持续努力的目标,认真分析来自企业ERP平台的所有数据资料,以及各种正式、非正式的信息,做出各自的判断,经过不断的讨论磋商、会议协调等反复集体决策的程序,最终确定代表企业现阶段经营方向的一组数字或文字形式的决策值(如旅游产品的价格水平、营销策略、服务模式等),并将各虚拟企业的决策值投入产业环境。在模拟的相互竞争中,市场状况即刻产生变化,各虚拟企业盈亏立现,在力求保有或改善企业现有市场优劣势的期望下,又进入下一个决策程序,如此周而复始。最后,培训讲师根据胜负决定标准(或期末所有者权益、投资报酬率)判定企业经营绩效。

培训讲师可以根据需要,对受训者进行必要的引导,适时启发学员思考,在受训者学员陷入经营困境时提出建议,并对培训中的核心问题进行解析。受训者学员通过对模拟企业管理成功和失败的反思与总结,感受企业运营的规律,感悟经营管理的真谛。

(三) 案例研究

案例研究是将某一时期或某一特定环境下,企业经营管理活动中发生的具有代表性的事件,加工整理成文字材料,交给受训者学习、分析,让他们诊断并发表个人意见的培训方法。这种培训方法的目的在于为受训者提供一种判断和分析复杂问题的真实经历。通过对案例进行讨论研究,通常可以使受训者学到许多种分析和解决复杂问题的方法,同时对这些方法的得出途径有深刻的认识。不同的人,因为其需求和价值观的不同,解决问题的方法也会不同,这种认识对今后的管理工作实践会有很大帮助。

为了使案例研究更具针对性,最好使用受训者所在行业的真实案例,这将有助于受训者理解案例的背景,同时也能使受训者比较容易把所学到的知识和方法用于解决实际问题。在运用"案例研究"进行培训时,培训讲师一般要求受训者先以小组形式进行讨论,然后集体对案例进行分析,并找出解决问题的办法。

(四) 头脑风暴法

头脑风暴法又称智力激励法,是一种激发创造性思维的集体培训方法。头脑风暴法通过会议的形式,让所有参加者在自由愉快、畅所欲言的气氛中,相互陈述、提问和追问,自由交换想法或点子,不断地进行思想碰撞,激发与会者的创意及灵感,以产生更多创意的方法。头脑风暴法的培训目标是培养参加者的创新能力,激发他们的创造性思维,以得到创新性的构想。

通常,采用头脑风暴法时不需要培训讲师,只需要明确讨论小组的负责人即可,而小组负责人的作用是使讨论正常进行并避免某些人的观点偏离主题。运用头脑风暴法的培训内容一般根据旅游企业的需要确定,如促销方案、新产品定价策略等需要大量创新构想的主题。学习和掌握这一方法,不仅能培养管理人员的创新意识,还能提高工作效率,营造一个富有创新精神的工作环境。

(五)处理文件训练

处理文件训练是将通常堆满经理办公桌的各种文件(如备忘录、请示、报告和电话记录等),交给受训者处理的一种模拟培训方法。所提供的文件没有条理性和规律,所涉及的问题有些需要紧急处理、有些需要常规处理。处理文件训练要求受训者学习如何处理这些文件中包含的各种主要信息。采用这种培训方法,主要目的是培养受训者一种工作习惯,即首先要对各种情况安排好处理的先后顺序,然后再对每种情况进行决策。

(六)工作轮换

工作轮换是一种使培训中的管理者从一个部门到另一个部门轮换工作,以丰富其工作经验并证明其优势和不足的培训方法。这种方法可以使受训者对整个旅游企业业务的各个部分都有充分了解的机会。

为了确保这种培训方法的成功,一般要注意以下几点:

首先,要讲求适用性,要根据受训者的需要和能力确定合适的培训内容,而不是规定一个职位范围让所有的受训者轮番去尝试。也就是说,在安排培训内容时,应当在考虑旅游企业工作需要的同时,结合受训者的职业兴趣、工作能力及其职业生涯发展方向。

其次,要注意灵活性,主要是对受训时间的规定要有灵活性。对于每位受训者在每一职位上停留的时间,也要根据实际情况做出相对灵活的规定,所需要时间的长短主要取决于受训者对相关知识和技能掌握速度的快慢。

最后,一定要跟踪检查受训者的工作情况,并及时向受训者反馈检查结果。采用"工作轮换"对管理人员进行培训,在任何情况下都不应该使受训者感到被忽视或被遗忘,否则对员工个人的工作信心和培训目标的实现都不利。

三、新技术在员工培训中的应用

近年来,以计算机技术、网络技术、远程技术和虚拟技术等为代表的新技术,开始广泛地应用于员工培训;特别是一些已经实现跨区域连锁经营的旅游企业,由于追求培训的规范化、标准化、同步化、远程控制化和反复化,对基于新技术的培训方法十分重视。

(一)交互式视频培训法

交互式视频培训法是以计算机为基础,综合文本、图表、动画及录像等视听手段培训员工的方法。交互式视频通过与计算机主键盘相连的监控器,让受训者以一对一的方式接受指导,进行互动性学习;受训者可以用键盘或触摸监视器屏幕的方式与培训程序互动起来,培训内容可存储在影碟或可读式光碟上。这种方法可以用于指导技术程序和人际交往技能。

交互式视频培训法可以使受训者实现个性化,完全能自我控制学习内容和学习进度;培训内容具有连续性,能实现自我导向和自定进度的培训指导,内置的指导系统可以促进员工学习,能及时提供指导和进行信息反馈;在线服务能监控受训者的绩效,受训者也可得到绩效反馈。但是,交互式视频培训法的课程软件开发费用高昂,如果不能快速更新培训内容,可能会影响培训效果。

(二)远程培训

远程培训主要用于为分散在不同地域的企业员工提供同时进行学习的一种培训方式。远程培训通常采用两种技术使学员之间进行双向沟通:一种是通过网络设备,对处在不同地域的受训者进行培训;另一种是通过独立的个人计算机,只要拥有个人计算机,员工就可随时接受培训。培训课程的材料及讲解可通过互联网或可读光盘分发给受训者,也可通过企业内部网或局域网实现资源共享。

远程培训不受时间和空间的限制,节约成本,还能提高培训管理的效率,实现自我导向和自我学习,尤其适合连锁经营的旅游企业集团。这种方法可以为虚拟现实、动感画面、人际互动、员工之间的沟通以及实时视听等提供支持。目前,旅游企业利用这种技术主要向员工提供关于标准操作规程、新店筹备、技能培训以及专家讲座等方面的信息。

(三)虚拟现实培训

虚拟现实技术(virtual reality,VR)是指采用三维图形生成技术、多传感交互技术以及高分辨显示技术,生成逼真的视觉、听觉、触觉等一体化的虚拟环境,用户借助必要的设备以自然的方式与虚拟世界中的物体进行交互、相互影响,从而产生身临其境的感受和体验的技术。虚拟现实培训就是将虚拟现实技术运用于情境模拟领域开展员工培训,这种培训方法使用专业设备和计算机屏幕上的虚拟模型,利用技术刺激受训者的多重知觉,让受训者感受模拟环境,并与虚拟要素进行沟通。在虚拟现实中,受训者所获得的知觉信息数量、对环境传感器的控制力、对环境的调试能力都会影响"身临其境"的感觉。

【关键术语】

培训(training)
在职培训(on-the-job training)
脱产培训(off-the-job training)
培训需求分析(training needs analysis)
企业大学(corporate university)
虚拟培训(computer-based training)
培训计划(training plan)
培训目标(training objectives)

培训讲师(training instructor)
工作指导培训(job instruction training)
讲座培训(lecture)
角色扮演(role playing)
情境培训(scenario-based training)
对话培训(dialogue training)
教练辅导(coaching and mentoring)
ERP沙盘模拟训练(ERP sand table simula-

tion training)
案例研究(case study)
头脑风暴(brain storming)
处理文件训练(in-basket training)

工作轮换(job rotation)
远程培训(remote training)
虚拟现实培训(virtual reality training)

【复习思考题】

1. 如何分析员工的培训需求?
2. 为什么说旅游企业的员工培训是一个循环过程?
3. 旅游企业员工培训成本的构成有哪些?
4. 旅游企业员工培训有什么特点?
5. 员工培训的规律主要有哪些?对规划旅游企业员工培训有什么启示?
6. 旅游企业培训讲师应具备怎样的素质?
7. 四级培训评估法中各级评估的重点是什么?
8. 管理人员的培训方法分别适用于旅游企业中哪些具体培训科目?
9. 旅游企业可以在哪些方面运用新技术开展员工培训?

【课后作业】

通过查找资料,找到四星级饭店门童职位说明书,然后选择一家四星级饭店的前厅部,对照手边的职位说明书,观察门童的"迎宾服务",尝试按照"工作指导培训法"设计一份饭店门童"迎宾服务"培训提纲。

【案例学习】

T国际会展公司的员工培训模式

T国际会展公司(以下简称"T公司")是一家国际化的大型会展企业,集展会策划、展台设计与制作及现场搭建服务于一体,为客户提供全球一体化综合展会与展台解决方案,年销售额超过10亿美元。

T公司追求卓越,特别是在人才培训、造就销售人才方面取得了成功的经验。具体地说,T公司决不让一名未经培训或者未经全面培训的人到销售第一线。销售人员说些什么、做些什么以及怎样说和怎样做,都对公司的形象和信用影响极大。如果准备不足就仓促上阵,会使一个很有潜力的销售人员夭折。因此,T公司用于培训的资金充足,计划严密、结构合理,一到培训结束,新员工就可以拥有足够的技能,满怀信心地与用户打交道。T公司深知:不合格的培训几乎总是导致频繁地更换销售人员,其费用远远超过了高质量培训过程所需要的费用。这种人员的频繁更换会使公司的信誉蒙受损失,还会使依靠这些销售人员提供服务和咨询的用户受到损害。近年来,T公司更换的第一线销售人员低于5%,这在发展迅速、经营活跃的会展行业里是不多见的。

T公司的销售人员和设计师要接受为期6个月的初步培训,主要采用现场实习和课堂讲授相结合的教学方法;其中50%的时间是在各地分公司中度过的,25%的时间在公司的培训中心学习。各分公司负责培训工作的培训专员将检查受训员工的培训大纲。这类大纲包括从企业价值观、经营理念、商务礼仪到整个展会与展台设计、制作和搭建过程等方面的内容。此外,新员工还要利用一段时间与市场营销人员一起拜访客户,从实际工作中获得体会。

以销售培训为例。第一期课程包括T公司经营方针的很多内容,如销售政策、市场营销实践,以及会展专业的基本概念和公司业务介绍;第二期课程主要是学习如何销售。在培训课堂上,新员工需要了解公司的后台设计系统以及怎样使用这个系统,并始终坚持理论联系实际的学习方法,他们可以到分公司体验所学到的知识是如何实际应用的。

有时新入职者的所作所为还保留着某些学生气,对培训课程的某些方面感到不满。每天长达14—15个小时的紧张学习压得人喘不过气来,然而很少有人抱怨,几乎每个人都能完成全部的培训科目。

T公司市场营销培训的一个基本组成部分是模拟销售代表角色。在公司第一年的全部培训课程中,没有一天不涉及这个问题,并始终强调要保证销售演示或介绍的客观性,包括为什么要到某处推销和希望达到的目的。同时,对于服务方案、设计创意以及可能带来的效果,要进行清楚的说明和反复的练习。新的销售代表要学习问和听的技巧,以及如何达到目标和签订合同,等等;他们要牢记,假若客户认为报价太高的话,必须先检查公司所提供方案是否满足了客户的需求,单靠压低报价并不一定能确保订单到手。

T公司采取的模拟销售代表角色的方法是,受训者在培训课上经常扮演销售代表角色,培训讲师扮演客户,向受训者提出各种问题,以检查他们理解问题的能力。这种上课接近于一种测验,可以对每个受训者的优点和缺点两方面进行评判。

T公司还在一些关键的领域内对受训者进行评价和衡量,如联络技巧、介绍与演示技能、与用户的交流能力,以及一般企业经营知识等。对于受训者扮演的每一个销售代表角色和演示的产品介绍,培训讲师都会给出评判。T公司围绕销售业务所开发的这类案例练习是非常有特色的,它集中考虑一种假设的、由贸易展会、酒店、远途运输服务商、大型采购商和生产厂家等机构组成的、复杂的国际业务联系。通过这种训练,可以对设计师、采购经理、市场营销人员、主要的经营管理人员、总部执行人员等的形象进行详尽的分析。这种分析使个人的特点、工作态度甚至决策能力等都清楚地表现出来。

由教练扮演案例中的人物,从而创造出了一个非常逼真的环境。在这个案例系统中,受训者需要针对各种人员完成一系列错综复杂的拜访,面对众多的问题,他们必须接触这个案例系统中几乎所有的人员,从普通接待文员到董事会成员。

由于这种学习方法非常逼真,每个"演员"的"表演"都十分令人信服,从而每一个受训者都能像T公司所期望的那样认真地对待这次学习机会。事实上,这种训练就是组织一次向客户介绍如何帮助其顺利参展、提出针对该客户的解决方案并争取订单的模拟客户会议。

案例思考题:

1. 请根据上述材料,总结 T 公司的员工培训有什么特点。
2. 你认为 T 公司的员工培训工作还有什么需要改进的地方。
3. 未来旅游企业员工培训将呈现怎样的发展趋势?

第九章　旅游企业员工激励

知识要求

通过本章学习,学生应该掌握六项基本知识:
- 需求和动机的含义
- 人性假设理论
- 主要内容型激励理论(需求层次理论、ERG理论、双因素理论和成就需求理论)的核心思想
- 主要过程型激励理论(期望理论和公平理论)的核心思想
- 强化理论的核心思想
- 目标激励理论的核心思想

技能要求

通过本章学习,学生应该掌握五项基本技能:
- 通过情境分析找出旅游企业员工工作压力产生的原因,并掌握从生理和心理方面减轻员工工作压力的技巧
- 了解员工需求,实施有效激励的管理技能
- 围绕某一旅游企业的现状,分析并找到内部标杆、竞争标杆和职能标杆的能力
- 作为旅游企业未来的领导者,以自身行为激励下属的能力
- 对旅游企业员工违规行为,选择积极矫正或消极矫正的能力

引例

广之旅特色的员工激励机制

广州广之旅国际旅行社股份有限公司的前身是成立于1980年12月5日的广州市旅游公司,是广州市创办最早、规模最大的国际旅行社(以下简称广之旅)。广之旅于1998年6月4日成功整体转制为股份有限公司,是广州地区首家成功转制的旅行社企业,在国家旅游局发布的2013年度全国百强旅行社中,广之旅跃居全国第二,广东第一。

"为企业求发展,为员工谋福利,为社会做贡献"是广之旅长期坚持的企业宗旨。广之旅管理层将员工视为企业中最积极、最活跃的资源,在旅游服务中起着纽带、标志、反馈和扩散作用。因此,在员工激励方面,企业建立了一套具有广之旅特色的机制。

1. 评选季度优秀导游

季度优秀导游评选分为三个等级,每个等级人数不限。评定方法为:得到盖有单位公章的游客表扬信的导游获一等奖,奖人民币 500 元;得到较多数量和突出表现的游客表扬信的导游获二等奖,奖人民币 300 元;表现优良并获得一定数量的游客表扬信的导游获三等奖,奖人民币 100 元。每次评选结果都以海报形式在公司及营业厅公告栏公布,让其他员工和客人可以看到,以此表示祝贺和鼓励。

2. 评选年度优秀导游

每年两次导游考核,考核主要内容是广州一日游。通过考核且表现优秀的导游可以参评年度优秀导游。优秀导游评选除了考察导游词讲解,还考察其带团技巧和客人满意度。年度优秀导游可以参评金牌导游;金牌导游可以参评鼎金导游。2010 年鼎金导游的导游服务费为 200 元/天,金牌导游为 150 元/天,优秀导游为 120 元/天,普通导游为 80 元/天。

3. 员工培训机制

广之旅定期有北京、云南等热点旅游专线导游培训,培养直踩(出省团没有地陪,单独由全陪带团)导游。接受培训的导游人员先要经过一次筛选考试,然后到北京、云南等地学习培训 20 天,回来后再通过一次综合考试,通过者可成为专线直踩导游。此外,平均每月举办 2—3 场专门针对不同岗位的员工培训课程,包括专为一线销售人员而设的业务知识培训,也有为导游、领队打造的突发应急事件处理、带团及沟通技巧、各类有趣主题讲座等课程;公司开通了网上商学院,里面涵盖的课程多达上百个,员工凭账号及密码即可随时随地登录网上商学院,学习感兴趣的课程,提升业务水平和管理技能等。不仅如此,公司还鼓励内勤员工考取导游证,一旦考试通过,全部考试费用由企业支付。

4. 团队建设

广之旅会定期组织登山比赛、篮球比赛,以及公司内部的青年歌手大赛等,增进同事友谊,激发员工无穷活力。形式多样、内容丰富的集体活动,不但创造了互相交流、分享经验的机会,加深了员工之间的感情,而且成为培养企业内部团体协作精神及团队凝聚力的沃土。值得一提的是,每年庆祝公司成立的纪念大会,是全体广之旅人聚首的一大盛会,庆祝公司成立周年纪念的同时,更对辛勤工作了一整年的员工表示肯定和鼓励。

5. 人性关怀

广之旅每天均安排多条路线的班车接送员工上班,干净的饭堂向员工提供放心早午餐并发放餐饮津贴,此外还有长期固定的包场健身和提供夏季清凉茶等服务。公司每年定期为员工提供职业健康监护和体检,考虑到公司中女性员工较多的情况,每年进行两次专项妇科检查,确保员工的身体健康。公司和工会共同为员工设立了"重疾扶困基金",用于补助患有重大疾病或意外伤害后自付医药费较多的员工,进一步提高员工的综合医疗保障水平,解决员工的后顾之忧。

6. 进行适当处罚

按照激励的强化理论,惩罚也是一种激励手段。广之旅根据导游因服务不到位或者犯了错误,分不同等级有不同程度的惩罚,一般分为罚款或者停团并且通报。如若故意不发《客人意见表》让客人填写,罚款 50 元/团。

除了以上六项措施,广之旅为导游提供了较充足的团量以保证导游收入,同时,为导游购买保险,保障导游安全。

2016年9月,广之旅90.45%的股权、广州花园酒店和中国大酒店各100%股权,被广州岭南集团控股股份有限公司收购,岭南控股同时公布了包括上述三家企业在内的员工持股计划,参加本次员工持股计划的员工总人数不超过363人,参加对象认购员工持股计划的总金额不超过1.396亿元。其中,公司董事(不含外部董事、独立董事)和高级管理人员拟认购员工持股计划的金额合计不超过562.86万元,占本次员工持股计划总金额的4.03%;除公司董事(不含外部董事、独立董事)、高级管理人员外的其他参加对象合计认购不超过1.34亿元,占本次员工持股计划总金额的95.97%。

广州广之旅国际旅行社股份有限公司在员工激励方面所取得的成功,说明企业清楚地认识到,员工是带着不同的需求、个性、技术、能力、兴趣和态度来到旅游企业,他们想从工作中得到的利益也是多种多样的。一些员工有个人兴趣和追求,从每月拿一次工资中便能获得比较多的满足,并不在乎其他的好处,他们对于工作是否更具挑战性、趣味性或者在绩效比赛中获胜不感兴趣;另一些员工则从工作中得到更大的满足和激励,因而工作更努力。在具有许多区别的背景下,旅游企业的管理者怎样才能有效地激励自己的下属呢?首要之事应该是理解员工的激励需求。

第一节 需求、动机与积极性

激励管理就是要有效激发员工的工作动机,调动员工的积极性与工作热情。而人的积极性是以需求为基础的,是由人的动机而推动的。因此,要想预测、引导、强化员工的行为,调动员工工作的积极性,就必须了解旅游企业员工的需求、动机及其基本规律。

一、需求

(一)需求的一般概念

需求是个体缺乏某种东西时产生的一种主观状态,它是客观需要的反映。这里所指的客观需要既包括人体内的生理需要,也包括对外部环境的需要。例如,当人体内缺乏热量时,血糖降低,浑身无力,经过神经传至人脑,就会产生进食的需求。但是,需求作为客观需要的反应并不完全是一个消极、被动的过程。在人与客观环境的相互作用中,需求是在积极的活动中产生的。

具体地讲,需求是在各种刺激的作用下产生的。刺激是多种多样的,但总的来说可以分为两大类:一类是有机体内部的刺激。它是通过内部器官感受到的,如饥渴、性欲、情感等,它是人体本能与心理活动的反映。另一类是外部的刺激。它是通过外部感受器官(如眼、耳、鼻、舌、皮肤等)感受到的,是客观环境(包括自然和社会)的各种事物在人的大脑的反映。

(二) 需求的分类

1. 按起源划分需求

人的需求是多种多样的,按照需求的起源可以将需求分为自然需求与社会需求。

(1) 自然需求。自然需求是一个人与生俱来的,是人类延续和发展其生命所必需的客观条件需求,它的满足是通过利用一定的对象或获得一定的生活状态而达到的。人的自然需求有时也受社会生产力水平和生活条件的影响。

(2) 社会需求。人类所特有的社会需求,是在人类社会历史发展过程中,在自然需求的基础上形成的。例如对知识的需求、文艺的需求、道德的需求、实现理想的需求等,它会受到特定的文化背景、政治制度、风俗习惯等的制约,也可以说是人的自然需求在特有的社会制度和背景下的产物。

2. 按性质划分需求

按照人们需求的性质来说,可以将需求分为物质需求和精神需求。

(1) 物质需求。物质需求主要是指人们生理方面的要求,包括衣、食、住、行、安全等方面的需求。它是人类生活的基本需求,是推动人们行为的基础力量,只有在物质需求基本得到满足的前提下,人的行为管理才会有效。从这个意义上讲,最大限度地满足员工的物质需求是充分利用人力资源的重要条件。

(2) 精神需求。精神需求则是指除物质需求以外的各类需求,如文化的、成就的、地位的、归属的需求等。学习、发展和参加社会活动的需求在精神需求中占有重要的地位。精神需求主要是满足人的心理感受,比如工作内容、工作环境、团队等能带来快乐和满足感,人际关系融洽无间、上司的鼓励与表扬多于批评和指责等,这就构成了激发人们动机、支配人们行为最有普遍意义的动力。

3. 按时间划分需求

人的需求具有一定的时效性,在一定的时间范围内需求是比较稳定的,由此可以将需求分为当前需求和长远需求。

(1) 当前需求。当前需求是指现实生活中由某一具体的主客观因素引发的需求。例如,人进入25岁以后对个人问题考虑最多的通常是婚姻,"住房"就成为处于这一年龄段年轻人的当前需求。解决员工当前需求问题,应该努力做到及时、准确。

(2) 长远需求。长远需求是指个人根据社会经济、文化条件和工作环境的变化与发展趋势,做出的着眼于未来的需求判断。长远需求是经过个人思想加工形成的,它对人的行为的影响是渐进式的,因此组织应该对员工的长远需求给予引导,使其个人理想和信念能随着组织的发展逐步实现。个人长远需求的内涵要比当前需求复杂得多,也不容易准确把握,但是它对稳定员工队伍和人力资源开发、建设的影响是不容忽视的。

二、动机

(一) 动机的含义

动机是指推动人去从事某种活动的意图、愿望、信念等。动机是行为的直接原因。
需求与动机虽然具有相似的含义,但是二者之间存在区别。需求是人的积极性的基础和源泉,动机则是推动人们活动的直接原因。也就是说,当人的需求具有某种特定的目标时,需求才能转化为动机。例如,人在长途跋涉中饥渴难忍,从而具有强烈的饮食需求,如果周围没有可能找到餐饮企业,那么他只能按照原计划前进,但是一旦发现了理想的就餐条件,就会促使其调整计划向目标就餐地点走去。

动机的表现形式是多种多样的,它可以表现为感觉、兴趣、意图、信念和理想等各种形式。动机虽说是行为的直接原因,但应指出,推动人的行为的往往不是一种动机,而是几种动机的综合。这种动机的综合被称为"动机系统",当然,在某一动机系统中有占据主导地位的动机。研究人的动机系统及主导动机有助于预测和引导人们的行为活动。

(二) 动机的功能

动机作为行为的直接驱动力,往往具有三种功能:

1. 始发功能

始发功能即行为的内驱力,是指由人体基本需求驱使而产生行为的功能。

2. 导向功能

导向功能又称选择功能,即动机选择与指导行为的功能。由需求引起的动机使行为朝着特定方向,选择和决定行为的目标。

3. 强化功能

动机具有使人的行为进一步强化的作用。动机会因良好的行为结果而进一步重复出现,以至于得到加强,动机也会因不良的行为结果而受到削弱,使其减少或不再出现。

(三) 动机的分类

人的动机倾向于逐渐发展成一定的驱动力。这些驱动力是人所处的文化环境的产物,同时它们又影响着人看待工作和处理生活的方式。根据美国学者戴维·C.麦克莱伦(David C. McClelland)和约翰·W.纽斯特罗姆(John. W. Newstorm)等人的有关理论,以驱动力为研究对象对人的动机进行分类,可以分为成就动机、亲和动机、权力动机和能力动机四种。员工在工作中的表现能反映其当时的动机,管理者应该仔细观察和分析并采取相应的管理措施(见表9-1)。

表 9-1 员工动机分类

动机分类	工作中的表现	管理措施
成就动机	• 把解决问题视为自身的责任 • 以目标为中心,并制定现实的、可以实现的目标 • 寻求独立、挑战和卓越 • 愿意进行有意的、适当的冒险 • 渴望获得工作绩效的具体反馈	• 安排超常的、具有挑战性的但经过努力可以完成的工作任务 • 重点对工作绩效进行反馈
亲和动机	• 非常注重同事之间的关系,希望被他人接受 • 热衷于参加社会活动,同时寻找归属 • 喜欢开发和帮助他人	• 及时对良好的工作态度和合作精神进行赞扬 • 过分强调社会维度会干扰完成工作的正常程序,应特别注意 • 安排从事培训、招聘等强调关心他人的工作

(续表)

动机分类	工作中的表现	管理措施
权力动机	• 希望能控制局势 • 希望能影响和控制其他人 • 喜欢参加能获胜的竞争 • 极力寻求具有权力和地位的职位	• 让其领导和控制团队工作 • 安排参与决策的制定,尤其是与之有关的、影响重大的决策的制定 • 尽量把一个完整的工作任务交给他们去完成,而不是承担其中的一部分
能力动机	• 追求工作熟练,以发展和运用解决问题的能力为荣耀 • 努力创新解决工作中所遇到的困难 • 从过去的工作经验中受益,持续提高个人能力 • 因高质量地完成工作而感到内心满足,从注意到他们工作的人(如同事、客人和经理)那里获得自尊	• 安排从事与其过去工作经验类似的工作 • 重点对其工作绩效的质进行反馈 • 从培养能力的角度让其承担具有探索性的工作

三、需求、动机和积极性的关系

根据心理学所揭示的理论,当人产生了某种需求而又没有得到满足时,就会产生一种紧张和不安的心理状态。为了缓和这种心理紧张,人就产生了动机,动机推动着人们去寻找、选择目标。在遇到能够满足需要的目标时,这种紧张的心理状态所转化的动机就会推动人们去从事某种活动,向目标前进。当人们顺利达到目标时,紧张的心理状态就会消除,需求从而得到满足。这时,人又会产生新的需求、新的动机,引发新的行为,这样周而复始、往复循环,使人不断向新的目标迈进。如果人们在达到目标的过程中受阻,心理紧张会加重,进而产生新的动机,并调整自己的行为,再一次尝试满足自己的需求(见图9-1)。

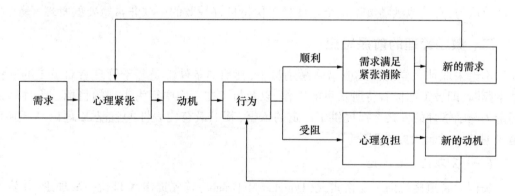

图 9-1 需求、动机和积极性的关系

第二节 激励的概念与激励理论

一、激励的概念

在现代管理学中，激励是指为使员工的需求得到满足而激发其个人动机，使之有一股内在的动力，朝着一定的组织目标行动的心理活动过程，简单地说就是调动人积极性的过程。对管理者而言，在清楚地了解员工个人的需求和动机之后，就有机会引导员工的行为方向，使之与组织的目标相一致，并通过有效的刺激措施，帮助员工通过努力工作去实现这一目标。激励的内涵通常包括以下三个基本要素：

（一）行为动因

在研究激励时首先要意识到，每个人的行为举止和思想活动都含有一种深层次的动因，使人按照某一特定方向或方式行动或思考，在与外界环境力量相结合后，产生某种行为。

（二）行为方向或目标

每个人的行为都具有方向性，但是个人行为目标是否清晰以及是否与组织目标相一致，是选择激励措施所必须考虑的。要实现组织的有效激励，不仅要清楚地认识组织的整体目标，还要想方设法地将组织的整体目标分解成对每一位组织成员都具有诱惑力的、个人努力工作的目标。

（三）行为保持

每个人的行为从启动到发展直至终结，都受到内在动因与外界环境力量的影响，调整由内在动因与外界环境力量所构成的行为导向系统，可以使行为或保持或中止。在实际工作中，组织的管理水平是影响员工工作行为最主要的外界环境力量。因此，现代管理理论一致认为，有效地激励员工是企业使员工保持良好绩效的一项非常重要的管理任务。

二、激励管理的前提思想

不论采取什么样的模式或措施激励员工，其前提条件都是基于管理者对员工的一种基本判断，即员工如何看待所从事的工作，以及员工在工作中行为表现的目标。人性假设理论为激励管理的模式选择提供了一定的依据，其中最有代表性的就是 X 理论、Y 理论、超 Y 理论和社会人假设理论。

（一）X 理论—Y 理论

美国学者道格拉斯·麦格雷戈（Douglas McGregor）首先提出 X 理论—Y 理论，并认为 Y 理论比 X 理论更优越，是管理者应该积极采纳的。

1. X 理论对人性的基本判断

（1）人天生是懒惰的，大多数员工厌恶工作并总是尽可能地逃避工作。

（2）个人工作收入比工作性质更加重要。

(3) 很少有员工能够完成那些需要创造性、自立与自控能力的工作。
(4) 人有天生抵抗变革的本能,喜欢一成不变的工作状态。
(5) 人生性自私,总是把个人利益凌驾于集体利益之上。
(6) 只有少数人能够克制自己,这部分人应该担当起管理的责任。

在这种思想的支配下,管理者的主要工作就是严格监督和控制下属,根据员工的工作表现进行惩罚或奖励;企业必须建立详细的工作程序并让员工严格遵守,同时要将工作简化和分解以利于员工学习与掌握。

2. Y理论对人性的基本判断

(1) 人并非天性厌恶工作,员工会把工作看作生活的一个必要的组成部分,很愿意去从事。
(2) 在一定的情况下,一般人不仅愿意承担责任,甚至会设法寻求责任,逃避责任往往是后天的工作经历所致。
(3) 人并非天性抵制企业的目标,产生这种情况大都是管理者强迫的结果。
(4) 一般人对企业目标的承诺程度,取决于在目标实现之后个人所得到的报酬的多少。
(5) 大多数人具有想象力、创造力,以及解决工作中具体问题的能力,而这种能力通常只发挥了一小部分。

在这种理论的指导下,管理者的责任是调动员工的工作积极性,引导员工自觉工作,并听取员工对工作计划和安排的不同意见;企业要建立和谐的人际关系,创造一个有助于员工发挥才华的良好氛围,为他们提供富有挑战性或自立与自控性质的工作。

(二) 超Y理论

约翰·J. 莫尔斯(John J. Morse)和杰伊·W. 洛希(Jay W. Lorscn)在X理论—Y理论的基础上进一步研究,提出了具有权变思想的超Y理论。超Y理论对人性的基本判断是:

(1) 人们是抱着各种不同的需求加入企业的。有的人愿意在有着严格规章制度的企业中工作;有的人却要求更多的自主权和更多的责任,需要能更多发挥创造力的机会。
(2) 组织形式和管理方法要与工作性质和员工的需求相适应,不同的人对管理方式的要求是不一样的。对上述的第一种人应当以X理论为指导进行管理,而对第二种人则应当以Y理论为指导进行管理。
(3) 组织结构和管理层次的划分,员工培训和工作安排,薪酬、控制程度的把握都要从工作性质、工作目标和员工素质等方面考虑,不可能完全一样。
(4) 当一个目标达成以后,可以激起员工的胜任感和满足感,使之为达到新的更高的目标而努力。

按照超Y理论的观点,在进行人力资源管理活动时,要根据不同的情况采取不同的管理模式和方法。

(三) 社会人假设理论

美国学者埃德加·H. 沙恩(Edgar H. Schein)在乔治·E. 梅奥(George E. Mayo)等人

的研究基础上提出的社会人假设理论,对人性的基本判断是:

(1)人们工作的主要动机是社会需要,人们要求有一个良好的工作氛围,要求与同事建立良好的人际关系。

(2)非正式组织有利于满足人们的社会需要,因此非正式组织的社会影响比正式组织的经济诱因对人是有更大的影响力。

(3)信任员工可以使其坦率和诚实地对待工作与他人,忠实于企业,关心企业劳动生产率的提高。

按照社会人假设理论,员工管理的重点就是营造和谐融洽的人际关系,培养员工的归属感和成就欲。

三、内容型激励理论

内容型激励理论所解释的是"为什么"有人会被激发去从事某些活动,例如一个人被激发去工作的目的可能是因为他需要挣钱去购买住房,也可能是为了子女接受高质量的教育,还有可能是为了证明自己的工作能力等。这种理论认为激发需求是激励的主要问题,所以应该以需求、动机等心理内容为研究重点。

(一)需求层次理论

美国心理学家亚伯拉罕·H. 马斯洛(Abraham H. Maslow)提出的需求层次理论,是试图揭示需求规律的主要理论。

马斯洛将人类行为的动机从理论上和原则上进行系统化的整理,提出了人类需求的层次学说。他把人的需求分为五个基本层次,即生理需求、安全需求、社交需求、尊重需求和自我实现需求(见图9-2)。

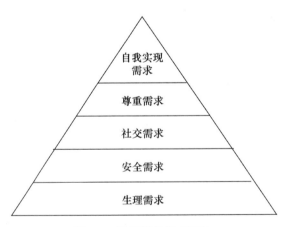

图9-2 马斯洛的需求层次

1. 生理需求

这是人类最基本、最强烈、最明智、最原始的一种需求,包括对食物、水、氧气、睡眠、住所、性行为等人类生存和种族延续所必需的各种需求。这些需求如不能得到满足,人类的生存就成了问题。

2. 安全需求

当生理需求基本上得到满足之后,安全需求就上升到主要的位置。安全需求主要是指人们要求使已得到的生理需求具有保障。例如,摆脱失业的威胁,在将来年老或生病时有足够的保障,要求避免职业病的侵袭,希望解除严格的监督,等等。

3. 社交需求

社交需求通常包括友谊和归属两部分内容。

(1) 友谊。人们都希望朋友之间、同事之间的关系融洽或保持友谊和忠诚,并希望在生活中得到爱情。

(2) 归属。人们都有一种归属感,有一种要求归属于一个组织或群体的感情,希望成为其中的一员,并与成员们相互关心和照顾。

社交需求的产生比生理需求和安全需求要复杂得多,它与一个人的生理特性、经历、教育、宗教信仰都有关系。

4. 尊重需求

尊重需求是指在以上需求基本上得到满足的前提下,人们希望自己有稳定的社会地位,有追求名利的欲望,要求个人能力、成就得到社会的承认等。尊重需求可以分为内部尊重和外部尊重。

(1) 内部尊重。内部尊重是指一个人在各种不同的环境中,自己有实力、能接受挑战、充满信心、能独立自主、有自尊心。

(2) 外部尊重。外部尊重是指一个人希望自己的能力能被其他人广泛认可,希望有地位、有威望、受到别人尊重、信赖和高度评价。

马斯洛认为,人的尊重需求得到满足,能够使人充满自信心,对社会满腔热情,体会到自己人生的价值。但是,尊重需求一旦受到挫折,人往往就会变得自卑、脆弱,容易失去自信心。

5. 自我实现需求

自我实现需求是指实现个人的理想、抱负,发挥个人能力至极限的需求,是人们努力实现个人最大愿望的一种需求。从人力资源开发与管理的角度讲,帮助员工实现自我,意味着必须做到人尽其才,达到人与职位或工作的最佳组合。为满足自我实现需求而采取的途径应该因人而异。

马斯洛认为,上述五种基本需求是按次序逐级上升的,当下一级需求获得基本满足以后,追求上一级的需求就成了行为的驱动力;但这种需求层次逐级上升并不是遵循"一种需求100%的满足后,另一种需求才会出现"这一规律。事实上,在当今社会生活中,大多数人在正常情况下的每种需求都是只有部分得到满足,而另一部分得不到满足。

马斯洛把五种基本需求进一步归纳为高层次需求和低层次需求两类。其中,生理需求、安全需求和社交需求属于低层次需求,这些需求通过外部条件使人得到满足,如借助工资收入满足生理需求,借助法律制度满足安全需求,借助组织满足社交需求等。尊重需求、自我实现需求是高层次需求,它是从个人内心使人得到满足,而且一个人对尊重和自我实现的需求是永远不会感到完全满足的。因此,企业满足员工的高层次需求以调动其工作积极性,具有更稳定、更持久的力量。

马斯洛指出,对于大多数人而言,需求层次的内容是一个固定的系列,但是有七种人例外:

- 有些人把自尊看得比爱更重要。这种人自高自大,想突出自己。
- 具有天赋创造性的人,其创造性的驱动力似乎比其他的决定因素更为重要。这种人有时尽管缺乏基本需要的满足,但仍有创造性。
- 有些人的抱负水平可能永远被压抑或低下。例如长期失业的人,只要能在有生之年得到足够的食物,他们就会心满意足。
- 病态人格的人会永远丧失"爱"的需求。这种人在生命的最初岁月中就已缺乏爱,因而永远丧失了给予和接受感情的愿望与能力。
- 有些某种需求长期得到满足的人,反而会对这种需求的价值估计不足。例如,一个从未经历过长期饥饿的人,容易低估饥饿的效应,而把食物看作很不重要的东西。这种人为了追求较高层次的需求,会漠视自己低层次需求的存在,但低层次需求被长期剥夺后,他又会放弃高层次需求而追求低层次需求。
- 有些人受许多其他因素的影响,不按自己的需求和愿望行事。
- 有远大理想和崇高社会责任感的人,为了追求真理、实现理想,可以牺牲个人的一切。

(二) ERG 理论

美国学者克莱顿·奥尔德弗(Clayton Alderfer)对马斯洛的需求层次理论进行修正,认为人的需求主要有三种:生存需求(existence)、关系需求(relatedness)和成长需求(growth)。由于这三个英文单词的第一个字母分别是 E、R、G,因此又被称为 ERG 理论。

1. 生存需求

生存需求是人类最基本的需求,包括生理上的和物质上的。这类需要相当于马斯洛提出的生理需求和安全需求。

2. 关系需求

关系需求指与他人进行交往和联系的需求,这相当于需求层次理论中的社交需求和尊重需求中的他人尊重部分。

3. 成长需求

成长需求指人们希望在事业上有所成就、在能力上有所提高,不断发展、完善自己的需求,这与需求层次理论中的自我实现需求和尊重需求中的自我尊重部分相对应。ERG 理论的创新点在于:

首先,ERG 理论认为各个层次的需求得到的满足越少,人们就越希望满足这种需求;较低层次的需求越是得到较多的满足,就越渴望得到较高层次的需求。

其次,ERG 理论指出可以同时有两种或两种以上需求占主导地位。例如,人们可以同时被对金钱的欲望(生存需求)、友情(关系需求)和学习新技能的机会(成长需求)激励。

最后,ERG 理论有"挫折—倒退"的机制。如果需求迟迟得不到满足,个体就会感受到挫折,退回较低的层次,并对较低层次的需求有更强烈的欲望。例如,以前由金钱(生存需求)激励的员工可能获得了一次加薪,从而满足了这方面的需求。假定他接下来试图建立友情,以满足关系需求。如果出于某些原因他发现不可能与工作中的其他同事成为好朋友,他可能遭受挫折并且退缩,进而会去争取更多的金钱来满足自己的生存需求。

此外,ERG 理论还指出,人们所有的需求并不都是天生就有的,有些需求是经过后天学习和培养得到的,尤其是较高层次的需求。

(三) 双因素理论

美国学者弗雷德里克·赫茨伯格(Frederiok Herzberg)提出的双因素理论认为,使员工满意与不满意的因素是两类不同性质的事物。传统观点认为同一事物既可以引起满意,又可以引起不满意。赫茨伯格则认为,一种事物存在时可以引起满意,而缺乏时不是导致不满意而是导致"没有满意";另一类事物存在时,人们并不觉得满意,而是"没有不满意",缺乏时则会引起不满意。这两类事物,第一类称为激励因素,第二类称为保健因素。因此,赫茨伯格的这一理论被称为"激励因素—保健因素理论",简称"双因素理论"。

赫茨伯格认为,"满意的对立面是不满意"的观点是不正确的;事实上,"满意"的对立面是"没有满意","不满意"的对立面应该是"没有不满意"(见图9-3)。

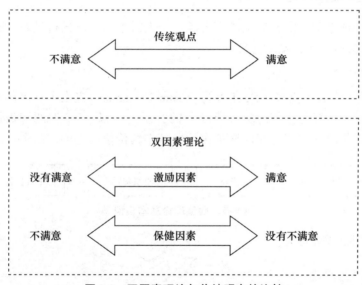

图 9-3 双因素理论与传统观点的比较

1. 激励因素

激励因素是指能激发人们工作积极性和创造性的因素。只有这些因素具备了,才能真正激发起员工的工作动机。这些因素通常包括工作中的成就感、工作成绩能得到承认、工作本身富有挑战性、职务上的责任感以及个人事业发展的可能性。

2. 保健因素

工作中的保健因素通常包括薪酬、人际关系、劳动环境、行政管理、福利政策及工作安全等。员工在工作中缺乏保健因素,则有碍于员工的身心健康。保健虽起不了治疗作用,但有预防作用。当保健因素中的任何一项使员工无法接受时,消极情绪及对工作的不满意就会油然而生。通常,员工的消极情绪往往通过以下几个方面表现出来:大量的违纪情况的出现、效率极低、人浮于事或消极怠工、缺勤率上升、懒散现象严重、员工对工作缺乏兴趣、请病假人数明显增多、人员流动率高,并经常发生争吵与内讧。但是,当保健因素具备后,并不意味着员工对本职工作就一定抱有积极的态度。这一点与数学中的"必要条件"十分相似,保健因素对员工满意程度的作用是"有之未必然,无之必不然"。

双因素理论与马斯洛的需求层次理论在很大程度上是非常接近的。例如,被赫茨伯格定义的激励因素,与马斯洛的尊重需求和自我实现需求同属一类。赫茨伯格还指出满足较低层次的需求只能防止员工对工作的不满,而要达到真正的满意,就必须帮助员工实现较高层次的需求。

(四)成就需求理论

美国学者戴维·C.麦克莱伦在对人的个性需求进行研究后,提出人的需求是不断发展的。因此,当人与周围环境相互影响、相互作用时,他们需要一些因素的鼓舞,这些因素主要包括成就、权力和亲和。关于成就需求理论的主要思想,已经在本章第一节中"动机的分类"部分进行了阐述,请参阅。

四、过程型激励理论

过程型激励理论重点研究的是员工为满足个人需求而采取的行动是如何产生和发展的,以及如何保持或中止行动的延续。

(一)期望理论

1964年,美国学者维克多·H.弗鲁姆(Victor H. Vroom)提出了著名的期望理论。该理论侧重研究工作目标与价值对员工驱动力的关系,认为员工工作的积极性或驱动力是由员工对完成工作的期望值与完成该工作后所带来的价值决定的(见图9-4)。

图 9-4 期望理论基本模型

期望理论用公式表达为:

$$F = \sum (E_{ij} V_j)$$

其中,F 为激励值,E 为期望值(i 指努力程度,j 指达到目标的程度),V 为实现目标后的效价。

这一公式可以做如下解释:激励值是指调动一个人的积极性和创造性,激发人内在潜力的程度;期望值是指人付出 i 努力程度而达到 j 程度目标的可能性;效价则是指达到目标后对于满足个人需求的价值。

期望理论认为:员工能否被激励主要取决于二个期望和一个效价,期望是指某些事件将要发生的概率,效价则是指一个选定的价值,即某事物在员工心目中的价值大小。

(1)期望一。员工对将付出的努力程度与所能取得的工作绩效之间的概率的判断。只有当员工认为他只要付出适当的努力就能取得预期的高水平的工作成绩时,激励才能奏效。即目标实现的概率越大,激励效果就越好。

(2) 期望二。员工把取得工作绩效的大小与所获得奖励的高低相联系而进行的比较判断。有效的激励只有在员工坚信工作成绩会使他们获得很高程度的奖励或回报时才会出现。

(3) 效价。这里是指人们对奖励回报的感兴趣程度。这意味着员工只有在发现奖励内容正是他所渴求的目标时,才会尽最大努力去工作以实现愿望,这时激励的效果最好。

(二) 公平理论

公平理论是美国心理学家 J. S. 亚当斯(J. S. Adams)在 20 世纪 60 年代中期提出来的。这一理论认为,人们在所得到的工作酬劳与所取得的工作绩效之间寻求一种社会公平。公平理论是建立在"公平"对人的激励的基础上的一种过程型激励理论,研究的领域主要涉及员工薪酬的公平性与合理性对员工工作行为的影响。这一理论的主要思想已经在本书第六章第一节进行了阐述,请参阅。

五、其他激励理论

(一) 强化理论

强化理论是美国学者 B. F. 斯金纳(B. F. Skinner)等人在巴甫洛夫的条件反射理论和华生的行为主义基础上提出来的。他们认为,人为了达到某种目的,本身就会采取行动作用于环境,如自卫等;又因为人们都是从尝试和成败中吸取经验与教训的,所以积极或消极的结果都会对人们的行为产生影响。如果行为的结果是积极的,人们就会继续重复这种行为;如果行为的结果是消极的,人们就会避免或停止这种行为。

1. 强化的方式

强化理论认为人的行为是可以塑造的。具体地讲,人的行为可以通过内部和外部因素,而使之重新塑造、成形和改变。强化的方式包括以下四种类型:

(1) 积极强化。就是用某种对员工有吸引力的奖励(包括表扬、奖金、晋升等)表示对某一行为的肯定,起到引导和加强的作用。

(2) 消极强化。就是设置一系列的障碍,阻止员工某种行为的达成。

(3) 惩罚。就是当某种不符合要求的行为发生后,给予相应的处罚和惩戒,以这种刺激表示对这种行为的否定,从而减少或阻止这种行为在以后出现。

(4) 自然退化。就是撤销对原来可以接受的行为的强化,由于一段时间内连续的不强化,使该行为逐渐减小重复发生的频率,甚至最终消失。

2. 强化的频次

(1) 连续强化。在每次行为发生之后都进行强化。

(2) 间隔强化。间隔性地进行强化,包括固定间隔、固定比率、可变间隔和可变比率四种情况。固定间隔指在固定的一段时间后给予强化;固定比率指在可确定数量的行为发生后给予强化;可变间隔指给予强化的时间间隔是变动的,但时间的长短围绕一个平均数变动;可变比率指在一定数量的行为发生后给予强化,这一数量虽然不是确定的,但围绕某个确定的数值变动。

(二) 目标理论

目标理论由美国著名管理学大师杜拉克提出的,所谓目标管理就是为了实现企业的总体目标,制定目标体系,发挥企业管理者与全体员工的主动性与创造性,采取经过适当授权的"自主管理"或"自我控制"方法的一种管理方式。

目标理论认为,激励的效果主要取决于目标的明确度和目标的难度这两个因素。目标的明确度是指目标能够准确衡量的程度,目标的难度则是指实现目标的难易程度。一般来讲,有目标的任务比没有目标的任务要好;有具体目标的任务比只有笼统目标的任务要好;有一定难度但经过努力能实现目标的任务比没有难度或者难度过大的任务要好。目标理论发挥作用的一个必要前提,就是员工必须承认并接受具体的目标。

六、主要激励理论在旅游企业员工激励中的运用

(一) 需求层次理论在旅游企业员工激励中的运用

需求层次理论的运用是针对具有不同需求层次的员工,采取不同的手段进行激励。例如,对于基层员工的生理需求,旅游企业要做到准时发放工资、不断改善工作条件等;在安全需求方面,旅游企业不仅要保障员工工作安全,还要依法签订劳动合同、足额缴纳社会保险。

1. 解决员工对工作缺乏稳定感的问题

在我国的旅游行业,员工对工作缺乏稳定感是一个突出的问题。工作的稳定感具有双重效应:一方面,如果旅游企业的经营管理对员工的工作稳定感威胁太大,会使其无法安心本职工作;另一方面,如果员工感到绝对没有来自工作稳定性的威胁,往往会产生懈怠情绪,工作上缺乏动力。就我国旅游企业人力资源管理现状来看,对员工工作稳定感威胁过大的主要方面,表现在员工年龄问题和管理制度上。

(1) 年轻化压力。旅游企业的工作特点决定了基层员工必须年轻化,尤其是酒店前台、餐厅和客房部及旅行社,对服务员、导游等一线员工的年龄要求比较苛刻。一般年轻人在旅游企业只能工作几年,合同期满后,除极少数人晋升或被吸收到二线从事辅助性工作外,绝大部分人会被灵活的用工制度推向社会。由于职业缺乏稳定感,使得旅游企业的基层员工普遍存在混几年再说的短期行为,这在客观上导致他们在工作上缺乏服务热情,工作表现更难以与企业的服务宗旨和经营目标保持一致。

事实上,旅游企业应该正视员工的年龄问题。在我国劳动力过剩的情况下,难免使一些旅游企业过于注意服务人员的外表与年龄,而忽视员工的内在素质和长远利益。但是,如果综合考虑培训费用、人事工作支出和服务质量,那么尽量延长员工在旅游企业工作的年限,甚至逐步使用中年服务人员,也能获得理想的服务效果。此外,还可以拓展旅游企业的业务范围,如酒店的洗衣房可以考虑承接外来洗涤业务,吸纳和消化那些年龄已不适合在一线工作的员工。

(2) 惩罚从严的压力。在一些旅游企业,管理制度严密,惩罚制度使用过多,动不动就用开除来威胁员工,使员工的危机感超过了稳定感。例如,有的旅游企业甚至规定员工迟到两次即开除,给员工的心理造成了极大的压力。当然,严格管理、奖惩严明是有利于企业的正常运转和保证高水平的服务质量的。但是,如果威胁过大,就会使员工形成逆反心理和出现短期行为,从长远看,不利于旅游企业的管理工作。因此,惩罚应该适度。

2. 改善管理层次和管理方式,使员工的自尊感得到满足

以国内的中高档酒店为例,在组织机构设置上通常借鉴国外酒店的管理模式,使得酒店分工明确、层次分明、逐级管理、组织严密,但是这些科学的组织方法必须辅以科学的管理手段。在一些由外方负责主要管理工作的酒店,由于职位的差别、收入的差别以及中西方思想意识的差别等,使得酒店管理形成"一级管一级,不可越级管理,有问题不能越级汇报"的局面,阻碍了员工与上级管理者的思想沟通,使普通员工甚至中低级管理人员产生了一种被排斥在酒店经营管理活动之外的疏远感和受人摆布的雇佣感,感到在酒店工作有强大的心理压力,从而漠视酒店的发展。因此,国内的旅游企业不仅仅要在形式上采纳西方管理模式,更重要的是应该认真学习西方企业"以人为本"的人力资源开发与管理思想,以获得理想的管理效果。

(二) 双因素理论在旅游企业员工激励中的运用

1. 工作丰富化

工作丰富化是根据双因素理论提出的一种新的劳动组织形式。这种劳动组织形式的核心内容是让员工参与工作的计划和流程设计,并在工作中及时得到信息反馈,从而自我评估和修正自己的工作,使员工对工作本身产生兴趣,并获得责任感和成就感。工作丰富化赋予员工更多的控制权、责任和自由决定权,以增加工作的深度,因此又被称为"纵向工作扩张"。

由于旅游企业的绝大多数服务性工作都是简单而重复的体力劳动,容易使员工产生厌恶感,失去工作兴趣和积极性。采取工作丰富化,旅游企业可以在服务方式和流程方面广泛接受员工的建议,并尝试采用多种服务形式来提高工作兴趣和成就感,从而激发员工积极性。例如,酒店餐饮部可以从厨师中选拔人员,参与到食品原材料的采购和库存管理中,使其工作内容在饭店整个餐饮生产链中前移,以激发员工的工作兴趣。

2. 工作扩大化

工作扩大化是指在横向水平上增加员工工作任务的数目或变化,使工作多样化,以减少因工作单调乏味而造成的员工满意度降低。由此可见,工作扩大化属于双因素理论中的保健因素,其激励效果并不明显。

工作扩大化是要让员工增加所从事的工作种类,掌握承担几项工作的技能,以加强其对工作的兴趣。因此,工作扩大化一方面可以提高工作效率,另一方面可以改善员工的工作满意度。对于旅游企业而言,可以通过这种工作调换,丰富员工的工作技能,做到"一专多能",在某一岗位出现劳动力紧张时,可以迅速在旅游企业内部进行调剂、增补,从而降低劳动成本。

工作扩大化主要适用于同一部门不同班组或不同职位之间的变动,有时也可以在部门之间进行工种的变换。尽管工作扩大化有时会给服务质量带来一定程度的不良影响,但是员工积极性的提高以及一专多能所创造的效益能够弥补这些损失。

(三) 期望理论在旅游企业员工激励中的运用

根据人的期望模式,旅游企业为了有效地激发员工的工作动机,需要处理好以下三个方面的关系:

1. 努力与绩效之间的关系

员工总是想通过努力达到一定的目标,取得绩效。在工作中,如果他们认为工作目标实现的可能性很大,就会有信心、决心,就会激发起强大的力量。但是,如果他们认为目标高不可攀、可望而不可即,或者目标太低、唾手可得,就会鼓不起干劲,失去内在的动力。因此,旅游企业在制定工作定额时,要根据员工工作的基本情况,经过仔细分析、研究来确定,决不可想当然,目标过高或过低都会使员工工作失去内驱力。

2. 绩效与奖励之间的关系

员工在实现目标之后,都期望达到预期的目的,即得到适当的、合理的奖励。奖励的形式可以是奖金、晋升、表扬、看到自己工作的成绩、得到同事的信任、提高个人威望等。如果员工做出贡献之后而没有得到相应合理的奖励,积极性就会降低,内驱力的作用就会削弱甚至消失;反之,员工得到了合理且及时的奖励,其积极的行为就能得以维持和发展。因此,旅游企业凡制定了工作指标,就必须在员工完成该项目标后及时落实激励措施。

3. 奖励与效价之间的关系

由于员工之间在年龄、性别、资历、社会地位和经济条件等方面存在差别,反映在需求上就有明显的个体差异。因此对待同一种奖励形式,员工所体验的效价是不一样的。为了提高奖励的效价,使其对员工产生强大的吸引力,企业应根据员工的需求,采取多种奖励形式,才能最大限度地挖掘员工的潜力。

例如,某五星级酒店在业务旺季为了进一步提高服务质量而开展评选"微笑大使"暨优秀服务员的活动。管理者在员工大会上宣布:根据两个月的服务工作表现,评选出 10 位优秀服务员,奖励这些服务员"东南亚 7 日游"。表 9-2 是客房部三位服务员的心理调查结果。

表 9-2 评选"优秀服务员"活动,员工心理调查统计

	甲	乙	丙
对获得"优秀服务员"可能性的评估(取值:0—1)	0.2	0.5	0.9
取得"优秀服务员"称号的重要性(取值:0—5)	5	3	5
本次奖励方式是否值得(取值:0—5)	4	5	3
本次奖励对自己未来发展的影响(取值:0—5)	3	4	2
结　果	0.2×5×4×3=12	0.5×3×5×4=30	0.9×5×3×2=27

从表 9-2 中的三个结果得分可以看出上述活动对员工激励的不同作用。其中,甲认为获胜的可能性很小,尽管获奖对其很重要,但最终还是会放弃努力;乙认为通过努力有可能获得"优秀服务员"称号,同时获奖对其至关重要,动力最大;丙认为获得"优秀服务员"称号唾手可得,也很重要,但是考虑其他影响,动力不大。

(四) 目标激励在旅游企业员工激励中的运用

目标激励就是企业运用所制定的目标来调动职工的积极性。目标设置对于一个企业来说至关重要,因为它不仅是一个企业在一定时期所要完成的任务,还决定着企业在一定时期的发展方向。

1. 目标设置的标准

(1) 具体性,是指设置的目标具有可衡量性,一个具体的目标不但可以为个人提供一种实现目标以后的满足感,而且能够为组织衡量其成员的工作绩效提供一个标准。目标设置得是否具体,所产生的行为效果是不同的。例如,如果某酒店餐饮部的月度经营目标是增加销售和利润,那么具体目标就可以定为"宴会销售额提高5%,酒水毛利率保持30%,总销售额提高10%"。

(2) 挑战性,是指实现设置目标需要努力的程度。人们普遍都有一种自我实现的要求,追求较高的目标往往是每个人的理想和抱负。当目标设置难度大,以致对个人来说具有挑战性时,就有可能产生较高水平的激励效果和绩效;相反,如果目标设置得过低,不仅使组织失去本可达到更高目标的可能,还会降低目标对员工的激励作用,使人们简单地按容易实现目标的节奏工作。

(3) 认同性,是指设置的目标要使员工愿意接受并转化为自己的目标。目标的实现单靠管理者的努力是不行的,而要靠全体员工的共同努力。目标能否实现,关系到每个组织成员的切身利益。因此,在设置目标的过程中,必须认真听取他们的意见,并把他们吸收到目标设置的活动当中,这样有利于激发全体员工关心和支持组织发展的热情,自觉地把组织的目标贯彻到自己的行为中。此外,管理者对设置的目标要有足够的信心和勇气,并敢于承担责任。

2. 目标设置的方法

目标激励理论的最大启示是:管理者应帮助下属设立具体的、有相当难度的目标,使下属认同并转化成自己的目标。除此之外,组织管理者在制定目标的过程中,还应注意和掌握以下三个方面的问题:

(1) 注意总体目标和阶段目标的结合,远期目标和近期目标的结合。为了保证旅游企业总体目标或远期目标的实现,在管理实践中,可以将总体目标或远期目标划分成若干个阶段目标或近期的小目标。这样做,第一,可充分调动组织成员的积极性,具体说来就是通过"大目标、小步子"的方式,使员工每完成一个小目标都感到与大目标的实现接近了一步,从而在心理上感到满足,受到鼓舞;第二,可以促使总体目标或远期目标的稳步实现。

(2) 目标的设置必须注意目标的可度量性与不可度量性的结合。设置的目标要具体,同时找到一种有意义的和有效的目标衡量手段是非常重要的,这种目标衡量手段可以作为实现目标的指示器。一个科学合理的目标,其完整的内容应是可度量性与不可度量性两方面的结合。例如,某酒店提出通过提高顾客满意度,使客房的平均出租率提高15%,达到90%。显然,后者的数字化指标是可度量的,而前者顾客满意度则是难以准确度量的。

(3) 目标必须与员工的现实需求相联系。目标的形成过程是人们产生需求、诱发动机并导致行为的整个过程。在目标实现的过程中,最好是员工的物质需求与精神需求同时得到满足,这样才能起到激发员工积极性的作用;反之,如果设置的目标不能在一定程度上为员工带来需求的满足,那么这种目标注定是不能实现的。

（五）强化理论在旅游企业员工激励中的运用

1. 依靠正强化手段，调整员工工作情绪

学习和使用正强化手段是旅游企业管理者必须掌握的人力资源管理方法之一。旅游服务工作的质量与数量并不像工厂产品的质量与数量那样易于检查和掌握，特别是服务质量，往往是由接受者（即顾客）的心理感受来确定的，而员工在工作中所表现出的服务质量又与个人情绪和自信心有很大的关系。员工的心境与情绪、服务意识与能力、自信心的培养等都需要管理者采用正强化的手段进行管理，即在日常工作中及时发现员工的优点、长处和成绩，并适时地加以赞美、表扬和奖励。对员工的工作表现经常采取正强化，不仅能收到比较好的管理效果，还有利于树立管理者的威信。

2. 采用负强化手段，双重制约思想、行为

对员工不良的工作表现，管理者应采取批评、指责和处罚等负强化手段。需要注意的是，要让员工认识到惩罚并不是因为管理者对其个人其偏见，而是作为执行企业规章制度的一种选择，管理者仅仅是在履行职责。同时，在行使惩罚促使员工行为转变的过程中，还要争取员工思想方面的接受，即实现"双重制约"。所谓双重制约，是指要想改变员工的行为，就必须从员工的思想根源入手，使其意识到行为的不良后果，并在管理者的帮助下逐步改变不良的行为方式。

第三节　旅游企业员工激励管理的实践

一、合理控制员工工作压力

压力是常见的社会心理现象，实质上是指个体在环境中受到各种刺激因素的影响而产生的情绪和身体上的异常反应。压力发生在工作场所时称为工作压力，它是工作中当个人处理问题的能力与意识到的工作要求之间不相称时，与工作相关的不良刺激对个体所引起的负面主观体验和心理、生理反应。

（一）工作压力与工作绩效之间的关系

工作压力和工作绩效之间的关系可以用倒 U 曲线形象地表示出来（见图 9-5）。压力在一个最适宜的程度时会提高绩效；当工作压力过小或过大时，工作绩效都较低；当压力较小时，人处于松懈状态之中，工作绩效自然不高；当压力逐渐增大时，压力成为一种动力，激励人们努力工作，工作绩效将逐步提高；当压力等于人的最大承受能力时，人的工作绩效达到最大值；但当压力超过人的最大承受能力之后，压力就成为阻力，工作绩效也就随之降低。因此，工作压力对绩效的影响要一分为二地看待，应找到压力—绩效的最佳点并以此为标准，当工作压力较小时应适当增加压力，当工作压力较大时应缓解压力。

（二）工作压力管理

工作压力问题是指在工作环境中，使工作行为受到逼迫与威胁的压力源长期持续地作用于个体，在个体的主体特性及应对行为的影响下所产生的一系列生理、心理和行为反

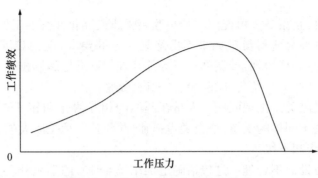

图 9-5　工作压力与工作绩效的关系

应的系统过程。工作压力可以导致员工积极的或消极的不同工作状态,并最终影响组织绩效。

对于组织管理而言,压力管理工作的有效开展必须包含组织管理维度和员工个体管理维度两个方面的内容。组织维度的压力管理,主要是工作压力结构系统的调整和优化,工作压力生成系统的控制管理,压力承受系统的改进管理,人力资源管理层面的各种压力管理机制的建立和完善。压力管理的组织维度为组织的压力管理提供了框架性和程序性的内容,是进行压力管理的制度保障。个体维度的压力管理表现为组织帮助员工更好地应对压力、战胜压力,缓解过高的工作压力带来的对个体身心的伤害。

对于个人管理而言,养成良好的工作习惯,有效地管理时间,正确地解决工作中遇到的危机,构建个人在组织中良好的人际关系,化解工作与家庭的冲突压力,同时加强自我身心的放松修炼等措施,都有利于员工个人更好地应对压力,缓解过高的工作压力给身心带来的影响。

(三) 旅游企业员工工作压力原因分析

旅游业作为劳动密集型行业,吸纳的员工不但数量多,而且层次复杂;出于种种原因,员工的流动率也较大。而导致员工流动率较大的原因之一是,员工承受着来自多方面的压力,员工除受到来自生活、社会的压力外,作为服务的主体,其主要压力来自工作方面。影响旅游企业员工的工作压力因素,主要出现在以下五个方面:

1. 角色模糊

所谓角色,是指一个人在与他人交往时所期望的行为模式。一个人的角色反映了其在社会系统中的地位以及相应的权利、义务和责任。工作中的角色模糊,是指员工对自己的工作职责、工作权限的权利与意义不清楚。具体地讲,就是:

(1) 一些旅游企业职位设置混乱、职责不清,这就容易造成员工角色不明确、多角色矛盾和负担过重。此外,在工作中接受多头领导,也会使员工在工作中茫然慌乱,无所适从,工作压力增大。

(2) 员工个人的职业生涯发展不畅。员工在旅游企业工作,不仅是为了得到金钱和物质方面的回报,还期望个人的能力和价值能随着企业的发展而提高与实现。如果员工的职业目标不明确、职业生涯停滞不前、感到工作的社会价值和社会地位比较低,或者担心工作不稳定,都会导致过重的心理负担,工作压力加大。

2. 角色冲突

所谓角色冲突，是指员工可能同时承担互相矛盾或互相冲突的工作职责，以至于相互干扰和妨碍。这种冲突使得员工如果不拒绝某一方的要求，就很难满足另一方的期望。例如，某旅行社的总经理得知，计调部和财务部经理都要求把编制预算的职能分派到自己的部门，此时总经理便面临角色冲突。具体地讲，就是：

（1）工作中人际关系出现问题。人是在群体的相互协作和相互影响中工作的，如果脱离了同事或失去了同事的支持，便会觉得孤独，并要独自承受巨大的工作压力。这里的同事包括上级、同级和下级。

（2）工作任务设计不合理。这包括确定工作任务时考虑不充分、工作任务不确定、工作单一或多变、工作无意义或易使人烦躁、员工技术不熟练等。

3. 角色过载

所谓角色过载，是指员工承担的工作超过了能力所能负担的极限。具体地讲，就是：

（1）工作时间安排不科学，包括轮班工作的随意性、工作时间不灵活、工作时间长短不可预知等都会给员工造成比较大的压力。

（2）工作量和工作速度要求不科学。工作量过重或者工作速度"超限"都会造成工作压力过大，只能迫使员工延长工作时间、加班加点，或者敷衍了事、降低工作质量，这不仅会损害员工的身心健康，还会影响旅游企业的经济效益。

4. 缺乏参与感

所谓参与感，是指员工对工作的自主权限和参与决策程度的主观感觉。当员工的工作能力不能满足工作所赋予的自由度和控制度时，员工在工作中就会感到缺乏参与感，做决定时优柔寡断或者觉得自己控制不了工作，从而造成不必要的工作压力。

5. 缺乏社会支持感

所谓社会支持感，是指员工所感知到的从企业、社会和家庭获得的支持与帮助。当工作需求与家庭需求之间产生矛盾时，自己的工作得不到家庭成员的支持和尊重等，这种影响会映射到工作中，从而产生不良的压力。

（四）从生理和心理方面减轻员工工作压力的措施

1. 为员工提供压力管理的信息和知识

旅游企业可以为员工订购有关保持心理健康的图书、杂志，供员工免费阅读。这也能体现企业对员工成长与健康的真正关心，使员工感受到来自企业的关怀与尊重，从而转化为一种有效的激励，激发员工提高绩效，进而提高整个组织的绩效。

旅游企业还可以针对本企业员工开设微信公众号，普及个人心理保健知识；有条件的企业还可开设有关压力管理的课程，告知员工诸如压力的严重后果、代价（如疾病、工作中死亡、事故受伤、医疗花费、生产率下降而造成潜在收入损失等），压力的早期预警信号（生理症状、情绪症状、行为症状、精神症状），压力的自我调适方法（如健康食谱、有规律锻炼身体、学着放松和睡个好觉、发展个人兴趣爱好等），让员工筑起"心理免疫"的堤坝，增强心理"抗震"能力。

2. 向员工提供保健或健康项目，鼓励员工养成健康的生活方式

有条件的旅游企业可以建立专门的员工健身室，向员工提供各种锻炼、放松设备，让

员工免费使用。健身和运动不仅可以保持员工的生理健康(心理健康的基础),还可以使员工的工作压力在很大程度上得到释放和宣泄。

3. 提供免费心理咨询

心理咨询在为员工提供精神支持与心理辅导、帮助其提高社会适应能力、缓解心理压力、保持心理健康方面是一种十分有效的科学方法。工作压力大的旅游企业可以考虑聘请资深专业人士为心理咨询员,免费向承受较大压力的员工提供心理咨询。心理咨询可以帮助员工处理特殊的人际关系或与工作相关的问题,提高员工的抗压能力。

二、挖掘员工可激励因素

激励的效果决定于激励手段和激励对象这两个基本的要素。因此,在研究和寻找有效的激励手段之前,首先要真正地了解被激励的员工。

(一) 认识员工

对于旅游企业管理者来说,结识自己所管辖的员工似乎并不是一件难事,每日打交道都已十分熟悉;但是,作为管理者,将认识员工停留在表面上那就彻底错了,因为要想管理好员工、有效激发员工的积极性,就必须深入了解员工的心理需求。

认识员工的最佳方法是观察员工。观察其工作情况、对管理者的态度、对同事的态度和与同事的关系、对顾客的态度和与顾客的关系,提出的问题,其动作、反应,在讲话及听讲时的表情;什么事情使其高兴、什么事情使其沮丧,在短暂接触中的谈话内容是什么。员工的兴趣、爱好也是要观察的内容。根据以上的观察,管理者要发掘员工的真正需求、动机和目前的状况。但是,在观察员工的表现时,要注意规避员工的个人隐私。

(二) 建立对员工的信任

信任是对员工进行管理和建立一个高绩效组织的基本要素,是建立所有其他关系的基础。如果员工感觉上级并不相信他们能够很好地完成工作,那么只要没有获得批准,他们就不愿意额外做任何事情;相反,如果员工感觉上级相信他们能把工作干好,就会努力把工作做完美来回报上级的信任。

(三) 重视员工的需求

管理者通过观察和了解员工,不难发现不同员工的需求是什么。在此基础上,应该采取有针对性的措施来满足员工的需求。

以满足员工的社交需求为例,管理者要考虑三个方面:一是满足员工的被接受需求。这是指每一位员工都希望受到管理者的重视和尊重,管理者与每位员工的交往方式可能不一样,但是原则与标准应一致,决不应该厚此薄彼、以貌取人、"一碗水端不平"。管理者要以工作成绩作为主要的衡量标准,如面对一间收拾整洁的客房、一道创新的佳肴等,都应该对员工的工作加以肯定,从而使员工感到自身在企业内存在的价值。二是尊重员工的归属需求。为了强化员工的归属感,管理者要与员工之间建立起开放式的信息沟通网络,员工能与管理者畅所欲言,有利于管理者了解工作情况,增强对员工的信赖。三是要尊重员工的非正式团体。只要这些非正式团体对旅游企业的目标实现无不利影响,就应尊重员工的选择、信任员工,管理者可以不介入该团体。

（四）多依靠积极强化方式，调整员工工作情绪

员工在工作中所表现出的服务质量又与个人情绪和自信心有很大的关系。员工的心境与情绪、公关意识与能力、自信心的培养等，都需要管理者经常采用积极强化的手段进行管理。积极强化的具体方式包括称赞、公开表扬和奖励等。积极强化不但有利于收到比较好的管理效果，而且能树立管理者的威信。

（五）罚不迁列，赏不逾时

"罚不迁列，赏不逾时"语出《司马法·天子之义第二》："罚不迁列，欲民速睹为不善之害也。赏不逾时，欲民速得为善之利也。"意思是说：行罚要当场，好让百姓迅速看到为非作歹的害处；行赏要及时，让百姓及时得到为善的好处。赏和罚是古今中外将帅治军的重要手段，也是现代管理者的用人之道。在现代旅游企业管理中，惩罚和奖赏都是行之有效的激励手段。惩罚的形式和内容是多种多样的，有以剥夺或削减收入为主的物质惩罚；也有如降职、公开处分等形式的剥夺或削减高层次需求的精神惩罚。惩罚的关键在于客观、适度。奖励的效果取决于奖励的时间性和奖励形式的有效性。奖励并不一定是多花钱才有效果，管理者的口头表扬、对下属工作的认可、证书、福利、有薪度假等都能起到激励作用。

三、标杆激励

（一）标杆激励与标杆管理

标杆管理是现代企业经营管理活动中支持企业不断改进和获得竞争优势的最重要的管理方式之一。标杆管理是一个系统的、持续性的评估过程，不断地将企业流程与世界上居领先地位的企业相比较，以获得帮助企业改善经营绩效的信息。简单地讲，标杆管理就是确立具体的先进榜样，解剖其各项指标，不断向其学习，发现并解决旅游企业自身问题，最终赶上和超过它的这样一个持续渐进的学习、变革与创新过程。

标杆管理的基本环节是以最强的竞争对手，或者那些行业中领先和最有名望的企业在产品、服务或流程方面的绩效及实践措施为基准，树立学习和追赶的目标，将本企业的实际状况与这些基准进行定量化评价和比较，分析基准企业达到优秀绩效水平的原因，并在此基础上选取改进本企业绩效的最佳策略，争取赶上和超过对手，成为强中之强。

标杆管理为企业提供了一种可行、可信的奋斗目标，以及追求不断改进的思路，是发现新目标以及寻求如何实现这一目标的一种手段和工具。因此，标杆管理的积极意义在于能有效地激励员工不断进取。

（二）标杆激励的主要类型

1. 内部标杆激励

内部标杆激励是最简单且易操作的标杆激励方式之一。辨识内部绩效标杆的标准——在旅游企业内部确立主要标杆目标，做到内部信息共享；辨识旅游企业内部最佳职能或流程及其实践，然后推广到组织的其他部门。例如，某酒店客房部根据顾客的住宿登记，了解顾客的个人信息，为其提供个性化的服务，从而获得了顾客的赞许；餐饮部在了解了客房部这一服务精髓后，可以结合自己部门的特点，建立顾客特殊就餐档案，对那些在

酒店餐饮部举行过婚礼庆典和生日聚餐的顾客,在来年的同一时间提前发出祝贺和邀请,创造有自己特色的顾客满意度。

2. 竞争标杆激励

竞争标杆激励的目标是与有着相同市场的旅游企业在服务和工作流程等方面的绩效与实践进行比较,直接面对竞争者。这类标杆激励的实施比较困难,原因在于除公共领域的信息容易获得外,其他关于竞争对手的信息不易获得。

3. 职能标杆激励

职能标杆激励是以行业领先者或某些企业的优秀职能操作为基准进行的标杆管理。这类标杆管理的合作者常常相互分享一些技术和市场信息,标杆的基准是外部企业(但非竞争对手)及其职能或业务实践。由于不是直接的竞争对手,因此合作者往往较愿意提供和分享技术与市场信息。例如,全球500强的美孚石油公司为了提高加油站的顾客满意度,经过调查发现,80%的顾客需要"能提供帮助的友好员工",于是美孚石油公司找到号称美国最温馨酒店的丽思卡尔顿酒店,因为丽思卡尔顿酒店的服务人员总能保持招牌般的甜蜜微笑,由此获得了不寻常的顾客满意度。通过实地观察、感受以及电话访谈,美孚石油公司从丽思卡尔顿酒店员工自豪地为顾客提供满意服务这方面,发现了加油站可以学习借鉴的东西。

四、工作激励

(一)工作环境激励

工作环境不仅是指工作的物理环境(如卫生、气温、噪声、照明、设备和员工休息室等),更重要的是指工作的社会环境,如员工与管理者和其他员工之间的关系、工作时间、工资待遇、福利以及旅游企业的规章制度等。这些都是双因素理论所指的保健因素。无论保健因素是否具有激励作用,作为管理者来说,创造一个良好的工作环境是激励员工的首要工作。在社会环境方面,管理者要重视开放的信息沟通系统的建立,与员工之间建立相互信任的人际关系,尊重每位员工的贡献,努力将工资和福利待遇提高到竞争对手的水平。

(二)工作内容激励

有时员工在完成工作的同时,可以满足其兴趣和追求自我实现的成就欲(即高层次的需求)。因此,工作本身也具有激励作用。为了发挥工作内容激励的效果,在管理中要注意以下三个方面:

1. 人尽其才

这是指人与工作之间达到最佳匹配,使员工在适合的工作职位上发挥自己的能力与才干。这要求管理者深入了解每位员工,根据员工的兴趣、特点和能力等方面安排工作职位,因为人尽其才往往是最大的工作动力。

2. 工作丰富化

工作丰富化是根据双因素理论提出的一种新的劳动组织形式。请参阅本章第二节第六部分。

3. 工作扩大化

工作范围有广度和深度两个维度。工作广度是员工直接负责的不同任务的数量。对那些只有比较狭窄的工作广度的员工,要求其承担更多的工作职责,以减少工作中的单调乏味,这个过程就是工作扩大化。请参阅本章第二节第六部分。

五、领导行为激励

(一) 情绪激励

管理者自身的心境和情绪具有传递性与感染力,管理者的情绪能对下属产生影响。管理者高昂的情绪、十足的信心和奋发的斗志往往能极大地调动员工的积极性。因此,管理者在要求员工具有积极性时,首先要自己情绪高昂。此外,管理者要敢于承担责任,只有这样,员工的目标和信念才会坚定。

(二) 期望激励

管理者充分信任员工并对员工抱有较高的期望,员工就会充满信心。研究表明,在一个组织中,管理者对下属的期望高低与员工的劳动效率和工作动机有着直接联系。

"你希望我做什么"、"我在旅游企业服务中扮演什么角色"、"什么叫顾客满意"、"我怎样才能达到你所规定的绩效标准",每一位管理者都必须能够准确地回答员工提出的这些问题,而且答案应当清楚明确。对员工的期望越具体、越明确,员工实现和超越这些期望的可能性就越大。当然,如果管理者对下属期望过高,员工可望而不可即,就无法激发员工的工作积极性。

(三) 榜样激励

管理者的行为本身具有榜样作用和可效仿作用。我国自古就有"上行下效"之说,因此为了引导下属,管理者自身必须树立起榜样。管理者的工作言行,决不仅仅是个人的事,会直接影响下属的行为。要想有效地激励员工,管理者就不要忘记树立良好的榜样。

六、员工行为矫正

(一) 行为矫正的含义

行为矫正是指在旅游企业严密规章制度的基础上,调整与矫正员工的行为,使之遵章守纪,完成旅游企业的工作目标。严格地讲,行为矫正是一种被动激励员工的措施。

(二) 行为矫正的手段

行为矫正的手段通常可以归为两类:一类是以指导性培训为主,即积极矫正;另一类是以惩罚为主,即消极矫正。在实践中,管理者采取积极矫正还是消极矫正,与管理者信奉哪一种人性假设理论有很大关系。

1. 积极矫正

积极矫正是指管理者认为员工是勤奋且自觉的,出现工作失误后,只要给予说服教育、帮助他们改进工作,克服思想上和工作上的困难,那么违规犯纪的现象就会减少,旅游企业的规章制度还能得到强化。当然,如果通过帮助、培训、教育之后,一些员工仍然不改悔,那么惩罚仍然是必要的。

积极矫正通常采用的方式可以归纳如下:

(1) 口头提示。友好地指出员工的工作失误,解释这种错误的不利后果,让员工制定改进工作的措施。

(2) 书面提示。当员工二次违纪时,找到员工,态度严肃地与其单独谈话,找出二次违纪的原因。最后,以书面形式将该员工的违纪情况做记录,放入员工档案。此外,要与员工达成一份改进工作的计划。

(3) 停职反省。当员工多次违纪时,管理者应无情地指出员工的错误行为,反复强调规章制度,表示不愿失去这位员工,但要么必须改正错误、以后不犯,要么离职。为了使员工反省,旅游企业可以停止该员工的工作,但依然发放工资,在几天内等待该员工的回答。许多员工在旅游企业工作时,并没有感到有什么值得留恋的,但是一旦失业,则很快会发现原来的工作难得。

(4) 劝辞。如果停职反省的员工最后决定不再上班,那就是自己开除了自己而不是旅游企业开除了他。即使员工离开了这家旅游企业,他依然会感到旅游企业的宽容与大度。管理实践发现,70%的员工会自动返回工作岗位,愿意遵守规章制度,并接受规章制度所列出的处罚。

积极矫正有利于建立起管理者与员工之间良好的合作关系,减轻双方的矛盾冲突,降低员工流动率,提高管理者的威信。

2. 消极矫正

一些管理者认为,如果员工违反企业的规章制度就必须加以惩处。这样,该员工不仅不会再犯错误,还能起到警示他人的作用。现阶段,这种以惩罚为主的消极矫正的效果被许多旅游企业的管理者肯定,他们认为旅游服务业的工作性质和员工的心态决定了使用严格规章、严格惩罚可以取得比较好的效果,这也是提高服务质量的重要管理手段。

消极矫正通常采用的方式可归纳为:

(1) 口头警告。警告员工不要再犯。

(2) 书面通告。以书面形式通告员工已两次违规,做出公开批评。

(3) 惩罚。采用物质性惩罚,如扣奖金、扣工资等;或者采取精神性惩罚,如当众批评、记过、降职等。

(4) 开除。如果员工屡教不改或严重违反规章制度,给旅游企业带来巨大的经济损失,则应考虑给予开除处分。

以惩罚为主的消极矫正,本身存在一些弊病。首先,消极矫正只是达到惩前毖后的目的,却没有从根本上解决员工的问题。当员工因畏惧而受到"激励"时,他们不会尽力地追求最佳的工作状态,而是更关心如何避免被解雇。其次,惩罚经常会引起员工的尴尬、逆反、愤怒、敌对情绪,从而导致员工集体与管理者之间的心理对抗,破坏彼此的沟通和合作。最后,消极矫正导致消极的结果,可能会造成惩罚无休止地进行,从而形成一种恶性循环。

七、互联网时代的员工激励

互联网时代是一个人与社会、人与组织、人与人、现实世界与虚拟世界都形成相互关联、彼此交融、互联互通的零距离时代(彭剑锋,2014)。互联网开启了数字化的时代,稀缺资源得以充分利用和优化。舍恩伯格和库克耶在《大数据时代》一书中指出,大数据开启了一次重大的时代转型,带来了一场生活、工作与思维的大变革。当互联网在企业经营中发挥越来越大的作用时,互联网本身所具备的去中心化、平等、草根效应在人力资源管理方面开始发挥影响力,企业可以通过开放的互联网平台不断收集员工需求信息大数据,注重员工的精神关怀和情感关注,让员工拥有更加自由、开放的组织环境,实现员工激励的创新。

(一)互联网时代下的员工变化

互联网时代的到来,给每一个行业都带来巨大的冲击。在互联网时代下,员工行为与思维都发生了一系列的变化[①]:

(1)随着传统工业时代逐渐向互联网时代转变,员工与组织之间的关系已由依附性转向平等性,原有的组织承诺概念已难以反映两者之间关系的本质属性。

(2)互联网时代是一个自主经营的时代,在这样的时代下,员工不再愿意被动地接受自上而下的唯一指令,而是渴望高度的自主化管理,在互联网时代,给予员工个性化发展空间变得尤为重要。

(3)互联网改变了员工间的沟通方式,员工不再强制性地依赖客观工作环境营造的沟通条件,而是可以自发自主、随时随地地通过网络完成工作中的沟通和协调等人际活动。这种工作方式的变化,意味着员工正在远离组织的影响力,仅以任务为载体保持与组织的合作关系。此外,这种工作方式也为个体同时为多个组织服务提供了时空条件。

(4)互联网增强了员工能力对组织发展的重要性。互联网突破了组织发展对资源集中的依赖,将创造和创新几乎随意地赋予了更多的个体,推动了个体平等意识和独立思考水平的提升。在互联网时代,组织和经验在市场竞争中的重要性变得越来越小,而具体的单个人的重要性变得越来越大。

(二)互联网时代员工激励的措施

1. 充分利用大数据,实现员工激励的即时性和准确性

(1)通过信息转换、数据化处理人力资源配置。旅游企业可以充分利用互联网设备,随时随地收集员工的信息,并将这些信息转化为数据。利用每一个数据的价值,可以建立相应的模型,分析员工的行为与情感,将人力资源价值数据化。结合大量的数据分析,可以制定出相对正确的用人决策;精准选人,从而实现人力资源的合理利用;适人适岗,充分发挥员工的价值。

(2)健全人力资源系统,形成人才价值体系。通过人力资源信息的大数据化,辅以适当的模型,旅游企业可以构建一个全面的人才系统,实现精准选人、全面发展人、供应链化

---

① 李艳.互联网时代的员工激励问题研究[J].财经问题研究,2016(06).

培养人,形成完善的人才价值体系。在互联网时代,员工越来越重视个体行为,自我意识也越来越强烈,所以企业若想充分且有效地利用人才资源,必须充分了解每一个员工的现状与发展潜力,为员工打造全面且合理的发展平台,让每一个员工都感受到自己受到企业重视、自我价值有机会实现,从而达到激励员工的效果。

(3)充分利用互联网平台对员工的工作表现进行即时反馈。由于人力资源系统的构建以及信息的充分数据化,旅游企业可以通过互联网平台对员工绩效进行即时反馈,员工可以通过网络平台即时了解自己的工作表现,还可以对企业的反馈做出回应,参与到管理工作中。这样一来,绩效考核具备了及时性与互动性,更全面地对员工进行评价,表达企业对员工的关注,实现员工激励的即时性。

2. 利用互联网平台对员工的表现及时做出反应,实现对员工的精神激励

(1)零距离交流平台的构建,与员工进行情感链接。由于互联网时代带来的透明化、互动化零距离交流,员工可通过更便捷的渠道让企业了解自身的价值诉求和精神需要,这就要求企业构建一个零距离交流的平台,通过这一平台直接接收来自员工的互动信息,并给予及时反馈,实现与员工的情感链接。企业可以通过透明化的交流平台,如微信、微博、BBS(bulletin board system,电子公告牌系统)等方式,给员工提供和上级平等交流的机会,在彼此了解的过程中增进企业和员工的信任度,建立情感链接,使员工感到受企业重视。

(2)从高冷批判到认可与鼓励。在移动互联网时代,人人都可以成为新时代的"网红",人人都可以成为话题的中心。此时员工的自我意识成为一种风尚,企业要高度重视员工的个人诉求和话语权,管理者要学会尊重员工,改变高冷、随意批判的态度;要学会认可和鼓励员工,在员工需要时的给予员工一份温暖,这便是互联网时代员工激励的特点之一。

3. 构建平等的去中心化"网络体"结构,营造良好的激励环境

(1)去中心化,注重员工个体价值。随着顾客与旅游企业的相互作用和协商机制的不断平衡、组织结构的不断完善,旅游企业的领导者有机会从决策者角色中解脱出来,组织结构逐渐朝着平等的、去中心化"网络体"结构发展。这一趋势是把每一个员工都看作组织结构的关键结点,充分重视员工的个人价值,让员工在自己的岗位上发挥关键作用。

(2)注重真正的核心,创造最大化价值。在互联网时代,旅游企业真正的核心不是起决策作用的领导者,而是顾客。顾客可以通过互联网,给企业带来巨大利益,或者让企业备受社会舆论攻击与抵制,从而带来巨大损失。而员工作为最贴近顾客、了解顾客的群体,企业应当给予其充分的重视,使其能够根据顾客的需求迅速、灵活地做出反应,实现顾客的价值创造。

(3)实现企业结构的扁平化。自上而下的金字塔型企业难以摆脱传统企业的弊病,对员工难以做到无差异化平等对待,也难以营造良好的激励环境。企业的去中心化"网络体"结构是具有发散性的,同时又应该是扁平的。互联网思维强调开放、协作、分享,旅游企业的组织内部也同样如此。

4. 构建员工的内在驱动力,实现自我激励

美国学者丹尼尔·平克在《驱动力》一书中指出,"胡萝卜+大棒"这样的外部激励措施已不是激励管理者自己和其他人的最好方法,人的驱动力来自自主、专精和目的。对

此，互联网时代的员工激励要高度重视：

（1）赋予员工更多的自主权。在互联网时代，员工自主意识加强，个性化特征也不断显现出来。因此，组织应当给予员工更大的话语权，越接近顾客、越能满足顾客需求的员工越具备话语权，成为价值创造的核心，实现自主经营。

（2）实现"专精"。所谓"专精"，是指把某项事情做得越来越好。话语权的赋予，是让员工在企业资源分配、产品改进方面具有更大的权威性。要构建员工的内在驱动力，还必须让员工能够在自己的工作岗位上越做越好。企业必须持续关注员工价值，进行工作协调，将员工的工作任务与个人能力相匹配，使员工在工作中寻找到正确的心理定向，并为此不断追求、不断深思，切身投入到工作中。

（3）设定目标。实践证明，如果员工在企业中能拥有更大的自主权，同时又朝着"专精"不断努力，那么员工的表现肯定是极为出色的。如果没有更远大的目标，员工的努力就会缺乏成就感，失去自我激励的意义。因此，在旅游企业将员工的工作任务与个人能力相匹配时，应当同时设定相应的目标，让员工在不断完成工作目标的过程中收获满足感，并对新目标产生挑战感，不断实现自我激励。

【关键术语】

需求（need）
动机（motive）
积极性（initiative）
激励（motivation）
X 理论（theory X）
Y 理论（theory Y）
超 Y 理论（theory super Y）
需求层次理论（needs hierarchy theory）
ERG 理论（ERG theory）
双因素理论（motivation-hygiene theory）
成就需求理论（achievement motivation theory）

期望理论（expectancy theory）
公平理论（equity theory）
强化理论（reinforcement theory）
工作压力（job stress）
角色（role）
标杆激励（benchmarking incentive）
工作激励（work motivation）
领导行为激励（leader behavior motivation）
员工行为矫正（employee behavior modification）
驱动力（drive）

【复习思考题】

1. 为什么激励员工要从研究员工的需求、动机和积极性入手？
2. 什么是激励？激励的三要素包括哪些方面？
3. 各种人性假设理论对激励措施的选择分别有什么重要影响？
4. 内容型激励理论和过程型激励理论有什么区别与联系？
5. 双因素理论对充分认识员工满意度有哪些贡献？
6. 需求层次理论中各层级之间存在什么样的关系？
7. 对员工的行为进行约束和管理，正强化的效果总是优于负强化吗？为什么？

8. 旅游企业如何运用期望理论对新入职员工的工作进行规划？
9. 领导行为激励主要包括哪些方面？其中什么是最有效的？为什么？
10. 如何做好互联网时代的员工激励？

【课后作业】

围绕"良好的工作环境""在组织内的提升和发展""丰厚的薪酬""工作安全"和"对员工所做工作的充分肯定和感激"这五个可以激励员工的因素，采用李斯特五点量表，设计一份包含 10 个问题的问卷调查表，目的是了解其中最有效的因素是什么，以及五种因素的排序。选择至少 3 家旅游企业，分别对企业的高层管理者、中层管理者和普通员工进行问卷调查，然后统计调查结果，比较旅游企业各层级对激励员工的因素存在什么分歧。

【案例学习】

中青旅推出"导游激励计划"

自《旅游法》实施以后，法律对"强制购物"的高压态势，使得不少以"购物返佣"为主要收入来源的导游收入锐减，一度出现了导游消极怠工甚至流失的情况。对此，中青旅控股股份有限公司(以下简称"中青旅")一方面重新梳理了全球范围内的合作供应商，以期理念同向，行动同步；另一方面加强对导游的管理和培训，增强导游领队的归属感，设计合理有效的导游激励政策。2013 年，一项针对一线导游涉及出境和国内百余条线路的"导游激励计划"在中青旅正式推出，其中的亮点是建立一套包含"顾客评价，表扬信，提供有价值建议和辅助产品创新"等内容的导游综合评估体系，令导游的收入更加透明化及可衡量，对导游服务实施正向激励。此外，地接社导游承接中青旅团队时必须持证上岗，并将在基本工资和服务费的基础上，依据中青旅顾客评议表和短信回访的反馈情况，获得相应的奖励费。

根据激励计划，每次旅游团结束后会给顾客一份针对导游的评价表，对于导游在此次行程接待中的各项进行最高 5 分的评分，如果顾客给出"全 5 分"，或顾客给出 5 分的占 80%、最低分数不低于 4 分，带团导游将享受团队人天数乘以相应倍数奖励。其中，全 5 分可得"10 倍基数"奖励，而"80% 5 分"可得"6 倍基数"奖励。中青旅此次推出的"导游激励计划"，同时包含相应的罚则，对于顾客评分过低的导游，会对相应的地接社进行处罚，责令其惩处相关导游员。

在《旅游法》严格实施的背景下，导游队伍开始从"导购"向"向导 + 保姆 + 保镖"转变，从诱导消费的"导购员"向专业旅游讲解的"导游员"回归，从简单的"带路人"向宣传民俗礼仪、督导文明旅游、协助顾客理性维权转变，从单一职能向全能型旅游管家转变。在此过程中，导游服务将更纯粹，风险压力逐步减轻，收入报酬也将更透明、可评估。以中青旅一名初级导游为例，如该导游月均接待两个分别为期 5 天的团队共 50 人，"全 5 分"可以加薪：250 元 × 10 = 2 500 元，总收入：2 000 元(基本工资) + 2 000 元(服务费) + "全 5 分"加薪，其月收入可以达到 6 500 元以上，高于北京市 2012 年度月均 5 223 元的工资标准。

对此，中青旅副总裁高志权指出，诚信热情、专业精熟的导游，是旅游服务团队的"灵魂"人物，是消费者快乐旅游的关键因素。优秀导游人才的流失，将是旅游行业的最大损失。在CPI居高不下的背景下，导游收入大幅降低，既不利于旅游服务质量的提升，也不利于旅游行业的可持续发展。

高志权表示，面对《旅游法》，中青旅考虑更多的课题是如何从规范经营上升到追求卓越，而以导游为核心的现场服务，则是提升客户体验的关键所在。"导游激励计划"的推出，是中青旅率先释放重视人才、重视服务价值的明确信号，给导游员服下定心丸，免除其后顾之忧，从而心无旁骛地投入到提升服务质量的本职工作中。计划直接受益的是导游，最终受益的必将是消费者。

由于较早实施了导游领队基本工资制和服务费制，中青旅的导游队伍保持稳定，从业三年以上的导游几乎无人放弃导游职业。但高志权同时指出："《旅游法》实施后，导游队伍势必面临一次大换血。对依靠优质诚信服务获得合理报酬没有自信、没有能力的导游将被淘汰出局。这是行业的阵痛，但对行业健康发展有益。"

李玲.中青旅推出《导游激励计划》(N).中国旅游报,2013-12-2.

案例思考题：

1. 请分析中青旅"导游激励计划"的设计原理。
2. 中青旅"导游激励计划"有什么现实意义？
3. 中青旅能否通过"导游激励计划"在人力资源和导游服务两个方面建立自己的核心竞争力？为什么？

第十章 员工职业生涯发展

> **知识要求**

通过本章学习,学生应该掌握六项基本知识:
- 职业的概念及其特点
- 员工职业选择的理论依据
- 旅游企业员工职业流动的主要类型
- 职业生涯的含义
- 员工职业生涯设计的含义
- 职业生涯发展的主要途径

> **技能要求**

通过本章学习,学生应该掌握三项管理技能:
- 根据职业选择理论,明确职业选择的一般步骤
- 根据员工职业生涯设计的步骤,初步拟定一份自己理想中的职业生涯发展规划
- 掌握旅游企业在员工职业生涯设计中可作为的方面

引 例

机器人来啦

一名叫"阿洛"(A.L.O.)的酒店管家,最近成了"名人"。喜达屋酒店与度假村国际集团(Starwood Hotels & Resorts Worldwide)旗下位于美国硅谷库比蒂诺的雅乐轩酒店(A-loft Hotel),顾客总是点名要求"他"亲自上门提供服务。

收到顾客的要求后,"阿洛"会很快从酒店二层搭乘电梯到相应的客房门口;与顾客"交谈"的同时,递上毛巾、牙刷之类的洗漱用品。如果顾客对"阿洛"的服务感到满意,随口说出一些赞美之辞,"他"还会高兴地旋转起舞。

这名热情活泼、举止夸张的管家,其实是一台机器人。外形上,"阿洛"颇为讨喜:周身滚圆、下盘稍宽,白色与灰色相间的配色,看上去就像酒店服务生经典的西装配白衬衫的穿着。"阿洛"的程序指令是根据客房服务员的工作说明编写的,主要功能是充当酒店服务人员的助手,保持随时待命状态,负责协助服务人员把物品送至客房。收到指令之后,佩戴着铭牌的"阿洛"就会发出"啾啾"的提示音,然后按既定的服务流程完成一项项

工作。

在素来追求私人管家式定制化服务的酒店业,技术革新的速度总显得有些缓慢。相比冷冰冰的技术,各酒店更愿意推崇一对一的人性化服务。

作为喜达屋旗下强调旅行趣味的品牌,雅乐轩成为第一家尝试采用机器人为顾客提供服务的酒店。"我们希望通过各种方法持续为顾客体验增强新鲜感。"喜达屋酒店与度假村集团大中华区市场营销副总裁黄劼介绍说。

在真正启用机器人管家"阿洛"之前,雅乐轩在酒店内部和外界都进行了一次正式通告,就像其他重要的新人事任命一样,一本正经地向公众附上其简介、个性介绍和背景资料。

雅乐轩希望这台机器人像《机器人总动员》中的瓦力那样能干,又有《杰森一家》中的保姆机器人罗西的幽默。喜达屋特色精选品牌全球品牌总裁 Brian Mc Guinness 表示:"服务型机器人是许多人童年时期听过的各种故事中的机器人的奇迹集合体,现在我们想让顾客的想象成真。"

然而,趣味并不是雅乐轩最主要的目标,它还希望能借此改变酒店服务形式。目前看来,至少在解放人力方面,已有可能发生一些改变。在无须提供服务时,"阿洛"会自动返回充电站充电,电量充满之后能持续运行4—6个小时。由于配备了摄像头,在顾客打开房门的瞬间,"阿洛"就能迅速感知,然后自行解锁,打开身上盛装洗漱用品的盖子,并在屏幕上提供执行指令,提醒顾客拿走物品然后关上盖子。

"服务型机器人将解放现有的员工,使他们有时间为顾客打造更加个性化的体验。技术的投入并不是为了取代人,而是能让我们的酒店员工有更多时间做他们擅长的事。"黄劼解释说。

资料来源:郭苏妍.机器人管家占领酒店[J].第一财经周刊,2014(31).

在相当长的一段时间内,很多管理者乃至普通员工,都认为旅游行业属于劳动密集型,但是随着劳动力成本的快速上升以及信息技术的广泛应用,机器取代人工这一趋势已经开始在旅游行业显现。因此,我们应该以积极的态度看待技术进步对传统职业能力的冲击,清楚地认识职业选择的要素,科学地规划职业生涯,这不仅是员工个人的事情,也是旅游企业人力资源开发的责任。

第一节 职业的选择

一、职业的概念

所谓职业,是人们为了获取物质报酬而从事的连续性社会活动,是指人们从事的相对稳定的、有收入的、专门类别的工作,是人的社会角色的一个极为重要的方面。

职业贯穿了员工选择工作、掌握必要的工作技能、确立自己在工作中的地位,以及获得工作回报等多个环节。

对于职业的理解,员工个体和企业组织存在一定的差异。美国学者埃德加·H.施恩在其著作《职业的有效管理》中提出了"内职业"和"外职业"两个概念。所谓"内职业",是个人追求的一种职业,在内职业中,员工个体力图使工作与个人的其他需求(如维持生活和提高生活质量、安全、社会交往、获得尊重、价值实现等)、家庭义务及个人休闲等达成平衡。对个人来讲,如何处理工作、家庭、自我之间出现的冲突,使之最大限度地协调,这将贯穿整个职业。内职业是员工个体追求自我职业过程中经历的通路,所以称为"内职业"。"外职业"则是相对企业组织而言的职业,表示组织努力为员工在组织的职业进程中确立一条有所依循的、可感知的、可行的发展通路,相对于内职业来说,外职业是外在的客观存在。

二、职业的特点

(一)专业性

职业是社会分工的必然产物。不同职业对从业人员有不同的要求,越来越多的职业对从业人员提出了职业进入的资格条件。对旅游企业而言,这种资格条件一方面取决于从业人员的身体条件,另一方面则取决于从业人员的知识和技能水平。由于旅游行业的特殊性,一些职业对从业人员的生理条件会有所要求,例如导游不能是口吃,厨师必须不能是色盲,酒店前厅接待员应该五官端正等;还有一些职业则根据工作内容的特点会对从业人员的专业技能有一定的侧重性要求,例如四星级酒店的酒吧调酒师应该具备一门以上外语口语交流能力。

(二)经济性

员工从事某项职业工作,目的是从中取得经济收入。换句话说,员工是为了取得收入,才长期、稳定地承担某项社会分工,在企业中从事该项职业。没有经济报酬的工作不是职业工作。因此,旅游企业应该根据职业内容的不同,为员工提供能体现其职业价值的报酬。职业价值一方面是员工在工作过程中创造出的财富水平的体现,另一方面还受到当时社会对该职业认可程度的影响。

(三)社会性

职业是员工所进行的社会工作,职业的产生是社会分工的必然结果。例如,家庭主妇和保姆可以从事同样内容的劳动,但保姆是一种职业,而家庭主妇却不是,因为保姆的劳动是社会分工的结果,而家庭主妇的劳动不是。

(四)稳定性

员工在比较长的时期内连续从事的某种社会工作,才称为员工的职业。就员工个人而言,如果今天在酒店做厨师,明天在高尔夫球场干球童,后天又改行到旅游景区做保安,其具体的职业就很难确定。也就是说,离开了工作的稳定性,员工的个人职业是无从谈起的。

三、职业分类

职业是社会分工的必然产物,但具体如何分工,划分成什么工种、岗位,则是人们根据客观经济运行与社会经济发展的需要而设置、划分和归类,即进行职业分类。因为各国经济发展水平不同,社会发展历史各异,不同国家对职业的具体分类不尽相同。

国际劳工组织(简称ILO)2008年版《国际标准职业分类》将职业分为10大类:(1)管理人员;(2)专业人员;(3)技术和辅助专业人员;(4)办事人员;(5)服务与销售人员;(6)农业、林业和渔业技术工人;(7)手(工)艺人和有关行业的工人;(8)设备与机械操作工和装配工;(9)简单劳动职业者;(10)武装军人职业。

我国根据国情,按从业人员所从事的社会经济活动的同一性或工作性质的同一性进行了职业分类,《中华人民共和国职业分类大典(2015)》将全国职业分为8大类:(1)党的机关、国家机关、群众团体和社会组织、企事业单位负责人;(2)专业技术人员;(3)办事人员和有关人员;(4)社会生产服务和生活服务人员;(5)农、林、牧、渔业生产及辅助人员;(6)生产制造及有关人员;(7)军人;(8)不便分类的其他从业人员。共计1481个细类职业。

四、职业分层

在人力资源管理工作中,对职业管理有直接影响的是职业分层。所谓职业分层,即按照职业的社会地位和社会对职业的价值取向所做的职业等级排位。职业分层是纵向的社会职业等级层次排位,它是以职业角色、职业声望为依据,确定员工的社会经济地位的方式。

职业分层与职业分类不同,它不是由政府做出的,而是由行业或企业内部根据当前的职业价值取向进行的排序(见表10-1)。职业分层能在很大程度上影响从业者的职业选择和对未来职业发展的期望。任何一个员工都愿意从事高社会地位、高社会声望的职业,他们会自主地根据自己的学历、技能水平和各方面条件,在原有职业地位的基础上,追求自己适合的、胜任的最高社会地位的职业。企业的职业生涯规划与发展正是在承认这种职业追求的合理性的基础上,为员工实现提供计划和相关的资源条件的过程。

表10-1 旅游企业职业分层

职业分层	说明
非熟练体力员工	在技术和责任方面要求最低的体力员工,如旅游景区清洁工和酒店行李员等
半熟练体力员工	以体力劳动为主,技术要求不高的员工,如酒店餐厅服务员、电梯工和洗衣工等
熟练体力员工	具有一定技能的体力员工,如普通厨师和SPA按摩师等
白领职员	包括各类职员和技术工人,如旅行社计调部文员、酒店前台接待员和收银员等非体力劳动的员工
普通经营管理者	如部门经理、主管等非旅游企业资产所有者
专业技术人员	如电脑工程师、高级厨师和娱乐部门的DJ等拥有较高技术或技能专长的员工
工商业者	如旅游企业所有者、总经理、总会计师和旅游企业其他高级管理者

五、职业取向

职业取向又称职业意向、职业期望、职业性向,是员工对某项职业的向往,是希望自己从事某项职业的态度倾向。职业取向是员工的一种主动追求,是员工将自身的兴趣、价值观、能力等与社会需要、社会就业机会进行协调后所确定的并力求实现的个人社会活动目标。

职业取向反映每个人的职业价值观,美国学者唐纳德·E.萨柏(Donald E. Super)将影响职业价值观的因素概括为助人、美学、创造、智力刺激、独立、成就感、声望、管理、经济报酬、安全、环境优美、与上级的关系、社交、多样化和生活方式等15个方面。美国学者约翰·霍兰德(John Holland)则认为,人格(包括价值观、动机和需要等)是决定一个人选择何种职业的一个重要因素。通过研究,霍兰德发现了六种基本的职业取向。

(1) 技能取向。具有这种取向的人适合从事那些包含体力活动并且需要一定的技巧、力量和协调性才能承担的职业。例如,机械维修、木匠、烹饪和电气技术等。

(2) 研究取向。具有这种取向的人喜欢从事那些包含较多认知活动(思考、组织、理解等)的职业,而不是那些以感知活动(感觉、反应、人际沟通、情感等)为主要内容的职业。这类职业如医生、科学家和大学教授等。

(3) 社交取向。具有这种取向的人乐于从事那些包含大量人际交往内容的职业,他们通常喜欢周围有别人存在,对别人的事很有兴趣,乐于帮助别人解决问题。这类职业如诊所的心理医生、外交工作者和社会工作者等。

(4) 事务取向。具有这种取向的人一般从事那些包含大量结构性的且规则较为固定的活动的职业,在这些职业中,雇员个人的需要往往要服从于组织的需要。这类职业如会计、银行职员等。

(5) 经营取向。具有这种取向的人喜欢从事那些通过言语活动影响他人的职业。例如,企业管理者、律师、销售员和公关人员等。

(6) 艺术取向。具有这种取向的人常常从事那些包含大量自我表现、艺术创造、情感表达及个性化活动的职业。这类职业如画家、广告制作者和音乐家等。

然而,大多数人实际上都有多种职业取向(比如,一个人的职业取向中很可能同时包含社交取向、事务取向和研究取向)。霍兰德认为,职业取向越相似或相容性越强,一个人在选择职业时所面临的内在冲突和犹豫就越少。为了描述这种情况,霍兰德建议将这六种取向分别放在如图10-1所示的正六角形的六个角上。根据霍兰德的研究,图中的某两种取向越接近,它们的相容性就越高。如果一个人的两种职业取向紧挨着,那么他就会很容易选定一种职业;如果其职业取向是相互对立的(比如同时具有事务取向和艺术取向),那么他在进行职业选择时就会面临较多的犹豫不决的情况。

六、职业选择

(一)职业选择的含义

职业选择与职业取向有密切联系。所谓职业选择,是员工根据自己的职业期望和兴趣,凭借自身能力挑选职业,使自身素质与职业要求相符合的过程。全面理解"职业选

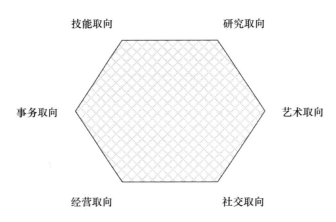

图 10-1　职业期望的选择模型

资料来源：[美]加里·德斯勒. 人力资源管理(第 10 版)[M]. 北京：中国人民大学出版社，2007.

择"的含义应该注意以下几个方面：

(1) 员工是职业选择的主体，是择业行为的主动方面，各种职业则是被选择的客体。

(2) 虽然员工居于主导地位，但不能随心所欲地进行选择。一方面员工不能也不可能拥有从事一切职业的能力与兴趣；另一方面各项职业有不同的劳动对象、劳动手段、劳动条件和作业方式，必然对员工能力提出特定的要求。

(3) 职业选择是一个过程，员工作为主体在主动择业，职业作为客体也在筛选员工。因此，职业选择是一个员工与职业互相磨合、相互适应的过程。

(二) 职业选择的理论

如何选择职业才能使员工的特点与职业的工作特点相结合，是关系员工能否在工作中取得较大成就的重大问题，必须认真研究，慎重对待。关于职业选择方式，有以下几种影响较大的理论观点：

1. 人与职业匹配理论

这是用于职业选择、职业指导的经典理论，其内涵是在清楚地认识、了解个人条件和职业状况的基础上，实现人与职业的合理匹配，使人能够选择一种适当的职业。首先提出这一理论的美国学者弗兰克·帕森斯(Frank Parsons)认为，个人职业选择的三要素包括：第一，应清楚地了解自己的能力、兴趣、局限和其他特征；第二，应明确地认识职业选择赖以成功的条件，了解不同职业的优势和劣势、不利和补偿、机会和前途；第三，应明智地进行上述两个方面的综合与平衡，使个人特征与职业特征较好地结合起来。

具体而言，人与职业的匹配包括两个方面的要求：首先是"技能匹配"。例如，需要专门技能的职业，应该与掌握这种技能的择业者相匹配；脏、累、苦劳动条件差的职业，必须与能够吃苦耐劳、体格健壮的员工相匹配。其次是"个性匹配"。例如，具有敏感、不守常规、有独创性、理想主义等人格特性的人，与从事审美性、自我情感表达的艺术类型职业相匹配。

2. 择业动机理论

人与职业匹配理论指出，员工进行职业选择要尽量根据自己的性格、技能、知识水平和身体素质选择职业。但是,同一类型职业,往往有多种职位可供选择。例如,酒店服务员这一职业中,有客房服务员、餐厅服务员、前台接待员和商务中心服务员等多种具体职位,员工该如何选择呢？美国心理学家维克多·H.弗鲁姆(Victor. H. Vroom)利用期望理论比较成功地解释了员工的择业动机。

期望理论的基本公式是：

$$F = V \cdot E$$

其中,F为动机强度,指积极性的激发程度,表明个体为达到一定目标而努力的程度;V为效价,指个体对目标重要性的主观评价;E为期望值,指个体对实现目标可能性大小的估计,即目标实现的概率。员工个体行为动机的强度取决于效价大小和期望值的高低。效价越大,期望值越高,员工行为动机越强烈。就是说,为达到一定目标,个人将付出极大的努力。如果效价为零乃至负值,表明目标实现对个体毫无意义,甚至给个人带来负担。在这种情况下,个人不会产生追逐目标的动机,不会有任何积极性,并为此付出任何努力。同样,如果目标实现的概率为零,那么无论该目标的效价多么重大,个人同样不会产生追求目标的动机。

弗鲁姆将期望理论用来解释个人的职业选择行为,演绎为择业动机理论。弗鲁姆认为个人进行职业选择可以分为两步。

第一步,确定择业动机。用公式表示为：

择业动机 = 职业效价 × 职业概率

其中,择业动机表明择业者对目标职业的追求程度,或者对某项职业选择意向的大小;职业效价指择业者对某项职业价值的评价。职业效价取决于：第一,择业者的职业价值观;第二,择业者对某项具体职业要素(如劳动条件、工资、职业声望等)的评估。即：

职业效价 = 职业价值观 × 职业要素评估

职业概率指择业者获得某项职业的可能性大小。职业概率的大小通常决定于四个条件：第一,某项职业的需求量。在其他条件一定的情况下,职业概率同职业需求量正相关。第二,择业者的竞争能力,即择业者自身工作能力和就业求职能力。择业者竞争力越强,获得职业的可能性越大。第三,竞争系数,指谋求同一种职业的人数的多少。在其他条件一定的情况下,竞争系数越大,职业概率越小。第四,其他随机因素。因此,职业概率的公式表达为：

职业概率 = 职业需求量 × 竞争能力 × 竞争系数 × 随机性

择业动机公式表明,对择业者来讲,某项职业的效价越高,获取该项职业的可能性越大,择业者选择该项职业的意向或倾向越大;反之,某项职业对择业者的效价越低,获取此项职业的可能性越小,择业者选择这项职业的倾向越小。

第二步,职业选择决策。在择业动机的比较中,确定具体的职业选择。择业者对其视野内的几种目标职业进行价值评估和获取该项职业的可能性评价后,会进一步对不同职业的择业动机进行比较和决策。由于择业动机的状况是全面评估职业的结果,已经包含对多种择业影响因素的考虑与利弊得失的权衡,因此人们大多以择业动机分值高的职业作为自己的职业选择结果。

3."职业锚"理论

现实中的"锚"是一种铁质尖头重物,它是船舶在水面停泊时抗拒水流冲击的系留点或停泊的中心。"职业锚"则是一种人们在选择和发展自己的事业时所围绕的中心。它是指当一个人不得不做出职业选择时,他无论如何都不会放弃的职业中那种至关重要的东西或价值观。

职业锚理论是由埃德加·H. 施恩首先提出的。施恩认为,职业锚是一个人"自身的才干、动机和价值观的模式",是一种职业自我观。只有当一个人对自己的天资、能力、动机和需要、态度和价值观等有了清楚了解,积累了一定的社会阅历后,他才会意识到自己的"职业锚"到底是什么。

施恩同时指出:要想对职业锚提前进行预测很困难,因为个人的职业锚不断发生变化,是一个不断探索过程所产生的动态结果。人们往往在不得不做出某种重大职业选择才会意识到自己的职业锚(最重要的东西是什么)。施恩的"职业锚"模型可以分为以下五种情况:

(1) 技术或功能型职业锚。有较强此类型职业锚的人,总是倾向于选择能保证自己在既定技术或功能领域不断发展的职业,往往不愿选择带有一般管理性质的职业。他们认为自己的职业成长只有在诸如工程技术、财务分析、营销等特定的技术或职能领域才意味着进步。

(2) 管理能力型职业锚。具有管理能力型职业锚的个体,表现出成为管理人员的强烈动机,相信自己具备提升到一般管理性职位上所需要的各种能力和价值倾向,倾向于追求担任较高管理职位作为最终目标。他们具有或自认为具有三种能力的组合:

- 分析问题的能力——信息不完全以及不确定情况下发现、分析、解决问题的能力;
- 人际沟通能力——在各层次上影响、监督、领导、操纵以及控制他人的能力;
- 情感能力——在情感和人际危机面前会受到激励而不受困扰和不被削弱的能力,以及在较高压力下不会变的无所作为的能力。

其他类型的人往往只可能拥有上述某一种或两种能力。

(3) 创造型职业锚。具有创造型职业锚的个体往往有这样一种需要:建立或创设某种完全属于自己的东西,要依靠创新性努力,创造出新的产品或服务,搞出新事业、新发明等。他们以"创造"为自我扩充的核心,要求有自主权,施展自己的特殊才华,创建新组织、新事业等。成功的企业家大多具有这种职业锚。

(4) 自主或独立型职业锚。具有自主或独立型职业锚的人希望随心所欲地安排个人的工作与生活方式,追求能施展个人职业能力的工作环境,尽量摆脱组织的限制和约束。他们追求在工作中享有个人的自由,有比较强的个人认同感,认为工作成果与自己的努力紧密相关。他们追求的典型职业有教师、咨询专家、小企业所有者、小组织成员等。创造型职业锚个体也会拥有很多自主权,但他们真正追求的是建立自由的职业目标而非自由本身。具有技术或功能型职业锚的个体,虽然也从事上述类型的职业,但他们很少为了追求自由和个人生活方式而放弃晋升和高薪的机会。

(5) 安全或稳定性职业锚。具有安全或稳定性职业锚的个体的特点是极为重视职业的长期稳定和工作保障性,他们追求稳定安全的前程,追求有保障的工作、体面的收入以及可靠的未来生活——良好的退休计划和较高的退休金保证。他们的安全感和稳定感或者以一定的居住区域为基础，或者以某一组织中稳定的成员资格为基础。具有安全或稳定型职业锚的个人，其职业发展依附于组织对他们能力和需要的识别和安排。为此，他们甘冒风险，愿意以对组织价值观和准则的高度服从作为交换。

"职业锚"理论有助于识别个人的职业抱负模式和职业成功标准，有助于增强个人职业技能和工作经验，提高工作效率。职业锚能促进员工预期心理契约的发展，有利于个人与组织稳固地相互接纳，并可以为员工未来的职业生涯发展奠定基础。

第二节 职 业 生 涯

一、职业生涯的概念

职业生涯有广义与狭义之分。广义的职业生涯，是从职业兴趣的培养、选择职业、就职直至最后完全退出职业这样一个完整的人生过程，因此其上限从接受启蒙教育起，其下限到失去劳动能力止。狭义的职业生涯，仅指直接从事职业工作的这段时间，即从就职到退职这段时间。

职业生涯的具体含义体现在：
- 职业生涯是个体的行为经历，而非群体或组织的行为经历。
- 职业生涯是一个人一生之中的有偿劳动经历，而非其他活动经历。
- 职业生涯是一个时间维度的概念，意指职业生涯期。实际的职业生涯期在不同个人之间有长有短，是不一样的。
- 职业生涯不但表示职业工作时间的长短，而且内含职业发展、变更的经历和过程。

二、职业生涯阶段

由于职业活动内容伴随着年龄的增长而变化，人们在某一年龄阶段往往表现出大致相同的职业任务，因此可以将职业生涯划分为以下阶段：

（一）成长阶段（0—20岁）

一个人在0—20岁年龄段，通过各种方式接受教育，发展职业想象力，对职业进行评估和选择，确定职业取向和做好职业准备。在这一阶段的具体任务是：

（1）发现和发展自己的需求、兴趣、天赋和能力，为下一步的职业选择打好基础。

（2）通过学校教育和社会活动，学习和获得具体职业方面的知识与技能，并从周围环境中寻找现实的职业角色模式，获取相关职业信息。

（3）接受教育和培训，培养相应的职业活动素质和能力。在这一阶段，人的角色是学生、职业工作的申请者和候选人。

由于内外界条件的不确定性，人在这一阶段的职业取向大都不是很具体的，但是职业观念应该已经形成，这是职业生涯"成长阶段"完成的重要标志。

(二) 进入工作阶段(20—30 岁)

这一阶段的主要任务是择业与适应。"择业"的含义包括两层意思,第一是选择一个理想的企业;第二是在其中选择一份合适的较为满意的职业,从职业生涯长远考虑,这一阶段选择理想的企业比挑选满意的职业更重要。"适应"也包含两层意思:一方面是指适应工作本身的要求;另一方面是指能尽快地融入组织中。

员工在"进入工作阶段"还面临两方面的矛盾:一方面,原来在教育环境中养成的简单的、理想的、明确的观念,与具体工作环境中复杂的、多样的现实形成鲜明的对比;另一方面,刚开始工作时对企业抱有不切实际的过高期望,不久发现实际上很难得到预期的指导、帮助和评价,从而产生失望。这些矛盾极有可能使新参加工作的员工丧失信心、工作绩效不理想,使员工流动增多,增加企业人力资源成本,干扰用人计划。

工作实际展示和员工自我管理指导是解决上述矛盾的有效方法。

工作实际展示是指将工作和企业中积极和消极的方面,选择合适的时机向新员工进行客观的展示和介绍。新员工不切实际的期望不仅源于传统的教育过程,还有可能来自严格的招聘过程或者企业的各种规章制度。例如,旅游企业在对大学毕业生进行招聘面试中,大都会对英语和计算机水平提出比较高的要求,但是当大学毕业生作为新员工首先到基层实习工作时,很快就会发现英语和计算机方面的专长是无法在基层工作中全面发挥作用的,失望也就随之而来。工作实际展示的目的就是使新员工在正式进入工作职位之前有机会看到企业与工作的真实面目,使其对可能面临的矛盾、挫折、困难做好心理准备。

自我管理指导旨在教会员工善于观察自我行为,正确评估自我抱负,从而加强自我支配力。自我管理指道的具体措施包括:制定具体的行动目标;积极参与讨论预测工作环境中的障碍,确定解决的办法;比较行动成果与目标的距离,以利于目标承诺的保持和目标的完成。员工学会进行自我管理指导可使其在整个职业生涯中受益匪浅。

(三) 确定职业阶段(30—40 岁)

确定职业阶段处于员工的 30—40 岁这一年龄阶段,它是大多数人的工作生命周期核心部分。个人在这一阶段会找到合适的职位,并为之全力以赴地奋斗。

这一阶段的主要任务是:员工努力在企业的工作和职业中找到自己的位置,独立做出成绩,同时承担更多的责任,获得更多的收入,并建立一种接近理想的生活方式。对于这一阶段的员工,企业需要制定政策,以协调其工作角色和非工作角色。同时,该阶段的员工应该更积极地参与自己的职业生涯规划活动。

对于这一阶段又可以分成两个子阶段:

1. 尝试子阶段

尝试子阶段是确定职业阶段的最早期,这阶段的人们会对自己当前从事的工作做出判断,以确定是否适合自己;如果是否定的话,这一阶段的人就会进行不同的尝试,以便最终找到基本适合自己的职业。

2. 稳定子阶段

找到适合自己的职业后,人们就会比较容易确定较为坚定的职业目标,并拟定较为明确的职业计划来确定自己晋升的潜力、工作调换的必要性,以及实现这些目标需要进一步接受哪些专业教育、培训活动,等等。

(四)巩固职业阶段(40—50岁)

巩固职业阶段一般发生在人们40—50岁的时期。这一阶段的人们关注技能的更新,希望社会仍将其看作一个对企业有贡献的人。他们有多年的工作经验,拥有丰富的工作知识,对于企业及其目标、文化的理解会更加透彻。他们往往能充当新员工的培训导师。在这一职业阶段的后期,人们大多数的精力放在了保持和巩固某一工作职位方面。

这一阶段的主要任务是:对前期职业生涯规划从个人收益、企业认同和社会价值等三个方面进行评估,回顾已实现的职业目标,提出新的职业构想,强化或调整自己的职业理想;进一步明确职业定位,努力工作,创造更多、更优的绩效。此阶段员工面临的问题有两个:职业中期危机和职业停滞。

1. 职业中期危机

职业中期危机的产生主要来自两方面。一方面是生理和心理压力,处于这一年龄段的员工大多开始感觉体力和精力有所下降,有时会感到难以跟上工作的变化节奏。由于旅游企业行业工作的特殊性,这一方面对普通员工的影响是十分突出的。另一方面是工作压力与职业定位之间的矛盾,人们在巩固职业阶段会自觉或不自觉地对自己半生的职业生涯进行评估,由于承受比较大的工作压力,许多人会对自己的职业定位产生怀疑,或者认为自己前半生的努力并不是自己真正想要的。人们开始面临一个艰难的选择,是否放弃自己经营半生的事业,开始涉足另一职业领域。这个年龄阶段重新开始新的职业生涯的事例并不少见。

对于这些因素所引起的职业中期危机,旅游企业可通过一些方式来帮助员工克服,如鼓励员工发展新技能、安排其指导年青一代的员工、设计自我评估活动等。

2. 职业停滞

职业停滞是指个人在工作中职务或职称晋升缓慢,而且继续升迁的希望逐渐减少。职业停滞的原因主要有两个方面,一方面是员工出于个人原因拒绝职业晋升机会,或者自身的业务知识水平和技术技能不足以支持上一级职务所要求的绩效;另一方面是企业忽视员工的晋升需求,或者无法提供足够的晋升机会。在企业中级别越高,晋升机会越少,大多数人迟早会遇到职业停滞问题,帮助员工认识到这一点可以有效地避免职业挫折感。

事实上,最应引起重视的是知识老化造成的职业停滞。当前,技术进步或竞争激烈使得工作的方式、方法发生很大变化,进而也要求员工及时更新知识结构,迅速掌握新技术。如果忽视这一事实,那么员工职业生涯就必然会出现停滞甚至倒退。企业可以通过强调持续变化的现实和对持续学习的需要来督促员工不断更新知识,也可以通过频繁的工作轮换和委派重要业务来培养员工高度适应性的技能和工作态度,这些都是帮助员工克服职业停滞的良策。

(五)逐渐退出职业阶段(50—60岁)

在逐渐退出职业阶段,员工必须准备调整其工作活动和非工作活动的时间比例,将不得不面临这样的一种前景:权利和责任减少的现实。退休是每个人都必须面对的。这个阶段的主要任务是：继续保持已有的职业成就，维护自尊，准备引退。一方面要对抗衰老，保持工作中的创造性；另一方面又要做好从工作中解脱出来的准备。

高龄员工在企业中常被看作没有创造力的、故步自封的和缺乏适应性的。这些偏见会使员工在职业生涯晚期保持高效工作变得很难。只要员工能像以往一样对待工作，再辅以成功的晚期职业管理，这些偏见是完全可以被打破的。旅游企业中有许多需要大量经验积累才能充分胜任的工作，如成本核算与控制、税务统筹、酒店厨政管理等。对于这些工作，如果旅游企业能够从退休员工中挑选出合适的人选充当顾问，不仅有利于旅游企业的经营管理，还会对那些即将退休的员工产生一定的积极示范效应。

员工在职业生涯的不同时期会遇到不同的问题，优秀的人力资源开发系统应该是为此制定政策和计划，以帮助员工处理这些问题。此外，旅游企业还要提供一个职业生涯规划体系，了解员工的职业生涯发展需求，帮助员工进行有效的自我策划。

三、职业生涯与员工职业流动

所谓职业流动，是指由于工作的需要或员工个人需求的变化，员工的工作性质或职位发生比较大的变化，体现在员工与工作职务的动态结合。员工职业流动是职业生涯发展的一种必然形式。

员工的职业发展途径和组织能够为员工提供的发展环境，是影响员工职业流动的主要原因，按照这一线索，旅游行业员工职业流动的类型可以划分为以下四种：

（一）发展型职业流动

发展型职业流动涉及的员工往往有较强的职业志向，对自我职业发展有明确的规划。当组织提供的发展机会与自我职业发展相匹配时，员工能够较好地协调两者的关系；但当组织的发展与自我职业发展相冲突时，这类员工往往选择离开。随着人们生活水平的不断提高，追求自我职业发展的员工在旅游行业中的占比越来越大，尤其是学历层次较高、事业心较强的大学毕业生，他们大多是组织的优秀员工或核心员工，如何满足他们的职业发展需要将是旅游企业人力资源部门必须认真思考的问题。

（二）逐利型职业流动

逐利型职业流动的驱动因素或原因很简单，就是为了获取更多的个人经济利益。在我国目前经济还不发达的情况下，绝大多数旅游企业员工的主要工作目的还是解决基本需求，使生活质量得到改善，不少员工在有机会获取更高薪酬的机会时往往选择职业流动跳槽。加之旅游行业整体员工偏年轻，职业选择尚未定型，又没有家庭拖累，逐利型职业流动的比例明显比较大。

（三）调整型职业流动

调整型职业流动的员工离职动机可能有很多种，包括工作和竞争压力过大、厌倦目前的工作、人际关系处理不好等。员工工作和竞争压力过大，一方面是旅游企业经营管理活动的内外部环境造成的，另一方面与员工自身的职业发展观有着密切的联系。当个人制定的职业目标过高而无论如何努力也难以达到，但自己又不能察觉时，员工就会产生职业流动的想法；工作内容的简单重复可能导致员工的厌倦情绪；人际关系处理不好，难以融入企业文化中也可能使员工产生职业流动的想法。

（四）生活驱使型职业流动

生活驱使型职业流动的动机是解决现实生活问题，如上班通勤困难、子女教育、侍奉老人、夫妻两地分居等，现阶段旅游行业的员工，特别是女性员工拥有这种倾向的占有相当大的比重。旅游企业应该对这一群体给予充分重视，解决他们的现实生活问题，尽可能地留住这部分员工，这对于增强组织的凝聚力、提高组织士气，进而增强企业竞争力具有十分重要的意义。

四、组织与职业生涯的发展

（一）个人职业生涯与组织的关系

1. 组织是个人职业生涯存在与发展的载体

在劳动力市场上，个人是劳动力的所有者，是劳动力的供给方；企业要通过劳动力的使用实现经营效益，是劳动力的需求方。双方必须结合，劳动力供给与需求才能得以平衡。供求结合与实现的过程，是员工让渡自己的劳动力给组织，供组织使用和支配，并与生产资料相结合的过程，也就是员工求职过程和职业活动过程。在这个意义上，员工的职业生涯离开组织需要是难以实现的。

在大多数情况下，人们只有进入组织，才能获得从事职业活动的机会和条件，并使个人职业才能得到发挥。不加入组织，就没有职业位置，没有工作场所，个人的才能再大也难以发挥，更谈不上成功的个人职业生涯。所以，没有组织，就很难实现职业的发展。

2. 员工的职业工作是组织存在的根本条件

在诸多生产要素中，员工是唯一能动的要素。没有员工在分工协作体系中各职业岗位上的工作，劳动工具、劳动对象、技术和资金等生产要素均变成无用之物。员工在推动客体生产要素的过程中，不但转移旧价值，而且创造新价值。员工的职业工作是企业利润的源泉。显然，如果没有员工，没有员工在组织中各种职业岗位上的劳动，便没有组织的存在。

3. 组织的发展依赖于员工个人的职业发展

现代企业管理理论普遍认为，企业的成长和壮大取决于科学知识、高新技术，以及高水平、专业化的经营与管理，这些都要求必须有相应素质和能力的员工来承担新的职业工作和胜任新的职业岗位。因此，员工的职业与发展是组织发展的根本保证。

从上述分析可见，组织与员工在职业活动中存在互相依存、相互作用、共同发展的关系。在职业发展过程中，员工要积极主动地提高自己和发展自己，组织也要积极努力地为员工的职业发展创造条件和提供机会。

（二）职业生涯内涵的变化

简单地讲，传统职业生涯是员工在组织中，从一个特定的工作到下一个工作纵向上发展的一条途径，它是基于一种假设，即每一个当前工作是下一个较高层次工作的必要准备。因此，一名员工必须一级接一级地、从一个工作到下一个工作地变动，以获得所需要的经历和准备。

但是，传统职业生涯正在发生改变，原因如下：

第一，组织的结构发生变化，现在组织的结构趋向于扁平化。减少管理层次，提倡适度的分权，提倡以顾客为中心组织员工，这就要求员工拥有多方面的技能。

第二，旅游业日益加剧的国内、国际竞争和企业间的兼并收购等战略举措，使组织无法提供工作保障，但组织还是要想方设法地确保员工有机会参与培训项目并获得工作经验。

第三，由于人们对机会认识的普遍提高，以及个人欲望所面临的物质和精神文化生活日益丰富的诱惑，员工对组织的忠诚度正在下降。

表 10-2 给出了传统职业生涯与现代职业生涯在几个主要维度方面的差异。

表 10-2 传统职业生涯与现代职业生涯的比较

维度	传统职业生涯	现代职业生涯
目标	晋升、加薪	心理的成就感
心理因素	工作的安全感	灵活的受聘能力
管理责任	组织承担	员工承担
方式	直线型、专家型	短暂型、螺旋式
专业知识	知道如何做	不断学习如何做
发展	很大程度上依赖于正式的培训	更依赖人际互助和在职体验

五、职业生涯的主要途径

职业生涯的核心就是实现职业目标的途径。职业生涯的途径大致可以分为四种类型：传统职业途径、网状职业途径、横向技术职业途径和双重职业途径。

（一）传统职业途径

传统职业途径是员工在组织内从一个层级到另一个层级纵向发展的过程。每一个当前的职务能力是下一个较高层次职务的必要准备，员工必须一级接一级地向上，以获得自身发展所需要的经历，这是实现最终职业目标的准备。例如，一家大型酒店的餐饮部管理人员的传统职业途径，可以是领班→宴会（厅房）领班→中（西）餐厅经理助理→中（西）餐厅经理→餐饮部经理助理→餐饮部经理→餐饮总监→酒店副总经理→酒店总经理。传统职业途径的优点是直线向上、清晰明了，让员工清楚地了解自己向上发展的特定职务序列。这种途径的不足之处在于：由于上层职务通常少于下层职务且职务层次排序的方式单一，不一定适合每一位员工的特点，因此可能产生多人走独木桥的情况，使一些员工走这条途径受阻。

（二）网状职业途径

网状职业途径是纵向职业发展的职务序列与横向发展的职务机会的综合交叉。这一途径承认某些层次工作经验的可替换性，使员工在纵向晋升到较高层职务之前具有拓宽和丰富本层次工作经验的经历。例如，酒店前厅部的工作需要与客房部衔接的内容最多，为了熟悉彼此的工作流程，保证客人入住酒店所得到的服务流畅、快捷，就可以考虑将前厅部的管理人员与客房部的管理人员进行同级别的平行调换;一方面可以丰富其工作经验,保证两个部门今后工作沟通的畅通;另一方面也有助于为员工纵向发展奠定基础。员工培训中提到的关于管理人员"工作轮换"制度正是职业横向发展的具体应用。

网状职业途径比传统职业途径为员工更灵活地提供了在组织中的发展机会。纵向的和横向的选择交错,减少了在一定时期内职业途径堵塞的可能性。但是,对于员工来说,网状职业途径不及传统职业途径那样明晰、清楚,选择自己想走的职业途径比较困难。

(三) 横向技术职业途径

传统职业途径是向组织中较高层级的升迁。网状职业途径基本上也是职务等级的升迁和为升迁做的准备。这两条途径虽好,但适用面较窄,主要适用的对象都是未来进入管理阶层的员工。对于相当数量的员工来讲,采取横向工作职务调动虽然没有提高职务等级,但可以使员工更新工作内容、开发个人潜力,从而调动其工作积极性和主动性,获得职业成就。因此,在现代人力资源开发中,这也是一条重要的职业发展途径。尽管这条途径可能没有晋升也没有加薪,但员工可以使自己获得新的发展机会,因而对于大多数普通员工来讲,是一条有吸引力的行之有效的职业发展途径。

(四) 双重职业途径

双重职业途径的实质是促使员工提高自己的专业知识水平和业务技能,为组织做出更大贡献并提高自己在组织中的地位,增加个人薪酬,但不刻意追求进入管理层。在酒店中,选择双重职业发展途径最具代表性的工作岗位就是厨师,一方面勤于钻研的厨师大都会成为酒店必须依靠的技术骨干;另一方面现实工作中厨师的文化水平普遍不高,既掌握精湛的烹调技术又具备较高管理素质的人实不多见。那么,对于厨师队伍就可以采取双重职业发展的途径,以培养技术专家为主,发现其中具备管理能力的人则可以考虑引导其向厨政管理和餐饮管理等管理型职业发展。

双重职业途径不是从合格的技术专家中培养劣等的管理者,而是使组织既可以培养拥有高技能的管理者,又可以造就拥有高技能的技术人员。在我国,企业实施双重职业发展途径需要解决的问题主要是克服"官本位"思想,保证员工技术职称评定的公平性和制度化,同时使员工的技术职称与管理架构中的职务等级在薪酬待遇方面能有所衔接,确保员工不论选择哪一条职业途径,其个人从组织中应获得的利益都是公平的。

第三节 职业生涯设计与管理

一、职业生涯设计的概念

职业生涯设计是指对决定一个人职业生涯的各种主客观因素进行分析、总结和测定,确定一个人未来的工作发展道路,并选择与之相适应的职业,编制相应的工作和培训计划,对各环节的时间、顺序和方向做出科学的安排,从而达到个人发展与组织发展的有机结合。

进行科学的职业生涯设计,必须从主观和客观两个方面考虑:主观方面,涉及个人的价值观、人生观、需求、动机、性格、能力和发展取向等；客观方面，涉及个体所处的社会环境和组织环境。

职业生涯设计的内容包括职业目标、职业发展道路、将要进行的准备工作等。从职业发展角度讲，涉及职业选择、职业调整和更大的职业发展计划；从个体发展角度讲，涉及员工自我认知、知识、技术和能力的开发性培训、行为活动与理念、价值观等几个方面的调整和准备。

二、职业生涯设计的意义

（一）通过职业生涯设计可以明确个人职业发展的目标

现代社会中，职业发展的机会众多，常常使求职者无所适从，缺乏明确的目标，使得不少人在职业发展道路上走了不少弯路。有了职业生涯发展目标，就会使人在每一天的工作和学习中，都在为这个目标积累资源、创造条件。

（二）通过职业生涯设计可以帮助员工了解自己的实力、潜力和专业优势

在进行职业生涯规划时，组织不仅要帮助员工正确地认识自我、知己所长、明己所短，还要为员工创造机会发现其潜力，并通过一系列的强化措施树立专业优势。例如，有的旅游企业通过组织演讲比赛、职工文艺活动，发现口才优秀、仪表端庄的员工，就可以考虑对其进行专业化的训练和培养，使之成为旅游企业大型活动和娱乐部门的专业主持人，直至公关活动代言人。

（三）通过职业生涯设计有利于制定更为科学、合理的培训开发计划

当作为新员工进入企业时，每一个人都会有自己的发展愿望和计划，即对哪些工作有兴趣，希望两年后做什么、五年后做什么，成为什么样的人才，朝哪个专业发展，等等。但是，并不是所有的人都具备与组织人力资源动态需求相吻合的知识和能力，只有通过职业生涯设计，才有可能帮助员工认识和发现职业发展道路每一个阶段所必须接受的训练与开发。

（四）通过职业生涯设计有利于人尽其才，避免人力资源的浪费

个人制定的职业发展目标和职业生涯规划能否实现，除个人主观努力以外，还需要组织创造外部条件。因此，组织应该了解每一位员工的气质、性格、能力、兴趣、价值观和理想等，特别要了解自己的职业发展规划和设想，从而为他们创造实现职业目标的环境和条件。

三、职业生涯设计的原则

（一）具体性原则

职业生涯设计必须是针对某个特定个体所进行的具体的职业指导。由于每个员工所处的具体的职业发展阶段不同，能力、性格、职业发展愿望等特点因人而异，每个员工所处的组织环境也有所差异，因此在进行职业生涯设计时不能搬用其他人的职业发展模式，职业生涯设计必须是因人而异、具体的。

(二) 清晰性原则

为员工设计的职业发展目标以及接近与达到目标的措施必须是清晰且明确的,实现目标的步骤也应直截了当地提出。

(三) 现实性原则

在进行职业生涯设计时,必须考虑到员工自身的特征、社会环境、组织环境以及其他相关因素,选择现实可行的目标和途径。

(四) 连续性原则

员工的职业发展历程是一个连贯衔接的统一体。在进行职业生涯设计时,不能割断个体的完整的职业发展历程,而应该通过职业生涯设计尽可能帮助员工实现职业的可持续发展。

(五) 可度量性原则

职业生涯设计不但应规划总的职业发展目标,还应制定具体的阶段性步骤,要有明确的时间限制和标准,以便在达到职业生涯目标的过程中随时进行阶段性的度量和检查,随时掌握执行的情况,以便为职业生涯目标的调整提供信息。

四、职业生涯设计的步骤

(一) 自我评价

职业生涯设计的第一步是由企业向员工提供自我评价的帮助。自我评价是指员工依据各种信息确定自己的职业兴趣、价值观、性格和行为倾向的一个认识自我、了解自我的过程。因为只有正确地认识了自我,才有可能对自己的未来职业发展做出正确的分析和选择,确定适合自己发展的职业生涯途径。因此,对个人特征进行评价和分析,是职业生涯设计中的一个重要环节。

对个人特征进行分析主要有测试法和自我反思法两种。测试法是综合利用心理学、组织行为学和人才学等学科的理论、方法与技术,对人的能力水平及倾向、个性特点和行为特征等进行系统的、客观的测量与评价。自我反思法主要是通过自己的回顾和别人对自己的反应来认识个人特征。测试法比较系统、客观,但必须依赖特定的工具;自我反思法简便易行,但通常会受到个体认识自我的能力和一些偏见的影响。

(二) 职业环境与职业发展机会评估

职业环境与职业发展机会评估是指员工从组织获得信息,了解职业环境和职业发展的机会,主要是分析组织内外界环境因素对个体职业生涯发展的影响。

1. 社会环境分析

对社会环境的分析主要包括以下方面:

(1) 社会各行业对人才的需求状况。随着社会经济的发展,对企业各种人才的需求也在不断发生变化。例如,随着信息技术的发展和在旅游企业经营管理中的普及应用,旅游企业管理者的计算机应用能力变得越来越重要。对这方面信息的分析可以使员工认识到自己目前所具备的知识和技能是否为社会所需要、需求程度如何、自己应在哪些方面学习和提高才能适应社会的需要。

（2）社会中各种人才的供给状况。对人才资源供给状况的分析，实际上是在分析人才竞争的状况。通过对这些信息的分析，可以使员工认识到与自己竞争相似职业的人的状况，自己与他人相比优势在哪里、不足在哪里、如何才能在竞争中取得优势。

（3）国家政策。对国家有关政策的分析，特别是有关产业政策的分析，可以使员工了解到一些新的事业机会，以便在进行职业生涯设计时利用这些机会。

（4）社会价值观的变化。不同时代有不同的社会价值观，人们在从事职业时也需要得到社会的认同。了解社会价值观，有利于在职业生涯设计时做出与社会价值观相一致的职业选择。

2. 组织环境分析

许多员工是在一定的组织中进行职业发展的设计，这时所要考虑的因素主要有：

（1）组织的特色，括组织文化、组织规模、组织结构和组织中的人员状况等。

（2）组织发展战略，主要包括组织未来发展的目标是什么，有什么阶段性的发展目标，目前组织所处的发展阶段是怎样的等。

（3）组织中的人力资源状况，包括组织目前的人员年龄结构、专业结构、学历结构是什么样的，组织的人力资源开发政策是怎样的，组织会针对员工发展采取哪些行动等。

通过对组织环境的分析，员工可以确认该组织是否具备自己所偏好的职业环境，自己在组织中的发展空间和发展机会如何，从而决定是在该组织中寻求发展，还是脱离该组织而到其他组织中寻求发展，哪些类型的组织适合自己未来的发展。

（三）目标设定

目标设定是指员工形成长短期职业生涯目标的过程，是职业生涯设计的核心。员工通过对个人特征和内外环境的分析，不仅认识自己，同时也了解内外环境中的职业发展机会，从而能够根据自身的特点和环境条件选择职业目标。

一方面，职业生涯目标的选择应该是实际可行的，也就是通过自己的努力可以达到；另一方面，职业生涯目标应该是具有挑战性和激励性的，也就是职业生涯目标应该立足于现状，同时又高于个体现状，是付出努力才能达到的，激励个体不断发展和提高自己。

职业生涯目标通常可以分为短期目标、中期目标和长期目标。短期目标通常为一年以内的目标，中期目标通常为三年到五年的目标，长期目标通常为五年到十年的目标。

（四）职业生涯路径的确定

职业生涯路径是对前后相继的工作经验的客观描述，而不是对个人职业生涯发展的主观感觉，组织可以按着职业生涯路径调整员工的工作，从而训练与开发其担任各级职务和从事不同职业的广泛能力。职业生涯路径包括了一个个职业阶梯——由初级到高级，主要描述某一职业个人发展的一般路径或理想路径。

（五）职业生涯行动规划

职业生涯行动规划是指员工为了达到长短期的职业生涯目标应采取的措施。在行动规划中主要包括通过什么样的途径来开发和提高自己与目标相关的知识与技能。开发和提高的方式方法是多种多样的,主要有自我学习、系统培训、观摩和考察、专题研讨会、互助学习或申请组织内的空缺职位,等等。

(六) 评估与反馈

在行动的过程中,我们需要通过不断地评估和反馈来检核与评价职业生涯行动的效果。在职业发展的过程中,往往需要不断地调整职业发展计划。这种调整可能是对具体行动计划的调整,也可能是对职业生涯路径的调整,甚至是对职业目标的调整。

五、旅游企业在员工职业生涯设计中的作为

每一位有责任感的员工,都会在不同的时期设计、调整自己的职业生涯;每一个重视人力资源并追求规范化管理的旅游企业,都应该积极地考虑设计旅游企业中各种职业的衔接与发展序列。旅游企业在员工的职业生涯设计中,应当采取适当的方式加以引导和促进,并给予积极的帮助。

(一) 提供全面的职业信息

在进行职业生涯设计之前,员工首先希望得到有关职业情况和职业机会的信息。而及时、准确地提供职业信息,是旅游企业做好职业管理、促进员工职业发展的义不容辞的责任。

1. 提供职位规范和职位说明

职位分析作为人力资源开发与管理最基础性的工作,对工作的职责、与其他工作的关系、所需的知识和技能等都进行了研究,而这些成果的文字性表述就是职位规范和职位说明,这些信息对于员工的职业生涯设计是必不可少的参照依据。

2. 提供绩效考评信息

旅游企业将员工绩效考评情况和结果反馈给本人,有助于员工全面、正确地认识自己在工作中的优势与缺陷,对照职位规范和职位说明,找出个人与职业要求的差距,明确今后的职业发展方向和途径。

3. 提供调整职业所需的信息

当员工在组织中工作一段时间后,由于工作绩效不理想或个人条件不允许,可能会对自己所选择的职业产生怀疑,进而希望调换工作职位。员工选择新的职业需要旅游企业提供必要的信息:

- 新的职业工作内容与其他工作是如何衔接、配合的;
- 调整职业对员工所受教育和工作经历的要求;
- 未来职业发展的机会。

4. 及时通报旅游企业管理架构、职位和职业变化的信息

当旅游企业的经营业务、管理架构、职位和职业发生变化时,员工的职业生涯或多或少都会受到影响。为了使员工的职业生涯能跟上旅游企业的变化与发展,旅游企业应该针对这些变化,阐明需要员工调整职业生涯的措施。

(二) 咨询和指导

1. 有针对性地帮助分析

有条件的旅游企业可以聘请人力资源方面的专家,为员工职业生涯设计提供咨询,帮

助员工进行实事求是的客观分析,指导员工依据实际情况、职位规范和职位说明以及旅游企业需要,确定自己的职业目标。

2. 垂直沟通,消除职业发展障碍

旅游企业应该建立员工职业生涯沟通机制,使上级与下级能充分交换意见,就员工的职业生涯计划和途径达成共识。

六、员工职业生涯管理

员工职业生涯管理是旅游企业与员工双方的责任,必须由旅游企业与员工分别做好职业生涯管理的分内工作,努力合作、紧密配合、共同完成对员工个人职业生涯的管理与开发。由于不同的员工所处的职业生涯阶段和旅游企业发展阶段在不断变化或特点各异,因此旅游企业对员工的职业生涯管理是一种动态管理,是贯穿员工职业生涯发展全过程和旅游企业发展变化全过程的动态过程。旅游企业对员工职业生涯的有效管理应当随着主观、客观条件因素的变化而调整,一切从实际出发,因地制宜地实施。旅游企业员工职业生涯管理的具体内涵可以用图10-2表示。

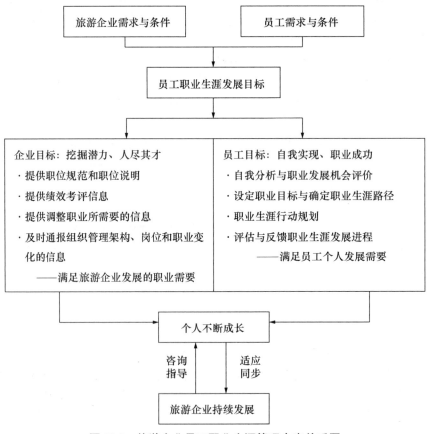

图10-2 旅游企业员工职业生涯管理内容关系图

就旅游企业而言,员工职业生涯管理是研究旅游企业发展过程中产生的职业需求与员工理想抱负主导的个人职业发展的需求的关系及其相互适应规律的科学。一个旅游企业要对员工进行有效的职业生涯管理,必须系统地分析和研究员工个人因素(生理特质、心理特质、学历、资历、家庭背景等)、环境因素(社会、政治、科技、经济、文化等环境)、组织因素(服务理念、目标任务、产品特点、市场组合、组织结构、管理机制、企业文化、薪酬福利、员工关系、发展策略等)。

【关键术语】

职业(career)　　　　　　　　　　职业流动(career mobility)
职业期望(career expectations)　　职业途径(career path)
职业选择(career choices)　　　　职业生涯设计(career planning)
职业锚(career anchor)　　　　　　职业生涯管理(career management)

【复习思考题】

1. 什么是职业?
2. "职业锚"理论的主要内容是什么?
3. 员工职业流动与职业生涯是一种什么关系?主要有哪些类型的职业流动?
4. 如何运用择业动机原理帮助员工规划职业选择?
5. 什么是职业生涯?员工的职业生涯是如何划分的?
6. 根据旅游企业的职位分布,旅游企业员工职业生涯发展的途径有哪些?
7. 旅游企业人力资源开发为什么要重视员工的职业生涯设计?
8. 员工职业生涯设计有哪些关键环节?
9. 旅游企业在员工职业生涯设计中应该发挥什么作用?

【课后作业】

根据本章介绍的职业生涯的五个阶段,同学们已经进入第二个阶段——"进入工作阶段",回顾从"成长阶段"到现在自己的职业兴趣和志向发生了哪些变化,是哪些因素影响了你,请在分小组讨论中坦诚说明,并围绕"选择理想的企业比挑选满意的职业更重要"这一命题发表自己的观点。

【案例学习】

在线旅游行业对人力资源的需求

在线旅游的迅速发展给年轻人实现 DIY(do it yourself,自己亲自来)自由行提供了便利。从易观智库的数据来看,2014年跟团游和自助游的比例分别为52.3%和47.7%,自助游比例超过跟团游只是时间问题。

行业的兴起也带动了旅游人才的流动。那些原本在传统旅游行业的人才受到OTA

(online travel agent,在线旅游机构)的青睐,因为他们拥有丰富的旅游景点、酒店等相关资源,不管是旅行社还是OTA,都需要线路设计及目的地开发的相关人才,所以旅行社的后端产品团队是被挖角最多的。

不过旅游行业的资源并不是OTA招人的唯一标准,"既懂互联网,又懂旅游"的人才是这些公司最需要的。以旅游产品研发岗位为例,传统做法是以资源整合利润最大的方式做产品,但在线旅游产品研发首要考虑互联网用户的购买需求和行为。针对这样的情况,一些OTA目前的做法是分别从互联网公司和旅游行业找人,再自己培养。

事实上,传统旅游行业的背景并不是OTA招人时的重要标准,相反,这些在线旅游公司员工的背景十分多元化。

"无二之旅"所招聘的旅行定制师,只有很少一部分是从旅行社过来的,其余的人,有的毕业于哲学专业,有的学波斯语,有的在原来公司可能已经做到集团经理,也有海归或者在国外学习生活多年的人。"他们不大可能去传统的旅行社,因为那不符合他们对旅行的理念,他们更愿意来像我们这样做定制旅行的公司工作。"为此,"无二之旅"在面试中会直接要求应聘者设计一个产品,是否有足够丰富的旅行经验一下就能对比出来。"传统的旅行社员工,他们可能只有核心几个人去海外转一圈,把东西都安排好,成为一个固定的产品,卖给成千上万人,大部分人甚至可能都不需要旅行经验,只要给游客讲清楚,让他们跟着团出发就OK了,但是我们要求定制师能解答游客非常细的问题。""无二之旅"的联合创始人蔡韵如是说。

尽管目前还没有明确的数据证明OTA的人才需求量,但是从近年来在线旅游行业30%的市场规模增长率来看,人才需求量也应该呈递增状态。

一些在线旅游公司的负责人以及相关的人力资源专家对在线旅游所带来的职场变化做出了如下分析:

(一) 这几个职位变化最大也最抢手

航空公司及酒店的销售、旅行社岗位都属于传统旅游类职位。以旅行社为例,目前业务链条已趋于简单,"销售+计调+领队"就能满足游客需求。

销售会向顾客介绍线路,并为其做预算分析、线路比较,是前台类岗位。计调则属于后台部门,工作是进行线路的整体策划,比如三星级酒店的预算下具体住哪一家,或者安排哪个领队来带团等都是计调的工作。在旅行过程中,则是由领队、导游负责一切事务。对比起来,在线旅游公司的岗位就要复杂得多。

1. 研发类工程师

基于"互联网公司"的基本属性,研发类工程师依然是OTA最紧缺的岗位。不论是Web端还是移动端,或者是后台开发,对于任何一家旅游电商来说都是不可或缺的。此外,与线下旅游企业不同的是,OTA更注重用户数据的收集和分析。创业公司"在路上旅行网"就有专门的"用户数据分析部"。而在为企业招募人才的过程中,虽然很多互联网公司都设有"算法工程师"的岗位,但"运动鞋的库存可能有5 000双、1万双,而酒店可能只有50个房间,怎样把数量有限的房间选择性地推送给海量客户,做到效率最大化,对于传统互联网企业出身的员工仍然是一大挑战"。

2. 商务拓展经理

商务拓展经理(business development manager,BDM)分成两类,一种是负责和线下酒店、航空公司、旅游景点谈合作,把它们的后台系统运营到 OTA 的平台上,由 OTA 进行类似订单纠正等维护工作。如果 OTA 要招聘负责酒店的 BDM,基本都是找以前在酒店工作过的,这群人知道酒店需要什么,OTA 能提供什么。因为以往的工作经验能帮助公司在谈判中占据更有利的形势,所以这也是传统线下旅游人才向线上转型时选择较多的对口岗位。

在"马蜂窝",BDM 隶属于运营部门,他们将供应链上的各个环节分成不同的团队,包括酒店、旅行社、当地游等,都是很核心的业务。在招聘过程中,管理层也很看重求职者的相关工作经验。比如,酒店对口人员有多少行业资源,是否懂得管理和分配渠道,如何理解现有市场竞争状况;门票类的对口人员则要了解门票分销渠道和购买流程,熟悉用户的购票过程;对接旅行社的人员则要对求职者进行尽职调查,判断其对产品的管理能力,包括售前及售后等。

还有一类 BDM 隶属于市场部门,通过和各类网站、APP 进行合作等推广方式,达到提升平台流量的目的。这是大多数互联网公司会设置的一个岗位。

3. 内容编辑

如果留意近几年 OTA 的发展就不难发现,不管是像"携程旅行网"这样以提供产品为主的,还是像搜索类的"去哪儿网",都增设了"攻略"板块,依靠 UGC(User Generated Content,用户创造内容)建立起自己的旅游社区。相应地,对于旅游内容编辑类的人才需求也在增加。从人才来源看,"门户网站、杂志等刊物内户外或者旅游类频道的负责人"以及一些资深的旅行者是经常被挖角的对象。而他们的工作内容也被分得很细,这一点在以 UGC 起家的"马蜂窝"、"穷游网"等尤为明显。内容编辑不光写文章,还要写旅游线路、攻略,除了自己写,有时还要整合其他人写,或者引导游客写,这是第一个层面。第二个层面是制定规则,比如游记是按时间写还是按地点写,以及检查是否有虚假等不良信息。

4. 旅行定制师

如果把这个职位放在旅行社里,就相当于产品研发;但在 OTA 企业中,这个岗位更强调路线的"个性化"。这也是 OTA 企业中比较特别的一类岗位。

做私人定制旅行的"无二之旅"要求求职者有丰富的海外自助旅行经验,因为产品是海外目的地的定制服务,所以门槛相对更高。除了经验本身,还强调候选者要有很强的表达能力,"能清楚明白地介绍、指导、解说旅行中的细节"。提供出境自助游服务的平台"世界邦旅行网"也有类似的职位。

不过,旅行定制并不仅仅依靠个人经验和能力来完成。OTA 的后台会建立很多种模型,先把你的需求点进行分解,比如如果喜欢海就订靠海的酒店等。"无二之旅"公司内部有一个系统,集合了所有材料,包括图片、地图、目的地介绍,甚至排版都是自动的。定制师只要用他的经验和对旅行的理解做最核心的那一块,比如怎样为客户在旅行过程中设计一个求婚仪式等。

(二) 行业在往互联网靠,工作方式也得变

1. 思维方式转变是最大挑战

传统旅行社以利润为目标,而互联网产品更看重用户满意度,通过用户口碑进行社区扩散,这决定了二者工作方式的不同。思维方式的转变,是传统旅行社转行在线旅游的最大挑战。

这种转变体现在很多方面。例如,如果竞争对手线路降价了,那么就得马上把新产品

方案调整出来。如果要引领降价潮的话，那么在设计产品的时候，就要思考怎样才能让对手跟不起，或者要跟也需要点时间。这要求员工有足够的灵活性和创新性。

主动性在 OTA 中也十分被看重。传统旅行社一切听从上级安排的工作模式在 OTA 中已经不可行。与每天做什么、事情完成多少家 KPI 都有明确目标的传统旅游企业不同，OTA 会要求员工寻找创新点，鼓励员工通过轮岗、转岗的方式不断进行业务的"试错"。

2. 业绩导向更明确

相比线下比价，线上旅游产品的比价更直观，对员工 KPI 的统计也更直接方便。例如，市场拓展费用所花的每 10 000 元带来了多少交易量，业务方面新开拓了多少家酒店以及成交量，这些都是系统能追踪到的。

3. 要加强对手机移动端的理解

首先，手机移动端无法承载过于复杂的传统旅游产品，只有把复杂的产品进行分解之后，才能方便游客预订；其次，移动互联网时代是讲分享的社交时代，对内容尤为关注；最后，要设法获得更多的访问量。梁建章重返"携程旅行网"担任 CEO 时，做的第一件事情就是重组移动团队，可见移动端对 OTA 来说有着举足轻重的作用。

（三）好消息是薪酬福利都更好了

传统旅行社的工资偏低，但转行后能提高多少也因岗位、个人能力而异。原本在旅行社负责设计线路、目的地开发的员工，如果跳槽到 OTA，薪资涨幅一般为 20%—30%，有的 OTA 可以给出的平均上浮范围是 30%—60%。

另外，在线旅游公司的薪资构成中除了基本工资，还可能包括股票期权等，这也是激励因素之一。

旅行福利大概是 OTA 最吸引应聘者的了。"无二之旅"每个月会派两个员工出国考察，所以一年有 20 多个员工可以享受公司给予的带薪免费旅行；如果用年假出国的话，还可享受一天 1 000 元的补助；而年会集体去海外度假之类的安排已经俨然是 OTA 标配的福利了。

资料来源：张鑫，张睿. 都自由行了，你怎么变？[J]. 第一财经周刊，2015(20).

案例思考题：

1. 在线旅游的迅猛发展对中国旅游人力资源市场有什么影响？
2. 旅游管理专业的大学生如何针对"在线旅游行业对人力资源的需求"规划自己的职业生涯？
3. 对于现阶段在线旅游企业所采取的人力资源策略，哪些对大学毕业生有吸引力？为什么？

第十一章　旅游企业跨文化人力资源开发

> **知识要求**

通过本章学习,学生应该掌握六项基础知识:
- 文化的含义
- 文化比较的价值取向维度
- 文化比较的心理价值维度
- 文化比较的情境文化语言维度
- 跨文化人力资源开发的概念
- 国际化旅游人才的素质构成

> **技能要求**

通过本章学习,学生应该掌握六项管理技能:
- 根据跨文化沟通的目标和原则,结合旅游行业的特点,提出国际化旅游人才跨文化沟通能力开发的措施
- 旅游企业跨国员工配备的模式
- 旅游企业开展跨文化培训的方式
- 跨国经营的旅游企业员工考评方式
- 跨国经营的旅游企业员工薪酬模式
- 跨文化环境中旅游企业员工职业生涯规划

引　例

伙伴计划助外籍员工融入团队

26岁的陈贤倩七年前从中国福建来新加坡工作,成为新加坡雅庭假日酒店(Holiday Inn Singapore Atrium)职员。她先从打理客房做起,如今已擢升为酒店内务管理部门执行级人员。

谈到过去七年在雅庭假日酒店工作的经验,她说:"在这里,我每天都和来自不同国家的客人接触,有机会学习多种语言。酒店也会安排我到不同的岗位上工作,体验多元的工作环境。"

雅庭假日酒店是洲际酒店集团(Inter Continental Hotels Group)旗下公司之一。该集

团重视员工培训和发展,确保外籍员工能顺利融入团队,为所有员工打造一个融洽的工作环境。

雅庭假日酒店的人力资源部经理朱明超(47岁)指出,每当有新员工加入,酒店必定会为他们举办为期两天的迎新会,带领他们参观各个部门,了解酒店的整体运作。另外,酒店也有非正式的"伙伴计划"(buddy programme),为新员工安排一名工作上的"搭档",协助解决任何疑问。

新职员往往在加入酒店的前几天,内心难免会感到一丝忐忑不安,更何况是远离亲人朋友来本地工作的外籍员工。新加坡雅庭假日酒店管理层也体恤这群外籍员工的心情,因此偶尔会专为他们举办一些活动。例如每到农历新年,酒店都会为无法回家过年的华人员工举办团圆饭聚餐,为他们一解思乡之愁。

来自菲律宾的若维琳(22岁)两年前来新加坡工作,成为酒店餐饮部员工。她受访时透露:"我之前曾在这家酒店实习,所以很高兴能以全职身份回来工作。不管是过去还是现在,我融入工作团队的过程都相当顺利。新加坡本来就是个大都会,汇集了来自四面八方的族群,所以我想人们的包容度和开放度也比其他地方来得高。"

新加坡本地服务业的人手短缺,多年来已成为各行业面对的棘手问题。朱明超指出,服务业是个充满挑战的行业,工作时间长且不固定,周末和法定假期必须轮班,因此是许多本地人不愿意从事的职业。为了应付这种情况,不少餐饮和酒店业主不得不雇用大批外籍员工。

然而,对于每天迎接世界各地旅客的酒店业而言,拥有一支国际化的工作团队不仅是为了解决人手短缺,也有助于提高酒店的服务素质。

雅庭假日酒店网络营销专员陈昱伶(29岁)指出:"一些旅客不谙英语,因此酒店要是有一两名与他们来自同一个国家的职员,就能以旅客最亲切的母语进行沟通。对旅客来说,能在异地碰到同乡人,也算是一种惊喜。"

在雅庭假日酒店工作的外籍员工,目前构成总员工人数的33%—35%,多数来自马来西亚、菲律宾和中国,主要在酒店的餐饮、清洁和咨询部门提供服务。朱明超认为:"酒店业的服务对象非常国际化,所以不可能百分百只雇用当地员工。酒店需要聘请来自不同背景的员工,才能了解世界各地不同客人的需求,以提供更好的服务。"

为了答谢员工,洲际酒店集团全球旗下的酒店每年都会举办"服务周"(Celebrate Service Week)活动,让管理层以实际行动表达对下属的感激。譬如,职员到员工食堂用餐时,管理层会亲自为他们端上比平日更丰富的菜肴;又或者,请下属吃冰淇淋等。"服务周"期间,集团旗下的酒店也会共同举办多姿多彩的活动,例如今年便于勿洛蓄水池举办了"极速前进"(The Amazing Race)比赛。

朱明超指出,通过这些活动,本地员工和外籍员工有不少机会交流互动,增进对彼此的认识和建立起友谊。"我们欢迎世界各地人士加入我们的团队,带来新视角、新创意点子等。我们往往也能从他们身上学到许多关于异国文化和习俗的知识,从而为旅客提供更全面、更完善的服务。"

另外,酒店每两个月也会召开一次全体大会,与员工进行对话、讨论及分享酒店的近况。这些定期举办的全体大会,也为员工提供了公开的沟通渠道,让员工借此机会向管理层提出反馈意见。

通过这一系列活动,酒店的目的是拉近与员工的距离。朱明超说:"重点在于让所有员工对酒店产生归属感,感觉到自己是受团队重视的一分子。员工一旦有出色的表现,酒店就会给予适当的奖赏作为鼓励。"

由此可见,酒店不仅是个让客人感觉宾至如归的地方,对于必须长时间在那里工作的员工而言,也要有类似家的感觉。这或许就是吸引若维琳大学毕业后,选择回到雅庭假日酒店工作的原因。

她说:"在这里工作,每天接触到不同的人和文化,实在获益良多。"陈贤倩也说:"我在这里有很大的发展空间,也有不少学习英语的机会。同事之间相处得愉快,犹如一个大家庭,非常难得。"

资料来源:邓华贵.酒店伙伴计划 助外籍员工融入团队[N].联合早报,2013-12-23.

跨国经营是旅游产业国际化的发展趋势,旅游企业的跨国经营必须融合三种文化:本国文化、目标市场国家文化和企业文化。当代德国著名的哲学人类学家米切尔·兰德曼提出"人是文化的存在",因此要实现真正的文化融合,必须从人入手,跨文化人力资源开发是不可或缺的。

第一节 旅游企业跨文化人力资源开发概述

旅游行业是中国最早对外开放的行业之一,自20世纪80年代开始,就有外商进入中国投资酒店,同时开始引进国外酒店管理集团的管理。随着中国加入WTO以及入世缓冲期的结束,旅行社的内资垄断地位逐步改变,2003年12月31日允许建立中外合资旅行社,2015年《外商投资旅行社设立审批指南》对于外商投资旅行社进一步降低门槛,除满足必要的经营场所、营业设施和注册资金三个条件即可申请成立旅行社外,外资旅行社不得设立分支机构的限制同时被取消。引进外商投资和管理已经成为中国旅游业发展进程中不可缺少的一部分。但是,在实际经营管理中,引进的外方管理体系和人员一直面临着母国文化与中国文化的冲突,中国本土员工也对这种跨文化管理有不同的反应,这无疑对国内的旅游企业人力资源开发理念提出了挑战。

进入21世纪,中国企业开始进军海外旅游市场,海外旅游投资模式逐步呈现多元化,既有在非洲、中亚等国的旅游地产投资,向东南亚等国的管理技术和品牌输出,也有在欧美发达国家的酒店资产并购。在这一进程中,中国企业发现一些在国内很成功的经营管理策略,由于文化背景的不同,到他国就可能产生相反的结果,甚至文化的差异及冲突还可能造成种种误解。这其中既有与东道国的文化观念不同而产生的冲突,也有在一个旅游企业内部由于员工分属不同文化背景的国家而产生的冲突。

一、文化的概念

文化是一个涵盖面甚广的概念,文化又是一种复杂的社会现象。不同学科专家都有不同的定义。《辞海》中将"文化"定义为"人类社会在历史实践中所创造的物质财富和精神财富的总和"。为了研究文化对跨文化经营管理的影响,不但要从人类学的角度进行考察,而且要从社会心理学的角度下一个较广义的定义:文化应该是"组织或群体所有的价值观念体系和行为选择模式"。文化在某一组织、群体中可以从食物到服装,从工作方式到信息技术,从礼仪形式到大众传播手段,从工作节奏到常规习俗,即一切人们创造的不同形态特征所构成的复合体。价值观是文化的内涵,而人们的行为特征是文化外显的具体特征。

从企业管理的角度看,"文化"集中表现为企业的一系列规范和准则,以及在这种规范与准则约束下的人们的态度和行为,是各级员工对于企业的存在、价值和行动所形成的共识。企业管理研究文化的目的,是使管理者认识到文化环境对管理工作的影响,提高对文化的感悟力,以便能够以文化为工具在复杂的环境中更好地工作。

总体来说,对文化比较一致的看法是:文化就是人们的生活方式和认识世界的方式。人们总是遵循已经习惯了的行为方式,这些文化方式决定了他们日常活动中特定规则的内涵和模式,社会的差异性是由于文化方式的不同。文化是由特定的群体成员共同形成的,它形成了社会与人们共同生活的基础。社会生活在很大程度上依赖于人们的共识,这种共识就构成了特定的文化。

二、文化比较维度

文化比较是研究跨文化人力资源管理的基础。不同的文化背景,决定了人们持有不同的价值观、行为准则。要管理好具有不同文化背景的员工,就必须了解他们的不同需求、不同价值观和不同行为模式,也就是对企业中存在的两种或多种文化进行分析,找出文化特质,以便在管理中有针对性地采取措施,减少文化冲突和矛盾,推进文化融合。文化比较的工具,就是文化比较维度系统,它把文化分解成易于辨识的要素特质,为人们提供观察不同国家文化差异性的"坐标系",使人们在跨文化管理的过程中可以按照一定的文化维度来认识不同国家文化差异,处理文化冲突。

(一)文化比较的价值取向维度

较早提出跨文化比较理论的是两位美国人类学家克拉克洪与斯乔贝克(Kluckhohn & Strodtbeck,1961),他们在《价值取向的变奏》一书中提出了区分文化群体的价值取向理论。克拉克洪和斯乔贝克认为,人类共同面对六大问题,而不同文化中的人群对这六大问题的观念、价值取向和解决方法就能体现这些群体的文化特征。这六大问题分别是:(1)对人性的看法;(2)人们对自身与外部自然环境的看法;(3)人们对自身与他人之关系的看法;(4)人的活动导向;(5)人的空间观念;(6)人的时间观念。用克拉克洪与斯乔贝克提出的六大价值取向理论区分文化,有助于理解许多平时观察到的问题差异现象,并对某些"异常"行为进行合理的解释。

首先是对人性的看法,中国传统文化有"人之初,性本善"之说。这反映在管理上就是,我们的管理制度倾向于假设人不会做坏事,因此在制度健全方面,往往是"亡羊补牢"。而美国人对人性的看法要较中国人复杂,他们认为人性可善可恶,人是善恶混合体。这反映在管理上,就是美国企业的制度比较健全,设计制度时尽可能考虑人性恶可能带来的不良行为。

对于自身与外部自然环境的看法,作为具有悠久农业社会历史的中国,我们的先人对大自然怀有特殊的情感——既敬又畏,因此提倡人的行为要与自然相融。而在美国文化中,自然灾害是可以通过人的行为来减轻危害的,他们认为人类需要运用科技抵御灾害。

对于自身与他人之间关系,中国是典型的集体主义。我们倾向于把人放入群体里,而不是个体,我们更注重作为群体的人而忽略个体的人。美国文化则刚好相反,它强调个体的作用,突出个性,每个个体都是独特的。

人的活动取向是指一个文化中的个体是否倾向于不断行动。在中国,人们倾向于"以静制动"、"以不变应万变",我们不会问题一出现就马上解决,而是静观其变,找准时机解决问题。而美国人则倾向于行动,遇到问题会迅速反应。

关于空间的理念,中国人的集体观念决定了我们把空间看成公共的,个人的隐私是很少的。美国等西方国家则把空间看成个人的,特别注重个人隐私。在中国,父母可以随便拆看孩子的信件,这在西方国家是违法的。在西方家庭中,每个房间都有锁,有些孩子还在门上贴上"STOP"。

最后,不同文化中的人对时间的看法也相去甚远。对时间的看法涉及两个方面:一方面是关于时间的导向,即一个民族是注重过去、现在还是未来;另一方面是针对时间的利用,是一个时间做一件事的线性还是同时做多件事的非线性。

(二) 文化比较的心理价值维度

荷兰学者吉尔特·霍夫斯泰德曾经针对跨国企业,用20多种语言在数十个国家里发放了116 000多份调查问卷,并进行回收和分析,研究的重点是各国员工在价值观上表现出来的国别差异,之后出版了名著《文化的影响力:价值、行为、体制和组织的跨国比较》。根据研究成果,霍夫斯泰德认为:文化是在一个环境中的人们共同的心理程序,不是一种个体特征,而是具有相同的教育和生活经验的许多人所共有的心理程序。不同的群体、区域或国家的这种程序互有差异。这种文化差异可分为四个维度:权力距离(power distance)、不确定性规避(uncertainty avoidance)、个人主义与集体主义(individualism and collectivism)、男性化与女性化(masculinity and femininity)。后来霍夫斯泰德又采纳了彭麦克等学者的补充研究结论,增加了"长期取向和短期取向"(long-term and short-term)维度。

1. 权力距离

权力距离是指在一个组织中,权力的集中程度和领导的独裁程度,以及一个社会在多大程度上可以接受这种权力分配的不平等,在企业中可以理解为员工和管理者之间的社会距离。

例如,美国是权力距离相对较小的国家,美国员工倾向于不接受管理特权的观念,下级通常认为上级是"和我一样的人"。所以在美国,员工与管理者之间更平等,关系也更融洽,员工也更善于学习、进步和超越自我,实现个人价值。相对而言,中国是权力距离较大的国家,地位象征非常重要,上级所拥有的特权被认为是理所应当的,这种特权大大地有助于上级对下属权力的实施。这些特点显然不利于员工与管理者之间和谐关系的创造,以及员工在企业中不断地学习和进步。因此,要在中国企业采取"构建员工与管理者之间和谐的关系"以及"为员工在工作当中提供学习的机会,使他们不断进步"这两项人本主义政策,管理者必须有意识地减小企业内部权力之间的距离,才有可能实行。

2. 不确定性规避

不确定性规避是指一个社会在受到不确定的事件和非常规的环境威胁时是否通过正式的渠道来避免与控制不确定性。回避程度高的文化比较重视权威、地位、资历、年龄等,并试图以提供较大的职业安全,建立更正式的规则,不容忍偏激观点和行为,相信绝对知识和专家评定等手段来避免这些情境。回避程度低的文化对于反常的行为和意见比较宽容,规章制度少,在哲学、宗教方面他们容许各种不同的主张同时存在。

例如,日本是不确定性避免程度较高的国家社会,因而在日本企业,"全面质量管理"这一员工广泛参与的管理形式取得了极大的成功,"终身雇佣制"也曾经得到了很好的推行。与此相反,美国是不确定性避免程度低的国家,同样的人本主义政策在美国企业中则不一定行得通,比如"全面质量管理"在美国就成效甚微。此外,不确定性避免程度低的社会,人们较容易接受生活中固有的不确定性,能够接受更多的意见,上级对下属的授权被执行得更为彻底,员工倾向于自主管理和独立的工作。而在不确定性避免程度高的社会,上级倾向于对下属进行严格的控制和清晰的指示。

3. 个人主义与集体主义

个人主义与集体主义维度是衡量某一社会总体是关注个人利益还是关注集体利益。"个人主义"是指一种结合松散的社会组织结构,其中每个人重视自身的价值与需要,依靠个人的努力为自己谋取利益。"集体主义"则指一种结合紧密的社会组织,其中的人往往以"群体之内"和"群体之外"区分,他们期望得到"群体之内"的人员的照顾,同时也以对该群体保持绝对的忠诚作为回报。

美国是崇尚个人主义的国家,强调个性自由及个人成就,因而鼓励员工之间开展竞争,并对个人的突出表现进行奖励;日本则是崇尚集体主义的国家,员工对组织有一种感情依赖,比较容易构建员工和管理者之间和谐的关系。

4. 男性化与女性化

男性化与女性化维度主要看某一社会代表男性的品质(如竞争性、独断性、进取好胜精神)更多,还是代表女性的品质(如谦虚、顺从、关爱他人)更多,以及对男性和女性职能的界定。一个国家是偏向男性化社会还是女性化社会,可以用男性度指数(masculinity dimension index,MDI)衡量。这一指数的数值越大,说明该社会的男性化倾向越明显,男性气质越突出(最典型的代表是日本);反之,数值越小,说明该社会的男性化倾向越不明显,男性气质弱化,而女性气质突出。

在男性化社会,人们的竞争意识强烈,成功的标志是财富功名,社会鼓励、赞赏工作狂,人们崇尚用一决雌雄的方式解决组织中的冲突问题,其文化强调公平、竞争,注重工作绩效,信奉的是"人生是短暂的,应当快马加鞭,多出成果",对生活的看法则是"活着是为了工作";而在女性化社会,生活质量的概念更为人们看重,人们一般乐于采取和解的、谈判的方式解决组织中的冲突问题,其文化强调平等、团结,人们认为人生中最重要的不是物质上的占有,而是心灵的沟通,信奉的是"人生是短暂的,应当慢慢地、细细地品尝",对生活的看法则是"工作是为了生活"。

5. 长期取向和短期取向

长期取向和短期取向维度是指某一文化中的成员对延迟物质、情感、社会需求的满足所能接受的程度。这一维度显示有道德的生活在多大程度上是值得追求的,而不需要任何宗教来证明其合理性,以及一个社会的决策是受传统和过去发生事情的影响程度大,还是受现在或将来的影响程度大。

举例来说,你认为本地区的历史对今天或未来有多重要。当人们试图炫耀自己曾经生长的地方时,他们是谈论过去、现在还是将来？长期取向强调"坚韧不拔"、"节俭"、"有羞耻感"、"非常珍惜将来";短期取向强调"个人的稳定"、"保护面子"、"尊重传统"、"珍惜过去和现在"。

(三) 文化比较的情境文化语言维度

美国著名人类文化学家 Edward T. Hall(1976)提出了高情境文化语言和低情境文化语言分析框架。

1. 高情境文化语言

高情境文化语言的特征是,在沟通过程中只有很少的一些信息是经过编码后被清晰传递出来的。高情境文化语言的社会重视人际交往和沟通过程中的"情境"而不是"内容",人们注重建立社会信任,高度评价关系和友谊,关系的维持相对来说较长久。沟通常常是含蓄的,但人们对含蓄的信息非常敏感,也能体会它的含义,个体从早年就学会了准确地解释这些含蓄的信息。拥有权力的人对下属行为负有个人责任。信任是人们履行协议的基础,协议常常是以口头形式而不是书面形式确定的,"圈内人"和"圈外人"较为容易辨识,"圈外人"很难进入"圈内人"的群体。在商务谈判的过程中,人们不太重视时间,但拘泥于形式。

2. 低情境文化语言

低情境文化语言的特征则是,在沟通过程中大量的信息已经存在于清晰的编码中。低情境文化的社会,重视的是人际交往和沟通过程中的"内容"而不是"情境"。低情境文化语言的社会不太重视个体之间的关系,"深入了解对方"似乎是没有必要的,人际关系持续得较短,沟通常常是直接的,人们在生活早期就被教育要准确、清晰地表达自己的意思。权力被分散在整个官僚体系中,个人的责任被严格地确定,法律是履行协议的基础,协议必须以具法律效力的书面形式确定的。"圈外人"与"圈内人"的界限并非十分清晰。在谈判过程中,人们重视时间和效率,但不太重视形式。

三、"跨文化"与"跨文化差异"

当一种文化跨越了不同的价值观、宗教、信仰、原则、沟通模式等不同文化时,就可以称之为"跨文化"。正因为不同文化之间存在差异,才有跨文化管理的必要性。

跨文化差异是指不同群体或组织的文化差异。它包括三个层面:

一是双方母国(或民族)文化背景差异。这是跨文化差异的宏观层面,由于它的典型性和分明性,在讨论跨文化管理时通常以一国为单位,以合资企业和跨国企业为研究对象。这一层次的跨文化差异还应包括双方母地区、母城市的文化背景差异。最典型的如港资企业、台资企业和中资企业,这些企业中的员工大都来自中华民族,可是出于历史的原因，中国大陆、中国台湾和中国香港之间的文化内涵已有较大的差异。此外，即使同是大陆的员工，由于我国的多民族性，幅员广大，土地辽阔，少数民族的员工、东西部的员工……存在程度不等的文化差异，跨文化管理同样是这些企业管理者不得不面对的一大挑战。

二是双方母公司自身特有的"企业文化"风格差异。这是跨文化差异的中观层面，这在通过兼并收购而重组的企业中特别明显。

三是个体文化差异。这是跨文化差异的微观层面。年长者和年轻者、男性和女性、上级和下级、不同部门的员工之间等任何不同的两个人身上都可能存在跨文化差异。管理者如果能洞察每个人身上的文化差异，并且审慎分析、对症下药，就不愁管理不好这个企业。

跨文化三层面的差异与交叉构成了跨文化管理困惑的终极渊源。由于跨文化管理的多层面性和复杂性，本章重点讨论不同国家或地区层面上的跨文化人力资源管理，文化单元主要指民族文化；即使在企业文化中，也主要侧重于企业中不同国别员工所表现出来的民族文化特点。

四、跨文化差异对跨国企业的影响

（一）跨文化差异对经营决策的影响

跨文化差异对企业经营决策的影响有两种情况。第一种是决策者往往依据自身文化特点对来自不同文化背景的信息做出价值判断。这种情况在跨国企业经营中发生的概率较高。人往往是自觉不自觉地依据自身的价值标准与行为准则做判断的，能改善的只是意识到可能的失误，并在及时得到反馈信息的情况下弥补或调整决策。这种文化差异反映在投资决策方面的例子，便是日本在华投资酒店的数量和规模。虽然，日本与中国有着深厚的历史渊源，且同属东方文化，但是日本文化中的稳健传统，使得日本的酒店企业始终认为要等中国投资环境全面改善后再做大规模投资。但是中国的投资环境是在外商投资过程中逐步改善的，坐等完善只会将良机拱手奉送于有一定冒险文化背景的洲际、喜达屋、万豪等西方跨国酒店连锁集团。第二种情况是群体中有不同民族文化背景的人的存在，使得决策模式有所改变。常见的情况是来自不同文化背景的人各持己见而产生冲突。这种冲突如果能得到较好的沟通，不一定会降低决策的效率。

（二）跨文化差异对人际关系的影响

跨文化差异对人际交往的影响多以冲突的形式表现出来。不同的文化模式决定着不同的沟通方式，如果沟通双方有不同的文化背景，则往往会增大交往障碍。跨文化差异对人际关系的影响主要有以下表现：

1．种族优越感

所谓种族优越感主要是指当事人认定自己种族优越于其他种族，自己的文化价值体系比其他文化价值体系优越，并以自身的文化价值和标准去解释与判断其他文化环境中的现象。如果在一个跨文化的经营环境中，外来的管理者对母国文化有过度的自豪感和优越感，不愿轻易接受不同的生活方式、思维方式和管理方式，势必会引起东道国同事或下属的反感,进而会导致人际关系紧张。

2. 缺乏权变管理意识

在一个文化环境中被证明为卓有成效的管理模式到另一个文化环境中不一定有效,这已成为跨文化管理者的共识。由于缺乏对对方管理方式和企业文化的理解,而不恰当地坚持自己的管理模式,或者由于对对方期望值过高,都会导致双方不能建立起彼此相互理解和信任的协调机制。在一个跨文化的经营环境中,外来管理者要调整领导方式和管理手段,努力适应跨文化差异。

3. 沟通误会

沟通是人与人之间或群体之间的交流和传递信息的过程。然而,由于处于不同文化背景的人们对时间、空间、风俗习惯和价值观等的不同认识,以及一些语言与非语言的沟通方式差异,往往会加深沟通难度,甚至导致沟通误会。

跨文化沟通是一个双向的、互动的过程,如果相互之间的沟通风格不同,就可能带来问题。例如在对强烈情绪的表露方面,美国人喜欢通过交谈、辩论来发泄心中的积愤和澄清事实;而地中海地区的许多国家则倾向于使用身体语言来表达强烈的情绪;在另外一些国家,如日本人就不喜欢向别人表露自己的情绪。

4. 文化冲击

每个人在社会生活中都是按照一套社会准则生活的,处在母文化环境中时,人们往往对母文化没有自觉意识,而当进入一种不同文化模式时,由于失去了自己熟悉的社会交往信号和符号,以及对新文化的社会符号不熟悉,在心理上会产生深度焦虑感,从而产生文化冲击。在文化冲击的影响下,人际交往很容易陷入自我封闭的状态。

五、跨文化人力资源开发

所谓跨文化人力资源开发是指以提高劳动生产率、工作生活质量和取得经济效益为目的,对来自不同文化背景下的人力资源进行获取、保持、评价、发展和调整等一体化开发的过程。在此,跨文化因素对人力资源的影响是全方位的、全系统的、全过程的。

跨文化人力资源开发以国际化经营战略为基础,是企业国际化发展的重要组成部分。跨文化人力资源开发必须站在不同企业文化背景下,在企业跨国经营中充当重要的战略角色,调动员工的积极性与创造性,并对员工的跨文化能力进行开发。跨文化人力资源开发最具特色的内容包括:(1) 人力资源海外管理的本土化;(2) 跨文化培训与发展管理;(3) 跨文化冲突管理和沟通;(4) 跨文化激励。

六、国际化旅游人才的标准

人才是一个国家经济发展的宝贵资源。著名的竞争战略专家迈克尔·波特在国际竞争优势理论中认为,一个国家的竞争优势包括生产要素、需求要素、相关产业和辅助产业、企业战略和结构以及竞争、机遇、政府作用等六个方面。人才既是生产要素中的人力资源中较高层次的群体,又是专业核心知识的载体,同时也是制定企业战略和产业政策的主体,即人才是构成国际竞争力的重要综合因素。

结合我国旅游产业的国际化进程和发展趋势,可以将我国的国际化旅游人才定义为:

具有较高学历(专科及专科以上),熟悉现代旅游企业经营与管理理念,掌握世界服务贸易原则和国际旅游业通行的规则,同时具有丰富的专业知识和国内外从业经验,具备较强的创新能力和跨文化沟通能力的人力资源。

(一)国际化旅游人才的素质构成

具体地讲,国际化旅游人才的素质要求包括思想道德素质、知识素质、能力素质和生理心理素质等四个一级属性,及其涵盖的20个二级属性(见表11-1)。

表11-1 国际化旅游人才素质构成表

一级属性	思想道德素质	知识素质	能力素质	生理心理素质
二级属性	• 诚信意识 • 责任感 • 敬业精神 • 服务意识 • 环保意识	• 知识更新能力 • 国际视野 • 外语水平 • 专业背景 • 学历水平	• 行业前瞻能力 • 拓展市场能力 • 危机处理能力 • 跨文化沟通能力 • 专业化服务能力	• 主动合作精神 • 开放意识 • 情绪稳定性 • 举止文明 • 体魄健康

(二)国际化旅游人才应该具备的能力

1. 具有广阔的国际视野

国际化旅游人才的国际视野,不仅包括对本行业或领域国际上的整体格局、前沿动态和发展趋势有深入的了解,对国际旅游业发展的规律、潮流和最新成果能够准确把握,还应该关注国际形势对旅游企业的影响,并保持足够的敏锐性。

2. 通晓国际旅游业基本规则和惯例

国际旅游业是由高度细分的产业部门通过一个跨国的复杂分销链,销售一系列包括住宿、餐饮、交通、观光娱乐等产品和服务的产业。旅游服务业是世界贸易组织(WTO)中服务业开放承诺最多的一个领域,在服务贸易总协定(GATS)中旅游服务原则分为两类:一是规定一般性义务,即每一个缔约方均需遵守的纪律,如最惠国待遇原则、透明度原则、发展中国家的更多参与原则、国内法原则;二是规定每个缔约方均需经谈判做出具体承诺,如市场准入原则和国民待遇原则。此外,各成员方的承诺还包括:不对到国外旅游设置新的限制;不对由国外业者拥有的或者经营的旅游机构实施限制;不对本国国民到国外旅游设立最高随带金额或兑换外币的限制等。① 可见,熟悉以GATS(服务贸易总协定)规则为代表的一系列国际旅游业基本规则和惯例,是国际化旅游人才参与世界旅游服务贸易竞争所必需的。

3. 在跨国环境中熟悉、尊重有关国家和地区的文化

美国学者R.韦恩·蒙迪和罗伯特·M.诺埃(1996)在研究了美国员工在海外工作失败的多个案例后,指出员工能否对当地文化保持足够的敏感性和灵活性,是在跨国环境工作中必须考虑的因素。② 在国际商业活动中最困难的也是最重要的环节之一,就是理解不同文化的背景、价值观及社会需求的差异。旅游业也不例外,熟悉有关国家和地区的文

---

① 高舜礼.中国旅游业对外开放战略研究[M].北京:中国旅游出版社,2004.
② 〔美〕R.韦恩·蒙迪,罗伯特·M.诺埃著,葛新权等译.人力资源管理[M].北京:经济科学出版社,1996.

化是国际化旅游人才一个基本的立足点。

具体地讲,国际化旅游人才应该深入了解有关国家和地区的悠久文明与历史文化,理解有关国家和地区的社会经济发展水平,愿意使用非母语进行交流,尊重不同的生活方式和社会价值观。在跨国环境中,文化差异不只限于语言,还包括宗教、时间、空间、数字、美学和食物偏好等多个方面。

4. 具有较强的跨文化沟通能力

国际化旅游人才的跨文化沟通能力,是指以对客源国文化背景的了解为基础,合理运用基本的语言沟通和非语言沟通技巧,以灵活、务实的态度,协调旅游服务中各种关系的能力,如图 11-1 所示。

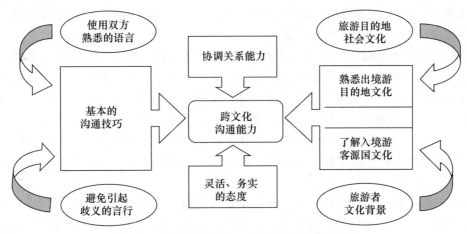

图 11-1　国际化旅游人才跨文化沟通能力构成

使用双方熟悉的语言交流,仅仅是跨文化沟通的一部分;在许多地区,非语言沟通是跨文化交流中比较容易出现障碍的方面。例如,在印度,由于历史上曾经是英国的殖民地,因此英语的普及程度很高,但是美国游客在印度总会感到被接待者怠慢和不受尊敬,原因之一就是:在美国,直盯着说话人的眼睛才表示尊重对方;而印度的传统观念是,人与人交流时,不盯着对方的眼睛表示信任和尊重对方。可见,作为旅游企业国际化人才,即使熟练掌握一门或一门以上外语,如果对顾客所习惯的文化不了解,在跨文化交流能力方面也不能算合格。

第二节　旅游企业跨文化人力资源开发实务

进入 21 世纪以来,全球经济一体化的趋势越来越明显,越来越多的企业正在向国际旅游市场进军,但是文化背景、地域环境等方面的差异成为企业跨国经营的最大障碍之一。因此,正确分析并解决各国之间的文化差异带来的人力资源问题,有效地进行跨文化人力资源开发,是保证企业在不同国家实现经济环境与文化环境双适应并健康发展的重要措施。

一、跨文化沟通

有效的跨文化沟通是旅游企业跨文化人力资源开发的一个重要手段。因为在跨文化企业中，管理者和员工面对的是不同文化背景、语言、价值观、心态和行为的合作者，招聘、培训、考评、报酬体系的设计等都是在跨文化沟通交流的基础上进行的。与普通的人力资源开发活动相比，跨文化人力资源开发所遭遇的文化冲突会更激烈、更深入，沟通难度也更大。

（一）跨文化沟通的目标

在跨文化环境中，人们觉得有必要保存自己的文化，同时他们也会被主流文化的准则吸引，这样把两种文化的精髓相结合，实现文化融合或多文化共存是跨文化沟通最为理想的一种形式，也是跨文化沟通的目标。

最无效的文化适应方式是文化边缘化，其表现是来自少数文化的成员既不被鼓励保留自己的文化准则，也不被接纳加入主流文化，这种情况是旅游企业在向海外派遣员工时必须设法规避的。在文化融合或多文化共存与文化边缘化之间是文化同化和文化分隔。

在文化同化的情况下，少数文化的成员单方面迎合主流文化并把这视为一种与当地人互动的有效方式。然而，外派员工如果过分被东道国的文化同化，他们就可能被视为"本土化"，而总部也会怀疑其个人能力。因此，来自少数文化的外派员工要有保持自己丰富文化传统的能力。

文化分隔是指少数文化的成员与主流文化保持距离。例如，在跨国工作中，一些来自少数文化的外派员工专门选择住在外国人居住密集的区域，而很少与当地人接触；在处理问题时，来自少数文化的外派员工倾向于与有相似文化背景的人多接触。这些做法虽然方便，但是它们既不能产生有效的协作关系，也有悖于跨国经营所提倡的包容策略。

（二）跨文化沟通的原则

1. 尊重原则

在跨文化人力资源管理活动中，针对对方不同的价值观、风俗习惯和思维方式等文化差异，首先要做到保持尊重对方的态度，以诚相待。具体地讲，就是要认识到文化差异在跨文化人力资源管理活动中客观存在，这种文化差异不存在优劣，也不存在先进与否；尊重对方的文化，既不要拿自身的文化标准去衡量对方文化的行为方式，也不要将自己的观点和行为方式强加于他人。

2. 平等原则

平等原则是指在跨文化沟通中要克服自卑感或优越感，既不要因为对方来自经济发达国家或地区而对自己的文化产生自卑感，也不要因为对方来自经济欠发达国家或地区而轻视对方的文化。

文化是人们生产实践和生活实践的智慧结晶，每个地区或民族的文化都有区别于其他地区或民族文化的特殊性。文化的特殊性是由人们所处的特殊的生存环境决定的，因为特殊的生存环境需要特殊的智慧。生存环境包括地理位置、气候条件、地形地貌和生态条件等，在各种自然条件中，最重要的是可获得和可利用的生活与生产资源，因为人不仅要从自然界中获取自己的生活资料,还要从中获取生产资料。生产实践活动的具体对象决定着人们所使用的生产工具及其发展方向,决定着人们在生产过程中的结合方式,决定着人们的生活方式,也就造就了不同的文化。

3. 属地化原则

属地化原则就是在跨文化沟通中要迎合沟通所在地的文化习惯,从有利于沟通的角度出发,有选择地在习惯用语、饮食、着装和礼仪等方面考虑迎合属地文化。属地文化的选择要使对方产生亲切感,以建立友谊与合作关系为目标。旅游工作的特点决定了跨文化沟通有机会接触各种异国文化,这主要归结于工作性质;但是,如果要在跨国环境中长期生存,还应该将自己的兴趣转移到所在国家人们普通生活的层面,真正融入当地的社会生活,例如与当地的同事共进便餐或参加他们举行的聚会。

4. 适度原则

跨文化沟通是既立足本族文化又超越本族文化基础之上的对话和交往,旨在本族文化与异族文化之间建立双向协调、双向互馈和双向建构的机制。适度原则是跨文化沟通中一项极其重要的原则。

坚持适度原则,在跨文化沟通时应该做到既不完全固守,又不完全放弃本族文化的立场,力求在本族文化和异族文化两者之间寻找相互调适与动态平衡的机制和张力。要注意克服过度压抑自己的文化情结,积极敏感地察觉和捕捉对方的情感并予以呼应,予以适当的共鸣,避免沟通双方的情感对立和情感阻隔。此外,要适度地推销和表现自己,主动向对方传递信息,力求如实地把自己的观念、想法告知对方,并得到接纳和认同。

(三) 有效的跨文化沟通

旅游企业跨文化人力资源开发要实现让两种或多种文化的精髓相融合,应该采取以下措施:

1. 端正文化态度

文化态度是决定旅游企业跨文化沟通成功与否的关键。在进行跨文化沟通时,首先应该认识到文化差异不是用来使人沮丧或局促不安的,而仅仅是在另一种文化背景影响之下做事的方式。发生跨文化误解或冲突时,一定要站在跨文化差异的高度重新审视彼此的不和谐,而绝对不能以种族优劣或人性善恶做出简单的判断。

2. 语言沟通

语言是文化的一种直接表现形式。在跨文化沟通中,语言交往的相通或相歧,往往是由不同文化的共同性或特异性所致。这里所指的语言包括口头语言和非口头语言。当一方使用非母语与对方交流时,除了在口头表达时要注意表达清楚、缓慢,尽量说简单句,多重复,多用主动语态,还可以借助非口头表达手段(如手势、示范、书写对方文字),并尽可能地多用照片、图形和数字等。在和对方进行语言沟通时,要经常地停顿,给他人以理解的时间,不要急于打破沉默。在语言表达完之后,不要认定对方理解了,先假定他们不理解,再检查其理解程度,例如让对方将他们所理解的解释一下。

3. 知己知彼

(1) 知己。即了解自己,识别那些大家都具有的态度、意见和倾向性的简单行为,这样不仅有助于我们决定说什么,也有助于我们决定听取别人说什么。

此外，要想改进沟通效果，还必须了解他人怎样感知我们的某些思想，只有对自己的文化风格了解得非常明确，才有可能在从一种沟通情境进入另一种沟通情境时顺利地进行沟通方式的切换。

（2）知彼。即一方面学习、接近对方的文化，另一方面善于"文化移情"，又能够对其他文化采取一种比较超然的立场，而不是盲目地落入另一种文化俗套之中。

4. 跨文化培训

跨文化培训的主要内容有文化认识、文化敏感性训练、语言学习、跨文化沟通及处理跨文化冲突的技巧、地区环境模拟等。

跨文化培训的主要目的在于：减少外派员工可能遇到的文化冲突；促进东道国员工对本企业经营理念、管理风格及旅游行业国际惯例的理解；维持组织内良好稳定的人际关系；促进企业内信息的畅通及决策过程的效率；加强团队协作精神与企业凝聚力。

5. 跨文化的适应和影响

旅游企业跨文化人力资源开发不仅要指导和帮助外派员工学习与适应东道国的文化，还要提高对不同文化变化的鉴别能力。因为各国文化的某些方面是可以变化的，跨国企业在很多情况下为达到自己的商业目的会对东道国文化的某些方面加以影响。例如，在一些东方国家，年轻一代受欧美文化的影响很深，他们在一边吃着麦当劳一边听着西方摇滚音乐的同时，传统的文化价值观已发生了潜移默化的变化。但是，跨国公司在适应或影响当地文化时，必须考虑：

（1）面对多元文化并存的情况，外派员工首先考虑的是如何适应当地文化的问题，这是顺利合作和开展工作的前提，只有对各种由文化差异引发的问题达成共识，才能有效地开展下一步工作。

（2）要考虑东道国对文化变迁的容忍程度或抗拒程度。不同文化都或多或少地存在不同程度的排外情绪，对于不同文化的介入，难免采取一种谨慎的态度。旅游企业应该要求外派员工对东道国文化的某些方面，如语言、风俗习惯、宗教信仰、政治制度、涉及国家或民族利益的敏感性问题，应采取学习和适应的态度；而对一些不易引发广泛抵触情绪的领域，如营销方式、劳资关系和某些工作方式等，应通过渗透与引导，逐步使之朝有利于本企业经营的方向变革。

（3）跨国经营的旅游企业还应对东道国文化变化的趋势、进程与特点保持密切关注，只有这样，才能使经营活动更适应东道国的文化，减少文化差异对企业经营的影响，进而循序渐进地对东道国的文化施加影响。

6. 建设具有一定东道国特色的企业文化

建设具有一定东道国特色的企业文化是指在对东道国文化充分理解的基础上，根据东道国的经营环境要求和企业战略目标，在东道国建立起符合多方利益的共同经营理念和修正的企业文化。通过这种企业内部文化的诱导，可以减少跨文化差异摩擦，使得东道国员工能够把自己的思想与具有一定东道国特色的企业文化联系起来，优化企业的文化变迁能力。

二、旅游企业员工的跨国配备

(一) 跨国经营的旅游企业员工来源

跨国经营的旅游企业员工无外乎三个来源：母国公民、东道国公民、第三国公民。

1. 从母公司派遣驻外人员

旅游企业在开展跨国经营的初期，从母公司派遣驻外人员是非常重要的，也是非常理想的。因为母公司的外派人员比东道国或第三国人员都更了解母公司的经营理念和管理模式。但是，如果所有驻外人员都从母公司派出也有困难。一方面不可能有那么多合适的人才，尤其是旅游企业开展跨国连锁经营时，这样花费开销会很大；另一方面，这些外派人员很可能会盲目地将在适用于本国的管理方法和标准移植到东道国，再加上有些东道国法律要求跨国企业必须在当地招聘一定数量的管理人员，这样势必会引起一系列的冲突。

2. 在东道国招聘人员

在东道国招聘人员有许多好处。首先，它能克服服务语言方面的障碍，保证能比较便利地与当地消费者进行沟通，减少培训费用；其次，能节省工资成本，帮助当地解决就业问题，从而与东道国建立良好的贸易伙伴关系。此外，还可避免一些官僚机构烦琐的手续，有利于旅游企业在当地实现长期发展目标。但是，全部使用东道国员工也有不足之处，如当地的管理者由于已习惯本国的工作模式，可能很难马上适应企业总部的要求。

3. 从第三国选聘人员

随着跨国经营规模的扩大，许多旅游企业会考虑从第三国选聘合格的人才派驻到另一个国家或地区，员工无国界化趋势日趋明显。此时，旅游企业考虑更多的是他们的经营管理能力、专业技术水平和创新精神，而不是他们的国籍。

从第三国选聘人员不仅是跨国经营的旅游企业人力资源全球配置的需要，也是旅游人才国际化流动的必然结果，主要表现为：来自不同国家和地区、具有不同文化背景和思维方式的人群聚集在同一企业，能够产生异质互补、多元交融的协同效应。例如，由万豪国际酒店管理集团管理的天津万丽泰达酒店，其外籍员工来自德国、英国、新加坡、马来西亚和澳大利亚等。

(二) 旅游企业跨国选聘员工的特点

1. 对总部外派人员或第三国人员的选聘特点

旅游企业在考虑派驻国外的高级管理人员时，要特别重视员工海外工作经验和跨国经营管理能力。现在一些国际化的旅游企业开始把有培养前途的年轻管理者派遣到国外工作，使他们及时获得跨文化的管理经验，以便在年富力强时能担任需要这种经验的高级管理职务。

具体说来，在母国或第三国选聘跨国工作人员时，旅游企业需要重点关注的是：

(1) 专业技术技能，包括技术技能、行政技能和领导技能。

(2) 交际能力，包括文化容忍力和接受力、沟通能力、适应新环境的灵活性、对压力的适应能力等。

（3）国际化驱动力，包括外派职位与原职位的对比效应、对外派地区的感兴趣程度、对跨国工作的责任感、与职业发展阶段的吻合程度等。

（4）家庭需求，包括配偶到他国生活的意愿、配偶的交际能力、配偶的职业目标、子女的教育要求等。

（5）语言技能，包括口头和非口头的语言交流能力及其学习能力。

对所有的外派任职而言，上述主观条件并非同等重要，每项条件的重要性还与任职的客观条件有关。这些客观条件包括跨国工作的时间长短、文化的相似性、需要与东道国员工沟通的程度、工作复杂度和工作责任大小等。

2. 对东道国人员的选聘标准

跨国经营的旅游企业在当地选聘员工，除了要注重他们的能力、经验，还要特别注意各个国家的不同文化背景因素。例如，美国很注重雇员的技术能力，而在一些亚洲国家和地区则常常出现重裙带关系轻技术的现象；按照西方人的观念，积极主动、毛遂自荐的申请人可能会得到比较高的评价，但是在一个盛行内敛文化的国家中，具有这种"卓尔不群"行为的人则很难与其他员工融洽相处。

（三）旅游企业跨国选聘员工的方法

旅游企业跨国选聘员工时广泛使用面谈、标准化测试、简历评价、工作试用测试、雇员推荐等方法，其中面谈被认为是使用最广泛且最有效的方法。

旅游企业在东道国选聘员工时应了解和适应当地习惯。譬如，在欧洲的一些国家里，由政府负责公民的职业介绍事务，不允许私人机构插手；在瑞士，无论是雇主、工会、同事还是下级人员，都会参与员工招聘的全过程；在日本，要吸引最优秀的潜在管理人才需要与日本大学的教授保持密切的私人关系，而大多数外国企业并不具备这种联系，对美国企业而言，日本的这种招聘模式可能违背了公平竞争的道德准则。因此，旅游企业在东道国选聘员工时既要遵循企业既定的工作规范，又要权衡东道国的招聘机会与惯例。

三、旅游企业跨国员工培训

旅游企业跨文化人力资源开发的复杂性，大多是由跨文化差异引起的，解决跨文化差异的手段很多，培训是公认的一项基本手段。一些管理专家提出，跨文化培训是跨文化人力资源开发的重心所在。旅游企业应通过有效的培训，培养具有国际化视野、能适应多元文化并具积极创新精神的管理人员。

（一）旅游企业在跨文化培训方面的内容

从跨文化的视角考察旅游企业的员工培训，可以分为两种类型：一种是针对母公司或第三国的外派员工及其家庭成员的培训；另一种是为从东道国招聘的管理人员提供的培训。前者通常是跨文化交际能力培训，目的是使外派员工及其家属了解他们将前往国家的文化环境，增强其对东道国工作和生活环境的适应能力；后者主要是关于管理方法、管理技术和企业文化的培训，目的是使东道国当地管理人员的管理水平尽快达到企业要求的标准。

1. 针对外派人员的跨文化交际能力培训

跨文化交际能力又称对不同文化的敏感性。跨文化交际能力培训主要包括两个内容:一是系统介绍有关母国文化背景、文化本质和有别于其他文化的主要特点,此为"知己";二是培训对东道国文化特征的理性和感性分析能力,此为"知彼"。实践证明,成功的跨文化交际能力培训可在较大程度上代替实际的国外生活体验,使外派员工及其家属在心理上和应付不同文化冲击的手段上做好准备,减轻他们在东道国不同文化环境中的不适应或痛苦感。

跨文化交际能力培训可以采取多种方式进行,主要有:

(1) 文化教育,即请专家以授课方式系统介绍东道国文化的内涵与特征。

(2) 环境模拟,即通过各种手段从不同侧面模拟东道国的文化环境。

(3) 文化研究,即通过学术研究和文化讨论的形式,组织受训者探讨东道国文化的精髓及其对管理思维、管理风格和决策方式的影响。

(4) 外语培训,这不仅仅是使受训者掌握语言知识,还要使他们熟悉东道国文化中特有的表达和交流方式,如手势、符号、礼节和习俗等。

(5) 组织各种社交活动,让受训者与来自东道国的人员有更多的接触和交流机会。

2. 针对东道国员工的管理、技术培训

跨国经营的旅游企业对东道国员工的培训主要侧重于服务技能和管理技术。虽然有时也会设置有关企业文化及跨文化交际能力的培训,但通常不是重点。

有关服务技能的培训,一般侧重于本企业的服务流程、服务标准和相关技术。有关管理技能的培训,通常按管理的职能进行分类,例如对营销部门管理人员的培训侧重于各种营销技巧、分销渠道建设和市场调查的管理技能,对财务部门管理人员的培训侧重于母国和东道国会计准则的差异、会计电算化方法、财务报表分析和外汇风险分析等。

(二) 旅游企业开展跨文化培训的方式

按照空间划分,旅游企业跨文化培训可以分为以下三种:

1. 外部培训

外部培训计划不是由旅游企业制订的,而是由独立的培训机构针对跨国企业的某一类管理人员而设计的。培训的地点不在企业内,而是委托社会培训机构办理或由企业选送员工接受培训。这类培训不是为特定的组织安排的,其目的是扩大管理者的视野,例如商科院校开设的有关跨国企业收益转移的讲座、专业培训机构提供的沟通技能和人际关系技能培训。在对外派人员的培训方面,一些旅游企业近年来开始把管理者送到东道国去培训,这样做可以使管理者在承受工作压力之前,亲身经历文化差异的影响。

2. 内部培训

在企业的人力资源部或其他部门的统一安排下,利用企业内专设的培训教室,在工作时间外利用企业的设施、设备所进行的培训活动称为企业内部培训。一些跨国经营的旅游企业在总部开设了自己的企业大学,如希尔顿酒店集团不仅在美国设立了希尔顿大学,还开展了基于互联网技术的远程培训。内部培训的效果更为明显和直接,因为它可以将具不同民族和文化背景的培训人员组织在一起,用同一种语言讲述同一个问题。由于参与培训的学员可以对问题进行有针对性的讨论,在讨论过程中相互了解各自的观点并最终达成共识,就有可能预防企业未来在工作中出现的问题。

3. 在职培训

在职培训通常是为了满足个别管理者的要求和特殊工作而设计的,其特点在于培训员工不离开工作岗位,或以目前担任的工作为媒介而接受训练。在职培训强调实践性,由更有经验的上级监督、指导受训者在实际工作中的表现。由于在职培训可以在工作中进行,时间约束性小,对外派员工来讲更适用于文化差异的调节。

四、跨国经营的旅游企业员工考评

(一)考评者

在一个跨国经营的旅游企业内部,由于员工来自不同的文化背景,看问题的角度不尽相同。为了保持对外派员工的考评公正、客观,考评者不能单一化,而应当跨文化,既有东道国被考评者的直接上级、下级、同事和客户,也有来自总部的上级。通常采取以东道国当地评价意见为主,以企业总部的评价意见为辅的方法;如果企业总部负责确定最终的评价结论,也要征求外派员工所在东道国员工的意见,这样可以减少评价偏差。

(二)考评指标

在对东道国员工和外派员工进行考评时,由于各方的文化背景不同,考评指标也应有所差别。对东道国员工的考评指标可以由东道国管理者制定,还可以参照当地行业同类企业的标准。对外派员工的考评指标会相对复杂一些。

旅游企业通常以企业的投资收益率和利润等财务指标评价外派管理者,除此之外,还应该考虑到他们在维护公司信誉、扩大品牌知名度、同东道国政府搞好关系以及落实企业长期战略、扩大市场份额方面的贡献等一系列因素。在确定考评指标时,要根据外派员工工作地点的文化特征进行一些修改,以增强考评体系的适应性。

(三)考评方式

跨文化经营的复杂性要求旅游企业在实施跨文化员工考评时,要掌握多方面的信息。因此,在考评时可以采取多种考评方式,有自我考评、日常观察、现场监管、下级考评、客户考评等多种方式。表11-2展示了不同考评方式所使用的不同指标、适用的阶段。

表11-2 基于跨文化人力资源管理的考评方式、指标和时间

考评方式	考评指标	考评时间
自我考评	• 达到目标 • 管理技能 • 项目成功	6个月或在主要项目完成时
下级考评	• 领导技能 • 沟通技能 • 下级发展	在主要项目完成时

(续表)

考评方式	考评指标	考评时间
对外派员工或东道国管理者的日常观察	• 团队建设 • 人际交流能力 • 跨文化沟通技能	6个月
现场监管	• 管理技能 • 领导技能 • 达到目标	在重大项目结束时
客户考评	• 服务质量和及时性 • 谈判技能 • 跨文化沟通技能	每年

五、跨国经营的旅游企业员工薪酬

开展跨国经营的旅游企业能否按国际标准并结合东道国实际情况,为不同文化背景的员工提供合理的薪酬,这不仅影响着外派员工的工作积极性,也是企业在国际市场上能否获得人力资源竞争优势的关键。

(一)母国或第三国外派员工的薪酬

1. 确定基本工资的方法

(1)母国基准法。这是国际上通行的做法,即由母公司派到国外工作的管理人员,其基本工资通常按照企业总部的标准发放。虽然员工被派往不同的国家,但工资始终与母公司保持一致,这样不仅便于他们返回母公司工作,还可以避免在不同国家流动时每次都要调整工资。但是,如果东道国工资水平较母国更高,这种做法就缺乏激励性;为了让外派员工安心工作,总部通常会把基本工资提高到东道国水平。采用母国基准法最大的问题是会使得企业内部来自不同国家同一职位人员的工资水平不一样,导致难以妥善处理由此引发的矛盾。

(2)东道国基准法。让外派员工的基本工资与东道国相同职位的基本工资相一致。这种方法的优缺点正好与"母国基准法"相反。如果东道国工资水平更高,对外派员工是很大的激励,但加大了企业内部薪酬公平的难度;如果东道国工资水平更低,这种做法显然不能令外派员工满意。采用"东道国基准法"工资水平则无法与母国保持一致,不利于外派员工返回母公司工作。此外,当外派员工在不同国家调动时,工资变动问题变得更加复杂。

(3)折中法。由于以上两种方法各有利弊,因此一些国际酒店管理公司采取折中的方式,即根据母国工资标准的一定比例确定一个基准额,再根据东道国工资标准的一定比例确定提高的数额,二者相加便是外派员工的基本薪酬。这样做保证了外派员工薪酬水平的合理性和一定的弹性,具有比较好的实践意义。

2. 补偿奖励的措施

补偿奖励是指对外派员工及其家属到异国工作因生活的不便和付出所给予的补偿,

主要包括流动工作奖金、满期工作奖金、探亲奖励等。

(1) 流动工作奖金。发放流动工作奖金的目的是鼓励员工在企业分支机构所在的各个国家之间流动,它通常占基本工资的10%—20%。只要员工到非自己的国籍国任职就可以得到这部分奖金。

(2) 满期工作奖金。设立满期工作奖金的目的是鼓励外派员工整个合同期间都在海外工作,通常在合同期满时才发放。这种奖励适合那些派往经济比较落后国家或地区工作的员工。

(3) 探亲奖励。此奖项主要用于支付外派员工及其家属中途返回母国休假的费用。国际酒店管理公司通常不希望外派员工及其家属与母国文化长期隔绝,一般是每年休假3—6周,支付额度是外派员工及其家属往返的全部交通费;如果外派员工到公司总部述职,则述职时间按外派工作时间计算。

3. 津贴

开展跨国经营的旅游企业为了维持报酬的内部公平性,在整个企业范围内执行统一的与工作性质相适应的基本工资,然后根据员工所在地的情况,放发数额不等的津贴。这一做法的依据是国际经济中的购买力平等化理论,即派出员工的薪酬水平至少应该能使他们在东道国保持与在本国时相同的住房条件、商品和服务消费水平及储蓄水平,如果出现缺口则由企业补贴。最常见的有生活费津贴、房租津贴、子女教育津贴、艰苦条件津贴、迁居开支及调动津贴、税负调节津贴等。

4. 非货币薪酬

员工派驻国外对非货币薪酬的期望,主要集中在职务晋升、令人羡慕的工作岗位同级调动、职业生涯发展路径清晰、上级的器重与认可、来自顾客或下级的肯定与尊重、学习新知识及培养新能力的机会、完成跨文化管理的心理满足等。

(二) 东道国员工的薪酬

开展跨国经营的旅游企业在为分布在海外的分支机构制定薪酬政策时,除了要与母公司的人力资源战略保持一致,还必须听取东道国合作方的意见。以国际酒店管理公司为例,目前许多国际品牌酒店只是输出管理,并不直接投资建设酒店,酒店业主方会派出管理人员适当参与酒店的管理,而员工工资成本会直接影响酒店业主方的投资收益,加之酒店业主方对当地劳动力市场的工资水平和有关的法律法规更为了解,因此在中国,酒店业主方大都参与本土员工薪酬标准的制定。

(三) 薪酬支付手段

由于员工来自不同国家,开展跨国经营的旅游企业在制定薪酬制度时,必须考虑是支付母国货币、东道国货币还是某种汇率比较稳定的第三国货币。这是因为:

第一,避免汇率波动引发的问题。如果外派员工的全部收入都以母国货币支付,当母国货币相对于东道国货币贬值时,外派员工的实际收入就会下降,从而引发不安定情绪。

第二,满足外派员工在母国储蓄的愿望。如果外派员工的全部收入都以东道国货币支付,当东道国实行外汇管制时,他们回国储蓄母国货币的愿望就会落空。

第三,减轻税负。有些国家规定只对外籍人员从当地取得的收入纳税,如果以东道国货币支付外派员工的全部薪酬,可能会加重其税收负担。

基于以上原因,开展跨国经营的旅游企业对外派员工和东道国员工一般采取综合性支付的方式,但比重有所不同。外派员工的报酬分成两部分:一部分以东道国货币支付,其数额大致等于员工原来在母国国内用于消费的收入加海外生活费津贴、国外服务津贴和在东道国应交纳的税款等;另一部分以母国货币支付,借记在指定账户上代为储蓄,通常按基本工资的一定比例计算。对东道国员工则通常支付当地货币,有时候会辅以少量汇率稳定的外币作为奖励性薪酬支付的币种。

六、跨文化环境中旅游企业员工职业生涯规划

跨文化环境中旅游企业员工职业生涯规划应该针对不同文化背景员工的潜质和企业实际,为外派管理人员和东道国员工分别设计职业发展的阶段性目标以及实现这些目标的途径。

(一) 外派管理人员的职业生涯规划

跨国任职可以视为是为外派管理人员提供的一种晋升和增加国际工作经历的机会。因为跨国任职意味着赋予外派管理人员更大的自主权以及更多的责任。外派管理人员一般属于中高级管理阶层,并且在东道国社会群体中角色突出,外派管理人员的地位也会随之提高。另外,海外任职还会增进员工对全球市场的认识,获得参与企业重要项目的机会。一般来说,开展跨国经营的旅游企业可以为外派管理人员设计以下三种职业发展途径:

1. 以培养国际化人才为目标,帮助员工实现职业经理人的纵向发展

当一国市场开拓任务完成、海外企业运营模式基本定型时,便可以将外派人员调回,另派人员去管理。这样不仅可以通过跨文化实践,培养外派管理者的国际化视野和跨文化管理能力,还可以锻炼新的国际化旅游管理人才;并且对外派管理者来讲,顺利回到企业总部往往可以获得更高的职位,参与更重要的尤其是国际化方面的战略决策。在旅游企业国际化的初级阶段,国际化人才较为缺乏,这种安排是比较合适的。

2. 以培养适应多元文化能力为目标,给予员工更多挑战自我的机会

将外派管理者从海外一国分支机构调任到另一国分支机构,再视机会调回母国总部。这种情况一般发生在一国的旅游市场开拓任务完成,急需进行其他国家旅游市场的开发,而又没有合适的、有经验的人胜任国际市场开发任务时。对于外派管理者而言,到另外一个新的陌生文化环境任职可以获得更大的成就感,而且回总部后通常可以得到重用。当然,这种调动的前提是管理者必须有很强的文化适应能力,并愿意接受更大的挑战,这种安排同样适用于国际化初期的跨国经营旅游企业。

3. 熟悉区域多元文化,担当区域领导者

外派管理者在两个以上国家任职之后,调任到企业海外地区总部管理某个地区多个国家的海外市场,然后调回总部或者留任海外做专职的海外区域领导者,比如美国一家跨国公司的一名外派管理者先在马来西亚分公司任职,再调任中国,然后调任中国香港亚太区总部。这种安排可以激励管理者在不同国家流动任职或者开拓新的国际市场,一般这种升迁方式比较适合国际化比较成熟的跨国旅游企业。

（二）东道国员工的职业生涯规划

东道国员工的职业发展主要有两个方向：纵向的管理方向和横向的技术方向。纵向的管理方向是指跨国经营的旅游企业为东道国员工提供的管理职位晋升机会。这种职业发展途径在跨国企业中往往会遇到一个问题——"玻璃天花板"现象，即东道国员工晋升到一定的职位后就会遇到瓶颈，跨国企业出于战略方面的考虑往往不愿意让其他国家的人进入企业的核心权力层。这种情况下可以安排这些东道国高级管理人员去第三国任职，接受新的挑战，满足他们在本国已经不可能获得的成就激励。当前，国际化发展的大趋势已使许多跨国企业渐渐摒弃这种狭隘的本位观念，不少大型跨国经营的旅游企业开始从世界范围引进管理人才进入高级管理层，而不仅仅限于母国员工。横向的技术方向是指跨国企业为东道国员工提供学习和掌握先进技术的机会。通过接受培训和实际参与管理项目，员工可以从外围的技能型操作者逐渐成为核心领域的技术专家。

【关键术语】

文化（culture）
文化比较（cultural comparison）
跨文化沟通（cross-cultural communication）
跨文化人力资源开发（cross-cultural human resource development）
跨文化（cross-culture）
国际化旅游人才（international tourism talent）
东道国（host country）
外派（expatriate）

【复习思考题】

1. 如何全面、综合地理解"文化"？
2. 从跨文化的视角看，文化比较的维度包括哪些方面？
3. 跨文化差异对企业人际关系有哪些影响？
4. 现代旅游业对国际化人才有怎样的能力要求？
5. 跨文化沟通的目标是什么？
6. 跨文化沟通应该遵循哪些原则？
7. 旅游企业跨文化人力资源开发有什么特点？

【课后作业】

在校园内选择不同国籍的留学生，围绕如何理解"以人为本"这句话，从员工管理和待客服务两个方面进行访谈，发现不同文化背景对"以人为本"的理解差异；并从跨文化人力资源开发的角度，设计一套让外国留学生接受蕴含中国文化"以人为本"理念的方案。

【案例学习】

锦江国际集团跨国并购后的跨文化管理策略

锦江国际集团是中国规模最大的综合性酒店旅游企业集团之一,拥有酒店、旅游、客运三大核心主业,以及地产、实业、金融等相关产业和基础产业,形成了以酒店为核心的旅行服务产业链。截至2017年年底,集团投资和管理的酒店达到9 500多家、客房总数超97万间(套),拥有"J"、"岩花园"、"锦江"、"昆仑"、"郁锦香"、"锦江都城"、"康铂"、"丽枫"和"维也纳"等高中端及经济型品牌,跻身全球酒店集团第五位,列亚洲第一。

锦江国际集团办公大楼会议室的挂钟滴答不止,自数年前将指针拨快了10分钟,很多员工至今一直沿用着独特的"锦江时间"。

这就像是一个隐喻:对于一家将打造"世界前三酒店集团"作为目标的老牌国有企业来说,一场时不我待的比赛几乎没有终点。

2015年年初,锦江国际集团投入约13亿欧元,从喜达屋资本集团收购了卢浮集团及其全资子公司卢浮酒店集团100%股权,不但打破了中国酒店业在海外并购的投资纪录,而且将锦江国际一举推上了国内最大、全球酒店前五的"宝座"。

卢浮酒店集团总部位于法国巴黎,于1976年成立并自2005年起由美国喜达屋资本集团持有。2009年7月,卢浮酒店集团与荷兰金郁金香酒店集团达成联盟,是欧洲第二大酒店集团。卢浮酒店集团经营六个各有特色的酒店品牌:Première Classe、Campanile、Kyriad、Tulip Inn、Golden Tulip和Royal Tulip。通过向新兴市场拓展及强大的现有酒店网络(法国、欧洲、北非、巴西和印度),卢浮酒店集团在全球40多个国家经营超过1 100家酒店的9万多间客房。

高额的并购令人关注,并购后的效果更令人好奇:这一场国资对外资的收购,能否将两种完全不同背景的企业融为一体?能否赢得中外地域差异上的文化挑战?能否借此整合团队提升国资的活力、延伸海外拓展之路?

站在巴黎西北部的拉德芳斯高处向东望去,一眼就可看见法国的标志凯旋门。拉德芳斯不仅是现代欧洲最大的中央商务区,也被一些人视作现代法国经济繁荣的象征。卢浮酒店集团的总部,就藏在拉德芳斯核心区的一栋办公大楼里。

卢浮集团CEO皮埃尔身材高大、面色红润,他丝毫不掩饰对中国文化的喜爱,稍显凌乱的办公桌上放着最新的中文教材。一年多时间的频繁沟通与磨合,皮埃尔的言语中已俨然成为一名中国通,"加入锦江,对于我本人、我们整个团队来说,都是一个新梦想的开始。"

这并非一句客套话。进入锦江体系后的这一年,卢浮集团迅速呈现新的活力,2015年年底收购德国北欧酒店集团25家酒店,使其在德国的布局扩张一倍。紧接着,新的扩张计划还在波兰、印度、韩国等世界各地展开。按皮埃尔的话说,"除了用专业的酒店指标衡量扩张计划,我们也开始认真学习中国的'一带一路'倡议,这样才能使每一步充满内涵。"

其实,卢浮集团的改变远不止于此,在法国南部度假胜地马赛,旗下一家全新的金郁金香系列品牌酒店正在把过去庄重的金色标识更换为更具活力的国际化形象;在法国中部重地里昂,第四代康铂酒店的设计已经落地生根,更开阔的空间、更时尚的设计、更有趣的细节,注重周围社区生活与主打轻奢的流行风,无不使这一品牌更彰显年轻活力。

财务状况更为喜人。卢浮集团一改 2014 财年净利润 -2 247 万欧元的颓势,2015 年 3—12 月实现合并营业收入 3.7933 亿欧元,实现归属于母公司所有者净利润 3 255 万欧元,并带动锦江国际集团的整体收益迅速增长。

"我们发展的速度还在加快,目前的计划是 2017 年在全球范围新开 150 家酒店。"皮埃尔觉得,与锦江的迅速融合最重要的是双方有相同的诉求,"这能使我们的发展计划、未来增长方式,都能得到理解与尊重,这在以前几乎是不可能的"。卢浮集团的迅速发展,使锦江国际集团在欧洲酒店业也占据了举足轻重的地位。

中国企业走出去,这几年并不少,但面对商业文化差异、不谙跨国经营游戏规则与目标市场环境,要真正取得成功并不容易。

在锦江国际集团董事长俞敏亮的办公室内,最显眼的是一张世界地图,站在地图边思考"全球布局、跨国经营"成为锦江许多高层的习惯。

"你看我身后这张世界地图有何不同?"坐在卢浮集团办公室,艾耕云指着身后的一张地图,看似同样的世界,中心却是欧洲。"起初我想买一张国内那样的地图,可怎么也找不到。习惯上我们总会将自己放在中心,可别人眼中的世界可能完全不同,这正提醒我们需要不同视角,学习不同规则。"

艾耕云是常驻法国的锦江国际集团代表,身兼卢浮集团董事,他最重要的工作之一就是将法国事务与中国本部相连接。"跨国发展、跨文化经营,对锦江是一笔重要的战略性资源",在艾耕云看来,怎样实现战略趋同、合力发展并不是一项简单的技术活。

并购仅仅只是开始,对身处服务业的酒店行业,人的因素更为关键。在一系列琐碎繁复的财务报表整合与中期业绩披露后,锦江亟须解决的就是如何让这支在 50 多个国家经营酒店的管理团队保持稳定,尤其是具备丰富国际化经验的高层,否则在国内寻找能在 50 多国经营的人才几乎是不可能的。

在借鉴数年前运作美国项目的基础上,锦江提出了一份"三年激励计划"。只要卢浮高层能够完成指标,就可以获得相应的回报。这个看似不稀奇的计划,对身为国企的锦江来说却并不简单。如何在确保国有资产不流失的前提下,借鉴市场模式,锦江前后设计了三种方案,将卢浮高层与锦江的利益牢牢绑在了一起,通过授权与管理、激励与约束,使卢浮高层的积极性得到充分发挥。

在卢浮集团旗下的数十家酒店,一件有趣的事是,无论 CEO 皮埃尔、其他高管抑或马赛郊区一家康铂酒店的员工,几乎都会说一句中文"一步一步"。

业务的协同,跨地域、跨文化的融合,良好的架构是基础,但这还远远不够。自 2015 年并购交割之时起,每每只要有机会,俞敏亮便向卢浮高层与各级员工讲解锦江的大战略是如何将法国与中国融为一体;每当出现冲突与不解时,俞敏亮总会告诫自己"必须脚踏实地,难题才能一步一步解决"。久而久之,很多法国卢浮酒店的员工都知道了这个说法。

这正是"一步一步"的由来。凡是锦江的领导者到法国考察,每到一家酒店(无论大小),都要和店里的经理与员工坐下来,将锦江的理念与计划一次次告诉法国员工,"相互理解与沟通更需要时间磨合,企业更大格局上的协同,同样离不开每一家店、每一个细节"。

  锦江团队与卢浮团队都不忌讳谈及差异,例如让艾耕云印象最深的"无论如何的中国"与"计划好的欧洲"之别。"国内习惯说这件事无论如何今天要办好,这时所有节奏都要打乱,但在欧洲,有些会议可能提前半年就已确定时间,欧洲人很难理解我们的临时会议,这时发生冲突怎么办?""这些文化与习惯上的差异,就像茶与咖啡,无所谓高低好坏,最重要的是相互尊重,一次次沟通协调,一步步相互理解。"

  一步一步地,卢浮集团先在内部实施了"跨文化课程计划"。邀请中国专家讲解现代中国,在集团内开设中文课程,除了学中文、了解中国文字,还要学习如何与中国人打交道,理解中国人的思维模式,在相互理解中相互尊重,课程开出至今,期期爆满。

  一步一步地,卢浮与锦江开始实施人才交流计划。2015年12月,卢浮集团的米其林大厨率先到上海,在锦江饭店举办了为期一周的法国美食节。与此同时,第一批4位锦江都城的店长来到法国进行为期4个月的进修,他们将成为卢浮集团旗下品牌进入中国后的第一批总经理。2016年6月,又有6位锦江大厨赴法国交流,在学习经典法式美食的同时,在巴黎举办了中国美食节,一时间法国名流汇聚,反响热烈。

  一步一步地,锦江与卢浮之间的理念认同愈发顺畅。在一次卢浮集团内部的岗位竞聘中,65名卢浮管理人员填报了去中国工作的志愿。与此同时,卢浮集团在波兰、印度、韩国、中国的计划都在迅速发展。

资料来源:梁建刚."巨大的一口"吃下后,如何消化好(N).解放日报,2016-11-27.

案例思考题:

  1. 锦江国际集团的跨文化管理有什么特点?在跨文化人力资源开发方面还有什么可以改进的?

  2. 面对旅游产业国际化发展这一趋势,旅游企业人力资源开发应该从哪些方面做好准备?

参考文献

[1] 陈婧婧. 国际邮轮接待的虚拟人力资源应用与管理[J]. 四川旅游学院学报,2017(02).
[2] 陈远敦,陈全明. 人力资源开发与管理[M]. 北京:中国统计出版社,1995.
[3] 陈志学,余昌国. 旅游人才开发管理中的十大关系[J]. 旅游学刊,2003(S1).
[4] [美]丹尼尔·平克. 龚怡屏译. 驱动力[M]. 北京:中国人民大学出版社,2012.
[5] [美]D. E. 伦德博格,J. P. 阿玛塔斯. 旅游饭店人事管理[M]. 邹益民等译. 杭州:浙江摄影出版社,1991.
[6] 杜江. 论旅游企业跨国经营的形式与特征[J]. 旅游学刊,2001(09).
[7] 段万春. 组织行为学:第二版[M]. 北京:高等教育出版社,2013.
[8] 董克用. 人力资源管理概论:第二版[M]. 北京:中国人民大学出版社,2007.
[9] [美]E. H. 施恩. 仇海清译. 职业的有效管理[M]. 上海:生活·读书·新知三联书店,1992.
[10] 范飒潇. 工作分析在当代人力资源管理中的发展趋势[J]. 人力资源管理,2017(03).
[11] 范向丽,郑向敏. 酒店中层管理者职业阻隔与离职倾向:自我效能感、性别的调节作用[J]. 旅游科学,2016(02).
[12] [美]富兰克·M. 戈,玛莉·L. 蒙纳彻罗,汤姆·鲍姆. 孙红英译. 酒店业人力资源管理[M]. 大连:大连理工大学出版社,2002.
[13] 付维宁. 人力资源管理[M]. 北京:高等教育出版社,2014.
[14] 高舜礼. 中国旅游业对外开放战略研究[M]. 北京:中国旅游出版社,2004.
[15] 谷慧敏,秦宇. 世界著名饭店集团管理精要[M]. 沈阳:辽宁科学技术出版社,2001.
[16] 贺小荣,徐少阳. 国外旅游企业战略联盟的现状及对我国的启示[J]. 旅游学刊,2007(01).
[17] 侯光明. 人力资源管理[M]. 北京:高等教育出版社,2009.
[18] 黄卫东,杨瑾,徐建勤. 经营决策沙盘模拟实验的教学模式研究[J]. 南京邮电大学学报(社会科学版),2007(01).
[19] [荷]霍夫斯泰斯德. 尹毅夫等译. 跨越合作的障碍——多元文化与管理[N]. 北京:科学出版社,1996.
[20] [美]加里·德斯勒. 刘昕,吴雯芳译. 人力资源管理基础[M]. 北京:清华大学出版社,2012.
[21] [美]杰克·菲茨-恩慈,芭芭拉·戴维森. 林岗译. 如何衡量人力资源管理[M]. 北京:北京大学出版社,2006.
[22] [美]雷蒙德·A. 诺伊,约翰·R. 霍伦贝克,巴里·格哈特. 刘昕译. 人力资源管理·赢得竞争优势(第7版)[M]. 北京:中国人民大学出版社,2013.
[23] 李海峰. 宋城演艺股权激励实施方案与激励效果研究[D]. 上海:东华大学,2017.
[24] 李楠,张瑶. 酒店人力资源管理实践与员工离职倾向研究[J]. 人力资源管理,2013(12).
[25] 李文东,时勘. 工作分析研究的新趋势[J]. 心理科学进展,2006(03).
[26] [美]理查德·L. 达夫特,多萝西·马西克. 张秀萍等译. 管理技能构建:行动先行的方法[M]. 北京:清华大学出版社,2015.

[27] 李艳.互联网时代的员工激励问题研究［J］.财经问题研究,2016(06).
[28] 李原.工作家庭的冲突与平衡:工作——家庭边界理论的视角［J］.社会科学战线,2013(02).
[29] 李志刚.饭店人力资源管理［M］.北京:中国旅游出版社,2005.
[30] 李志刚.我国国际化旅游人才开发策略探析［J］.社会科学家,2007(05).
[31] 李志刚.旅游产业国际化进程中的人才战略思考［J］.江苏商论,2008(06).
[32] 李志刚.酒店人力资源管理［M］.重庆:重庆大学出版社,2016.
[33] 凌茜,陈茂钦.基于工作倦怠的酒店员工职业生命周期研究［J］.北京第二外国语学院学报,2013(01).
[34] 〔美〕刘易斯·C.小福雷特斯.餐旅业人员培训［M］.北京:旅游教育出版社,1990.
[35] 陆国泰.人力资源管理［M］.北京:高等教育出版社,2000.
[36] 罗旭华.实用人力资源管理技巧［M］.北京:经济科学出版社,1998.
[37] 吕宛青,赵书虹,罗江波.旅游企业跨文化管理［M］.天津:南开大学出版社,2009.
[38] 孟秀勤,史召杰主编.国际化人才战略与开发:首都国际化人才发展论坛文集［C］.北京:中国人民大学出版社,2006.
[39] 彭剑锋.战略人力资源管理:理论、实践与前沿［M］.北京:中国人民大学出版社,2014.
[40] 彭剑锋.互联网时代的人力资源管理新思维［J］.中国人力资源开发,2014(16).
[41] 〔美〕R.韦恩·蒙迪,罗伯特·M.诺埃.葛新权等译.人力资源管理［M］.北京:经济科学出版社,1996.
[42] ［M］斯蒂芬·P.罗宾斯,戴维·A.德森佐,玛丽.库尔特.毛蕴诗译.管理学:原理与实践(原书第8版)［M］.北京:机械工业出版社,2013.
[43] 孙宗虎,肖书民.旅行社管理流程设计与工作标准［M］.北京:人民邮电出版社,2004.
[44] 〔澳〕唐·约翰逊.朱虹译.旅游业人力资源管理［M］.北京:电子工业出版社,2004.
[45] 王兰.论跨国企业跨文化人力资源管理存在的问题及解决策略［J］.人力资源管理.2014(06).
[46] 王显成.酒店员工离职原因的多因素分析及对策研究［J］.北京第二外国语学院学报,2009(05).
[47] 〔英〕维克托·迈尔·舍恩伯格,肯尼斯·库克耶.周涛译.大数据时代［M］.杭州:浙江人民出版社,2013.
[48] 吴国存,李新建.人力资源开发与管理概论［M］.天津:南开大学出版社,2001.
[49] 吴启,张璐.浅谈评价中心技术在企业招聘中的应用［J］.社会心理科学,2013(03).
[50] 〔美〕伍兹.张凌云等译.饭店业人力资源管理［M］.北京:中国旅游出版社,2013.
[51] 萧鸣政.人力资源管理［M］.北京:中央广播电视大学出版社,2001.
[52] 余昌国.旅游人力资源开发［M］.北京:中国旅游出版社,2003.
[53] 于桂兰,魏海燕.人力资源管理［M］.北京:清华大学出版社,2005.
[54] 苑春鸣,葛亚军.国际化旅游人力资源开发研究［M］.天津:天津人民出版社,2008.
[55] 〔美〕约翰·W.纽斯特罗姆,基斯·戴维斯.组织行为学［M］.北京:经济科学出版社,2000.
[56] 张爱卿,钱振波.人力资源管理［M］.北京:清华大学出版社,2015.
[57] 张德.人力资源开发与管理(第五版)［M］.北京:清华大学出版社,2016.
[58] 张丽华,王蕴.薪酬管理［M］.北京:科学出版社,2009.
[59] 赵西萍,黄越,张宸璐.旅游企业人力资源管理:原理·方法·案例(第2版)［M］.天津:南开大学出版社,2014.
[60] 郑绍濂等.人力资源开发与管理［M］.上海:复旦大学出版社,1995.
[61] 郑兴山,陈景秋,唐宁玉.跨文化管理［M］.北京:中国人民大学出版社,2010.
[62] 周娟.我国高星级酒店人力资源需求状况调查［J］.对外经贸,2013(08).

[63] 朱勇国,王海斌. 职位分析与职位管理体系设计[M].北京:对外经济贸易大学出版社,2010.
[64] Adele Ladkin, Edith Szivas, Michael Riley. Tourism Employment: Analysis and Planning [M]. Channel View Publications,2002.
[65] Anna S. Mattila,Sunmee Choi. Research note a cross-cultural comparison of perceived fairness and satisfaction in the context of hotel room pricing [J]. Hospitality Management. 2006, 25(01).
[66] Chris Sheppardson, Heather J. Gibson. Leadership and Entrepreneurship in the Hospitality Industry [M]. Goodfellow Publishers Limited,2011.
[67] Claudia Endter. Managing People in International Hospitality & Tourism Industries [M]. Grin Publishing, 2011.
[68] Darren Lee-Ross,Josephine Pryce. Human Resources and Tourism: Skills, Culture and Industry [M]. Channel View Publications,2010.
[69] Dennis Nickson. Human Resource Management for the Hospitality and Tourism Industries (2nd Edition) [M]. A Butterworth-Heinemann Title, 2007.
[70] Herzig, Sharyn E. & Jimmieson, Nerina L. Middle managers' uncertainty management during organizational change [J]. The Leadership and Organization Development Journal,27(08),2006.
[71] John Garen. Unions,Inventive Systems and Job Design [J]. Journal of Labor Research,1999, 20(04).
[72] Kim Hoque,Human Resource Management in the Hotel Industry: Strategy, Innovation and Performance [M]. Routledge,1999.
[73] Maier,Thomas A. Hospitality leadership implications: Multigenerational perceptions of dissatisfaction and intent to leave [J]. Journal of Human Resources in Hospitality & Tourism,2011, 10(04).
[74] Mary L. Tanke. Human Resources Management for the Hospitality Industry(2nd Edition) [M]. Cengage Learning, 2000.
[75] Morgeson F. P., Delaney-Klinger K., Mayfield M S et. al. Self-presentation processes in job analysis: A field experiment investigating inflation in abilities, tasks, and competencies [J]. Journal of Applied Psychology,2004,89(04)
[76] Peter Boxall,John Purcell. Strategy and Human Resource Management(2nd Edition) [M]. Macmillan Publishers Limited,2007.
[77] Prahalad,C. K. and Hamel, Gary, The core competence of the corporation [J]. Harvard Business Review, 1990, 68(03).
[78] Robert H. Woods. Managing Hospitality Human Resources(4th Edition) [M]. Educational Institute of Am. Hotel & Motel Assoc,2006.
[79] Robert S. Kaplan, David P. Norton. The Balanced Scorecard: Translating Strategy into Action [M]. Harvard Business School, 1996.
[80] Shakeela, Aishath, Lisa Ruhanen, and Noreen Breakey. The role of employment in the sustainable development paradigm-The local tourism labor market in small island developing states [J]. Journal of Human Resources in Hospitality & Tourism,2011,10(04).

教辅申请说明

北京大学出版社本着"教材优先、学术为本"的出版宗旨,竭诚为广大高等院校师生服务。为更有针对性地提供服务,请您按照以下步骤通过**微信**提交教辅申请,我们会在 1~2 个工作日内将配套教辅资料发送到您的邮箱。

◎扫描下方二维码,或直接微信搜索公众号"北京大学经管书苑",进行关注;

◎点击菜单栏"在线申请"—"教辅申请",出现如右下界面:

◎将表格上的信息填写准确、完整后,点击提交;

◎信息核对无误后,教辅资源会及时发送给您;
如果填写有问题,工作人员会同您联系。

温馨提示:如果您不使用微信,则可以通过以下联系方式(任选其一),将您的姓名、院校、邮箱及教材使用信息反馈给我们,工作人员会同您进一步联系。

联系方式:

北京大学出版社经济与管理图书事业部
通信地址:北京市海淀区成府路 205 号,100871
电子邮箱:em@pup.cn
电　　话:010-62767312 /62757146
微　　信:北京大学经管书苑(pupembook)
网　　址:www.pup.cn